고대 중국의 인성론 사상

저자 소개

대전에서 출생하고 성장기의 대부분을 그곳에서 보냈다. 유년시절에 처음 접한 고전에 매료되어 청소년시절을 동서양의 고전을 탐독하며 보낸다. 대학 졸업 후에는 臺灣으로 유학을 떠나 中國文化大學 대학원 철학과에서 석사학위를 취득하고, 그 뒤에 다시 중국으로 유학을 가서 北京大學 대학원 철학과에서 박사학위를 취득하였다.

8년 동안의 유학생활을 마치고 귀국하여 충남대학교 유학연구소, 남서울대학교 중국학과를 거쳐 현재 전남대학교 중국학과 교수로 재직하면서 전남대학교 이순신해양문화연구소장을 겸직하고 있다. 지난 2012년도와 2014년도에 전남대학교 교육우수교수에 두 차례에 걸쳐 선정 되었다. 2016년에는 제20회 용봉학술상을 수상 했다. 대외적으로는 한국중국문화학회 회장, 한국유교학회 부회장, 중국 浙江大學 한국연구소 객원연구원, 寧夏大學 학술고문을 겸직하고 있으며, 해군사관학교 충무공연구회 자문위원 역시 겸직하고 있다. 2017년 한국연구재단 인문도시지원사업에 선정되어 다양한 인문학강좌, 인문학포럼을 개최하는 등 지역사회의 인문학 발전에 많은 노력을 기울이고 있다.

그 동안 집필한 저서로는 『東吳哲學』, 『哲學·宗教與人文』(中國出版), 『半生緣』(영화로 배우는 중국어), 『西漢의 유학사상』, 『고대 중국의 정치사상』, 『고대 중국의 천인관계론』등이 있으며, 외국에 발표한 논문으로는 「孟子仁政思想的詮釋」 등을 포함하여 다수가 있으며 국내에 발표한 논문에는 「순자 정치사상의 현대적 의미에 관한 연구」등을 포함하여 다수가 있다. 고대중국의 철학사상과 중국의 전통신화 분야에 대하여 지속적으로 관심을 가지고 연구하고 있으며 또한 고대 중국의 역사와 인문지리 및 전통문화와 동남아시아 화교문화에 대해서도 흥미를 가지고 연구를 진행하고 있다.

고대 중국의 인성론 사상

2021년 1월 25일 인쇄
2021년 1월 30일 발행

지은이 | 조원일
펴낸이 | 정성택

펴낸곳 | 전남대학교출판문화원
주소 | 61186 광주광역시 북구 용봉로 77
전화 | (062) 530-0571~3 팩스 | (062) 530-0579
등록 | 1981. 5. 21. 제53호
홈페이지 | http://www.cnup.co.kr
이메일 | cnup0571@hanmail.net

값 18,000 원

ISBN 978-89-6849-775-9 (93150)

고대 중국의 인성론 사상

조원일 지음

전남대학교출판문화원

고대 중국의 인성론 주요 사상가 소개

공자

공자(孔子, BC.551~BC.479)는 유가의 시조인 고대 중국 춘추시대의 정치가·사상가·교육자이다. 정치적으로는 요·순·우, 삼황·오제의 이상적 정치와 주공 단의 정치 철학을 지향했다. 뜻을 펴려고 전국을 주유하였으나, 그의 논설에 귀를 기울이는 왕이 없어 말년에 고향으로 돌아와 후학 양성에 전념하다 생을 마쳤다. 춘추시대에 서주의 제후국인 노나라의 무관인 숙량흘의 둘째 아들이자, 서자로 태어났다. 이름은 구丘, 자는 중니仲尼이다. 사후 여러 번 추증되어 대성지성문선왕大成至聖文宣王에 추봉되었다.

맹자

맹자(孟子, BC.372?~BC.289?)는 공자의 사상을 이어 발전시킨 유학자이다. 전국시대 추鄒나라 사람으로 이름은 가軻이고, 자는 자여子輿 또는 자거子車이다. 어릴 때부터 공자를 숭상하고, 공자의 사상을 발전시켜 유학을 후세에 전하는 데 큰 영향을 끼쳤다. 제자백가 시대에 돌입한 당대에 묵적과 양주의 사상과 경쟁하며 유가 사상을 확립했다. 40세 이후에 인정仁政과 왕도정치를 주창하며 천하를 유력했다. 법가나 종횡가가 득세하는 세상과 타협하지 않았으며 은퇴했다. 60세 이후의 삶은 알려진 바가 없다.

순자

순자(荀子, BC.298?~BC.238년?)는 고대 중국의 전국시대 말기의 유가 사상가이자 학자로, 이름은 순황荀況이다. 서한 선제의 이름이 비슷하였고, 이를 피하기를 위해서 손황孫況이라고도 불렀다. 경칭으로 순경荀卿 또는 손경자孫卿子로도 불린다. 순자는 양한시기에는 정통적인 유가의 인물로 여겨졌으나, 북송시기 성리학의 학풍 속에서 성악설이 비난받으면서부터 그 이래로 오랫동안 유가의 이단자로 간주되어 왔다. 그에 대한 재평가는 청나라 말기에서야 다시 이루어졌다.

한비자

한비자(韓非子, BC.280년?~BC.233년)는 『한비자』를 저술한 전국 시대 중국의 정치철학자, 사상가, 작가이다. 한비의 생애는 불분명하다. 알려진 정보의 거의 전부가 실린 사마천의 『사기』에 따르면 그는 한韓나라의 공자 가운데 한 명으로 일찍이 형명과 법술을 익혀 중앙집권적 제국의 체제를 적극적으로 창도한 법가 이론의 집대성자 정도로 알려져 있다. 다른 이름으로는 한비자로도 불리나 한비자는 보통 그의 저서로만 불리고 있다. 순자의 문인이다.

육가

육가(陸賈, BC.240～BC.170)는 서한 초기의 정치가이며, 문학가이며, 사상가로서, 초기 유학의 발전에 중요한 역할을 감당하였다. 육가는 웅변에 능한 외교가로서도 역할을 감당하였는데, 남월왕 위타를 한나라에 종속시킨 것도 그의 뛰어난 웅변의 힘이었다. 유방에게도 문과 무가 조화를 이루어야 나라를 다스릴 수 있음을 설득하였고, 『신어新語』 12편을 저술하여 국가 존망의 갖가지 모습을 약술하여 유방의 통치를 도왔다. 한고조 유방의 사후에는 여태후의 전횡에 칭병하여 은퇴하고, 태위 강위와 승상 진평이 힘을 합하도록 주선하여 여태후 사후에 여씨로부터 유씨 황실을 지켜내는 데 중요한 역할을 하였다.

가의

가의(賈誼, BC.200년～BC.168년)는 중국 서한 초기의 사상가로, 하남군 낙양현雒陽縣 사람이다. 18세에 이미 수재라는 평판이 높았고, 22세 때에 박사관博士官에 임명되었으며 다시 태중대부太中大夫에 발탁되었다. 그는 그때 전한의 제도와 역법을 개정할 것을 문제에게 진언하였지만 주발 등의 수구파 대신의 반대를 받아 25세 때에 장사왕의 태부로 전출되고 말았다. 그러나 1년 남짓하여 중앙에 소환되고, 문제의 막내 아들인 양회왕의 태부가 되어 국사에 관하여 누누이 의견을 상주하곤 하였지만 그 치안책은 문제에 의하여 실현되었다고는 할 수 없다. 얼마 후 양회왕의 낙마로 인한 죽음을 슬퍼한 나머지 병들어 이듬해 33세로 죽었다.

동중서

동중서(董仲舒, BC.176～BC.104)는 중국 서한 중기의 대표적 유학자이다. 현재의 하북성에 속하는 신도국信都國 광천현廣川縣(현재는 하북성 징현)출신이다. 서한 초기의 사상계가 제자백가의 설로 혼란하고 유교가 쇠퇴하였을 때, 도가의 설을 물리치고 유교 독립의 터전을 굳혔다. 무제武帝를 섬겨 총애를 받아 유교를 채용하고 교육 행정으로 공헌하였다. 이로써 뒷날 중국의 정신 발전에 중요한 영향을 미쳤다. 동중서의 사상에 최대한 특징이 있는데 바로 재이설災異說이 있다.

양웅

양웅(揚雄, BC.53년~AD.18년)은 중국 서한 말기의 사상가이며 문장가이다. 자는 자운子雲이다. 촉군 성도에서 태어났다. 젊어서부터 박식하였으나 말을 더듬었기 때문에 서적만을 탐독하며 사색을 하였다. 30여 세에 비로소 대사마大司馬인 왕음王音에게 문재를 인정받아 성제成帝의 급사황문랑(給事黃門郎 : 궁중의 제사를 관장하는 관원)이 되어, 왕망王莽과 유흠劉歆과 동렬에 있었다. 나중에 궁정 쿠데타로 왕망이 신新나라 일으키매, 노년의 선비로서 대부大夫라는 직책에 취임하여 죽는 해까지 머물렀다. 이 점에 대해 송대宋代 이후의 절의관節義觀으로부터 비난을 받았거니와 원래 정세와 함께 부침하면서 일신을 보전하는, 말하자면 권력에는 겸유謙柔한 성격의 소유자였다.

왕충

왕충(王充, 27~?)은 중국 동한 초기의 사상가로, 자는 중임仲任이며 회계군 상우현上虞縣 사람이다. 신분이 낮은 집안에서 출생하였고 청년시대 낙양洛陽으로 나와 반표(班彪, 반고의 아버지)에게 배웠는데 가난하여 책을 사지 못하고 가두의 서점에서 읽고 기억하여 백가百家의 사상에 정통했다고 한다. 이어 현縣, 군도위郡都尉, 군 등의 지방 관청에 근무하였고, 공조功曹를 역임하며, 훌륭한 능력을 발휘했는데, 권력자와 때때로 생각이 맞지 않아 사직하여 향리의 자제를 가르쳤다. 60세 때 자사刺史 동근董勤에게 초빙되어 주종사州從事가 되었고, 이어 치중治中이 되었으나 62세로 퇴관하여 죽을 때까지 저술에 전념하였다.

왕부

왕부(王符, ?~?)는 동한 초기의 관료로, 자는 자원子元이며 동래군 액현掖縣 사람이다. 불기현不其縣 소지취所止聚에서 기거하며 덕으로 사람들을 교화하였다. 낭야 상 장종張宗이 뵙기를 청하였으나 응하지 않았고, 장종이 억지로 불러들이려 하니 고향으로 돌아갔다. 이후에도 계속 초청을 받았으나 병을 핑계로 거절하였고, 태부 등우의 벽소辟召도 거절하였다. 명제 때 상서복야尙書僕射 종리의의 천거로 유평·왕망과 함께 조정에 임용되어 의랑議郎이 되었다. 명제를 배알하였을 때 태도가 몹시 공손하여 아무런 말도 하지 못하였고, 속이 깊은 심성으로 사람들이 높이 평가하였다. 영평 연간에 임읍후 유복은 「한덕송漢德頌」에서 왕부를 명신이라고 평하였다.

조기

조기(趙岐, ?~201년)는 동한 중기~말기의 관료이자 학자로, 자는 빈경邠卿이며 사례경조윤 장릉현長陵縣 사람이다. 『맹자』를 정리하여 『맹자장구孟子章句』를 저술하였다. 본래 이름은 가嘉이며 자는 대경臺卿이었으나, 난리를 피하여 바꾸었다. 젊어서부터 경서에 밝고 재능과 기예가 있어, 마융의 가문에 장가들었다. 마융은 외척이었는데, 조기는 이를 경멸하여 그와 대면하려 하지 않았다. 영흥 2년(154년), 조정의 부름을 받아 사공연司空掾이 되었다. 이때 조기는 지방관이 부모의 상을 치르기 위해 임지를 떠나는 것을 허락할 것을 주청하여 받아들여졌다. 이후 대장군 양기의 밑에 들어가 간언하였으나, 양기는 듣지 않았다. 이윽고 조기는 피씨장皮氏長으로 전출되었다. 하동 태수 유우劉祐가 군을 떠났는데, 후임으로 좌승이 부임하였다. 좌승은 중상시 좌관의 형으로, 조기는 환관의 집안 사람의 부하가 되는 것을 치욕스럽게 여겨, 그날 바로 서쪽으로 돌아갔다. 이후 경조윤 연독延篤이 조기를 공조功曹로 삼았다.

순열

순열(荀悅, 148년 ~ 209년)은 중국 동한 말의 사학자, 정론가, 사상가이다. 자는 중예仲豫이다. 12살에 춘추에 통달할 정도로 뛰어난 재능을 가졌으나 몸이 약해 세상에 나가기 싫어했으며 후한 영제 때 십상시의 횡포를 보고 은거하여 독서와 학문에 열중했다. 동한 헌제 때 승상 조조의 부름으로 헌제를 모셨다. 그의 저서로는 『신감申鑒』, 『한기漢紀』, 《숭덕崇德》, 『정론正論』 등이 있다.

정명도

정호(程顥, 1032~1085)는 중국 북송시기 도학의 대표적인 학자의 한 사람이다. 성리학과 양명학 원류의 한 사람이다. 자는 백순伯淳, 시호諡號는 순공純公. 명도선생明道先生으로 호칭되었다. 대대로 중산中山에 거주하였으나 후에 하남河南에 이주하였다. 정이가 그의 동생이다.

머리말

고대 중국의 사상에 있어서의 인간 문제에 대한 중시 특히 인간의 본성 및 그것에 관련된 문제는 중국사상이 가지고 있는 독특한 측면을 보여주는 부분이라고 할 수 있을 것이다. 중국사상을 발전사적인 측면에서 돌아보면, 유가사상은 인간에 대한 탐구에서 시작하여 그 탐구의 영역을 인간사회 전반에 걸쳐 확대 발전시켜 왔음을 알 수 있다. 즉 인간에 대한 탐구를 통하여 점진적으로 사고의 대상을 인간사회의 정치·경제·문화 등의 전반적인 분야에로 확대시켜나갔던 것이다.

유가사상에서는 인간 자신을 대상화시켜 인간의 본질에 대하여 반성적인 사고를 하였는데, 이렇게 인간이 자신을 사고의 대상으로 인식하기 시작했다는 것은 인간이 자아와 객관적인 실재세계 속에서 다른 존재자의 실체를 의식하기 시작했음을 의미하는 것이다.

유가사상의 인간에 대한 사고는 객관적인 실재세계의 탐구를 통하여 자신의 존재와 다른 사물의 차이를 반성적으로 인식한데 있다. 또한 그들은 인간이 자연계에서 우월적인 위치에 있음을 부정하지도 않았다. 유가사상에서는 비록 인간이 자연계에서 우월적인 위치에 있음을 인정했지만 인간의 본질에 대해서는 명확한 설명을 하지 않았다. 그 이유는 유가사상에서는 실천이성을 중시한 반면 이론의 사변성에 대해서는 중시하지 않았기 때문에 인간 존재를 추상화시키지 않은데 있다고 할 수 있다. 또한 현실생활과 괴리된 인간존재에 대해서는 생

각을 할만한 여지가 없었기 때문에 유가사상의 인간존재에 대한 이해는 모두 실천이성을 출발점으로 삼아 도덕가치의 함의를 담고 있는 것이다.

인간의 본질에 대한 궁극적인 물음인 인성론은 지난 역사 속에서 중국의 철학 사상발전에 중요한 구심점 역할을 해왔다고 할 수 있다. 특히 선진시대 이래로 사상가들은 제각기 수많은 인성론에 관련된 자신들의 입장을 내놓는다. 그 가운데 대표적인 인성론으로는 맹자의 성선설과 순자의 성악설이 있으며 그 외에도 다양한 주장이 존재하고 있다고 말할 수 있다. 각 사상가들의 견해는 저마다 차이점을 지니고는 있으나 인성의 본질 및 도덕가치 그리고 더 나아가 인간존재 자체에 대한 문제와 수양공부에 관련된 문제들을 인성론의 핵심적인 문제로 인식하는 면에서는 입장을 함께 한다고 볼 수 있다. 이렇게 볼 때 인성론의 문제는 인간생명(도덕생명)의 본질과 존재가치의 문제라고 할 수 있는 것이다.

지금으로부터 약 30여 년 전 필자는 타이완에서 중국어 연수를 할 때 타이완 국립중앙도서관에서 처음 접한 서복관徐復觀 선생의 대작인 『중국인성론사中國人性論史』를 통하여 고대 중국의 인성론에 대하여 관심을 가지게 되었다. 당시 이십대 중반의 청년이었던 필자는 중국의 장구한 역사 속에서 끊임없이 이어져 내려온 인간의 본질 문제에 대한 궁극적 물음에 흥미를 가지고 연구를 하리라고 생각을 했었다. 그러한 생각의 결과물이 30년의 세월이 흐른 후에 드디어 세상에 나오게 되었다.

이 책은 고대 중국의 인성론 사상에 대하여 춘추전국시기부터 송나라시기에 이르기까지 유가와 법가 등의 사상가들의 인성론을 중심으로 체계적으로 분석 정리한 글이다.

먼저 제1장은 공자를 중심으로 선진유학 초기의 인간 본성의 선악 문제에 대한 분석을 성상근性相近과 습상원習相遠의 비교와 인仁으로 설명할 수 있는 본성의 문제를 중심으로 심도 있는 논의를 진행해보았다. 이 글은 원래 『중국학논총』 제30집(2010년)에 게재했던 문장을 수정과 보완작업을 거쳐 수록한 것이다.

제2장은 맹자의 인성론에 관한 문제에 대하여 비유를 통해서 본 맹자와 고자의 인성론 비교와 인성론 견해의 분기점 및 성선설의 증명이라고 하는 주제를 중심으로 전국시대에 가장 치열했던 인성론 논쟁을 심도 있게 분석해보았다. 이 글은 원래 졸저 『맹자의 철학사상』(2012년)에 게재했던 문장을 수정과 보완작업을 거쳐 수록한 것이다.

제3장은 맹자의 인성론에 대한 후속 작업으로 맹자 인성론 문제에 있어서 치명적인 결함으로 지적 되고 있는 악惡의 문제에 대하여 동·서양철학의 '악'에 대한 일반적인 의미를 비교하고, 악惡의 형성원인에 대한 해석을 중심으로 맹자 인성론 가운데의 악惡 문제에 대하여 논의를 심도 있게 진행해보았다. 이 글은 원래 『중국인문과학』 제51집(2012년)에 게재했던 문장을 수정과 보완작업을 거쳐 수록한 것이다.

제4장은 순자의 인성론 사상 문제에 관하여 순자가 언급한 성악性惡에 대한 현대 학자들의 해석과 순자가 언급한 선善과 악惡의 개념 분석을 통하여 최종적으로 순자가 역설한 성악선위性惡善僞의 관점에 대하여 심도 있는 논의를 진행해보았다. 이 글은 원래 『중국학논총』 제31집(2011년)에 게재했던 문장을 수정과 보완작업을 거쳐 수록한 것이다.

제5장은 한비자의 인성론 사상에 대하여 살펴보았는데, 한비자가

인정한 인간이란 자신의 이익만을 추구하는 이기적인 존재라고 하는 인성론적 관점은 상벌위주의 법치제도에 근거를 마련해주기 위하여 공리적인 입장 아래서 도덕가치의 보편성을 부정한 것이라고 말할 수 있다. 한비자의 인성론 관점은 확실히 목적을 위해서 이론적 체계를 세울 때 야기된 인식론상의 편파적인 성향이 존재한다고 볼 수 있는 것이다. 이와 같은 한비자의 인성론 문제에 관하여 본 장에서는 한비자가 진정으로 도덕존재의 가치를 부정했는가와 도덕존재의 실제상황을 어떻게 보았는지의 문제를 중심으로 그의 인성론 문제를 분석해 보았다. 이 글은 원래 『중국학논총』 제66집(2020년)에 게재했던 문장을 수정과 보완작업을 거쳐 수록한 것이다.

제6장은 육가의 인성론 사상에 대해서 살펴보았는데, 육가는 인간의 성정은 본래 선한 것이지만 외부 세계의 유혹을 받아서 음란하고 사악한 욕망이 생기게 되어 겉모습이 아름다운 것에 성정이 미혹되어 내면의 실정과 선한 본성을 상실하게 된다고 생각했다. 이와 같은 육가의 인성론 문제에 관하여 본 장에서는 육가의 생애와 인성론의 근원과 성性·정情·심心으로 본 인성론을 중심으로 논의를 진행해 보았다. 이 글은 원래 『퇴계학논총』 제28집(2016년)에 게재했던 문장을 수정과 보완작업을 거쳐 수록한 것이다.

제7장은 가의의 인성론 사상에 대해서 살펴보았는데, 가의는 인간에게 있어서 선한 행위와 악한 행위를 하게 되는 것은 외재적인 환경의 요인에 의해서 결정되는 것이라고 보았다. 그렇기 때문에 가의는 악을 제거하고 선을 완성하는 것은 후천적인 작용에 의해서 이루어지게 되는 것이라고 주장했던 것이다. 이와 같은 가의의 인성론 문제에 관하여 본 장에서는 인성론의 근원과 성性·명命·세勢로 본 인성론의 문제

등에 관하여 논의를 진행해보았다. 이 글은 원래 『중국학논총』 제52집(2016년)에 게재했던 문장을 수정과 보완작업을 거쳐 수록한 것이다.

제8장은 동중서의 인성론 사상에 대하여 살펴보았는데, 동중서는 사람의 본성은 교화를 통해야 만이 비로소 선한 단서가 구체적으로 구현되어 실제적인 선함이 될 수 있다고 하는 점을 강조했다. 또한 동중서는 군주가 이와 같은 교화를 담당해야만 하는 책임을 가지고 있는 것이라고 주장했다. 이와 같은 동중서의 인성론 문제에 관하여 본 장에서는 인성론의 근간으로서 '천'과 성정에 대한 조명을 중심으로 논의를 진행해 보았다. 이 글은 원래 『중국학논총』 제68집(2020년)에 게재했던 문장을 수정과 보완작업을 거쳐 수록한 것이다.

제9장은 양웅의 인성론 사상에 대하여 살펴보았는데, 양웅은 인간의 본성에는 선함과 악함이 혼재되어 있다고 하며 인간은 선천적으로 선하거나 악한 존재가 아니라고 한다. 양웅은 사람은 성인과 현인 및 보통사람으로 구분되어져 있다고 생각하여 수양의 목적이 자신의 덕을 닦는데 있으며, 자신의 덕을 닦는 요지는 바로 기질의 변화에 있다고 하는 주장을 한다. 또한 그는 수양의 목표가 성현이 되는 것에 있다는 사실을 밝혔다. 이와 같은 양웅의 인성론 문제에 관하여 본 장에서는 도덕실천의 문제와 성인을 본받은 본성의 수양 및 군자의 덕을 중심으로 분석해보았다. 이 글은 원래 『중국학논총』 제45집(2015년)에 게재했던 문장을 수정과 보완작업을 거쳐 수록한 것이다.

제10장은 왕충의 인성론 사상에 대하여 살펴보았는데, 왕충은 기일원론의 자연주의적 관점을 운용하여 인성론에 대하여 비판과 논의를 진행하는데, 그것의 초점은 사회의 기존 가치를 비판하기 위해서 사회적 가치의 핵심문제에 대하여 맞춰져 있었던 것이다. 이와 같이 왕

충의 인성론에 대한 논의의 중점은 사회개혁이라고 하는 이상을 달성하기 위함에 있었다고 할 수 있다. 이와 같은 왕충의 인성론 문제에 관하여 본 장에서는 선대 학자들의 이론 비판과 인성의 선악문제와 사회적 윤리교화 문제를 중심으로 논의를 진행해보았다. 이 글은 원래 『동서철학연구』 제82집(2016년)에 게재했던 문장을 수정과 보완작업을 거쳐 수록한 것이다.

제11장은 왕부의 인성론 사상에 대하여 살펴보았는데, 왕부는 선천적으로 부여받은 성性과 후천적으로 형성된 성性의 문제를 제기하면서 수양공부의 중요성을 부각시켰으며, 마음과 지혜가 학습에 대하여 미치는 작용에 대해 강조했다. 또한 왕부는 세상 사람들을 아주 뛰어난 사람과 아주 어리석은 사람 및 중간층의 사람 즉 세 가지 등급으로 나누었다. 이와 같은 왕부의 인성론 문제에 관하여 본 장에서는 인성론의 근원으로서 기에 대한 분석과 선천적으로 부여받은 성과 후천적으로 형성된 성의 문제를 중심으로 논의를 진행해보았다. 이 글은 원래 『중국학논총』 제55집(2017년)에 게재했던 문장을 수정과 보완작업을 거쳐 수록한 것이다.

제12장은 조기의 인성론 사상에 대하여 살펴보았는데, 조기는 사람의 심성이 본래부터 선하다고 생각하여 "사람이 불선하게 될 수 있음은 그러한 본성을 따라서 그렇게 된 것이 아니고, 이익과 욕구의 유혹과 핍박에 의해서 그렇게 된 것일 뿐으로 물이 인위적인 힘에 의해서 거슬러 올라가는 것과 같은 것이다. 그러므로 사람의 본성은 선하지 않다고 말할 수 없는 것이다."라고 주장했으며, 또한 "만일 사람이 불선한 행위를 하게 된다면, 그것은 하늘이 부여한 본성의 죄가 아니고 외부 사물의 미혹에 의해서 그러한 행위를 하게 되는 것이다."라고 주

장했다. 이와 같은 조기의 인성론 문제에 관하여 본 장에서는 조기의 생애와 인성론의 근원으로서의 천과 성선설에 대한 조명을 중심으로 논의를 진행해보았다. 이 글은 원래 『중국학논총』 제58집(2018년)에 게재했던 문장을 수정과 보완작업을 거쳐 수록한 것이다.

제13장은 순열의 인성론 사상에 대하여 살펴보았는데, 순열은 본성에는 선함과 악함의 자질이 있는 것이기 때문에 이러한 것이 외부로 드러나게 되면 좋아하고 싫어하는 정서가 되는 것이라고 했다. 그리고 좋아하고 싫어하는 것은 정서의 표현이므로 선하다거나 악하다고 하는 판단을 할 수 없는 것이며, 좋아하거나 싫어하는 정서가 행위로 표출된 후에 비로소 선함과 악함의 구별이 있게 되는 것이라고 주장했다. 이와 같은 순열의 인성론 문제에 관하여 본 장에서는 순열의 생애와 인성론의 근원으로서의 천과 도에 대한 분석 및 성선악설에 대한 조명을 중심으로 논의를 진행해보았다. 이 글은 원래 『중국학논총』 제57집(2018년)에 게재했던 문장을 수정과 보완작업을 거쳐 수록한 것이다.

제14장은 정명도의 인성론 사상에 대하여 살펴보았는데, 정명도는 "하늘과 사람은 어떻게 상호 감응하고 소통하는 것인가"에 대하여, 인간의 성에는 초월성과 내재적 본질의 의미를 가지고 있는 것으로 그 핵심 논지를 전개해 나간다. 즉 도덕실천의 원동력을 통하여 하늘과 사람이 상호소통 할 수 있는 가장 커다란 가능성에 도달할 수 있다는 것이다. 더 나아가 천도가 곧 인성이고, 사람이 곧 하늘이며, 하늘이 곧 사람인 하늘과 사람은 하나라고 까지도 말할 수 있다는 것이다. 그렇기 때문에 정명도의 인성론과 그의 천인관계에 대한 견해는 이러한 문제와 매우 밀접하게 연결되어 있는 것이라고 할 수 있다. 이와 같은 정명도의 인성론 문제에 관하여 본 장에서는 인성론의 연원 문

제와 그가 분석한 성에 대한 견해를 중심으로 논의를 진행해보았다. 이 글은 원래 『중국학논총』 제67집(2020년)에 게재했던 문장을 수정과 보완작업을 거쳐 수록한 것이다.

오랜 세월 동안 낯선 이국땅에서 함께 공부하며 진정한 학문의 길과 올바른 삶의 자세에 대하여 많은 가르침을 베풀어 주셨고 늘 배려와 관심을 주신 목원대학의 도중만 교수님과 충남대학의 박영종 교수님 두 선배님께 항상 감사한 마음을 올린다. 그리고 장기간에 걸친 유학을 마치고 귀국한 후학에게 대학 강단에 설 수 있게 해주셨고, 중국학계로 이끌어 주셨으며 항상 소중한 가르침을 내려주신 은사님과 같은 남서울대학의 권용옥 교수님께 무사히 정년퇴임을 하신 것에 대해 감축을 올리며 늘 건강하시기를 염원합니다.

지난 이십 칠년 동안 힘들거나 어려울 때를 막론하고 항상 곁에서 함께 해준 아내에게 감사한 마음과 미안함을 함께 전한다. 그리고 공부하는 사위에게 무한한 신뢰를 보내주시고 항상 커다란 사랑을 아끼지 않으신 장인·장모님께 깊은 감사의 뜻을 올리며 두 분께서 항상 건강하시길 염원합니다. 멀리 이역 땅에 있는 가장 소중한 딸에게도 늘 미안함과 고마운 뜻을 전하며, 행복한 삶을 살기를 염원합니다. 또한 내가 사랑하는 모든 분들이 항상 건강하고 행복하길 기원하는 마음으로 이 조그마한 책을 바친다.

2020년 가을

남녘땅 屯德齋에서

조원일

목 차

제4장 순자의 인성론 사상

제5장 한비자의 인성론 사상

제6장 육가의 인성론 사상

제7장 가의의 인성론 사상

제8장 동중서의 인성론 사상

제9장 양웅의 인성론 사상

제10장 왕충의 인성론 사상

제11장 왕부의 인성론 사상

제12장 조기의 인성론 사상

제13장 순열의 인성론 사상

제14장 정명도의 인성론 사상

제1장

공자의 인성론 사상

1. 시작하는 말

고대 중국의 사상에 있어서의 인간 문제에 대한 중시 특히 인성 및 인성에 관련된 문제는 중국사상이 가지고 있는 독특한 측면을 보여주는 부분이라고 할 수 있을 것이다. 중국사상을 발전사적인 측면에서 회고해보면, 유가사상은 인간에 대한 탐구를 시초로 탐구의 영역을 인간사회 전반에 걸쳐 확대 발전시켜 왔음을 알 수 있다. 즉 인간에 대한 탐구를 통하여 점진적으로 사고의 대상을 인간 사회의 정치·경제·문화 등의 전반적인 분야에로 확대시켜 나갔던 것이다.

유가사상의 집대성자라고 할 수 있는 공자의 인성론에 대한 문제는 명백하게 규명하기 쉽지 않은 문제라고 판단된다. 그 이유는 공자가 체계적으로 인성에 대하여 언급하거나 논술한 부분이 없기 때문이다. 그렇기 때문에 본문에서는 공자의 인성에 대한 견해를 공자의 언급들 속에서 인성론 문제와 비교적 가깝게 접근했다고 판단되는 것들을 중심으로 공자의 인성론 문제에 대한 해석을 시도해보도록 하겠다.

2. 성상근性相近과 습상원習相遠

공자는 성性에 대하여 언급을 거의 하지 않았다. 『논어論語』에 언급된 '성'자는 불과 두 곳에서만 발견할 수 있는데, 다음과 같다. 한 곳은 공자가 언급한 "본성은 서로 가까운 것이지만, 습성이 서로를 멀어지게 한다."[1]이고, 다른 한 곳은 자공子貢의 서술에서 이다. 즉 자공子貢이 "선생님의 글과 의표에 대해서는 들을 수가 있었지만, 선생님의 본성과 천도에 대한 말씀은 들을 수가 없었다."[2]라고 언급한 부분이다. 이러한 두 곳에서 언급된 성은, 과연 성이 무엇인가에 대해서는 명확한 해석이 결여되어 있으며, 다만 공자가 인간은 모두 성이 있음을 긍정했다는 사실만을 확인할 수 있다.

자공의 서술에 대하여 일부의 학자는 다음과 같은 해석학적 방법론을 제기하는데, 일견 참고할만한 가치가 있다고 여겨진다. 즉 하나는 "선생님의 글과 의표에 대해서는 들을 수가 있었지만, 선생님의 인간본성이 천도에 참여한다는 것에 대한 말씀은 들을 수가 없었다."로서 공자가 언급한 성은 천도天道에 참여한다고 하는 해석은 형이상학적 영역으로 귀결된다고 할 수 있다. 다른 하나는 "선생님의 글과 의표에 대해서는 들을 수가 있었지만, 선생님의 인간본성에 대한 것과 천도에 대한 말씀은 들을 수가 없었다."로서 공자가 천도로써 성을 논의한 것으로, 이는 성이 주제가 되어 성과 천도의 연결에 관한 문제를 본 것으로 심성론心性論의 영역으로 귀결된다고 할 수 있는 것이다.[3]

만일 성과 천도가 두 개의 논제라면 이 두 가지는 독립적인 논의주

---

1 『論語』, 「陽貨」, "性相近, 習相遠."

2 『論語』, 「公冶長」, "夫子之文章, 可得而聞也; 夫子之言性與天道不可得聞也."

3 林義正, 「論語 '夫子之文章之硏究'」, 『文史哲學報』, 第四十二期, 臺北, 1995년, 9쪽 참조.

제가 될 수 있다. 그렇다면 우리가 이미 알고 있는 것과 같이 이러한 두 개의 주제는 "들을 수가 없었다."가 되어버린다. 그렇기 때문에 그 속의 내용을 파악하는 작업은 난관에 직면할 수밖에 없게 되는 것이다. 그러나 만일 성과 천도가 서로 관련되어 있는 하나의 주제라고 한다면, 성과 천도에 대한 이해는 반드시 양자의 상관성과 맞물려 있을 것이다. 설사 이와 같다고 가정하더라도 아직 중요한 단서 하나가 문맥 속에 담겨져 있다고 할 수 있는데, 그것은 바로 공자가 채택한 성과 천도가 동질이라고 한 것과 논급의 방식으로는 성과 천도의 결합에 대한 문제에 관하여 어떤 식으로 말을 해야만 하는지를 알지 못한다는 것이다. 그렇기 때문에 자공이 "선생님의 본성과 천도에 대한 말씀은 들을 수가 없었다."라고 말한 것이다.

공자는 비록 성과 천도를 기반으로 윤리 도덕의 학설체계를 세우지는 못하지만, 후대의 맹자가 이러한 공자의 성과 천도에 기초한 사상을 계승하여 인仁·의義·예禮·지智라고 하는 사단지심四端之心의 이론을 체계화하여 성선설性善說의 관념을 확립하면서 진심盡心·지성知性·지천知天에 이르는 사상체계를 확립하기에 이른다. 만일 맹자의 학설체계가 우연적으로 세워진 것이 아니라고 가정한다면, 다음과 같은 가설을 세워볼 수 있을 것이다. 즉 공자 자신의 이론체계에서가 아닌 그 후학의 학설체계를 통하여 역으로 인성론 체계를 수립한다는 것이다. 다시 말하자면, 맹자의 인성론 체계를 통하여 공자의 인성론 체계를 건립할 수 있다는 가설을 세워볼 수 있다는 것이다. 이러한 가설은 비록 적합하지는 않은 측면이 있기는 해도 꼭 그렇게 요원한 것만도 아닌 것이라고 판단된다. 이러한 사고를 기반으로 하여 인간의 인仁에 대한 욕구를 가지고 공자의 인성론 문제를 조명해보는 시도 역시 나름대로 의미가 있을 것이라고 생각된다.

공자가 언급한 "본성은 서로 가까운 것이지만, 습성이 서로를 멀어지게 한다."로부터 본성과 습성의 대조에 주안점을 두고 공자의 인성론 문제를 파악해보면 다음과 같은 사실들을 알 수가 있을 것이다. 즉 공자가 제시한 습성이 사람들의 본성을 서로 상이하게 만드는데, 이러한 상이한 차이는 약간 혹은 소량의 차이가 아니기 때문에 상이함이 매우 멀다(크다)고 말하는 것이다.

'서로 다름'과 '서로 같음'을 상호 대응적인 측면의 입장에서 본다면 다음과 같은 문제가 제기 될 수 있을 것이다. 만일 습성의 "서로를 멀어지게 한다."고 하는 것이 나타내는 점이 차이라고 한다면, 본성과 습성은 대립적인 배열을 이루게 되어 대칭적으로 어떠한 의미를 전달할 수 있을 것인가? 또한 본성을 말하는 "서로 가까운 것"이라고 하는 것의 실제적인 의미는 과연 무엇인가? 이러한 것을 '서로 같음'을 사용하여 해석할 수 있는 것인가?

본성에 대해서는 "들을 수가 없었다."고 하였기 때문에 어떤 의미에서는 본성에 대한 정의를 내리거나 그 정확한 의미를 설명하기에는 적지 않은 어려움이 수반된다고 볼 수 있다. 그렇기 때문에 많은 사람들이 한결 같이 아무런 의심 없이 비유나 추리를 통하여 쉽게 터득할 수 있었던 사실은, 공자가 "습성이 서로를 멀어지게 한다."는 사실과 대비하여 본성이 "서로 가까운 것"이 된다는 사실을 응용했다는 것이다. "본성은 서로 가까운 것"에 관하여 그것의 정확한 의미가 도대체 무엇을 지칭하는 것인가에 대하여 사람들은 제각기 다른 해석을 내놓는데 다음과 같다. 즉 어떤 사람들은 공자는 인간의 본성은 평등한 것으로 생각해서 극소수의 위로는 뛰어난 품성을 가진 사람들과 아래로는 우매한 품성을 가진 사람들을 제외한 일반적인 사람들의 품성은 선천적으로 평등하기 때문에 공자가 "서로 가까운 것"이라고 언급했

다는 것이다.[4]

의리지성義理之性이나 인성仁性 및 성선性善의 각도로부터 착수해 들어가 보면 공자가 무엇 때문에 "본성은 서로 가까운 것"이라고 했는지에 대해서 이해하는 것은 쉽지 않은 일이다. 즉 천도天道가 내재되어 있기 때문에 본성이 선善하다고 하는 것은 모든 인간에게 똑같이 해당되는 사항이기 때문이다. 그러므로 "서로 가까운 것"이라는 언급은 '서로 동등하다'거나 '그것에 상당한다' 및 '서로 동일하다'는 의미와는 부합되지 않는다.

공자가 언급한 "본성은 서로 가까운 것"이라는 명제에 대하여 기질지성氣質之性의 각도로 접근해서 공자의 인성론 문제를 분석해볼 수는 없을까? 라고 하는 의문이 발생하기도 한다. '서로 가깝다'와 '서로 동일하다'는 언급들 사이에는 분명하게 구별이 존재하기 때문에 본성에 대한 해석을 시도할 때 기질지성의 측면으로 분석해볼 수도 있기 때문이다. 이러한 접근방법은 주자朱子가 견지하고 있는 견해로서 다음과 같다.

> 여기에서 말하는 '성'이란 '기질'을 겸해서 말한 것이다. 기질의 성은 본래 좋아하고 싫어하는 것의 구분이 있는 것이다. 그렇기 때문에 그것을 처음 언급할 때 모두가 서로를 심하게 멀어지게 하는 것은 아니다. 단 습성이 선에 가까우면 선하게 되고, 습성이 악에 가까우면 악하게 되기 때문에 처음에 서로 멀어진다고 한 것일 뿐이다. 정자가 말하기를 여기에서 말한 기질의 성은 성의 본원적인 것을 언급한 것이 아니다. 만일 그것의 본원적인 측면에서 언급한다면 성은 곧 리가 되는 것이다. 이러한 리理에는 불선不善함이 없기 때문에

4 宋淑萍, 「淵源有自一先秦學術的萌芽」, 『浩瀚的學海』, 北京, 三聯書店, 1991년, 106쪽 참조.

맹자가 본성은 선한 것이다. 라고 말한 것은 이러한 이유 때문이다. 어디에 서로 가까운 것이 있겠는가?[5]

주자朱子는 선한 본성이 천天에서 온 것으로 생각하여, 성선性善이 의미하는 것은 본성이 서로 같거나 동일하다는 것이라고 말했다. 그러나 공자가 이미 "본성은 서로 가까운 것"이라고 한 언급은 바로 본성에 대하여 그것을 기질과 겸해서 말한 것을 의미한다고 생각했다. 주자의 이러한 관점은 상당히 많은 수에 있어서 반대하는 의견들이 나오게 만드는 결과를 초래했다.

서복관徐復觀과 같은 학자의 경우는 절대로 공자가 기질의 성에 대하여 언급했다고는 생각하지 않아서, "또한 기질의 성은 본래 좋아하고 싫어하는 것의 구분이 있는 것이라는 말은, 곧 기질의 성이 처음에는 좋아하고 싫어하는 것에 대한 구분을 함유하고 있지만 그것이 본성 속에 잠복해 있어 아직 발동하지 않고 있는 상태에 불과한 것이다. 또한 무엇을 근거로 하여 본성 자체가 서로 가까운 것이라는 말을 할 수 있는 것인가? 그러므로 주자의 이러한 두 구문의 언급은 사실상 '구분'과 '가까운 것'이라는 서로 모순되는 어구를 동일한 사물 즉 기질의 성 위에 더한 것이다."[6]라고 주장 한 것이다. 또한 서복관은 『논어』에서 언급한 것이 비록 기질의 성에 상당하다고는 할 수 있겠지만, 그렇다고 해서 이러한 이유 때문에 공자가 기질의 성을 주장했다고는 말할 수 없는 것이라고 주장했다.

---

5 朱熹, 『論語集注』卷九, 「陽貨第十七」, "此所謂性, 兼氣質而言者也. 氣質之性, 固有美惡之不同矣. 然以其初而言, 則皆不甚相遠也. 但習於善則善, 習於惡則惡, 於是始相遠耳. 程子曰: 此言氣質之性. 非言性之本也. 若言其本, 則性卽是理, 理無不善, 孟子之言性善是也. 何相近之有哉?."

6 徐復觀, 『中國人性論史』, 臺北, 臺灣商務印書館, 1990년, 78～79쪽 참조.

주자는 한편으로는 '구분'에 대하여 직접적으로 언급했으며, 다른 한편으로는 맹자가 주장한 본성은 선한 것이라고 하는 언급에 인간의 마음이 모두 그러한 것과 같다는 것을 더하여 대비시킴으로써 '서로 가까운 것'의 의미를 확대시켜 '구분'의 의미에로 가깝게 접근시켰다. 즉 주자는 '서로 가까운 것'이라고 하는 말의 의미를 '구분'과 같은 의미로 보았다고 할 수 있다.

왕양명王陽明 같은 경우는 『전습록傳習錄』에서 "서로 동일하다"는 뜻으로써 "서로 가깝다"는 의미를 해석하는데, 그의 견해는 다음과 같다.

> 공자께서 말씀하신 "본성은 서로 가까운 것"이라는 것은 곧 맹자가 말씀하신 "본성은 선한 것이다"는 의미이다. 이러한 것은 기질의 측면에서만 말할 수 있는 성질의 것이 아니다. 만일 기질의 측면에서 언급한다면 단단함과 부드러움이 서로 대립하는데 어떻게 서로 가까울 수 있겠는가? 오직 본성이 선하다는 것만이 동일한 것일 뿐이다. 사람이 처음 태어났을 때는 선하다고 하는 것은 원래 동일한 사실이다. 그러나 단단함의 습성이 선에 기울면 단단함은 선이 되는 것이고, 습성이 악으로 기울면 단단함은 악이 되는 것이다. 부드러움의 습성이 선에 기울면 부드러움은 선이 되는 것이고, 습성이 악으로 기울면 부드러움은 악이 되는 것이어서 나날이 서로 멀어지게 되는 것이다.[7]

---

7 王陽明, 「傳習錄下」, "夫子說'性相近', 卽孟子說'性善', 不可專在氣質上說. 若說氣質, 如剛與柔對, 如何相近得? 惟性善則同耳. 人生初時, 善原是同的. 但剛的習於善則爲剛善, 習於惡則爲剛惡; 柔的習於善則爲柔善, 習於惡則爲柔惡, 便日相遠了." 王陽明, 「傳習錄下」, 『王陽明全集』上冊, 上海, 上海人民出版社, 1992년, 123쪽 참조.

왕양명은 인간 모두가 공통적으로 가지고 있는 성선性善에 착안하여 "서로 가깝다"는 의미가 실제로는 "사람이 처음 태어났을 때의 선함"을 지칭하는 것이라고 설명했다. 다시 말하면, "서로 가깝다"는 의리의 성義理之性을 가리키는 것이지 기질의 성氣質之性을 가리키는 것은 아니라는 것이다. 채인후蔡仁厚 역시 왕양명의 견해에 적극적으로 동의하는 입장을 견지하면서 '의리의 성'으로 해석해야만 하는 타당성에 대하여 다음과 같이 의견을 개진했다.

> 언어적 함의에서 볼 때 '서로 가깝다'와 '서로 동일하다'는 각각 차별이 존재하고 있다. 그러나 옛날 사람들이 사용한 언어는 꼭 이처럼 엄격하게 사용되었던 것은 아니다. 『맹자』, 「고자상」에 우산의 나무 장에 실려 있는 "수목도 밤낮으로 자라고, 아침 공기를 흡수하여 기운이 깨끗해질 때는 살기를 좋아하고 죽기를 싫어하는 그 본능이 사람과 서로 비슷하여 차이가 많지 않다."에 대하여 주자는 "좋아하고 미워함이 사람과 서로 비슷하다는 것은 사람의 마음이 한가지로 같음을 말하는 것이다."라고 주석을 했는데, 이러한 것이 의미하는 것은 양심에서 피어나는 좋아함과 미워함은 모든 사람들이 모두 동일하다고 하는 것이다. 주자는 '서로 동일하다'라는 것으로써 '서로 가깝다'를 해석하고 있는 것이다. 그러나 공자가 말한 "본성은 서로 가까운 것"이라는 언급에서 서로 가깝다는 것은 맹자가 언급한 "서로 비슷하다"와 의미상에 있어서 서는 같은 맥락으로 보아야 한다. 이와 같기 때문에 "본성은 서로 가까운 것"에서의 본성은 '기질의 성'으로는 말해질 수 없는 것이며, 마땅히 사람들 모두가 동일한 '의리의 성'인 것이다.[8]

8 蔡仁厚, 『孔孟荀哲學』, 臺北, 學生書局, 1991년, 105쪽 참조.

3. 인仁과 본성本性의 문제

공자의 의리의 성에 대한 본질이 무엇인가의 문제에 대해서는 다양한 각도에서 조명해볼 수 있을 것이다. 본문에서는 『논어』의 내용들에 대한 직접적인 추론과 심도 있는 분석을 통하여 그 의미를 조명해볼 것이며, 이러한 작업들 위에 맹자의 인성론과 『중용中庸』의 성性명命 이론을 더하여 추론하는 방식을 통하여 결론적으로 공자가 인仁으로써 본성性을 삼은 사실을 천명해보도록 하겠다.

인이라는 것은 일종의 내재적인 덕성이라고 할 수 있다. 공자가 인에 대하여 언급한 부분을 『논어』의 도처에서 찾아볼 수 있으며 또한 그것이 내재적인 덕성의 의미로 언급된 부분 역시 적지 않지만 본문에서는 다음과 같은 일부만 다루어 보겠다.

> 인하기를 원해서 인하게 되었다.[9]

> 인은 멀리 있는 것일까? 내가 인하게 되고자 하면 곧 인이 찾아온다.[10]

> 하루라도 자신의 힘을 인을 위해 쓸 수 있는 사람이 있던가? 나는 능력이 부족한 사람은 보지 못했다. 그러한 사람이 있을 법이기는 하나 나는 아직까지 본적이 없다.[11]

공자는 무슨 이유 때문에 “내가 인하게 되고자 하면 곧 인이 찾아온다.” 및 “인하기를 원해서 인하게 되었다.”라고 하는 말들을 했을까?

---

9 『論語』, 「堯曰」, “欲仁而得仁.”

10 『論語』, 「述而」, “仁遠乎哉? 我欲仁, 斯仁至矣.”

11 『論語』, 「里仁」, “有能一日用力於仁矣乎? 我未見力不足者. 蓋有之矣, 我未之見也.”

이러한 긍정적인 언사들 가운데 "인하기를 원해서 인하게 되었다."에서 "원하다"는 글자는 배고플 때 먹고 싶다는 욕구가 생기는 것과 추위 속에서 따뜻한 것을 추구하는 생리적인 욕망과 같은 맥락에서 이해되어져서는 안 되는 것이다. 그렇다면 어떠한 맥락에서 "인하기를 원해서"의 "원하다"는 글자의 의미를 이해해야 하는 것일까? 여기에서 다뤄져야할 "원하다"는 의미는 마땅히 "하루라도 자신의 힘을 인을 위해 쓸 수 있는 사람이 있던가?"에서의 "힘을 쓰다"는 의미와 동일한 선상에서 파악되고 이해되어져야 한다. 즉 "원하다"는 글자에는 "인을 위해 힘쓰다"라고 하는 의미를 포함하고 있으며, '주동적인 것'과 '반성' 그리고 '자각'의 함의가 내재되어 있다고 할 수 있다.

"내가 인하게 되고자 하면 곧 인이 찾아온다."에서 "나"는 누구를 지칭하는 것일까? 라고 하는 문제가 제기될 수 있다. 이러한 문제에 대하여 두 가지 가능성을 상정해 볼 수 있을 것이다.

먼저, "나"는 보편적인 일인칭으로서 모든 개인들이 말하는 "나"가 아니고, 공자 자신을 지칭하는 것이다. 이때의 공자는 이미 마음 내키는 대로 행동해도 법도에 어긋남이 없는 경지에 도달한 상태이기 때문에 자연히 스스로가 "내가 인하게 되고자 하면 곧 인이 찾아온다." 라고 말할 수 있었던 것이다.

다음은 "나"는 보편적인 일인칭이라는 것이다. 즉 모든 사람들이 자기 자신에 대한 자각행위를 통하여 자신을 반성적으로 성찰하게 될 때에 비로소 그 가운데 '인'이 있다고 하는 것이다.

그렇다면 '인'은 어떻게 정의되고 해석되어야 할까? 라는 문제에 대해서는 맹자가 언급한 "모든 사람들이 다 요임금이나 순임금과 같은 성인이 될 수 있다"라고 하는 도리와 같은 맥락에서 파악되어져야 할 것이라고 판단한다. 공자가 말한 "인하기를 원해서 인하게 되었다"라는 언급은 '모든 사람들이 인하기를 원해서 인하게 되었다'라고도 말해질 수 있는 것이다. 그러나 만일 인하게 될 수가 없다면 그것은 '하지 않는 것'이지 '할 수 없는 것'이 아니다.[12] 그렇기 때문에 비록 우매한 품성을 지닌 사람은 수양공부를 정진하는 과정 가운데 "인하기를 원해서 인하게 되었다"는 경지를 달성할 수는 없지만, '모든 사람들이 인하기를 원해서 인하게 되었다'는 추론에는 별 지장을 주지 않는 것이다.

이는 맹자의 경우도 마찬가지인데, 맹자가 모든 사람들이 다 요임금이나 순임금과 같은 성인이 될 수 있다고 하는 것에 대한 긍정은 사실상 무턱대고 아무런 사람들이 다 요임금이나 순임금과 같은 성인이 될 수 있다고 하는 것을 뜻하지는 않는다. 그러한 언급 속에는 수양공부에 뜻을 세우고 최선을 다하여 노력해야 한다는 단서조항이 포함되어져 있는 것이다. 그러므로 모든 사람들이 다 갖추고 있는 내재적인 도덕성의 측면에서 본성을 말 할 때에만 모든 사람들이 "인하게 되고자 하면 곧 인이 찾아온다."라고 하는 공식이 설립될 수 있는 것이다.

만약 공자가 '인'을 '인도仁道'나 '인리仁理'로 간주하여 내가 욕구 하는 것의 대상이 되어 '마음'과 '리理'를 나누어 두 개의 이론노선을 구축하여 그것을 나타낼 수 있게 되면 '마음'과 '리'는 이미 나누어졌기 때문에 "내가 인하게 되고자 하면 곧 인이 찾아온다."와 "인하기를 원

---

12 맹자는 '할 수 없는 것'과 '하지 않는 것'의 구별에 대하여 "태산을 끼고 북해를 건너뛰는 것을 사람들에게 말하기를 '내가 할 수 없다'고 하면, 이는 진실로 할 수 없는 것이지만 어른을 위해서 나뭇가지를 꺾는 것을 사람에게 말하기를 '내가 할 수 없다'고 하면, 이는 하지 아니 할 뿐이지 할 수 없는 것이 아닙니다."라고 설명한 바 있다. 『孟子』, 「梁惠王上」, "挾太山以超北海, 語人曰: 我不能, 是誠不能也. 爲長者折枝, 語人曰: 我不能, 是不爲也, 非不能也."

해서 인하게 되었다"에 대한 합리적인 해설을 할 수가 없게 된다. 그렇기 때문에 오직 '인'만이 내가 본래부터 갖추고 있는 것이 되기 때문에 '인'하기를 원해서 '인'하게 되는 것에는 어떠한 외재적 요인에도 의탁할 필요가 없다는 것이다. 이래야 만이 공자의 이론체계가 두 가지 노선으로 분열되어 단일한 학설체계로 일치하지 않는 상황을 막을 수 있는 것이다.

맹자는 공자의 이러한 학설체계에 대하여 타당성이 있는 해석과 계승을 했다고 할 수 있다. 즉 맹자는 "인은 사람의 마음이다."[13]라고 하여 공자의 '인'을 인성의 본질로 파악하였던 것이다.[14] 이와 같이 공자의 인성에 대한 관점을 맹자의 인성론으로부터 거슬러 올라가 이해할 수도 있는 것이다. 어떤 학자들은 공자에게는 체계적인 인성론이 없다고는 하지만 맹자가 공자의 학설을 계승하고 그것에 대한 보완작업을 통하여 체계화시켜 완성했다고도 주장한다.

만일 맹자가 언급한 '인'은 사람의 마음이라는 것을 하나의 견해로 채용한다면 공자가 '인'으로써 '성'을 언급한 사항의 핵심적인 요소는 과연 무엇일까? 공자는 '인'이라고 하는 것은 인간에게 없어서는 절대로 안 되는 것이라고 생각했다. 그래서 그는 일찍이 '인'이 인간에 대하여 얼마나 중요한 존재인지를 "백성들에게 인의 필요성에 대한 문제의 정도는 물이나 불보다도 더 심각한 문제이다."[15]라고 매우 심도 있게 묘사를 하였다. 이외에도 '인'에는 또 다른 차원의 의미가 담겨져

---

13 『孟子』, 「告子上」, "仁, 人心也."

14 李澤厚는 "공자가 '인'을 사용하여 '예'를 해석한 것은 원래 '예에로 돌아간다.'를 위해서였다. 그러나 그 결과는 오히려 수단이 목적을 초월한 셈이 되었다. 공자에 의해서 발굴되고 강조된 '인'— 인성심리원칙이 반대로 본질적인 것이 되어버렸다." 라고 했다. 李澤厚, 『中國古代思想史論』, 北京, 人民出版社, 1986년, 22쪽 참조.

15 『論語』, 「衛靈公」, "民之於仁也, 甚於水火."

있고 할 수 있다. 즉 가치에 관한 문제가 담겨져 있는데, 이러한 문제에 대하여 공자는 군자가 '인'에서 한시라도 떨어질 수 없는 것이며 그것을 상실해서는 안 된다고 하는 사례를 들어 설명하고 있다.

> 군자가 인을 버린다면 어찌 군자란 이름이 이룩되겠는가? 군자는 밥을 먹는 동안이라도 인을 어기지 말아야 하며, 다급한 순간이라 할지라도 반드시 인을 지키고, 넘어지는 순간이라 할지라도 반드시 인을 지켜야 한다.[16]

서복관 같은 경우는 공자의 '인'은 생명의 근원으로서 인성이 되는 것이라고 보아 공자에게 있어서의 인성은 '선'한 것이라고 주장했다.

> 공자가 기왕에 인정한 '인'은 각 개인의 생명 속에 내재되어 있는 것인데, 공자가 비록 '인'이 곧 인성이라고 설명을 하지는 않았지만, 앞에서 서술한 바와 같이 그것은 실제로는 본성은 선한 것이라고 여긴 것이다. 공자에게 있어서 선함의 궁극적인 것은 '인'이 되는 것이다. 즉 반드시 실제상에서 인정된 '인'만이 인간이 인간되는 이유에 대한 가장 근본적인 규정이 되는 것이며 또한 인이 생명의 근원으로서 인성이 되는 것이다.[17]

만일 역으로 거슬러 올라가는 추론 방식을 통하여 탐색해 본다면, 맹자가 언급한 '성선'은 공자를 계승하여 만들어진 학설체계로서 공자의 '인'은 자연히 인성론으로 전개되게 되는 것이다. 또한 만일 공자의 '인'으로써 인성론의 논점을 삼는다고 한다면 반드시 인간의 본성은

---

16 『論語』, 「里仁」, "君子去仁, 惡乎成名? 君子無終食之間違仁, 造次必於是, 顚沛必於是."

17 徐復觀, 『中國人性論史』, 臺北, 臺灣商務印書館, 1990년, 98쪽 참조.

'선'한 것이라고 주장하게 되는 것이다. '인'은 공자의 인성론 체계에 있어서 가장 핵심적인 요소라고 말할 수 있는데, 이러한 사실은 후대의 사람들이 공자의 '인'을 인성론적 측면에서 이해한 귀결이라고 할 수 있을 것이다.

『논어』에서 자주 언급되었던 '인' 이외에 맹자가 언급했던 "인이라는 것은 사람다움이다"와 "인은 사람의 마음이다"는 주장 역시 매우 중요한 관건이 된다. 맹자는 공자의 계승자로 간주되어지는데, 그의 학설체계는 공자의 학설체계 위에 자신의 관점을 더하여 새로운 이론체계를 수립한 것으로 볼 수 있다. 그렇기 때문에 공자가 '인'으로써 본성을 설명했기 때문에 본성은 선하다고 하는 입장을 견지했으리라고 판단하는 것은 일견 설득력이 있다고 할 수 있는 것이다.

공자는 '인'이 구체적인 인물에 한정될 수 없는 것이라고 생각했다. 즉 공자는 '인'을 일개 덕목으로 보지 않았으며, 또한 그것에 대하여 특별한 정의도 내리지 않았기 때문에 어떠한 특정 인물에게 국한될 수 있는 성질의 것이 아니라고 생각했던 것이다. 공자는 쉽게 사람들에게 '인'을 허락하지 않았으며 스스로가 '인'하다고 자처하지도 않았다. 다만 공자는 대하는 사람에 따라 '인'에 대하여 다양하게 설명했을 뿐이다. 또한 '인'의 보편적 무한성의 측면에서 언급한다면 공자가 말한 '인'은 실제적으로는 '성性'과 '천도天道'·'천명天命'과 융합되는 것이다.

공자는 사람에게 '인'을 허락하지 않았으며 '인'으로써 자처하지도 않았으며, 다만 그는 '인'의 무한성에 대하여 심도 있는 파악을 했을 뿐이다. 앞에서 언급한 것과 같이 공자는 실제로 '인'이 태어날 때부터 갖추어져 있는 것이며 선천적으로 인성에 존재하고 있는 것이라고 여겼다. 그리고 '인'의 특질은 부단하게 생리적인 한계를 돌파하여 무한하게 초월하는 것 즉 자신의 생리적인 욕망의 한계를 초월하는 것에 있다. 선천적으로 존재하면서 무한한 초월의 측면에서 말하자면 '인'의 내용이 되는 것은 인성인데, 실제로는 전통에서 말하는 '천도'·'천명'과 같은 것이다. 공자의 "오십에 천명을 알았다"는 말은 실제로 그가 오십 세가 되었을 때 '인'은 체현하기 시작하여 완전하게 드러낸 것인데, 이는 그가 '인'의 선천성과 무한한 초월성을 증험할 수 있게 되었다는 것이다.[18]

서복관의 관점에 의하면 공자는 '인'을 사용하여 '성'과 '천명'을 대체한 것이다. 공자 이후에 자사子思가 전한 『중용』에 "하늘이 명한 것을 성性이라 하고, 성을 따르는 것을 도道라 하며, 도를 닦는 것을 교육이라 한다."[19]라고 하는 기록은 공자의 인성론 사상의 발전적인 서술이라고 할 수 있으며, 직접적으로 '성'과 '천명'의 긴밀한 관계를 나타낸 것이라고 할 수 있는 것이다. 그리고 '성'을 따르게 되면 그것이 직접적으로 '천명'에 투영된다는 것이다. 또한 '도'를 닦는 다고 하는 것은 '성'과 '천명'의 본래적인 의미를 파악하여 그것들이 다시금 발휘될 수 있게 한다는 것으로 '수양공부'의 문제에 속하게 되는 것이다. '성'과 '천도'·'천명'의 문제에 대한 해석은 맹자의 '진심·지성·지천'에 대한 관점과 호응을 이루게 될 때만이 비로소 분명하게 해석이 되어 질 수 있는 것이다.

4. 맺는 말

이상과 같은 공자의 인성론 체계에 대하여 정리해보면 다음과 같은

18 徐復觀, 『中國人性論史』, 臺北, 臺灣商務印書館, 1990년, 98～99쪽 참조.
19 『中庸』, "天命之謂性, 率性之謂道, 修道之謂教."

사실들을 알 수 있을 것이다.

공자가 언급한 “본성은 서로 가까운 것이지만, 습성이 서로를 멀어지게 한다.”로부터 ‘본성’과 ‘습성’의 대조에 주안점을 두고 공자의 인성론 문제를 파악해보면 다음과 같다. 즉 공자가 언급한 ‘습성’이 사람들의 본성을 서로 상이하게 만드는데, 이러한 상이한 차이는 약간 혹은 소량의 차이가 아니기 때문에 상이함이 매우 멀다(크다)고 말하는 것이다. 또한 ‘서로 다름’과 ‘서로 같음’을 상호 대칭적인 측면의 입장에서 본다면 다음과 같은 문제가 제기된다. 만일 ‘습성’의 “서로를 멀어지게 한다.”고 하는 것이 나타내는 점이 차이라고 한다면, ‘본성’과 ‘습성’은 대립적인 배열을 이루게 되어 대칭적으로 어떠한 의미를 전달할 수 있을 것인가? 또한 ‘본성’을 말하는 “서로 가까운 것”이라고 하는 것의 실제적인 의미는 과연 무엇인가? 이러한 것을 ‘서로 같음’을 사용하여 해석할 수 있는 것인가?

공자의 ‘본성’에 대해서는 “들을 수가 없었다.”고 하였기 때문에 어떤 의미에서는 공자가 언급한 ‘본성’에 대한 정의나 그것의 정확한 의미를 설명하기에는 적지 않은 어려움이 수반된다. 그렇기 때문에 많은 사람들이 공자의 ‘본성’에 대한 의미를 비유나 추리를 통하여 쉽게 터득할 수 있었던 것은 바로 공자가 말한 “습성이 서로를 멀어지게 한다”는 언급과 대비하여 ‘본성’이 “서로 가까운 것”이 된다는 사실을 응용했기 때문이다. “본성은 서로 가까운 것”에 관하여 그것의 정확한 의미가 도대체 무엇을 지칭하는 것인가에 대하여 어떤 사람들은 공자는 인간의 본성은 평등한 것으로 생각해서 극소수의 위로는 뛰어난 품성을 가진 사람들과 아래로는 우매한 품성을 가진 사람들을 제외한 일반적인 사람들의 품성은 선천적으로 평등하기 때문에 공자가 “서로 가까운 것”이라고 언급했다는 주장을 한다.

공자가 ‘인’으로써 ‘성’을 언급한 사항의 핵심적인 요소는 과연 무엇일까? 공자는 ‘인’이라고 하는 것은 인간에게 없어서는 절대로 안 되는 것이라고 생각했다. 그래서 공자는 일찍이 ‘인’이 인간에 대하여 얼마나 중요한 존재인지를 “백성들에게 인의 필요성에 대한 문제의 정도는 물이나 불보다도 더 심각한 문제이다.”라고 설명하였다. 이것 외에도 ‘인’에는 또 다른 차원의 의미가 담겨져 있고 할 수 있다. 즉 가치에 관한 문제가 담겨져 있는데, 이러한 문제에 대하여 공자는 군자가 ‘인’에서 한시라도 떨어질 수 없는 것이며 그것을 상실해서는 안 된다고 하는 사례를 들어 주장했다.

우리가 만일 역으로 거슬러 올라가는 추론 방식을 통하여 분석해 본다면 맹자가 언급한 ‘성선’은 공자를 계승하여 만들어진 학설체계로서 공자의 ‘인’은 자연히 인성론으로 전개되게 되는 것이다. 또한 만일 공자의 ‘인’으로써 인성론의 논점을 삼는다고 한다면 반드시 인간의 본성은 ‘선’한 것이라고 주장하게 되는 것이다. 그렇기 때문에 ‘인’은 공자의 인성론 체계에 있어서 가장 핵심적인 요소라고 말할 수 있는데, 이러한 사실은 공자의 ‘인’을 인성론적 측면에서 이해한 귀결이라고 할 수 있을 것이다. 또한 『논어』에서 자주 언급되었던 ‘인’ 이외에 맹자가 언급했던 “인이라는 것은 사람다움이다”와 “인은 사람의 마음이다”는 주장 역시 매우 중요한 관건이 된다. 맹자는 공자의 계승자로 간주되어지는데, 그의 학설체계는 공자의 학설체계 위에 자신의 관점을 더하여 새로운 이론체계를 수립한 것으로 볼 수 있다. 그러므로 공자가 ‘인’으로써 본성을 설명했기 때문에 본성은 선하다고 하는 입장을 견지했으리라는 판단은 설득력을 가지게 되는 것이다.

참고문헌

黃　侃,『論語義疏』,『皇淸經解』本.

朱　熹,『論語集注』,『海淵閣』明刻本.

劉寶楠,『論語正義』,『續皇淸經解』本.

朱　熹,『中庸章句』,『海淵閣』明刻本.

朱　熹,『孟子章句集註』,『海淵閣』明刻本.

焦　循,『孟子正義』,『焦氏遺書』本.

王陽明,『王陽明全集』上冊, 上海, 上海人民出版社, 1992년.

李澤厚,『中國古代思想史論』, 北京, 人民出版社, 1986년.

徐復觀,『中國人性論史』, 臺北, 臺灣商務印書館, 1990년.

蔡仁厚,『孔孟荀哲學』, 臺北, 學生書局, 1991년.

宋淑萍,「淵源有自一先秦學術的萌芽」,『浩瀚的學海』, 北京, 三聯書店, 1991년.

林義正,「論語 '夫子之文章之研究'」,『文史哲學報』, 第四十二期, 臺北, 1995년.

제2장 맹자의 인성론 사상(I)

1. 시작하는 말

중국의 전통 인성론人性論 사상을 대표할 수 있는 사상체계는 전국시기戰國時期에 출현한 맹자의 인성론이라고 할 수 있다. 중국의 전통 인성론 사상의 최고봉으로서의 맹자 인성론에 관해서는 고대로부터 현재에 이르기까지 수많은 학자들에 의해서 연구가 진행되어져 왔다. 본문에서는 이러한 맹자의 인성론에 대하여 도덕철학적 관점이라고 하는 새로운 방법론에 맞춰 중국의 전통 인성론 사상의 선구로서의 맹자의 인성론을 재조명 하였다.

맹자가 인성론에 대하여 성선설性善說의 입장을 수립한 것은 맹자 자신의 도덕실천의 열망을 담고 있는 것이라고 할 수 있다. 그렇기 때문에 맹자가 성선설을 주장한 것은 적극적으로는 "이미 그러한 사실을 설명하기 위함"[1]이며 즉 다시 말한다면 본성이 이미 드러난 바와 같이 선하다는 사실을 설명하기 위한 것이며, 소극적으로는 인성이

1 周群振, 『儒學探源』, 臺北, 鵝湖出版社, 1986년, 154쪽 참조.

본래 선하다는 이론과 괴리된 모든 견해들에 대하여 설득력 있는 주장을 통하여 잘못된 이론들을 바로잡기 위해서라고 말할 수 있는 것이다.

맹자 성선설의 주요한 내용은 이러한 논쟁들을 통하여 시작되고 나타나는데, 그 가운데 특히 「고자告子」편 속에서 맹자와 고자 사이의 논쟁 가운데 가장 극명하게 드러나 있다. 그러므로 본문에서는 인성론에 있어서의 양대 축으로 인식되어지고 있는 맹자와 고자의 인성론을 중심으로 중국 전통인성론 사상의 최고봉이라고 할 수 있는 맹자 성선설의 기본 형태를 재분석해 보았다.

2. 비유를 통해 본 인성론

> 고자가 인성은 버드나무와 같고 의는 나무로 만든 술잔과 같으니, 사람의 본성을 인의라고 하는 것은 버드나무로 술잔을 만드는 것과 같은 것이라고 말했다. 그러자 맹자가 자네는 버드나무의 성질에 따라서 나무 술잔을 만들 수 있는가? 장차 버드나무를 죽인 이후에야 술잔을 만들 것이니, 만일 버드나무를 죽여서 술잔을 만든다고 한다면 사람을 죽여서 인의를 만든다는 것인가? 온 세상 사람들이 이러한 것을 따라서 인의를 실천함에 해를 입히게 된다면, 그것은 반드시 그대의 말에서 비롯된 것일 것이다! 라고 말했다.[2]

위의 인용문에서 의미하는 맹자와 고자 사이에서 벌어진 논쟁의 초점은, 어떤 방식에 의해서 '인성人性'과 '인의仁義'가 연결되어 있는가?[3]

---

2 『孟子』, 「告子上」, "告子曰: 性, 猶杞柳也; 義, 猶杯棬也. 以人性爲仁義, 猶以杞柳爲杯棬. 孟子曰: 子能順杞柳之性而以爲杯棬乎? 將戕賊杞柳而後以爲杯棬也? 如將戕賊杞柳而以爲杯棬, 則亦將戕賊人以爲仁義與? 率天下之人而禍仁義者, 必子之言夫!."

라는 문제로 귀결될 수 있다. 즉 '인성'과 '인의'는 과연 선천적으로 내재적인 연관이 있는가? 아니면 후천적인 노력에 의해서 연결되는 것인가? 이러한 문제들에 대하여 고자는 바로 후자의 입장을 취하여 버드나무와 그것으로 만든 술잔의 비유를 들어서 자신의 논리를 펼치는 것이다. 그러나 맹자는 전자의 입장에서 고자가 설정한 비유들의 반박을 통하여 고자가 인식하고 있는 '인성'과 '인의'의 관계가 잘못되었다는 논리를 펼친다.

이러한 논쟁 가운데 고자는 먼저 비유방법을 통하여 직접적으로 자신의 '인성'에 대한 견해를 "인성이 인의가 되는 것은 버드나무로 술잔을 만드는 것과 같다."[4]와 같이 피력한다. "인성은 버드나무와 같고 의는 나무로 만든 술잔과 같다."와 같이 고자는 버드나무와 술잔 사이의 관계를 비유로 들어서 '인성'과 '인의' 사이의 관계를 설명하는데, 이것은 곧 버드나무와 술잔의 관련방식으로 '인성'과 '인의'의 관계를 비교한 것으로, 즉 '인성'과 '인의'는 버드나무와 술잔의 관계와 같다는

---

3 혹자는 고자가 주장한 "인성은 선함도 없고 선하지 않음도 없다"것을 근거로 고자는 '인의'를 갖춘 사람이 존재하지 않는다고 단언하기도 하지만, 이러한 단언은 분명히 잘못된 것이다. 고자가 주장한 "인은 안에 있고 의는 밖에 있는 것이다"라는 언급에서 볼 수 있듯이 그는 이미 '인의'로 대표되는 도덕의 존재를 분명하게 표시했다. 그리고 고자의 인성론에 반대 입장을 표명하는 맹자 역시 이러한 논점을 근거로 고자의 '인의'가 인성에 외재한다고 하는 논리를 반박하는 것이다.

4 이러한 문제에 대하여 진대제陳大齊는 색다른 견해를 갖고 있는데, 그는 "'인성이 인의가 되는 것은 버드나무로 술잔을 만드는 것과 같다.'는 언급이 고자 본인의 주장을 대표한다고는 생각하지 않는다. 오히려 고자는 이러한 논거를 이용하여 맹자의 인성론을 비판한다."고 한다. 진씨의 견해에 근해서 보면 버드나무는 재료이고 나무로 만든 술잔은 곧 재료를 이용하여 만든 완제품으로 이러한 "재료와 완제품은 동일한 사물로 볼 수 없는 서로 다른 두 개의 사물이다. 고자는 이러한 논리에 의해 버드나무와 술잔 사이의 관계를 설정을 하고, 그것으로써 인성과 인의 사이의 관계를 비유한 것이다. '인성이 인의가 되는 것은 버드나무로 술잔을 만드는 것과 같다.'는 말은 맹자가 이러한 고자의 논리를 무시하고 혼동에 빠졌기 때문에 주장한 것이다." 陳大齊, 『孟子的名理思想及其辯說實況』, 臺北, 臺灣商務印書館, 1983년, 138쪽 참조.

것이다.

이상과 같이 볼 때 버드나무가 술잔에 대하여 전자는 후자의 재질이나 재료가 되고, 술잔이 버드나무에 대하여서는 술잔은 곧 버드나무를 재료로 하여 만들어진 완제품이 된다는 것을 알 수 있다. 그러나 재료는 재료이고 완제품은 완제품일 뿐으로, 재료가 되는 버드나무는 그 자체로서 완성된 형태의 술잔이 될 수 없으며 또한 그 자체능력에 의해 술잔이 될 수 없기 때문에 버드나무는 자연적으로 술잔이 될 수 없는 것이다. 이러한 재료로서의 버드나무가 완제품 형태의 술잔이 되기 위해서는 버드나무 자신의 능력으로는 절대로 불가능하며 반드시 외부적인 작용이 있어야만 가능한 것이다. 이것은 곧 버드나무 그 자체는 앞으로 어떤 형태의 그릇으로 만들어질 수 있는 결정을 내릴 수 없는, 즉 스스로 자주적인 결정을 내릴 수 없는 존재임을 의미하는 것이며, 그것이 완성된 형태의 술잔이 되기 위해서는 반드시 후천적인 가공을 통해야만 가능하다는 것이다.

이렇게 본다면, 버드나무와 술잔 사이에는 어떠한 자연적인 생성관계도 존재하지 않음을 발견할 수 있으며, 또한 버드나무가 술잔이라는 완성품이 되기 위해서는 외부로부터 실질적인 인위작용이 더하여질 때에만이 비로소 그것이 가능하다는 사실을 알 수 있는 것이다. 그런데 고자는 버드나무를 '인성'에 비유하고 술잔을 '인의'에 비유하는 것을 통하여 '인성'에 대한 '인의'의 관계를 버드나무에 대한 술잔의 관계로 비유하였다. 그래서 '인성' 가운데는 '인의'로 대표되는 선善의 요소가 없는 것으로 파악하여 '인성'이 '인의'의 덕을 펼치기 위해서는 '인성' 자체의 자연적인 능력으로는 불가능하고 반드시 후천적인 조치가 있어야만 가능하다고 하는 것이다. 이처럼 고자는 '인의'가 실재로는 '인성'의 외부에 존재하는 것으로 생각하여 '인성'과 '인의' 사이가 관련되는 것에 대해서는 반대하지는 않았지만, 선천적이며 내재적으로 연결된 것이라고는 생각하지는 않고 후천적인 노력을 통해서만 그것들을 연결할 수 있다고 하였다.

맹자는 고자의 이러한 견해에 반대를 한다. 즉 맹자는 '인성'과 '인의' 사이의 관계를 후천적이며 종합적인 관계로 보지를 않고 선천적이며 내재적으로 연결된 관계로 보았던 것이다. 이러한 관점에 대한 하숙정何淑靜의 견해는 눈여겨볼 만하다.

> 버드나무로 술잔을 만들기 위해서는 반드시 후천적인 인간에 의한 작업을 통하여야만 한다. 즉 버드나무와 술잔의 관계는 종합적인 것으로 이 둘의 관계는 후천적인 인위에 의해서 건립되는 것이다. 그러므로 버드나무와 술잔은 필연적인 연결 관계가 없는 것이기 때문에 이러한 것으로 인성과 인의를 비유하면 곧 이 둘의 관계는 종합적으로 되어 인성과 인의의 연결에는 필연성이 없게 되는 것이다. 이것은 곧 인성에는 필연적으로 인의가 될 만한 가능성이 없어 인의를 이루기 위해서는 후천적인 노력이 반드시 필요하다는 것을 의미하는 것이다. 인간이 버드나무처럼 재료가 되어 술잔과 같은 완성품을 만들 수 있다는 말은 역시 인간이 여타 다른 제품의 재료가 될 수 있다는 것을 의미하는 것이지 버드나무가 술잔을 만들 수 있는 것처럼 필연적인 것은 아니다. 즉 버드나무는 다만 인위적인 작업을 가해야할 재료에 불과하기 때문에 그 자체로는 자신이 장차 어떤 형태의 제품으로 변형될 것인지에 대해서는 어떠한 주체적인 작용을 할 수 없기 때문이다. 같은 맥락에서 보면 곧 버드나무로 인성을 비유하고 술잔으로 인의를 비유하게 되었을 때 인성과 인의의 관계는 이와 같이 된다는 것이다. 즉 인간의 인성을 재료로 삼아서 인의를 만들 수 있다는 것은 역시 인성으로 불인不仁하고 불의不義함의 재료를 삼을 수 있다는 말과 같게 되어 인성과 인의 사이에는 필연적인 연결 관계가 없게 되는 것이다. 다시 말하면 인

성에는 필연적으로 인의를 이룰 수 있는 가능성이 없기 때문에 인의는 후천적인 인위의 결과물이라는 것이다.[5]

하숙정이 지적한대로 고자는 인성을 본래 '인의仁義'로 대표되는 도덕성이 갖추어져 있지 않은 것으로, 즉 "인의는 후천적인 인위의 결과물"로 보았다. 그래서 고자는 '인의'가 '인성'에 대하여 단지 후천적으로 그 안에서 보좌하는 기능을 갖추었을 뿐이라고 생각했다. 이러한 점들을 기초로 유추해보면 "버드나무의 성질을 따라 나무 술잔을 만든다."라는 것은 불가능하게 되며 반드시 외부로부터의 인위적인 조작이 수반되어야만 비로소 술잔을 만들 수 있게 되는 것이다. 이러한 비유를 근거로 하여 '인성'과 '인의'의 관계를 보면 어떻게 "사람을 죽여서 인의를 만든다."는 것이 가능할 것이며, 인간이 '인의'로 대표되는 도덕행위를 실천하는 것을 버드나무를 반드시 도끼로 찍어 상하게 한 뒤에 술잔을 만드는 것에 비유할 수 있겠는가! 만일 이와 같다면 '인의'가 '인성'에 대하여서 반드시 '인성'이 '인성'으로 되는 '인성' 본래의 성분을 죽인다는 것이 된다. 바꿔 말한다면 고자에게 있어서의 '인의'는 '인성'을 파괴하고 만들어진 것이 된다. 그래서 맹자는 고자의 이와 같은 '인성'과 '인의'의 관계에 대한 견해를 준엄하게 비판하는 것이다.

위에서 언급한 내용들 가운데 비록 맹자의 인성론에 대한 구체적인 설명은 찾아보기 어렵지만, 그의 기본 입장은 이미 매우 분명하게 드러난다. 즉 맹자는 '인의'가 '인성'에 대하여 선천적이고 내재적으로 구비되어 있기 때문에 '인성'의 본래 모습은 선하다는 것이다. 이러한 견해는 고자와 비교했을 때 상당한 차별성을 갖는다. 즉 고자는 '인성'과

---

5 何淑靜, 『孟荀道德實踐理論之研究』, 臺北, 文津出版社, 1988년, 144쪽 참조.

'인의'의 관계를 후천적이며 종합적인 관계로 파악하여 그것들의 연결은 필연성이 없고, 또한 그것들 사이의 관련은 후천적인 노력에 의해 결정된다고 보았다. 고자의 이러한 견해에는 이미 "인성에는 선함도 없고 선하지 않음도 없다"는 의미가 내포되어 있다고 볼 수 있다.[6]

> 고자가 인성은 고여서 맴돌고 있는 물과 같아서 동쪽으로 터놓으면 동쪽으로 흐르고, 서쪽으로 터놓으면 서쪽으로 흐르는 것과 같은 것이기 때문에, 인성의 선과 선하지 않음의 구분이 없는 것 역시 물이 동서의 구분이 없는 것과 같다고 말했다. 그러자 맹자가 물은 과연 동서의 구분이 없지만 위아래의 구분이 없는 것인가? 인성이 선하다는 것은 물이 아래로 흐르는 것과 같으니, 사람들에게 선하지 않음이 없는 것이며 물은 아래로 흘러가지 않음이 없는 것이다. 지금 물을 손으로 쳐서 튀게 하면 이마보다 높이 올라가게 할 수 있으며, 막아서 역류하게 하면 산에 있게 할 수 있지만, 이것이 어떻게 물의 본성이겠는가? 그 외부의 힘이 그렇게 한 것이다. 사람이 선하지 않은 일을 할 수 있게 되는 것은 그 본성이 변해서 그렇게 한 것이라고 말했다.[7]

위의 인용문 역시 비유의 방식으로 논쟁을 진행한 것으로, 먼저 고자는 자신의 '인성'에 대한 견해를 "인성은 고여서 맴돌고 있는 물과

---

6 고자는 "버드나무의 비유"에서 "인성에는 선함도 없고 선하지 않음도 없다"라는 주장을 분명하게 하지는 않지만, 고자가 인성을 버드나무와 같은 것으로 비유한 점을 유추해 볼 때 인성을 중립적인 재료의 의미로 파악했음을 알 수 있다. 이러한 고자의 견해는 가치중립적인 인성론 관점을 내포하고 있는 것이라고 할 수 있는 것이다.

7 『孟子』, 「告子上」, "告子曰: 性猶湍水也, 決諸東方則東流, 決諸西方則西流. 人性之無分於善不善也, 猶水之無分於東西也. 孟子曰: 水信無分於東西; 無分於上下乎? 人性之善也, 猶水之就下也! 人無有不善, 水無有不下. 今夫水, 搏而躍之, 可使過顙; 激而行之, 可使在山, 是豈水之性哉? 其勢則然也. 人之可使爲不善, 其性亦猶是也."

같다"라는 비유를 드는데, 그 의미는 "인성은 버드나무와 같다"는 비유가 함축하고 있는 의미와 같다. 즉 앞에서 언급한 바와 같이 고자가 '인성'이 도덕적 측면에 있어서 '선'하지도 않고 '선'하지 않음도 없다는 가치중립적인 입장을 견지한 경우와 일치 한다는 것이다. 그래서 고자는 물이 흐르는 성질에 있어서 동쪽과 서쪽의 구분이 없다는 비유를 들어 '인성' 가운데 '선'함과 '선'하지 않음의 구분이 없다는 것을 주장한다.

고자는 '인성'과 물의 본성을 같은 것으로 보아서 물의 본성 자체에는 일정한 흐름의 방향이 없다고 생각하는 한편 흐르는 물 자체에도 주체적으로 흐름의 방향을 결정할 능력이 없는 것이라고 주장했다. 구체적으로 말하자면, 물이 동쪽 방향으로 흘러가거나 혹은 서쪽 방향으로 흘러가거나 모두 물꼬를 트는 방향을 결정짓는 외재적인 조건 위에서만이 가능하다는 것이다. 즉 만일 하천에서 동쪽 방향으로 물꼬를 트면 물은 동쪽으로 흘러가고, 만일 서쪽 방향으로 물꼬를 튼다면 그것은 서쪽으로 흘러가게 되는 것처럼, 물 자체에는 동쪽으로 흐르는 성질이나 서쪽으로 흐르는 성질이 없다는 것이다. 그러므로 물이 동쪽으로 흐르거나 서쪽으로 흐르는 것은 하천의 물꼬를 트는 실제적인 방향에 의해서, 즉 외재적인 요인(인위적 작용, 지형)에 따라서 결정되는 것이지 흐르는 물 자체의 주체적인 결정에 의해서 결정되는 것이 아니라는 것이다.

'인성'의 문제에 관하여 고자는 '인성' 가운데 선함과 선하지 않은 것에 대하여 '인성' 자체에는 절대적인 자주성이나 자결능력이 없기 때문에, 인간이 선한 행위를 하거나 그렇지 못한 행위를 하는 것은 모두 외재적인 요인이나 후천적인 요인에 의해서 결정된다고 생각했다. 이는 곧 인간은 후천적인 교육을 통해서 올바른 가치 판단을 내릴 때에만 비로소 도덕적으로 선하게 될 수 있으며 그렇지 않으면 도덕적으로 선하지 못하게 된다는 것이다. 즉 고자의 견해에 의하면 '인성'이 선하게 되는 것과 선하지 않게 되는 것은 '인성'의 본래 모습에 기초하지 않고 외재적인 요인과 후천적인 요인에 의해서 결정된다는 것이다.

맹자는 고자의 이러한 견해에 대하여 반대 입장을 취한다. 그러나 고자가 언급한 흐르는 물 자체는 그것이 앞으로 동쪽으로 흘러갈지 혹은 서쪽으로 흘러갈지를 결정할 수 없다고 하는 것은 명백한 객관적인 사실이다. 그래서 맹자는 이러한 부분에 대하여 인정할 수밖에 없어서 "물은 과연 동서의 구분이 없다"[8]라고 했으나, 고자의 주장처럼 평면적인 관념에 의해서는 물의 본성에 대하여 보편적이고 타당하게 관찰을 한다는 것은 불가능하다고 생각했다. 즉 맹자는 물이 동쪽으로 흐르거나 서쪽으로 흐른다고 하는 이유만으로는 물 본성의 본래 모습을 나타내기에는 부족하다고 생각했다. 그래서 맹자는 다른 측면에서 물의 본성을 관찰하는데, 그것은 바로 물이 높은 곳에서 낮은 곳으로 흐르는 성질을 착안한 방법으로 그는 고자의 주장에 대하여 "위아래의 구분이 없는가?"[9]라고 반박한다.

즉 맹자는 물이 아래로 흘러가는 것이 물 본성의 본래 모습이라고 생각하여 '인성'이 '인의'를 실천하는 것은 물이 낮은 곳으로 흘러가는 성질과 같은 것으로, 이것이 곧 '인성'의 본래 모습이라고 말한다. 또한 인간이 선하지 않은 행위를 하게 되는 것에 대해서 맹자는 이러한 행위들의 요인이 인성자체에 있는 것이 아니라 외재적인 방해요인에 의해서 본래 선한 본성이 왜곡된 결과에 의해서 그렇게 된다고 주장한다. 즉 흐르는 물이 비록 낮은 곳으로 흘러가는 본성을 가지고는 있지만, 그것이 만일 외부의 강력한 제지를 받는다면 높은 곳으로 역

---

8 『孟子』, 「告子上」, "水信無分於東西."
9 『孟子』, 「告子上」, "無分於上下?"

류할 수도 있다는 것이다. 그러나 이것은 이미 물 본성의 본래적인 모습을 상실한 것이라고 할 수 있는 것이다.

맹자와 고자는 동일하게 흐르는 물을 비유로 들지만, 이 두 사람은 서로 다른 측면에서 관찰을 진행한 것을 토대로 하여 제각기 다른 주장을 한다. 즉 고자는 "물은 동쪽과 서쪽의 구분이 없다."[10]고하는 것이 물의 본성이라고 주장하고, 맹자는 "물은 낮은 곳으로 흐른다."고 하는 것이 물의 본성이라고 주장하여 이러한 것들을 '인성'에 비유한다. 즉 고자는 "인성에는 선함도 없고 선하지 않음도 없다."라는 주장을 전개하고, 맹자는 "사람에게는 선하지 않음이 없다"[11]라는 주장을 전개해 나간다.

맹자와 고자가 이렇게 서로 다른 견해를 가지게 된 이유는 사물을 근본적으로 다른 각도에서 관찰했기 때문이다. 즉 물의 본성과 '인성'에 대하여, 고자는 평면적인 관찰과 이해를 바탕으로 했기 때문에 흐르는 물 자체는 스스로 흐름의 방향을 결정할 수 있는 능력이 없는 것만을 파악하여 '인성'에 대하여서도 도덕적인 가치판단을 하지 않는 가치중립적인 입장을 견지하나, 맹자는 평면적인 각도에서만이 아닌 상하의 수직적인 각도로 관찰하여 흐르는 물이 실제로 낮은 곳으로 흐르는 성질을 파악하여 '인성'에 대해서도 물이 낮은 곳으로 흘러가는 것처럼 '인성'이 선한 방향으로 나가는 것이 본래의 모습이라고 하는 입장을 견지한다.

이상과 같이 볼 때 동일한 대상에 대해서도 사물을 보는 관점에 따라 상이한 관찰과 이해가 수반됨을 알 수 있다. 다시 말하면 관찰할 때 견지하는 관점과 각도가 다르면 어떤 의미에서는 맹자와 고자 두

---

10 『孟子』, 「告子上」, "水之無分於東西."

11 『孟子』, 「告子上」, "人無有不善."

사람의 '인성'에 대한 주장이 이미 서로 차이점을 내포하고 있다는 것을 알 수가 있다는 것이다.

그렇다면 맹자는 도대체 어떠한 각도에서 '인성'을 보았을까? 위에서 이미 언급한 두 개의 비유형식을 통하여 진행된 논쟁 속에서 우리는 맹자가 직접적으로 '인성'에 대해 어떤 형식으로든 분명한 규정을 언급하지 않은 사실을 발견할 수 있다. 그러나 좀 더 세밀하게 분석해 본다면, 맹자는 논쟁이 진행되는 가운데 주로 상대방의 논리를 깨트리는 소극적 입장에서부터 시작하여 상대방의 논리에 대한 반박의 과정 속에서 자신의 '인성'에 대한 논리를 적극적으로 전개하는 한편 '인성'에 대한 개념을 분명히 밝혀나간다.

맹자의 '인성'에 대한 기본적인 입장은 이미 두 차례의 논쟁을 통하여 분명하게 드러나 있다. 즉 맹자의 입장에서 본다면 '인성' 자체는 도덕 가치를 가지고 있는 것이며, 가치중립적인 의미의 자연적인 재료 혹은 재질과는 다른 것이기 때문에 '인성'을 자연적인 재질이나 재료로 비유해서는 안 된다고 맹자는 주장하는 것이다. 만일 그렇지 않으면 '인성'의 본래 모습 즉 성선性善은 반드시 왜곡되어 선천적이고 내재적으로 연결되어 있는 '인의'와 '인성'이 후천적이고 종합적인 관계로 돌변하게 된다는 것이다.

사실 '인성'에 선한 성질이 본래 갖추어져 있다는 것은 객관적인 사실이라고 말할 수도 있다. 즉 인간이 '인성'의 본래 모습을 지속적으로 발전시켜 나간다면 인간의 행위 속에서 악한 행위는 찾아볼 수 없을 것이며, 다만 선한 행위만을 찾아볼 수 있을 것이다. 이러한 점이 바로 맹자의 '인성'에 대한 기본입장이라고 말할 수 있으며, 이러한 점을 통해서 고자가 말한 '인성'의 개념과 확연히 다른 맹자의 '인성' 개념을 발견할 수 있는 것이다.

3. 인성론 관점의 갈림길

고자의 "생리적 본능을 인성이라고 한다."[12]는 관념은 중국의 인성론 전통 속에서 가장 오래되었을 뿐만 아니라 지속적으로 이어져 내려온 견해라고 할 수 있다. 문자 자체의 본래 의미를 분석해보면, 본래 '성性'자는 '생生'자에서 음을 따온 것이며 또한 '생'자에서 파생되어 나온 것임을 알 수 있다. 고대의 문헌 속에서는 이 두 글자가 자주 통용되어 쓰였는데 고자가 이러한 관점으로 "생리적 본능을 인성이라고 한다."를 이해한 점은 과거의 의미에 들어맞는다고 할 수 있는 것이다.[13]

선진시대先秦時代 이래로 "생리적 본능을 인성이라고 한다."는 관점으로 '인성'을 파악한 사상가는 고자 이외에도 많이 보이는데 순자荀子의 경우 "생리적인 본능이 그렇게 된 까닭을 인성이라 한다."[14]라고 하고, 장자莊子의 경우 "인성이란 것은 생리적인 본능의 본질이다."[15]라고 하고, 동중서董仲舒의 경우 "인성이 생리적인 본능이 아니라고 말할 수 있는 것인가? 만약 생리적인 본능의 자연적인 자질을 인성이라고 한다면 인성이란 것은 본질이다."[16]라고 주장 하는 것 등이 있으며, 그 외의 견해들은 생략하기로 하겠다. 맹자는 고자의 "생리적인 본능을 인성이라고 한다."는 관점에 반대하는데, 그 이유는 고자의 관점으로는 사람이 사람 되는 까닭을 근본적으로 나타낼 수 없다고 생각했기 때문이다.

---

12 『孟子』, 「告子上」, "生之謂性."

13 唐君毅, 『中國哲學原論』, 原性篇, 臺北, 學生書局, 1984년, 9쪽 참조.

14 『荀子』, 「正名」, "生之所以然者謂性."

15 『莊子』, 「庚桑楚」, "性者, 生之質也."

16 『春秋繁露』, 「深察名號」, "性之名非生與? 如其生之自然之資謂之性. 性者, 質也."

고자가 언급한 "생리적 본능을 인성이라고 한다."라는 말속에는 고자 자신의 '인성'에 대한 원칙이 분명하게 표시되어 있으나, 고자의 "생리적 본능을 인성이라고 한다."는 말 가운데 "~을 ~라고 한다." 라는 의미는 "같다" 혹은 "바로~이다"로 해석할 수는 없다. 그렇지 않으면 "생리적 본능을 인성이라고 한다."라는 고자의 말이 "인성은 생리적 본능이다." 혹은 "인성은 생리적 본능과 같다."로 이해될 수 있기 때문이다.

만일 이와 같이 되면 주어 술어 식의 분석판단이 된다. 즉 '인성'이라고 하는 주어의 개념이 '생리적 본능'이라고 하는 술어의 개념으로 상징되기 때문에, 술어가 상징하는 것은 이미 주어의 속에 포함되어 버리게 되는 것이다. 그러므로 '생리적 본능'이라는 개념이 의미하는 것은 이미 '인성'이라고 하는 주어의 개념 속에 포함된다. 그래서 '인성' 원칙의 진위眞僞판단에 있어서 이 두 개념에 대하여 외적인 경험적 증명이나 관찰에 의지할 필요가 없이 다만 '생리적 본능'과 '인성'이라는 두 개념 사이에 논리적인 모순만 나타나지 않으면 "생리적 본능을 인성이라고 한다."는 개념의 진위판단이 성립된다는 것이다.[17]

그러나 고자의 견해를 잘 살펴보면, 그는 "생리적 본능을 인성이라 한다."는 개념을 분석판단으로 보지 않았다는 점을 발견할 수 있을 것이다. 만일 그렇지 않았다면, 맹자의 "그렇다면 개의 본성은 소의 본성과 같고 소의 본성은 사람의 본성 같은 것인가?"[18]와 같은 논박에 대해서 고자는 "그렇다, 본성은 생리적인 본능과 같은 것이어서, 개의 본성은 개의 생리적 본능과 같고, 소의 본성은 소의 생리적 본능과

---

17 분석판단에 대한 설명은 칸트의 『순수이성비판』「분석판단과 종합판단 사이의 구별」에 잘 나타나 있다. 칸트 著, 藍公武 譯, 『純粹理性批判』, 北京, 商務印書館, 1997년, 35~38쪽 참조.

18 『孟子』, 「告子上」, "然則犬之性, 猶牛之性, 牛之性, 猶人之性與?."

같은 것이며, 인간의 본성은 인간의 생리적 본능과 같은 것이다. 그것들이 개나 소나 사람에 관계없이 생리적인 본능을 갖고 있으면 역시 본성을 갖고 있는 것으로 그것들 사이에 즉 개나 소나 인간이라고 하는 개체들의 본성적인 측면에 관련해서는 어떠한 차별도 없는 것이다."라고 대답했을 것이다. 그러나 아쉽게도 고자는 이러한 답변을 내놓지 않았다. 이러한 사실은 곧 고자가 "생리적 본능을 인성이라고 한다."는 개념을 분석판단으로 보지 않고, 다만 맹자의 논박에 대하여 일시적으로 말이 막혔기 때문이며 또한 고자 역시 모종의 의미에서 인간의 본성과 소의 본성이 다르다는 것을 자각했음을 표시한다고 할 수 있는 것이다.

이와 같은 "생리적 본능을 인성이라고 한다."는 개념이 분석판단이 아니라면, 그것은 결국 종합판단이 되는 것이라고 할 수 있다. 즉 '인성' 개념은 '생리적 본능' 개념과는 다른 것으로 이러한 두 개념이 가지고 있는 함의 역시 다를 수밖에 없는 것이다. 이러한 점에 대하여 중국 고대의 문헌자료를 근거해서 본다면, 본래는 '생生'이라는 글자밖에 없었으나 그 이후에 '성性'자가 '생'자에서 파생되어 나온다. '생'자에서 파생되어 나온 '성'자는 '생'자와는 다른 새로운 의미를 내포하고 있기 때문에 '생'자와 '성'자는 같은 의미가 아니라는 것이다.

> 대체적으로 '생'자가 먼저 만들어졌고 뒤에 점진적으로 '성'자가 만들어졌다. 성의 관념을 말하면 처음에는 생의 관념이 포함된 성의 관념이 언급되었다. 즉 실제로 그러한 의미의 성이란 것은 생의 관념이 포함된 의미의 성을 말하는 것이다. 생의 관념이 포함된 의미의 성은 생이라고 할 수 없는 것이다. 상고 시대의 사람들이 사용한 문자는 그 수가 많지 않았기 때문에 글자 간에 통용이 이루어졌다. 그러나 글자 간에 서로 통용이 되었지만 글자가 지닌 관념은

> 글자 이전에 이미 존재했으므로 의미는 사실상 구별이 있는 것이다. 그러므로 생이라는 글자와 성이라는 글자는 각기 다른 의미를 가지고 있는 것이다.[19]

위의 인용문에서 언급된 것을 바탕으로 해서 볼 때 고자가 말하는 '인성'은 바로 "생리적인 본능을 인성이라고 한다."라는 말로 요약될 수 있는데, 이것은 곧 한 개체의 존재와 그것이 가지고 있는 여러 가지 특성에 대한 언급을 의미하는 것이다. 즉 존재와 특성은 서로 별개의 것이지만 이 둘 사이에는 어떠한 분리도 없으며 서로 혼합되어 있는 것이다. 이와 같이 "생리적 본능을 인성이라고 한다."는 명제 속에서 '인성'의 원칙은 하나의 개체가 존재할 때 본래 가지고 있는 여러 가지의 특성들을 '인성'이라고 한다는 말로 이해될 수 있을 것이다.[20]

다시 말하면, 어떠한 사물이라도 그것이 개체로 존재할 때에 있어서 처음부터 '성性'이라고 말할 수 있으면 곧 그것을 사물의 개체 존재에 있는 '성'이라고 하는 것이다. 그러나 이러한 것은 형식적인 측면에서 언급 되어진 것으로 고자가 말한 '성'의 원칙을 조명할 수는 있겠지만 아무래도 두루 뭉실한 측면이 없지 않다고 할 수 있다. 이러한 "생리적 본능을 인성이라고 한다."는 원칙 속에는 다음과 같은 두 종류의 이론 유형이 담겨져 있다.

> '생지위성生之謂性' 속에 담겨져 있는 두 종류의 이론 유형을 말하면, 하나는 우주본체론의 직관을 따라서 이루어진 유형의 '생지위성'이고; 다른 하나는 경험론적 혹은 자연주의적으로 묘사된 유형의 '생지위성'이다……'생지위성'의 생이나 존재는 하나의 개체

19 牟宗三, 『心體與性體』, 第一冊, 臺北, 正中書局, 1989년, 207쪽 참조.

20 牟宗三, 『圓善論』, 臺北, 學生書局, 1985년, 5쪽 참조.

> 로 될 수 있으며 그 것이 근거한 이론 유형과 다른 의미에 의하여 다른 의미가 수반되는 것이다. 우주 본체론적 직관을 따라서 이루어진 유형에 근거해서 말하면, '성'자가 의미하는 '개체존재'는 우주론적으로 말한 존재이며 그것이 의미하는 것은 '한 개체의 구성'으로 우주론적으로 말한 '구성'인 것이다. 경험론적으로 묘사된 유형에 근거해서 말하면, '생'자가 의미하는 '개체존재'는 현상학적으로 말한 존재이며 그것이 의미하는 것은 '하나의 개체 구성'으로 현상학적으로 말한 '구성' 혹은 논리적으로 말한 '구성'인 것으로, 그 우주본체론의 근원을 묻지 않은 것이다.[21]

위의 인용문 가운데 "그 우주본체론의 근원을 묻지 않은 것이다"라는 말은, 개체존재가 개체존재로 되는 '존재의 원리' 혹은 '실현의 원리'에 대하여 추궁하지 않고, 개체가 존재를 취득한 후에 그것이 드러내는 자연적인 모습으로써 그것의 여러 가지 특성을 말한다는 것이다. 이것이 바로 경험론적으로 묘사된 유형 속에서 말하는 '생지위성生之謂性'의 이해 방식이다.

그렇다면 고자는 과연 어떠한 이론유형으로서 '생지위성'을 근거로 하는 '성'개념에 응용을 시킨 것일까? 앞서 분석한 바와 같이 고자는 '인성'을 '버드나무'와 '고여서 맴돌고 있는 물'과 같은 것으로 보았는데, 이것은 고자가 그것들을 자연존재의 현상학적 혹은 논리적인 '구성'이 지니고 있는 여러 종류의 실제로 그러한 성질로 여기고, '인성'에 대하여서는 직접적으로 한 개체의 자연생명 혹은 자연존재가 드러내는 여러 종류의 실제로 그러한 상징으로 여겨서, 그것들 가운데 생명체 존재의 가장 잘 드러나는 자연적 상징을 의미하는 것이다. 이러한 것은 곧 식욕과 성욕으로 대표되는 생리적 본능을 의미하는 것이

21 牟宗三, 『心體與性體』, 第二冊, 臺北, 正中書局, 1989년, 148쪽 참조.

다. 그렇기 때문에 고자는 분명히 "식욕과 성욕은 본성이다"[22]라고 주장한 것이다. 즉 고자는 생명체의 자연적 본능을 성이라고 생각하여 '생지위성'이라고 하는 경험론적으로 혹은 자연주의적으로 묘사된 유형 가운데서 '인성'을 말하는 것이다.

생명체가 존재할 때 드러나는 여러 종류의 자연적 상징은 현상학적으로 '성'이라고 하는데, 이것 역시 일종의 '성'에 대하여 언급한 원칙이라 할 수 있으며 또한 객관적으로 실제의 내용을 갖고 있다고 할 수 있다. 즉 어떠한 사물이 있으면 그 사물에는 특성이나 특질이 있기 때문에 우리는 인간의 자연생명을 부인할 수 없는 것이다. 이것은 자연생명에서 나타나게 되는 여러 종류의 자연적 표상들(생리기관의 자연적인 반응이나 생리적 욕구와 같은 자연적인 욕구 및 생물체의 자연적인 본능 등의 여러 현상)에 대하여서 실제로 관찰이나 연구의 진행을 통하여 그것의 원인이 되는 '형상의 원리'를 밝혀내지 않을 이유가 없기 때문이다.[23]

이러한 점 역시 객관적인 이론이라고 말할 수 있는데, 그것은 곧 개체 존재의 가치로부터 그것이 자연생명의 특징을 나타낼 수 있기 때문에 그렇다. 그러나 맹자가 말한 '성'은 이러한 원칙을 근거로 해서 언급한 '성'이 아닌 다른 원칙을 근거로 하여 언급한 '성'이다.

고자의 "생리적인 본능을 인성이라고 한다."는 명제는 개체존재의 자연생명에서 파생되 나온 여러 종류의 상징들을 현상학적으로 '성'이라 하는데, 이것 역시 일종의 '성'에 대하여 언급한 원칙이라고 할 수 있는 것이다. 또한 인간이 인간으로 될 수 있는 원인에 대한 해석의

---

22 『孟子』, 「告子上」, "食色, 性也."

23 '형상의 원리'에 대한 상세한 설명은, 牟宗三, 『心體與性體』, 第一冊, 臺北, 正中書局, 1989년, 87~100쪽 참조.

하나로서의 '형상의 원리'에 대해서도 그러한 이론의 존재론적 지위를 인정해야지 무조건적으로 배척을 해서는 안 되는 것이다. 그렇지 않으면 우리들은 인간의 자연생명 위에서 언급해야만 하는 '형상의 원리'에 대한 가능성에 대해서도 배척을 해야만 하기 때문인 것이다.

일체의 사물 모두는 그 '형상의 원리'를 찾을 수 있는데, 다시 말하면 "사물이 있으면 곧 사물의 본질이 있다"[24]는 것으로 이러한 본질은 곧 그것이 '형상의 원리'가 되는 것이다. 만일 이러한 본질 혹은 '형상의 원리'가 없다면, 사물 역시 존재할 수 없기 때문에 사물에 대하여 어떠한 개념도 형성시킬 수가 없게 된다는 것이다. 그러므로 고자의 '생지위성'의 개념은 성립될 수 있는 것이며, 맹자도 역시 고자의 이러한 개념의 존재를 부정할 수는 없다는 것이다.

그렇지만 맹자는 고자의 이러한 '인성'의 원칙에 분명히 반대의 입장을 표방하면서 '생지위성'의 원칙과는 다른 '인성' 본래의 모습에 관한 새로운 원칙을 내놓는다. 즉 맹자는 다음과 같이 말했다.

> 입이 좋은 맛에 대하여 좋아하는 것, 눈이 아름다운 색에 대하여 좋아하는 것, 귀가 듣기 좋은 소리에 대하여 좋아하는 것, 코가 향기로운 냄새에 대하여 좋아하는 것, 몸이 편안함에 대하여 좋아하는 것은 본질적인 것이지만 한계가 있기 때문에 군자는 본질적인 것이라고 하지 않는다. '인'이 부자관계에 대하여 추구되는 것, '의'가 군신관계에 대하여 추구되는 것, '예'가 주객관계에 대하여 추구되는 것, '지'가 현자에 대하여 추구되는 것, 성인이 천도에 대하여 추구되는 것은 한계가 있는 것이지만 본질적인 것이 있음으로 군자는 한계가 있는 것이라고 하지 아니한다.[25]

24 牟宗三, 『王陽明致良知教』, 臺北, 中央文物供應社, 1980년, 1쪽 참조.

25 『孟子』, 「盡心下」, "口之於味也, 目之於色也, 耳之於聲也, 鼻之於臭也, 四肢之

입이 감미로운 맛을 좋아하고 눈이 아름다운 색을 좋아하고 귀가 좋은 음악소리를 좋아하고 코가 향기로운 냄새를 좋아하고 몸이 편안함을 좋아하는 것은 모든 인간의 자연생명의 생리적인 본능과 욕망이 드러난 자연적인 본성으로, 이것은 고자가 '생지위성'으로 이해한 자연적인 본성과 같은 것이다. 위와 같은 언급은 맹자 역시 인간의 자연적인 본성 혹은 욕망을 완전히 부정하지는 않았음을 의미하는 것이다. 다시 말하면 맹자 자신 역시 고자의 '생지위성'으로 대표되는 '인성'에 대한 원칙을 완전히 반대한 것은 아니라는 것을 의미한다.

그러나 맹자의 이와 같은 태도는 단지 고자의 견해도 하나의 이론으로서의 존재가치를 인정하는 것에 그칠 뿐인 것이지, 결코 고자의 견해가 '인성'의 본래 모습을 조명하는데 타당한 인식방법은 아니라는 것이다.

맹자 자신이 언급한 '인성'에 대한 기본원칙은 앞의 인용문에 언급된 바와 같이 '인성'에 투영되어 나타난 인仁·의義·예禮·지智 및 성인聖人이 체득한 '천도天道' 등으로 '인성'의 본래 모습을 규정한다. 그러나 이러한 것만으로는 고자의 '인성'에 대한 기본원칙과 다른 형태로서의 맹자의 '인성'에 대한 기본원칙을 규정하기에는 좀 무리가 따른다. 왜냐하면 고자 역시 "인은 안에 있는 것이고 의는 밖에 있는 것이다."[26]라는 언급을 했는데, 이것은 곧 고자도 '인의仁義' 등으로 대표되는 덕목들이 인간의 자연적인 본성의 어떤 표현이라고 생각했기 때문이다. 그러므로 맹자와 고자 두 사람이 언급한 '인성'에 대한 원칙의 차이점을 규명하는 방편의 일환으로 맹자의 '인성'에 대한 원칙을 더

於安佚也, 性也. 有命焉, 君子不謂性也. 仁之於父子也, 義之於君臣也, 禮之於賓主也, 智之於賢者也, 聖人之於天道也, 命也. 有性焉, 君子不謂命也."

26 각주 3 참조.

욱 분명하게 규정해야만 하는 것이 가장 타당하다고 생각한다.

> 사람들은 모두가 타인의 불행을 보고는 참지 못하는 마음이 있다.……사람들에게 타인의 불행을 보고는 참지 못하는 마음이 있다고 말하는 것의 근거로는, 지금 갑자기 어린아이가 막 우물 속으로 들어가려는 모습을 사람들이 보고는 모두가 깜짝 놀라서 불쌍하게 여기는 마음을 가질 것이라는 것이다. 이것은 어린아이의 부모와 교분을 맺으려고 하는 이유 때문이 아니고, 주변사람들과 친구들에게 명예를 구하고자 하는 이유 때문도 아니며, 그 (비난하는) 소리를 (듣기)싫어서 그렇게 한 것이 아니다. 이와 같이 볼 때 불쌍하게 여기는 마음이 없으면 사람이라고 할 수 없으며, 잘못을 부끄러워할 줄 알고 그러한 행위를 미워할 줄 아는 마음이 없으면 사람이라고 할 수 없으며, 사양할 줄 아는 마음이 없으면 사람이라고 할 수 없으며, 시비판단을 할 줄 아는 마음이 없으면 사람이라고 할 수 없는 것이다. 불쌍하게 여기는 마음은 인의 단서가 되고, 잘못을 부끄러워할 줄 알고 그러한 행위를 미워할 줄 아는 마음은 의의 단서가 되고, 사양할 줄 아는 마음은 예의 단서가 되고, 시비판단을 할 줄 아는 마음은 지의 단서가 된다. 사람이 이러한 사단을 가지고 있는 것은 그가 사지를 가지고 있는 것과 같은 것이다.[27]

인仁·의義·예禮·지智는 '덕'이며 측은惻隱·수오羞惡·사양辭讓·시비是非는 '정서'인 것이다. 즉 마음을 근거로 해서 드러나는 '정서'로 이러한 '정서'는 마음의 작용이며 또한 마음은 '정서'의 본체가 되는 것이

27 『孟子』, 「公孫丑上」, "人皆有不忍人之心……所以謂人皆有不忍人之心者, 今人乍見孺子將入於井, 皆有怵惕惻隱之心, 非所以內交於孺子之父母也, 非所以要譽於鄉黨朋友也, 非惡其聲而然也. 由是觀之, 無惻隱之心, 非人也; 無羞惡之心, 非人也; 無辭讓之心, 非人也; 無是非之心, 非人也. 惻隱之心, 仁之端也; 羞惡之心, 義之端也; 辭讓之心, 禮之端也; 是非之心, 智之端也. 人之有是四端也, 猶其四體也."

다. 다시 말하면 작용을 통해서 본체를 인식하는 것으로, 곧 본체와 작용은 곧 하나가 된다는 것이다. 그러므로 그것들을 서로 연관 지어서 "측은지심惻隱之心·수오지심羞惡之心·사양지심辭讓之心·시비지심是非之心"[28]이라고 부르는 것이다. 그러나 여기에서 주목해야 할 부분은 맹자가 직접적으로 '성性'자체에 대해서는 언급하지 않은 사실이다. 다만 맹자는 측은惻隱·수오羞惡·사양辭讓·시비是非의 마음을 통해서 '성'을 말하고 있는데 이것은 "그 마음을 다하면 곧 그것을 통해서 성을 알게 되는 것이다"[29]라는 말과 같은 의미를 내포하는 것이다. 그러므로 맹자는 마음의 투영을 통해서 본성을 본 것이라고 말할 수 있는 것이며, 이것은 곧 마음속에 '인성'이 있다고 하는 말과 같은 맥락을 형성한다.

그렇다면 맹자는 왜 직접적으로 '인성'에 대하여 언급을 하지 않고 마음의 투영을 통해서 '인성'을 말한 것일까? 이러한 의문에 대하여 모종삼牟宗三은 다음과 같은 분석을 내놓는다.

> "마음이 본성을 다 발휘할 수 있다는 것은 사람이 도를 넓힐 수 있다는 것이다. 본성이 그러한 마음을 살필 줄 모른다는 것은 도가 사람을 넓힐 수 있는 것이 아니라는 것이다." 이와 같은 두 구문은 주관성의 원칙과 객관성의 원칙을 가장 분명하게 표시하는 것인데, 그 가운데 "마음이 본성을 다 발휘할 수 있다"는 말은 도덕행위의 실천에 대한 언급인데, 이것은 도덕행위의 실천을 통하여 객관적이

---

28 혹자는 체용의 관계로 마음과 정서의 관계를 규정하는 것이 적당하지 않다고 생각할 수 있다. 그러나 본문에서 말하는 "정서"는 감각세계나 현상세계 속에서 존재하는 사물의 궁극적인 이유에 해당되지 않는 것이다. 그래서 필자는 이러한 "정서"에 초월적인 의미가 내포되어 있다고 생각하여 체용의 관계를 초월적 세계와 현상세계의 양쪽 모두에서 언급할 수도 있으며 초월적 세계의 차원에서도 언급될 수 있다고 생각한다.

29 『孟子』, 「盡心上」, "盡其心者, 知其性也."

며 우주론적으로 언급된 심성에 대한 하나의 모델을 증명하는 것이다. 구체적으로 말해서 도덕심(예를 들어 측은, 수오, 사양, 시비 등등)의 주관적 존재론적 실제적인 표출 혹은 사유작용을 통해 충분히 실현되고 형성된 인성을 객관적으로 말한 것이다. 그러므로 도덕행위의 실천이라는 측면에서 언급된 도덕심은 주관성의 원칙이며 구체화된 원칙인 것이다. "본성이 그러한 마음을 살필 줄 모른다."라는 말속에서의 본성은 객관적으로 또 우주 본체론적으로 언급한 성인 것으로 즉 성체性體, 성능性能, 성리性理, 성분性分, 성각性覺 등의 다섯 가지 의미가 구비된 성이다. 이러한 성체가 만일 주관성이 없이 존재론적으로 도덕본심의 실제적인 사유작용이나 진실 되게 표출된 형태일 경우 그것은 단지 스스로 존재하거나 잠재적으로 존재할 뿐으로 어떠한 작용도 일어나지 않는 다는 것이다. 이것이 바로 "본성이 그러한 마음을 살필 줄 모른다"라고 하는 말의 의미이며 공자 역시 "도가 사람을 넓힐 수 있는 것이 아니다"라고 말한 것이다. 검檢이라는 것은 정함 혹은 살핌의 의미를 가지고 있으며, 마음이 본성을 다 발휘할 수 있다는 말은 곧 본성이 스스로 그 마음을 살필 수 있다는 의미이다. 마음이 그러한 본성을 다 발휘하지 못하게 되면 곧 본성은 비록 스스로 존재한다고는 하더라도 어떠한 작용도 하지 못하게 된다는 것이다. 그러므로 도덕행위의 실천은 마음이 결정적인 요인이라고 말하는 것이다. 사람이 도를 넓힐 수 있으면 도 스스로도 사람을 넓힐 수 있는 것이다. 그러나 사람이 도를 넓힐 수 없다면 도는 비록 요임금을 위해서 존재하지도 않고 걸과 같은 폭군 때문에 사라지지는 않는다고 해도 드러날 수 없는 것이다. 드러날 수 없다면 작용을 할 수가 없기 때문에 도덕행위의 실천적인 측면에서 사람이 도를 넓힌다고 하는 것으로써 주를 삼는다고 말하는 것이다.[30]

---

30 牟宗三, 『心體與性體』, 第二冊, 臺北, 正中書局, 1989년, 532～533쪽 참조.

위의 인용문 가운데 “사람이 도를 넓힌다고 하는 것으로써 주를 삼는다.”는 말속에는 마음이 ‘인·의·예·지’로 대표되는 덕목들의 ‘성’을 뚜렷하게 드러낼 수 있다는 의미가 담겨져 있다. ‘성’은 일종의 객관적인 ‘자성自性의 원칙’ 혹은 ‘자존自存의 원칙’인데, 이러한 ‘자성의 원칙’이란 성 그 자체는 순수지선純粹至善이기 때문에, 마음의 발휘라고 하는 실천의 방법을 거치지 않는다면 나타날 수가 없게 되는 것이다. 즉 ‘성’은 단지 그 자체에만 존재(즉자적으로 존재)하는 잠재적인 존재일 뿐이기 때문에 그 실질적인 작용을 발생시킬 수 없다는 것이다. 그렇다면 과연 어떻게 그 자체에만 존재하는(즉자적인 존재) 것으로서의 ‘성’을, 그 자체에 대한 존재로 전환시켜서, 그 자체가 진실한 본체가 되는 자각을 할 수 있을까? 이러한 작업은 반드시 마음이라고 하는 주관성의 원칙이 수반 되어야만 한다는 것이다. 즉 ‘성체性體’가 그 자체에 대한 자각 즉 ‘성체’ 스스로의 사유작용을 통하여 자각하게 되는 것인데 이러한 사유작용을 바로 마음이 하는 것이다.[31]

그러므로 측은惻隱·수오羞惡·사양辭讓·시비是非 등의 ‘정서’들은 바로 이러한 마음의 사유작용을 통하여 나타난 것이라고 할 수 있다. 다시 말하면 이것은 곧 마음의 주관적인 실천 활동을 통해서 객관적인 성리性理를 증명한 것이라고 할 수가 있는 것이다. 이러한 것이 바로 맹자가 견지하고 있는 ‘인성’에 대한 원칙으로 ‘마음속에 본성이 있다.’고 하는 주장인 것이다.

그렇다면 ‘마음속에 본성이 있다.’고 하는 언급 속에서의 마음은 도대체 어떠한 성질을 가지고 있을까? 그러한 마음은 도대체 어떠한 의미로서의 마음인가? 만일 그러한 의미를 확정할 수 없다면 ‘마음속에 본성이 있다.’는 원칙으로서의 맹자의 ‘인성’에 대한 원칙은 매우 부실

31 牟宗三, 『心體與性體』, 第二冊, 臺北, 正中書局, 1989년, 533쪽 참조.

한 이론체계라는 비난을 면할 수가 없을 것이다. 그러므로 우리는 우선적으로 맹자가 언급한 '마음'의 의미를 분석하는 과정을 통하여 명확하게 규정해야 할 필요가 있다고 생각한다.

> 사람들은 모두가 타인의 불행을 보고는 참지 못하는 마음이 있다.……사람들에게 타인의 불행을 보고는 참지 못하는 마음이 있다고 말하는 것의 근거로는, 지금 갑자기 어린아이가 막 우물 속으로 들어가려는 모습을 사람들이 보고는 모두가 깜짝 놀라서 불쌍하게 여기는 마음을 가질 것이라는 것이다. 이것은 어린아이의 부모와 교분을 맺으려고 하는 이유 때문이 아니고, 주변사람들과 친구들에게 명예를 구하고자 하는 이유 때문도 아니며, 그 (비난하는) 소리를 (듣기)싫어서 그렇게 한 것이 아니다.[32]

주자朱子의 주석에는 "출척怵惕은 놀라 움직이는 모습이다. 측惻은 간절하게 서글퍼하는 것이다. 은隱은 깊이 아파하는 것이다."[33]라고 기록되 있듯이 깜짝 놀라서 불쌍하게 여기는 마음은 곧 타인의 불행을 보고는 참지 못하는 마음인 것이다. 맹자는 이러한 마음과 정서가 모든 사람에게 있다는 것을 "어린아이가 우물 속으로 들어가려는"사례로서 증명했다. 다시 말하면, 갑자기 전혀 알지 못하는 어린이가 우물 속에 빠지려는 모습을 목격했을 때, 그 찰나의 순간에 우리들의 마음은 이미 그 아이가 곧 죽게 되리라는 절박하고 안타까운 심정이 생겨나서 그 아이를 구하려는 생각이 든다는 것이다. 여기에서 주의할 부분은 맹자가 이러한 사례를 빌려서 우리들을 성찰시키고자 하는 점은,

---

32 『孟子』, 「公孫丑上」, "人皆有不忍人之心.……所以謂人皆有不忍人之心者, 今人乍見孺子將入於井, 皆有怵惕惻隱之心, 非所以內交於孺子之父母也, 非所以要譽於鄉黨朋友也, 非惡其聲而然也."

33 朱熹, 『孟子章句集注』, 「公孫丑上」, "怵惕, 驚動貌. 惻, 傷之切也. 隱, 痛之深也."

그 어린아이를 어떻게 구할 것이냐 혹은 구하지 말 것인가의 문제가 아니며, 또한 구하려는 사람 개인의 이해관계에 대한 어떠한 고려도 아니라는 점에 있다.[34]

다시 말하자면, 맹자가 진정으로 우리들을 성찰시키고자 한 점은, 바로 어린아이가 우물 속에 빠지려는 시점에서 어떠한 이해관계를 계산할 시간적인 여유도 없는 찰나의 순간에 진정으로 절박하고 안타까운 심정이 생겨나는데, 이것을 바탕으로 모든 일에 대하여 우리들 자신에게 어떠한 사적인 이해득실을 따질 것을 용납하지 않는 태도에 있는 것이다.

> "지금 갑자기 어린아이가 막 우물 속으로 들어가려는 모습을 사람들이 보다"는 예증에서 "갑자기 보다"는 단어가 의미하는 것은 바로 이러한 상황 속에서 마음은 생리적 욕망에 지배받지 않고 마음 자체가 직접적으로 드러낸 것이다.…… "이것은 어린아이의 부모와 교분을 맺으려고 하는 이유 때문이 아니다"라는 구문 등에서 의미하는 것은 바로 이러한 마음 자체가 드러남에 의해서 구조의 행위를 취하게 되는 것이지 생리적인 욕망에 의해서 결정되는 것이 아니라는 것이다.[35]

깜짝 놀라서 불쌍하게 여기는 마음은 "바로 마음 자체가 직접적으로 드러낸 것이다."라는 시복관徐復觀의 언급을 근거로 할 때 맹자가 언급한 마음心은 본심本心이 된다. 그래서 웅십력熊十力은 "본심이라는 것은 본래 있는 것이지 후천적으로 생긴 것이 아니기 때문에 본래라

---

34 "어린아이의 부모와 교분을 맺으려고 하는 이유 때문이 아니고, 주변사람들과 친구들에게 명예를 구하고자 하는 이유 때문도 아니며, 그 (비난하는)소리를 (듣기) 싫어서 그렇게 한 것이 아니다."라는 맹자의 언급에 그 의미가 잘 나타나 있다.

35 徐復觀, 『中國人性論史』, 臺北, 臺灣商務印書館, 1990년, 172쪽 참조.

고 하는 것이다."[36]라고 말하는데, 이것은 곧 맹자의 마음속에 '인성'이 있다는 언급이 본심 속에 '인성'이 있다는 말로 표현될 수 있다는 것을 의미하며, 이러한 본심은 생리적 욕망에 지배받지 않음과 동시에 육체의 지배를 받는 동물적 본능의 마음이 아닌 것이다. 이러한 의미는 본심이 현상계에 근원을 둔 것이 아니라는 것을 의미하며, 또한 후천적으로 생긴 것이 아니기 때문에 이러한 본심은 선천적인 초월경계에 속한다는 것이다. 맹자가 언급한 성선性善은 바로 이러한 초월적 본심 속에 '인성'이 있다는 것을 의미하는데, 이것이 바로 맹자가 견지하는 '인성'에 대한 원칙인 것이다.

4. 맺는 말

맹자는 '인의仁義'가 '인성'에 대하여 선천적이고 내재적으로 갖추어져 있기 때문에 '인성'의 본래 모습은 선하다고 한 것이다. 이러한 견해는 고자와 비교했을 때 상당한 차별성을 갖는다. 즉 고자는 '인성'과 '인의'의 관계를 후천적이며 종합적인 관계로 파악하여 그것들의 연결은 필연성이 없고, 그것들 사이의 관련은 후천적인 노력에 의해 결정된다고 보았다. 고자의 이러한 견해에는 이미 "인성에는 선함도 없고 선하지 않음도 없다."는 의미가 담겨져 있다고 볼 수 있다.

맹자와 고자가 이렇게 서로 다른 견해를 가지게 된 이유는 동일한 사물을 근본적으로 다른 측면에서 관찰했기 때문이다. 즉 물의 본성과 '인성'에 대하여, 고자는 평면적인 관찰과 이해를 바탕으로 했기 때문에 흐르는 물 자체는 스스로 흐름의 방향을 결정할 수 있는 능력이 없는 것만을 파악하여 '인성'에 대하여서도 도덕적인 가치판단을 하지

36 熊十力, 『明心篇』, 臺北, 學生書局, 1979년, 1쪽 참조.

않는 가치중립적인 입장을 견지하나, 맹자는 평면적인 측면에서 만이 아닌 상·하의 수직적인 각도로 관찰하여 흐르는 물이 실제로 낮은 곳으로 흐르는 성질을 파악하여 '인성'에 대해서도 물이 낮은 곳으로 흘러가는 것처럼 '인성'이 선한 방향으로 나가는 것이 본래의 모습이라고 하는 입장을 견지한다.

이상과 같은 논의들을 근거로 해서 볼 때, 우리는 동일한 대상에 대해서도 사물을 보는 관점에 따라 다른 관찰과 이해가 수반된다는 사실을 발견할 수 있을 것이다. 다시 말하자면, 관찰할 때 견지하는 관점과 각도가 다르면 어떤 의미에서는 맹자와 고자 두 사람의 '인성'에 대한 주장이 이미 서로 차이점을 내포하고 있다는 사실을 발견할 수 있게 된다는 것이다.

고자가 말하는 '인성'은 바로 "생리적인 본능을 인성이라고 한다."라는 말로 요약될 수 있는데, 이것은 곧 한 개체의 존재와 그것이 가지고 있는 여러 가지 특성에 대한 언급을 의미하는 것이다. 즉 존재와 특성은 서로 별개의 것이지만 이 둘 사이에는 어떠한 분리도 없는 것으로 혼합되어 있는 것이다. 이와 같이 "생리적 본능을 인성이라고 한다."는 명제 속에서 '인성'의 원칙은 하나의 개체가 존재할 때 본래 가지고 있는 여러 가지의 특성들을 '인성'이라고 한다는 말로 이해될 수 있을 것이다.

그러나 맹자는 '측은·수오·사양·시비'의 마음을 통해서 '성'을 말하고 있는데 이것은 "그 마음을 다하면 곧 그것을 통해서 성을 알게 되는 것이다."라는 말과 같은 의미를 내포하는 것이다. 그러므로 맹자는 마음의 투영을 통해서 본성을 본 것이라고 말할 수 있는 것이며, 이것은 곧 마음속에 '인성'이 있다고 하는 말과 같은 맥락을 형성한다.

참고문헌

朱　熹,『四書章句集注』, 海淵閣明刻本.

徐復觀,『中國人性論史』, 臺北, 臺灣商務印書館, 1990년.

陳大齊,『孟子的名理思想及其辯說實況』, 臺北, 臺灣商務印書館, 1983년.

何淑靜,『孟荀道德實踐理論之研究』, 臺北, 文津出版社, 1988년.

唐君毅,『中國哲學原論』, 原性篇, 臺北, 學生書局, 1984년.

칸트著, 藍公武 譯,『純粹理性批判』, 北京, 商務印書館, 1997년.

牟宗三,『心體與性體』, 第一冊, 臺北, 正中書局, 1989년.

牟宗三,『心體與性體』, 第二冊, 臺北, 正中書局, 1989년.

牟宗三,『圓善論』, 臺北, 學生書局, 1985년.

牟宗三,『王陽明致良知教』, 臺北, 中央文物供應社, 1980年.

熊十力,『明心篇』, 臺北, 學生書局, 1979년.

周群振,『儒學探源』, 臺北, 鵝湖出版社, 1986년.

제3장

맹자의 인성론 사상 (II)

1. 시작하는 말

인간의 본질에 대한 궁극적인 물음인 '인성론人性論'은 지난 역사 속에서 중국의 철학 사상발전에 중요한 구심점 역할을 해왔다고 할 수 있다. 특히 선진시대先秦時代 이래로 사상가들은 제각기 수많은 인성론에 관련된 자신들의 입장을 내놓는다. 그 가운데 대표적인 인성론으로는 맹자로 대표되는 성선설性善說, 순자로 대표되는 성악설性惡說, 세석世碩의 성유선유악설性有善有惡說, 고자告子의 성무선무악설性無善無不善說, 한유韓愈의 성삼품설性三品說 등이 있다고 말할 수 있다. 각 사상가들의 견해는 저마다 차이점을 지니고는 있으나 인성의 본질 및 도덕가치 그리고 더 나아가 인간존재 자체에 대한 문제와 수양공부에 관련된 문제들을 인성론의 핵심적인 문제로 인식하는 면에서는 입장을 함께 한다. 이렇게 볼 때 인성론의 문제는 인간생명(도덕생명)의 본질과 존재가치의 문제라고 할 수 있는 것이다.

맹자의 성선설에 관하여서는 지난 시간들 속에서 수많은 사상가들에 의해 연구 분석되어져 왔다. 그러나 대부분의 연구들이 주목한 것은 맹자가 주장한 성선性善의 문제에 그 초점이 맞춰져 있다고 할 수 있다. 맹자는 인간의 본심本心으로 본성本性을 설명하는데, 즉 '인의예지仁義禮智'가 인간 자신에게 내재되어있으며 이러한 네 가지의 선한 단서善端를 본심이 확충하는 과정 속에서 인간 자신은 도덕주체로서 도덕실천을 할 수 있는 자각능력을 구비하게 된다고 주장했다. 이러한 맹자의 인성론 체계를 이해하는 가운데 중요한 부분의 하나가 바로 '악惡'에 관한 문제라고 할 수 있다. 이러한 부분에 관해서는 맹자의 인성론 연구에 있어서 거의 다루어지지 않았던 문제로서 맹자의 인성론 연구에 있어서 반드시 보완되어야할 문제라고 판단되어 진다.

본문에서는 맹자의 '악'에 관한 문제에 대하여 동·서양철학의 '악'에 대한 일반적인 의미를 비교하고, '악'의 형성원인에 대한 해석을 중심으로 맹자 인성론 가운데의 '악'에 관한 문제에 대하여 논의를 진행했다.

2. '악'의 일반적인 의미

서양철학에 있어서의 '악惡'에 대한 정의는 형이상학적인 '악'개념에 기초한다. 즉 '악'은 존재하는 실체에 있어야할 '선善'이 결여된 상태를 말하는 것이며 또한 존재하는 실체의 본성이 구비해야할 '선'의 소극적인 부정을 의미하는 것이다. 그러므로 존재자의 측면에서 본다면 '악'자체는 실재하는 존재가 아닌 것이다. 바꿔 말하면 '악'이라는 것은 '선'의 소극적인 부정이라는 것이며 '선'에 대한 상대적인 존재라는 것이다. 또한 존재하는 모든 실체는 그 자신이 곧 '선'이다. 그러므로 독립적으로 존재하는 혹은 절대적인 '악'은 없다는 것이다.[1]

1 曾仰如, 『倫理哲學』, 臺北, 臺灣商務印書館, 1985년, 37～44쪽 참조.

서양철학에 있어서의 '악'에 대한 구분은 일반적으로 '물리적인 악'과 '윤리적인 악'으로 대변한다. 위에서 언급한 바와 같이 존재하는 모든 실체는 그 자신이 곧 '선'인 것이며 실체 자체는 '악'이 될 수 없는 것이기 때문에 '물리적인 악'은 존재하는 실체의 본성이 본래 갖추고 있어야할 '선'의 '형식'의 결핍 혹은 외부의 힘에 의한 '형식'의 박탈로 윤리도덕과는 관계없는 것이다.

'윤리적인 악' 역시 '윤리적인 선'의 결핍을 의미하지만, '윤리적인 악'이 가치판단에 영향을 미치기 때문에 이성과 의지의 자유문제에 관련되어있다. 바꿔 말하면 '윤리적인 악'은 의지가 자유로운 상황 아래서 도덕적 '선'에 위배되는 잘못된 선택 및 그에 수반되는 행위·습관·마음속의 태도라는 것이다.[2]

중국철학에 있어서 '악'의 개념에 대한 분석은 『설문해자說文解字』를 살펴보면 다음과 같다. "악은 지나침이다. 마음이 쫓아가는 것이다."[3] 즉 '악'이라는 개념에 대하여 "지나침" 혹은 "과도함"으로 해석한다. 그러므로 '악'이라는 것은 인간의 본분에 어긋난 과도한 행위를 의미하는 것이다. 즉 예의규범의 요구에 부합하지 않는 것을 '악'이라고 했던 것이다. 이와 같이 '악'이라는 개념은 윤리행위에 대한 착오 내지는 부당함을 의미하는 것으로 볼 수 있는 것이다.

윤리가치의 인간행위에 대한 요구의 입장에서 본다면 "지나침"뿐만 아니라 "부족함"역시 '악'이 된다고 할 수 있는데, 이는 공자가 언급한 "지나침은 부족한 것과 같은 것이다."[4]는 것과 같은 맥락을 형성한다. 또한 '악'은 "마음이 쫓아가는 것이다"라고 하는 것은 '악'이 마

---

2 項退結, 『西洋哲學辭典』, 臺北, 臺灣國立編譯館, 1976년, 112쪽 참조.

3 許愼撰, 段玉裁注, 『說文解字注』, 上海, 上海書店, 1992년, 511쪽 참조.

4 『論語』, 「先進」, "過猶不及."

음에서 발생하거나 혹은 최소한 마음과 밀접한 관계가 있음을 의미한다. 단옥재의 주석에서는 "사람에게 지나침이 있다"와 "지나침이 있으면 사람들이 그것을 미워한다."를 '악'으로 보았으며, 이 두 항목에 대하여 "본래 들어가고 나옴의 구별이 없다"라고 말한 것에 비춰볼 때 '악'이라는 것은 내 자신의 마음에서 발생하여 행위의 잘못을 만드는 것이라고 볼 수 있는 것이다. 이와 같이 볼 때 유학에서 말하는 '악'은 윤리도덕행위의 가치판단 문제이지, 형이상학적 개념 혹은 인식론적 개념의 분석문제가 아닌 것이라고 할 수 있다.

선진시기의 전적들을 살펴볼 때 '악'자의 용례가 『시경詩經』에는 나타나있지 않다고 해서 『시경』가운데에 '악'의 관념이 없었던 것은 아니다. 『시경』속의 '죄罪' 혹은 '구咎' 등을 '악'의 의미로 볼 수 있으며, 그 뜻은 천덕天德·천명天命을 위배하여 하늘로부터 징벌을 받는다는 것이다. 또한 『상서尙書』속에서는 '악'자의 용례가 열 한차례나 보이는데[5], 이곳에서 역시 '악'자는 '죄' 혹은 '구' 등의 의미로 쓰였다. 『상서』가운데 '악'개념이 인간 자신의 도덕적 과실을 의미하는 부분은 「태서泰書」편의 "덕을 심어 번성함에 힘쓰고, 악을 제거하여 근본에 힘쓴다."[6]와 같은 것이 있으며, 이것 외에 '악'자는 도덕 혹은 예의규범을 파괴하는 의미로도 쓰였는데, 「강고康誥」편에 "커다란 죄를 지으면 다른 사람에게 미움을 받으니, 부모에게 불효하거나 형제가 우애하지 않는 것도 죄를 짓는 것이다."[7]에서와 같은 사례에서 찾아볼 수 있다.

중국철학은 기본적으로 『시경』과 『상서』에 나타난 '천도사상天道思想'을 배경으로 삼고 있다고 할 수 있다. 그러므로 전통적인 '천명유덕

---

5 『十三經引得』, 「尙書引得」, 上海, 上海古籍出版社, 1986년, 통계 참조.

6 「泰書」, "樹德務滋, 除惡務本."

7 「康誥」, "元惡大憝, 矧惟不孝不友."

天命有德'과 '천토유죄天討有罪'와 같은 관념은 '선'과 '악'에 대한 가치판단의 의미를 포함하고 있다고 할 수 있는 것이다. 『시경』과 『상서』속에서 말하는 '실덕失德'과 '유죄有罪'는 원래 '천덕'과 '천명'의 상대적인 개념으로 쓰였으며, '천도天道'를 위배하여 하늘로부터 징벌을 받는다는 것을 의미하는 것이지만, 현실 속에서는 이러한 '실덕'과 '유죄'가 도덕 혹은 예의규범의 파괴를 의미하는 것이다. 다시 말하면 '천도'가 현실의 인간세계에 윤리규범의 기초가 되는 것이다. 그러므로 '인도人道'의 측면에서 본다면 인간에게 마땅히 있어야할 도덕적 '선'이 결핍된 상태를 '악'이라고 할 수 있는 것이다.

이것 외에 『시경』과 『상서』에 나타나있는 '천명유덕'과 '천토유죄' 등의 관념은 인격과 의지를 갖춘 '인격천人格天' 혹은 하느님과 관련된 것이라는 견해가 있는데, '인격천'으로부터 비롯된 징벌이 인간에게 내재되어있는 '선'에 대한 것이라는 말은 곧 '선' 형식의 박탈이다. 그러므로 물리적인 '악'으로 볼 수 있는 것이다.[8] 그렇지만 중국의 전통사상가운데 '인격천'의 인간에 대한 권선징악勸善懲惡은 그 목적이 인간에 대한 징벌에 있지 않고, 인간행위에 대한 규범적인 의미와 가치를 강조하는데 있다고 보아야할 것이다.

3. 맹자의 '악'에 대한 견해

"맹자가 성선을 말했고, 말씀마다 요순을 칭하셨다."[9]에서와 같이 볼 수 있듯이 맹자는 적극적으로 성선설을 주장했다. 그러나 맹자의 성선설 가운데 가장 중요한 문제의 하나인 선한 본성을 가진 인간에

8 黃維潤, 「中西哲學論惡之比較」, 臺北, 輔仁大學哲學研究所博士學位論文, 1984년, 109～113쪽 참조.

9 『孟子』, 「滕文公上」"孟子道性善, 言必稱堯舜."

게서 어떻게 악한 행위가 나올 수 있는 것일까? 즉 이른바 '악'이라고 하는 것은 도대체 어디에서 비롯되는 것일까? 라는 의문은 반드시 규명되어야할 문제라고 생각한다.

맹자의 주장에 의하면 인간의 마음에는 도덕이성으로서의 '선단善端'이 구비되어 있으며, 또한 도덕자각능력을 갖춰 그 '선'을 스스로 밝힐 수 있는 것이다. 또한 이러한 '선단'의 확충과 체현의 과정을 통하여 본성이 '선'하다는 것을 증명한다. 그러나 현실 속에서의 '악'의 존재나 인간이 '악'하게 되는 것은 부정할 수 없는 사실이다. 아울러 인간이 불선不善한 행위를 하는 것과 '악'의 생성에 관한 원인에 대하여는 언급을 하지 않고 있다. 맹자의 성선설을 새롭게 규명하기 위해서는 이러한 문제에 대하여 좀 더 자세한 논의가 필요하다고 생각된다.

이러한 문제에 관하여 노사광勞思光은 "맹자의 주장에 의하면, 성선은 가치의식이 자각심 속에 들어있음을 가리킨다. 실질적으로 말해 가치근원이 자각하는 주체에서 나온다는 것이다. 즉 선악문제는 모두 자각하는 주체를 근원으로 삼아야 하지 성선이라고 할 필요는 없다. 그러나 맹자는 악이란 것은 선의 결핍이라 생각했다(이점에 있어서는 플라톤의 학설과 비슷하다). 그러므로 성선만을 발췌해서 가치근원이 자각심(주체)에 있음을 밝혔을 뿐이다."[10]라고 말했다.

즉 노사광의 견해에 의한 맹자의 인성론 가운데의 '악惡'은, 앞서 언급했던 서양철학전통 속의 '악'이란 것은 '선'의 결핍이라는 견해와 상통되는 것이라고 할 수 있다. 그러나 노사광은 '선악'의 문제를 자각심自覺心에 내재하는 것으로 보았지만, '선악'의 문제가 자각 주체를 근원으로 하는 점에 대해서는 충분한 설명을 하지 못하고 있다. 실제로 자각심의 가치판단 측면에서 본다면 이러한 문제를 명확하게 설명할

10 勞思光, 『新編中國哲學史』 卷一, 臺北, 三民書局, 1986년, 165쪽 참조.

수 없을 뿐만 아니라 맹자의 인성론 가운데 '악'이 '선'의 결핍에서 파생된다고 하는 것은 자각주체가 '선악'을 동시에 구비하고 있다고 하는 오해를 불러일으킬 소지가 있다. 그러므로 맹자의 인성론 가운데의 '악'의 문제는 도덕주체의 자각심의 '체體'의 측면에서 논의될 것이 아닌 자각심의 '용用'의 측면에서 논의되어야 한다고 할 수 있는 것이다.

『맹자』 전편에 사용된 '악'자의 용례를 보면 대부분 동사로 '싫어하다, 미워하다'는 의미로 쓰이기도 했는데, 그 예로 "부모가 자기를 미워하면 (부모의 마음을 돌이키기 위하여) 애를 쓰지만 원망하지는 말아야 한다."[11], "죽는 것 역시 내가 싫어하는 것이지만, 싫어하는 것이 죽는 것 보다 더 심한 것이 있다."[12] 또는 형용사로 '나쁜'의 의미로도 쓰이기도 하였다. 그 예로 "나쁜 사람의 조정에는 서지 않으며, 나쁜 사람과는 말하지 않았다."[13], "백이는 눈으로 나쁜 빛(색)을 보지 아니하며, 귀로는 나쁜 소리를 듣지 아니했다."[14] 혹은 의문사로 '어떻게'의 의미로도 쓰였는데, 그 예로 "서로 이끌고서 거짓을 하게 하는 것이니, 어떻게 국가를 다스리겠는가?"[15], "군자가 미덥지 못하면 어디를 붙잡고 살겠는가?"[16] 등이 있다. 이와 같은 '악'자의 용례들은 사실 맹자의 인성론 가운데 '악'의 문제와는 그다지 큰 관련성은 없다고 보아야할 것이다.

맹자가 사용한 '악'자의 의미와 인성의 선악문제에 대한 상관성 여

---

11 『孟子』, 「萬章上」, "父母惡之, 勞而不怨."

12 『孟子』, 「告子上」, "死亦我所惡, 所惡有甚於死者."

13 『孟子』, 「公孫丑上」, "不立於惡人之朝, 不與惡人言."

14 『孟子』, 「萬章下」, "伯夷目不視惡色, 耳不聽惡聲."

15 『孟子』, 「滕文公上」, "相率而爲僞者也, 惡能治國家."

16 『孟子』, 「告子下」, "君子不亮惡乎執."

부는 바로 '사단지심四端之心' 가운데 '수오지심羞惡之心' 속의 '악'과 관련되었다고 볼 수 있다. '수오羞惡'에 대해서 주자는 "수羞라는 것은 자신의 불선不善함을 부끄러워하는 것이며, 오惡는 타인의 불선不善함을 증오하는 것이다."[17]라고 말했는데, 이것은 곧 '수羞'·'오惡'가 모두 자각심에서 발로된다는 것이다. 이는 노사광이 언급한 "선악문제는 자각주체를 근원으로 한다."는 의미와 상통된다고 할 수 있는 것이다.

그러나 '수오羞惡' 등의 '사단지심四端之心'은 맹자의 주장에 의하면 본래부터 '선善'이 되는 것이며, 자신의 '불선不善'을 부끄러워하는 것과 타인의 '불선不善'을 증오하는 것은 자각심에서 발휘된 가치판단인 것이다. 그러므로 맹자의 인성론 가운데 '악惡'은 '선의 결핍'이 되는 것으로 가치판단의 문제인 것이다. 즉 윤리행위 '실연'의 '선'의 결핍이므로 '악'은 '선'의 결핍이 되는 것이지, 절대로 '선'을 자각하는 자각주체 자신의 '선'의 결핍이 아닌 것이다.

맹자 인성론 가운데의 '악'이 가치판단의 문제와 관련되어 있으므로 판단의 주체와 객체가 있게 되며, 이는 자각심이 '선악'을 판단하는 주관적 객관적 요소를 만드는데 영향을 준다. 이러한 점에 관하여 맹자는 다음과 같이 말했다.

> 인성이 선善한 것은 물이 아래로 내려가는 것과 같으니, 사람은 불선不善함이 없는 것이며 물은 아래로 안 내려감이 없는 것이다. 지금 물을 쳐서 튀어 오르게 하면 이마보다 높게 올라가게 할 수 있으며, 거꾸로 쳐서 흐르게 하면 산에 있게 할 수 있지만 이것이 어찌 물의 본성이겠는가? 그 상황이 그렇게 된 것이다. 사람을 불선不善하게 할 수 있는 것은 그 성性이 역시 이와 같은 것이다.[18]

17 朱熹, 『孟子章句集注』卷三, "羞, 恥己之不善也; 惡, 憎人之不善也."
18 『孟子』, 「告子上」, "人性之善也, 猶水之就下也. 人無有不善, 水無有不下. 今夫

몸에는 귀한 것과 천한 것이 있으며, 작은 것과 큰 것이 있으니, 작은 것을 가지고 큰 것을 해치지 말며, 천한 것을 가지고 귀한 것을 해치지 말아야 하는 것이니, 작은 것을 기르는 자는 소인이 되고, 큰 것을 기르는 자는 대인이 되는 것이다……음식을 밝히는 사람은 남들이 그를 천박하게 여기는데, 이는 작은 것을 기름으로써 큰 것을 잃어버리기 때문이다.[19]

귀와 눈의 기능은 사고하지 못하여서 외부 사물에 가려지는 것이니, 외부 사물이 다른 외부 사물과 번갈아 나타나면 끌고 갈 따름이다.[20]

위에서 언급한 바와 같이 맹자는 '악'의 형성과 가치판단이 '악'을 선택하는 이유를 상황 또는 외재적인 환경의 영향 및 반성적 사고를 하지 못함 혹은 도덕주체의 자각심이 자신에게 내재되어있는 본심의 '선단'을 체득하지 못했기 때문이라고 보고 있다. 이러한 사실들을 근거로 맹자의 인성론 가운데 '악'의 형성 문제에 대하여 '상황' 혹은 '외재적인 환경의 영향'을 중심으로 분석을 해보겠다.

풍년이 든 해에는 젊은이들이 더 온순해지고, 흉년이 든 해에는 젊은이들이 더 포악해지는 것은, 하늘이 재질을 내리는 것이 그렇게 다른 것이 아니지만, 그 마음을 빠뜨리는 것이 그렇게 만드는 것이다. 지금 보리를 파종하여 씨앗을 덮으면, 그 땅이 같고 심는 시기가 또한 같을 경우 쑥쑥 자라나서 하지 때에 이르러 모두 익는

水, 搏而躍之, 可使過顙; 激而行之, 可使在山. 是豈水之性哉? 其勢則然也. 人之可使爲不善, 其性亦猶是也."

19 『孟子』, 「告子上」, "體有貴賤, 有小大. 無以小害大, 無以賤害貴. 養其小者爲小人, 養其大者爲大人.……飮食之人, 則人賤之矣, 爲其養小以失大也."

20 『孟子』, 「告子上」, "耳目之官不思, 而蔽於物, 物交物, 則引之而已矣."

> 것이니, 비록 같지 아니한 것이 있다 하더라도 그것은 곧 땅에 비옥하고 척박함이 있으며 비와 이슬의 기름과 사람의 가꾸는 일이 같지 않기 때문이다.[21]

위에 서술한 맹자의 비유를 통해서 인간을 '불선不善'하게 만드는 것은 '상황'임을 알 수 있다. 더 나아가 좀 더 자세하게 살펴보면, "땅이 비옥하고 척박함"은 인간이 처한 객관적인 환경을 비유한 것이며, "비와 이슬의 기름"은 경제적인 조건이 현실생활에 미치는 영향을 비유한 것이며, "사람의 가꾸는 일이 같지 않다."는 교육의 중요성을 비유한 것이다. 그러므로 맹자는 "사람들은 도를 가지고 있어야 하는데, 먹는 것을 배불리 하고 입는 것을 따뜻하게 하여 편안히 거처하고 교육이 없으면 금수에 가까워진다."[22]라고 한 것이다. 또한 위의 인용문에서 맹자가 외재적인 환경이 인간에 대하여 미치는 영향의 중요성에 대하여 언급한 사실을 파악할 수 있다. 사실은 한 사람이 처한 환경이 때로는 그 주변의 환경형성과 어떤 의미에서 상호 추동적인 관계를 갖고 있다고 할 수 있다. 그러나 외재적인 환경의 인간에 대한 영향은 물질적인 조건이라는 유형적인 영향뿐만 아니라 인간과 인간 사이의 무형적인 영향까지 포함하고 있는 것이다. 그러므로 맹자는 다음과 같이 말한 것이다.

> 사람이 갖고 있는 본성엔들 인의仁義의 마음이 없겠는가? 자기의 양심을 잃어버리는 것은 도끼로 나무를 베어 버리는 것과 같은 것

21 『孟子』, 「告子上」, "富歲子弟多賴, 凶歲子弟多暴. 非天之降才爾殊也, 其所以陷溺其心者然也. 今夫麰麥, 播種而耰之, 其地同, 樹之時又同, 浡然而生, 至於日至之時, 皆熟矣; 雖有不同, 則地有肥磽, 雨露之養, 人事之不齊也."

22 『孟子』, 「滕文公上」, "人之有道也, 飽食煖衣, 逸居而無教, 則近於禽獸."

이다. 매일 도끼로 찍어내는데, 어떻게 아름다워질 수가 있겠는가? 수목도 밤낮으로 자라고, 아침 공기를 흡수하여 기운이 깨끗해질 때는 살기를 좋아하고 죽기를 싫어하는 그 본능이 사람과 서로 비슷하여 차이가 많지 않다. 그러나 나무는 낮에 도끼와 낮에 찍히어 그 깨끗한 기운이 눌리어 없어지게 된다. 이 잃어버리게 하는 일을 거듭하게 되면 밤사이에 길러지는 맑은 기운夜氣을 보존할 수 없게 된다. 밤사이에 길러졌던 맑은 기운을 보존할 수 없게 되면 짐승과 다름이 없게 된다.[23]

맹자는 인간이 덕德을 세우고 실천하는 것은 도덕주체의 정립을 강조하는 것이 된다고 생각했다. 그러나 맹자는 또한 만일 "매일 도끼로 찍어내고", "그 깨끗한 기운이 없어지게 된다."는 과정이 반복적으로 진행된다면, 끝내는 본심本心과 양지良知가 소멸되어 결국은 짐승과 다름이 없는 지경에 이르게 될 것을 심각하게 인식하고 있었다. 그렇기 때문에 맹자는 인간의 도덕주체성을 정립하기 위해서는 우선적으로 현실생활의 여건을 충족시켜야 한다고 했던 것이다.

백성들이 사는 방도는 일정한 생업이 있으면 일정한 마음이 있고, 일정한 생업이 없으면 일정한 마음이 없습니다. 진실로 일정한 마음이 없으면 방탕, 편벽, 사악, 사치 등 못하는 짓이 없습니다.[24]

위의 인용문에서 맹자가 언급한 "방탕, 편벽, 사악, 사치"는 인간의

---

23 『孟子』, 「告子上」, "雖存乎人者, 豈無仁義之心哉? 其所以放其良心者, 亦猶斧斤之於木也, 旦旦而伐之, 可以爲美乎? 其日夜之所息, 平旦之氣, 其好惡與人相近也者幾希, 則其旦晝之所爲, 有梏亡之矣. 梏之反覆, 則其夜氣不足以存; 夜氣不足以存, 則其違禽獸不遠矣."

24 『孟子』, 「滕文公上」, "民之爲道也, 有恒産者有恒心, 無恒産者無恒心. 苟無恒心, 放辟邪侈, 無不爲已."

'불선不善'함의 측면을 말한 것이다. 인간이 방탕하고 편벽되며 사악하고 사치를 하게 되는 것은 현실생활의 곤경이 그렇게 만든 것이라고 할 수 있다. 바꿔 말하면 현실생활의 경제적 조건이 과도하게 궁핍하게 되면 인간의 양심은 비도덕적인 행위로 나갈 수 있게 된다. 그러므로 "굶주림과 헐벗음이 도둑질을 하게 만든다."라고 하는 것이다. 그러나 맹자는 현실생활 가운데의 객관적인 환경 및 경제적인 조건 등의 문제가 인간이 '선'함을 향해서 매진하고 '악'을 자행하지 않게 한다고 하는 것을 해결할 수 있다고는 생각하지 않았다. 맹자 역시 이러한 문제들의 해결을 심각하게 고려하고 있기는 했으나, '선악'의 문제는 실질적으로 해결할 수 없었던 것이다. 인간의 마음은 물질적 욕망에 빠지게 될 수 있어서 이러한 물욕이 '본심'을 가리게 되어 결국에는 본래부터 가지고 있던 '본심'을 놓치게 되어 상실하게 된다. 그렇기 때문에 맹자는 교육의 역량을 매우 중시하여 직접적으로 "먹는 것을 배불리 하고 입는 것을 따뜻하게 하여 편안히 거처하고 교육이 없으면 금수에 가까워진다."고 역설했던 것이다.

다시 말하면 맹자는 인간 행위의 '선악'은 현실생활 속의 경제적 조건에 의해서 완전하게 결정되는 것은 아니라고 생각했다. 즉 비교적 양호한 경제적 환경은 인간이 생존을 영위하기 위한 기본적인 조건을 제공하는 것에 불과하기 때문에, 만일 이러한 경제적인 환경에 적당한 교육이 없게 된다면 사람들은 결국 "배부르고 따뜻하면 음란한 욕구가 생긴다."고 하는 상황에 처하게 될 것이라는 것이다. 즉 풍요로운 경제적 조건은 오히려 인간의 '본심'을 상실하게 만드는 주요한 요인으로 '악'을 조장하게 만드는 근거가 될 수 있다는 것이다. 이상과 같이 '상황' 혹은 현실생활의 외재적 환경과 경제적 조건이 인간의 행위를 '선'하게 만들거나 '악'하게 만드는데 영향을 준다는 요인으로 작용함에 대하여 논의를 진행해보았다. 그러므로 앞서 언급한 것처럼 이러한 객관적인 요인은 최종적으로는 반드시 도덕주체로 귀결되어야 하는데, 이는 도덕주체의 자각심에 의한 가치판단으로부터 '선'이나 '악'이라고 하는 가치취향이 결정되기 때문이다. 그래서 맹자는 "사람이 불선不善하게 할 수 있음은, 그 성性 또한 이와 같기 때문이다"[25] 라고 언급하였는데, 이는 '악' 혹은 '불선'의 형성은 인간의 가치판단이 '선'을 버리고 '악'을 취한 것이기 때문에 인간의 본심은 여전히 절대적인 '선'을 가지고 있다는 것이다. 그리고 '상황'이 도덕주체의 자각심을 '악'행 쪽으로 기울어질 수 있도록 가치판단을 하게 이끌어주게 되는 이유는 바로 마음의 기능이 사고를 할 수 없기 때문인 것이다. 그래서 도덕이성의 가치의식이 자각적으로 '선'을 취할 수 없다는 것이다. 또한 맹자는 「고자상告子上」편의 "생명을 버리고 의를 취한다."라고 하는 언급을 통하여 도덕주체의 가치판단이 선택을 해야 하는 상황에서 생명이란 고귀한 것이기는 하지만 생명보다 더욱 고차원적인 가치와 생명을 선택하게 되었을 때 고차원적인 가치인 '의義'를 선택한다고 한 것이다. 이러한 주장 속에서 '선악'을 가치판단 하는 주체와 객체가 분명해지는데, 즉 삶을 좋아하고 죽음을 싫어한다는 것에서 삶과 죽음은 가치판단의 객체가 되고 판단의 주체는 사람들이 모두 가지고 있는 본심 혹은 도덕주체의 자각심이라는 것이다.

4. 본성은 '악'이 될 수 없음

맹자는 일찍이 인간에게는 '대체大體'와 '소체小體'가 있다고 언급했다. 그러면서 '소체'를 기르는 사람은 어떠한 부분을 아끼고 기를 것인

---

25 『孟子』, 「告子上」, "人之可使爲不善, 其性亦猶是也."

지를 인식하지 못하여 반드시 '대체'를 상실한다고 했다. 그러나 '소체'를 기른다고 하는 것은 부정할 수 없는 현실생명의 필연적인 본능이기 때문에 맹자 역시 이러한 '소체'의 배양에 대하여 비판적인 태도만을 유지한 것은 아니다.

> 사람은 자기 몸이면 어느 부분이나 다 같이 아낀다. 어느 부분이고 다 같이 아끼면 어느 것이고 모두를 같이 기른다. 한 자 한 치의 살도 아끼지 않는 것이 없기 때문에 한 자 한 치 되는 살도 기르지 않는 것이 없다. 그런데 그 기르기를 잘하고 있는가, 못하는 가를 판단하는 것에 달리 방법이 있겠는가? 자기 속에서 결정지을 따름이다.[26]

위의 인용문에 대하여 주자朱子는 "사람이 자기 한 몸에 대해서 본래 마땅히 다 같이 길러야 한다. 그러나 그 기르는 것의 잘잘못을 고찰하고자 하는 것은 다만 이것을 자신의 몸에게 돌이켜 그 경중을 자세히 살펴보려는데 있을 뿐이다."[27]라고 주석 했는데, 여기에서 주의 할 부분은 바로 '몸'이 의미하는 것이 무엇인가? 이다. 주자는 맹자가 언급한 "자기 속에서 결정지음"으로써 인간의 '선'과 '불선'을 관찰했다고 하고 있는데, 이렇게 볼 때 '몸'은 대소귀천을 다 아우르고 있는 '신체'를 말하는 것이라고 할 수 있다. 이러한 점에 관하여 모종삼牟宗三 역시 여기에서 '몸'은 대체적으로 말한다면 '자신의 신체'라고 할 수 있으며 또한 '자신'을 의미한다고도 할 수 있는 것으로 육체와 영혼을 모두 포함한 것이다.[28]라고 했다. 다시 말하면 '몸'은 마땅히 '성性'과

---

26 『孟子』, 「告子上」, "人之於身也, 兼所愛. 兼所愛, 則兼所養也. 無尺寸之膚不愛焉, 則無尺寸之膚不養也. 所以考其善不善者, 豈有他哉? 於己取之而已矣."

27 朱熹, 『孟子章句集註』, 卷十一.

'명命'의 총칭이라고 할 수 있는 것으로 단독적으로 육체만을 의미하는 것이 아니라는 것이다.

인간의 육체는 '대체'와 '소체'를 모두 다 겸비하고 있는데, '대체'는 '성'이 되고 '소체'는 '명'이 된다. '성'이란 것은 본심의 '인의예지仁義禮智' 사단四端을 말하는 것이며, '명'이라는 것은 이목구비耳目口鼻 사지를 의미하는 것이다. 맹자는 이러한 '소체' 혹은 이목구비의 감각기관을 부정적인 시각으로 보지는 않았으며, 다만 도덕주체의 확립을 강조하여 도덕실천이 본심에 의해 자발적으로 주재 될 수 있게 하여, '소체'의 양성 때문에 '대체'가 상실되는 것을 원하지 않았을 뿐이다. 즉 '소체'의 배양이 '대체'의 보존과 양성 그리고 확충에 장애가 되지 않기를 바랐을 뿐이다.

> 음식만을 소중하게 여기는 사람은 남들이 천시하니, 그것은 소중하지 않은 부분만을 기르고 소중한 부분을 잊고 있기 때문이다. 그러나 음식만을 소중하게 여기는 사람이라도 정신을 기르는 다른 한 쪽도 게을리 하지 않는다면, 아무리 입과 배를 기른다 할지라도 어찌 한 자 한 치 되는 피부를 기를 따름이겠는가?[29]

음식만을 소중하게 여기는 사람이 다른 사람들로부터 천시 받게 되는 이유는 바로 이목구비의 '소체'만을 길렀기 때문이 아니고 '소체'를 양성하면서 그 '대체'를 잃어버렸기 때문이다. 그렇기 때문에 서복관徐復觀과 같은 경우는 "맹자는 결코 생리적인 욕망을 경시하지 않았다. 다만 마음이 주인이 되어 이러한 욕망을 합리적으로 만족시킬 것을

---

28 牟宗三, 『圓善論』, 臺北, 學生書局, 1985년, 46쪽 참조.

29 『孟子』, 「告子上」, "飮食之人, 則人賤之矣, 爲其養小以失大也. 飮食之人無有失也, 則口腹豈適爲尺寸之膚哉?."

요구했다.”[30]라고 말하고 있는 것이다.

다시 말하자면, 이목구비의 감각기관 등의 ‘소체’는 육체에 불과 하기 때문에 도덕이성의 자각적 반성능력과 가치판단 능력을 가지고 있지 못하다는 것이다. 그렇기 때문에 오직 자각주체의 확립이 있어야만 이목구비의 감각기관 등의 ‘소체’를 자각심이 주재할 수 있게 되어 ‘소체’의 무한한 감성적 욕망의 요구를 제어할 수 있다는 것이다. 이러한 감성적 욕망은 비록 생명의 자연적이고 원초적인 본능의 표출이기는 하지만 적당한 선에서 만족할 수 있도록 제어해야만 한다는 것이다. 만일 그렇지 않으면 끝없이 욕망을 탐닉하여 결국에는 반드시 본심을 이익 때문에 서로 다투게 만드는 지경에 빠트리게 된다는 것이다. 이와 같은 무한한 욕망의 탐닉이야말로 맹자의 ‘성선설’ 속에서 ‘악’이 형성되는 원인제공자가 되는 것이라고 할 수 있는 것이다.

> 마음을 기르는養 데에는 욕심을 적게 하는 것보다 좋은 것이 없다. 사람됨이 욕심이 적으면 비록 보존하지 못한 것이 있더라도 그것이 적고, 사람됨이 욕심이 많으면 비록 보존한 것이 있더라도 그것이 적다.[31]

위의 인용문 가운데 ‘적다’라고 하는 것은 소극적으로 거의 남지 않은 것을 제거한다는 의미가 아니고, 단지 감성 욕망의 끝없는 탐닉의 요구를 더 이상 작용하지 못하게 한다는 의미이다. 그렇기 때문에 만일 생명의 자연적이고 원초적인 본능의 필수적인 욕구를 적당한 선에서 충족시켜 줄 수 있다면 본심은 물리적인 욕구에 빠지지 않게 됨과

30 徐復觀, 『中國人性論史』, 臺北, 臺灣商務印書館, 1990년, 175쪽 참조.

31 『孟子』, 「盡心下」, “養心莫善於寡欲. 其爲人也寡欲, 雖有不存焉者, 寡矣; 其爲人也多欲, 雖有存焉者, 寡矣.”

동시에 물리적인 욕구 때문에 유발되는 본심의 상실도 막을 수 있다는 것이다. 그러므로 비록 인간이 자연적이고 원초적인 욕구의 측면에서는 짐승들과의 차이가 거의 없지만, 짐승들과 가장 큰 차이인 본심은 잃지 않고 보존할 수 있게 되는 것이다.

> 귀나 눈 같은 기관은 생각할 능력이 없어 바깥 물건에 지배되어 버리므로, 사물事物에 접하게 되면 그것에 끌려가기 마련이다. 마음이라는 기관은 생각할 수 있어서 생각하게 되면 사리事理를 알 수 있게 된다. 하늘이 우리에게 부여하여 준 것을 비교하여 먼저 그 큰 것을 확립하여 놓게 되면, 그 작은 것을 빼앗아 가지 못하게 된다. 이것이 곧 대인大人이 되는 까닭이다.[32]

귀나 눈 같은 기관이 자각능력과 가치판단 능력을 갖지 못하는 이유는 귀나 눈 등의 작용이 생리적인 작용에 국한되어 있어서, 일체의 반응이 외재적인 대상에 의해 결정되기 때문이다. 그렇기 때문에 귀나 눈 등의 감각기관은 자각적인 반성능력이 없어서 가치 판단의 주체가 될 수 없는 것이다. 그러므로 맹자는 그것들이 반드시 '사물에 가려져'지게 되어 결국에는 자신 역시 하나의 사물로 된다는 것이다. 그래서 주자는 "귀는 듣는 것을 맡고 눈은 보는 것을 맡아서, 각기 맡은 것이 있으나 사고를 할 수는 없다. 이러므로 외부의 사물에 가리어진다. 이미 사고를 할 수 없어서 외부의 사물에 가리어지면 또한 하나의 사물일 뿐이다. 또 외부의 사물로써 이러한 사물(귀와 눈)과 교통하게 되면 거기에 끌려가는 것은 어렵지 않게 된다."[33]라고 한 것

---

32 『孟子』, 「告子上」, "耳目之官不思, 而蔽於物. 物交物, 則引之而已矣. 心之官則思, 思則得之, 不思則不得也. 此天之所與我者. 先立乎其大者, 則其小者弗能奪也. 此爲大人而已矣."

이다.

눈과 귀 등의 감각기관이 비록 자각적인 반성능력이 없지만 '불선不善'한 일이나 일체의 죄악이 모두 가치판단을 내린 뒤에 실제로 행해진다고 하는 사실은 부인할 수 없는 것이다. 그렇기 때문에 성선설 속에서 '악'의 발생 요인으로는 외재적인 환경과 객관적인 조건 이외에 가장 주요한 요인은 바로 도덕주체의 가치의식이 발휘되었는지 여부에 의해서 결정된다는 것이다. 즉 자각심이 자각적인 반성을 하느냐 하지 않느냐에 따라 '악'의 발생 여부가 결정된다는 것이다. 이와 같은 논의는 맹자가 언급한 "마음이라는 기관은 생각할 수 있어서 생각하게 되면 사리를 알 수 있게 된다."라고 하는 말과 일맥상통한다고 볼 수 있는 것이다.

마음이라는 기관은 '대체'를 의미하며 그것의 기능은 사고하는 것뿐이다. 여기에서의 사고는 본성을 인식한다고 하는 사려작용이 아니고 본심의 자각을 의미하는 것으로 인간이 본래적으로 갖추고 있는 능력인 것이다. 본심의 자각능력의 발휘는 가치의식을 발휘케 하여 가치판단을 가능하게 하는 것이다. 그렇기 때문에 사고에는 다음과 같은 두 가지의 차원의 함의가 담겨져 있다고 볼 수 있다. 즉 자각적으로 반성할 수 있는 능력을 갖춘 본심이 본래적으로 구비하고 있는 '인의예지仁義禮智'라고 하는 '선'의 단서라는 함의와 본심의 자각적 상황아래 이러한 '선'의 단서로서의 마음이 '선'한 행위를 할 수 있도록 가치판단을 내릴 수 있게 함과 동시에 이러한 것을 감각기관의 욕구에 가려지지 않도록 하여 '측은·수오·사양·시비'의 마음을 확충하여 선한

33 朱熹, 『孟子章句集註』, 卷十一. "耳司聽, 目司視, 各有所職而不能思, 是以蔽於外物. 既不能思而蔽於外物, 則亦一物而已. 又以外物交於此物, 其引之而去不難矣."

행위를 유발하게 한다는 함의가 담겨져 있는 것이다. 다시 말하면 사고는 본심의 내적 작용과 외적 작용을 동시에 구비하고 있다는 것인데, 내적 작용은 '인의예지仁義禮智'를 본심이 본래적으로 구비하고 있음을 자각하는 것이고 외적 작용은 이러한 내적 작용을 인식하고 물리적인 욕구에 의해서 그것을 상실하지 않고 확충과 실천을 통하여 선한 단서를 체험적으로 증명하는 것이다.

'마음이라는 기관은 생각할 수 있다.'라고 하는 명제는 실연명제이면서 필연명제가 되는 것이다. 그래서 맹자는 "이러한 것은 하늘이 우리에게 부여해준 것이다."라고 말하고 있는 것이다. "이러한 것은 하늘이 우리에게 부여해준 것이다."라고 하는 언급은 마음의 초월적 근거를 설명하는 것이 아니라, 본심의 자각능력은 자명한 원칙이라는 것을 설명한 것이다. 다시 말하면, 마음의 기능은 사고하거나 자각하는데 있다고 하는 말은 실연명제이자 필연명제라는 것이다. 그렇기 때문에 맹자는 "사고하지 않으면 얻을 수 없다."라고 주장한 것이다. 사고하지 않음에서의 사고는 본심의 전면적인 사고정지를 의미하는 것이 아니다. 본심은 존재하면서 활동하는 존재이기 때문에 여기에서 "사고하지 않음"이라고 하는 것이며, 그 의미는 자각 주체가 확립되지 못하여 본심의 사고가 물리적인 욕구에 가리어져 내외 일체의 '선善'을 비추지 못하게 되어 "얻을 수 없다."라고 말한 것이다. 얻을 수 없다는 것이란 본심의 사고능력을 얻을 수 없다는 말로서 상황이 그렇게 만든다는 것이다.

5. 맺는 말

이상과 같이 맹자가 인간의 본심으로 본성이 '선善'함을 설명하는데 있어서 관건적인 문제라고 할 수 있는 '악惡'의 문제에 대하여 살펴보았는데 이를 정리하면 다음과 같다고 할 수 있다.

먼저 중국철학에서의 '악'은 『시경』과 『상서』 속에서 말하는 '실덕'과 '유죄'가 현실 속에서는 도덕 혹은 예의규범의 파괴를 의미하며, '천도'가 현실의 인간세계에 윤리규범의 기초가 되므로 '인도'의 측면에서 본다면 인간이 마땅히 있어야할 도덕적 '선'이 결핍된 상태를 의미한다고 말할 수 있다.

맹자가 사용한 '악'자의 의미와 인성의 '선악'문제에 대한 상관성 여부는 바로 '사단지심' 가운데 '수오지심' 속의 '악'과 관련되었다고 볼 수 있는데, '수오' 등의 '사단지심'은 본래부터 '선'이 되는 것이며, 자신의 '불선'을 부끄러워하는 것과 타인의 '불선'을 증오하는 것은 자각심에서 발휘된 가치판단인 것이다. 그렇기 때문에 맹자의 인성론 가운데 '악'은 '선의 결핍'이 되는 것으로 가치판단의 문제인 것이다. 즉 윤리행위 '실연'의 '선'의 결핍이므로 '악'은 '선'의 결핍이 되는 것이지, 절대로 '선'을 자각하는 자각주체 자신의 '선'의 결핍이 아닌 것이다.

맹자는 감성적 욕망은 비록 생명의 자연적이고 원초적인 본능의 표출이기는 하지만 적당한 선에서 만족할 수 있도록 제어해야만 한다고 했는데, 만일 그렇지 않으면 끝없이 욕망을 탐닉하여 결국에는 반드시 본심을 이익 때문에 서로 다투게 만드는 지경에 빠트리게 된다고 보았던 것이다. 이와 같은 무한한 욕망의 탐닉이 결국은 맹자의 성선설 속에서 '악'이 형성되게 하는 원인제공자가 되는 것이다. 또한 성선설 속에서 '악'의 발생 요인으로는 외재적인 환경과 객관적인 조건 이외에 가장 주요한 요인은 바로 도덕주체의 가치의식이 발휘되었는지 여부에 의해서 결정된다는 것이다. 즉 자각심이 자각적인 반성을 하느냐 하지 않느냐에 따라 '악'의 발생 여부가 결정된다는 것이다.

참고문헌

朱公遷,『詩經義疏』,『四庫全書』本.

孫星衍,『尙書今古文注疏』,『平津館叢書』本.

劉寶楠,『論語正義』,『續皇淸經解』本.

趙　岐,『孟子章句』,『四部叢刊』本.

朱　熹,『孟子章句集註』,『海淵閣明刻』本.

焦　循,『孟子正義』,『焦氏遺書』本.

『十三經引得』,「尙書引得」, 上海, 上海古籍出版社, 1986년.

許愼撰, 段玉裁注,『說文解字注』, 上海, 上海書店, 1992년.

牟宗三,『圓善論』, 臺北, 學生書局, 1985년.

徐復觀,『中國人性論史』, 臺北, 臺灣商務印書館, 1990년.

勞思光,『新編中國哲學史』 卷一, 臺北, 三民書局, 1986년.

曾仰如,『倫理哲學』, 臺北, 臺灣商務印書館, 1985년.

項退結,『西洋哲學辭典』, 臺北, 臺灣國立編譯館, 1976년.

黃維潤,「中西哲學論惡之比較」, 臺北, 輔仁大學哲學硏究所, 博士學位論文, 1984년.

제4장

순자의 인성론 사상

1. 시작하는 말

고대 중국의 인성론 전통에 있어서 맹자孟子의 '성선설性善說'과 함께 한 획을 그어온 순자의 '성악설性惡說'에 대하여 지난 시간들 속에서 수많은 학자들이 각기 나름대로의 해석과 견해를 피력해왔다. 그러나 이러한 해석과 견해들 대부분이 순자의 '성악설'을 이루는 중요한 성분의 하나인 선악善惡 개념의 분석을 간과한 경향들을 보이고 있다.

순자가 언급한 '성性'은 형식적인 측면에서 본다면 다음과 같은 두 가지의 의미를 가지고 있다고 할 수 있다. 하나는 '성'은 타고난 것이라는 의미이고, 다른 하나는 자연적인 것이라는 의미이다. 이러한 두 가지 의미 가운데 어느 것 하나만 갖추고 있어도 '성'이라고 할 수 있는 것이다. 이러한 정의를 바탕으로 실질적인 측면에 본다면 '성'은 자연적인 생명의 여러 가지 징후라고 할 수 있는 것으로서 곧 인간의 자연적 성질을 의미한다고 할 수 있다. 좀 더 구체적으로 말한다면 감각기관과 그 기능 그리고 생리적 욕구 및 심리적 욕망 등을 포함한다고 할 수 있다. 이와 같이 언급되어지는 '성'에 관한 논의는 '본능이 곧 성이다'라고 하는 주장도 할 수 있게 되는 것이다.

'본능이 곧 성이다'라고 한다면 '성'의 문제에 관하여 순자는 마땅히 고자告子처럼 '성에는 선善함도 없고 불선不善함도 없다'라고 주장했어야 함에도 불구하고 '성은 악惡하다'라고 하는 주장을 한다. 순자는 도대체 왜 본성이 악하다고 하는 주장을 한 것일까? 그는 기존의 학설과 다른 새로운 이론체계를 세우기 위해서 본성이 악하다는 주장을 한 것일까? 아니면 어떤 피치 못할 고충이 있었던 것일까?

순자가 본성이 악하다고 하는 주장은 이후 학술계의 주요 쟁점 가운데의 하나가 되었으며, 심지어 그는 이러한 주장으로 인해서 신랄한 비판을 받기도 했다. 현대에 와서 많은 학자들은 이러한 순자의 '본능이 곧 성이다'라는 주장에 대하여 제각기 다른 해석과 주장을 내놓고 있지만, 그들의 해석과 주장이 과연 보편타당한 것인가라는 의문이 생긴다. 그렇기 때문에 본문에서는 이러한 문제들에 대한 명확한 정리를 통하여 순자는 어떤 이유 때문에 본성이 악하다고 주장했는가를 규명하고, 그가 언급한 '본성은 악하다'는 주장 속에는 어떠한 함의가 담겨져 있는지를 현대적인 시각에서 재조명해보았다.

2. 성악性惡에 대한 현대학자들의 해석

인간의 본성이 악하다고 하는 주장은 순자의 사상체계 가운데 후세 학자들로부터 가장 주목을 받는 한편 의견이 분분한 부분이라고 할 수 있을 것이다. 이와 같은 인간의 본성이 악하다는 주장으로 인하여 순자는 송대宋代에 많은 유학자들로부터 적지않은 비판을 받는데, 특히 정이천程伊川 같은 경우 "순자는 심하게 순수하지 않음에 치우쳐 있다. 그는 본성은 악한 것이다 라고 하는 한마디 때문에 그 큰 근본을 이미 상실했다."[1]라고 비판을 한다.

현대의 학자들은 순자의 인간의 본성이 악하다는 주장에 대하여 송대의 유학자들에게서 보여 지는 것과 같은 감정적인 비판에서 벗어나 비교적 객관적인 각도에서 비판하지만, 일부 개념들의 의미를 명확하게 규정하지 못했기 때문에 순자가 주장한 '성악'에 대한 이해 역시 제각기 다른 양상을 보이고 있다.

모종삼牟宗三은 순자의 '본성은 악한 것이다'라는 주장에 대하여 비교적 합리적인 해석을 하는데, 그의 해석은 현대신유학자들 사이에서 상당한 영향력과 대표성을 지니고 있다고 할 수 있다.

> 순자는 인간의 본성에 대하여 단지 한 측면만을 보았는데, 그것은 인간을 생리적 욕구를 가진 자연 생명체로만 본 것이다. 이러한 동물적인 성향을 가진 자연 생명체는 그 자체로만 보았을 때 악하다고 할 수 없으며 자연적일 뿐이다. 그러한 것을 따르기만 하고 조절하지 않는다면 곧 악과 무질서가 발생할 것이다. 이것이 바로 순자가 말하는 본성은 악하다는 것이다.[2]

즉 모종삼은 순자가 언급한 인간의 본성이란 것은 인간의 자연적 성향을 의미하는 것으로, 이러한 자연적 성향에는 선이나 악이라고 하는 가치판단이 내재되어 있지 않은 가치중립적인 것이기 때문에 인간의 본성이 악하다고는 말할 수 없다고 하는 것이다. 그러나 순자는 그의 저서 곳곳에서 인간의 본성은 악하다고 언급하고 있는데, 이러한 문제에 대하여 과연 어떻게 해석해야 할 것인가의 문제에 직면하

1 程頤, 程顥, 『二程全書』, 遺書十九, 臺北, 臺灣中華書局, 1990년.
2 牟宗三, 『名家與荀子』, 臺北, 學生書局, 1985년, 223쪽 참조.

게 된다. 다시 말하면 자연적 성향으로서의 본성과 악 사이에는 어떠한 상관관계가 성립되어 있는가의 문제에 직면하게 된다는 것이다. 이러한 문제에 대한 해답은 다음과 같다. "그러한 것을 따르기만 하고 조절하지 않는다면 곧 악과 무질서가 발생할 것이다. 이것이 바로 순자가 말하는 본성은 악하다는 것이다." 즉 자연적 성향으로서의 본성을 따르기만 하고 적절하게 조절하지 않는다면 악과 무질서가 발생하는 결과가 초래될 것이라는 것을 의미한다. 그러므로 순자는 본성은 악한 것이라고 주장했다는 것이다.

위정통韋政通은 이러한 문제에 대하여 좀 더 진일보한 견해를 내놓는다.

> 인간 본성의 자연적 성향에서 악惡이 발생한다는 것의 관건은 바로 자연적 성향을 따른다는 것에서 찾아질 수 있다. 자연적 성향을 따른다는 것은 바로 자연적인 본능을 따르기만 할 뿐 그러한 자연적인 본능을 절제할 줄 모른다는 것을 의미한다. 현실의 삶 속에서 인간은 욕망이 없을 수 없다. '인간은 태어날 때부터 욕망이 있다'(禮論)는 말은 보편적인 사실이다. 인간은 욕망을 가지고 있을 뿐만 아니라 본능을 따르기 때문에 결국은 욕망이 많은 존재로 궁핍함이 누적되어도 만족할 줄 모른다. 그래서 인간과 인간 사이에는 쟁탈이 발생하여 결국 폭력이 출현하는 것이다. 그러므로 인간 본성의 자연적 성향이 요구하는 것을 따른 결과 인간의 본성은 악하다는 결과가 출현하는 것은 필연적이라고 할 수 있다.[3]

인간 본성의 자연적인 성향은 욕망을 추구하기 때문에 욕망이 많고 그러한 욕망을 충족시켜줄 수 있는 재화가 적은 상황 속에서, 만일

---

3 韋政通, 『荀子與古代哲學』, 臺北, 臺灣商務印書館, 1992년, 68쪽 참조.

모든 인간들이 자연적인 성향을 따르기만 하고 절제하지 않는다면 반드시 인간들 사이에서 쟁탈과 혼란이 발생하게 되는데 이것이 바로 악의 국면인 것이다. 이와 같이 인간 본성의 자연적인 성향이 추구하는 것을 따르기만 했을 때 반드시 악의 국면이 조성된다면, 순자의 인간의 본성이 악하다는 주장은 설득력을 얻게 되는 것이다.

위정통은 여기에서 특히 "그러한 것을 따르기만 한다."라는 점을 강조하는데, 이는 한편으로 인간 본성의 자연적인 성향이 악으로 변화되어지는 필연성을 설명한 것으로 모종삼의 해석에 비하여 더욱 설득력을 갖게 된다. 다른 한편으로는 "그러한 것을 따르기만 한다."는 의미 속에는 선택의 의미가 내재되어 있다는 것이다. 다시 말하면 비록 본성에는 악으로 편향되는 경향이 있기는 하지만 인간 스스로 이러한 경향을 따를 것인가 혹은 거스를 것인가를 선택할 수 있기 때문에, 악의 출현은 선택에 의해 결정될 수 있다는 것이다.

이상과 같은 위정통의 해석은 인간 본성의 자연적인 성향으로부터 악이 생성될 수 있다는 점을 관건성의 문제로 설명하는 한편 악의 기원문제에 대한 설명도 있기는 하지만, 본성이 악하다는 문제에 대한 직접적인 해석은 없다.

본성이 악하다는 문제에 관해서는 진대제陳大齊의 해석이 앞서 언급한 두 학자들의 부족한 부분을 보충할 수 있다고 판단된다.

> 본성이 악하다고 하는 말의 진정한 의미는 본성이라고 하는 심리적 요소 그 자체가 악하다는 의미가 아니라, 그러한 본성에 의해 발생되는 행위로 인해 결과적으로 조성된 사실이 악하다는 것이다.[4]

---

4 陳大齊, 『荀子學說』, 臺北, 中國文化大學出版部, 1988년, 58쪽 참조.

진대제는 윤리학의 '동기론'과 '결과론'의 구분에 근거하여 순자가 취한 것이 '결과론'이라고 생각했다. 즉 그는 인간 본성의 자연적인 성향을 따르게 되면 악의 결과가 조성될 수 있기 때문에 순자는 이러한 악의 발생근거로서의 본성을 악하다고 보아서 성악을 주장한 것이라고 한 것이다. 엄밀하게 본다면 순자의 '성악설'은 '인성향악설人性向惡說'일 뿐이다.[5]

그렇지만 인간의 본성은 악하다고 하는 명제를 인간의 본성에는 악한 경향이 있다고 해석했을 때 여전히 해결해야할 문제가 발생하는데, 그 이유로는 인간의 본성은 악하다는 명제와 인간의 본성에는 악한 경향이 있다는 명제 사이에는 분명한 차이점이 존재하기 때문이다. 구체적으로 말하자면 후자는 단지 인간의 본성에 악한 경향이 있다는 것만을 초래할 뿐 인간의 본성 그 자체는 결코 악이 아니라는 것이며, 전자는 인간의 본성 자체가 악한 것이기 때문에 개선의 필요가 있다는 것이다.

료명춘廖名春은 순자가 인간의 본성 그 자체를 악한 것으로 본 것에 대하여 다음과 같은 논리로 긍정한다.

> 순자의 성악론은 인간 본성이 자연적 성향의 기초 위에서 건립된 것이다. 순자는 이익을 좋아하고 남을 미워하고 시기하기도 하며 좋은 음악과 아름다운 여인을 좋아하는 것은 인간의 생리적 본능이라고 생각했다. 이러한 것은 '태어날 때부터 가지고 있는' 것으로 이러한 본능은 분쟁과 서로 해침 그리고 음란함의 근원이 되는 것으로, 이는 '편벽되고 불공평하여 바르지 못한 것이 되어, 도리에 벗어나서 어지럽게 되고 만다.'는 것의 근원이 된다는 것이다. 그러므로 그는 인간의 이러한 생리적 본능은 악惡한 것이라고 생각한

5 陳大齊, 『荀子學說』, 臺北, 中國文化大學出版部, 1988년, 66쪽 참조.

것이다. 이것이 바로 순자가 주장한 성악론의 논리이다.[6]

인간의 본성에는 악한 경향이 있다는 진대제의 이론과 비교했을 때 료명춘의 해석은 인간의 본성은 본래 악하다는 주장으로도 불리어질 수 있을 것이다. 그러나 료명춘은 바로 이어서 순자의 이러한 주장에 대하여 비판을 한다. 즉 순자가 인간의 사회성과 자연적 본능을 명확하게 구분하지 못한 결과로 주장된 인간의 본성이 악한 것이라는 명제는 잘못되었다는 것이다.

> 순자의 성악론은 선천적 성악론이다. 그래서 그는 '양보'·'신의나 신뢰'·'예의나 규범'과 같은 후천적 작위를 인간의 본성에서 배제시켜 본성 외의 것으로 간주한다. 그러나 '이익을 좋아함'·'남을 미워하고 시기함'·'좋은 음악과 아름다운 여인을 좋아함'과 같은 것들은 태어날 때부터 갖게 되는 자연적 속성이라고 할 수 있을까? 이것은 문제의 소지가 있다. 사실 '이익을 좋아함'에서는 과연 어떤 것이 이익인지를 파악 할 수 있을 때 비로소 좋아할 수 있는 것이며, '남을 미워하고 시기함'에서는 어떤 점을 미워해야 할지를 인식할 때 비로소 시기할 수 있는 것이며, '좋은 음악과 아름다운 여인을 좋아함'에서는 먼저 어떤 것이 아름답고 어떤 것이 추한 것인지를 판별할 수 있을 때 비로소 좋아할 수 있는 것이다. 이러한 좋아함과 시기함 모두는 학습을 통해서 체득되는 것이지 인간의 자연적인 본능 속에 갖추어져 있는 것이 아니다. 순자는 이와 같이 인간의 사회적 속성을 자연적 본능에 귀결시켜 악과 인간의 생리적 욕구를 연결시킨 일면에 매몰되어 인간의 본성이 악하다는 결론을 도출해냈는데, 이는 완전히 틀린 견해다.[7]

---

6 廖名春, 『荀子學說』, 臺北, 文津出版社, 1994년, 106~107쪽 참조.

7 廖名春, 『荀子新探』, 臺北, 文津出版社, 1994년, 107쪽 참조.

'이익을 좋아함'·'남을 미워하고 시기함'·'좋은 음악과 아름다운 여인을 좋아함'등은 태어날 때부터 갖게 되는 것이 아니다 라는 주장은 틀린 말은 아니지만, 이러한 것들이 인간의 본성에 속하지 않는다고 했을 때는 문제가 발생한다. 즉 순자가 언급한 인간의 본성에는 태어날 때부터 가지게 되는 것이라는 의미 이외에 자연적인 것이라는 의미도 있다. '이익을 좋아함' 등은 비록 태어날 때부터 갖게 되는 선천적인 속성은 아닐지라도 자연적인 것이라고 할 수 있으며, 이러한 것들은 교육과 학습의 필요가 없는 것이기 때문에 본성에 귀속시킬 수 있는 것이다.

이상에서 언급한 현대학자들의 '성악'에 대한 해석들은 비록 다 같은 것이라고 할 수는 없지만, 모두 본성과 악의 관계에 초점을 집중하여 자연적인 속성과 성악 사이의 불일치의 해결을 시도했다. 그렇기 때문에 순자가 사용한 악 개념의 특수한 의미에 대한 분석이 불가피하게 소홀할 수밖에 없었던 것이다. 그러므로 다음 장에서는 관심의 초점을 악의 의미에 맞춰서 순자가 과연 어떻게 이러한 개념을 사용했는지 살펴보도록 하겠다.

3. 선善과 악惡의 개념 분석

순자가 사용한 선과 악의 개념은 두 가지 측면의 의미가 있다는 주장이 있는데 다음과 같다. 하나는 완벽함과 열악함의 의미이고, 다른 하나는 선량함과 악함의 의미라는 것이다.[8] 만일 이러한 주장이 정확한 것이라면 우리는 앞서 언급한 학자들의 논의가 모두 악함의 의미에만 집중되어 있을 뿐 열악함의 의미에 대해서는 인식을 소홀히 했

---

8 張豈之, 『中國儒學思想史』, 臺北, 水牛出版社, 1992년, 123쪽 참조.

기 때문에 자연적인 속성과 성악 사이의 불일치의 문제를 해결할 수 없었을 것이라고 말할 수 있다.

앞서 언급한 바와 같은 장기지張豈之의 구분방법은 위에서 언급한 문제들에 대한 해결의 실마리를 제공했다고 할 수 있다. 그의 견해에 의하면 '성악'이라고 하는 것은 한편으로 본성의 열악함을 의미하고 다른 한편으로는 본성의 악함을 의미하는 것이라고 말할 수 있다.

> 순자가 언급한 본성은 자연적인 천성이나 원초적 자질과 생리적 본능을 의미하는 것으로 어떠한 가공과 개선을 거치지 않은 상태의 것을 말한다. 이러한 의미에서 본다면 그가 언급한 '성악'은 인간 본성의 열악함을 의미하는 것이다. 그러나 그는 또 인간의 본성을 원초적 자질로 보고 그 속에는 예의나 법률제도를 만들어 내거나 포함시킬 수도 없다고 강조하는 한편 예의나 법률제도와도 상충된다고 강조했다. 예를 들면 '인간의 본성을 따르고 감정에 따라서 행동한다면 반드시 서로 다투고 빼앗고 하면서 사회질서의 어지러움을 야기 시켜 무법사회가 출현하게 된다.'『순자·성악』 이러한 의미에서 본다면 그가 언급한 '성악'은 본성의 악함을 지칭하는 것이다. 이와 같이 볼 때 '악'에는 열악함의 의미와 악함의 의미가 있는 것이다.[9]

위의 인용문에서 볼 수 있듯이 선량함이라는 것은 '예의나 법률제도'에 부합한 내용을 의미하는 것이며, 악함이라는 것은 '예의나 법률제도'에 위배되는 행위를 의미한다. 바꿔 말하면 이는 도덕표준에 부합되는지의 여부에 따라 선과 악을 구분한 것이기 때문에, 선과 악은 도덕과 비도덕의 개념에 상당한다고 할 수 있을 것이다. 그러나 서복

9 張豈之,『中國儒學思想史』, 臺北, 水牛出版社, 1992년, 123～124쪽 참조.

관徐復觀을 비롯한 일부 학자들은 이러한 각도에서 이해되어진 순자의 '성악'은 성립할 수 없다고 생각했다.[10] 즉 순자가 언급한 본성의 개념 속에는 도덕적 의미가 내재되어 있지 않기 때문에 선은 도덕이고 악은 비도덕이라고 말할 수가 없다는 것이다.

『순자』 속에 선과 악惡의 개념은 각각 200여 차례 정도 보이며 그 의미 역시 매우 다양하다고 할 수 있다. 그러나 선과 악이 함께 보이는 경우는 「성악性惡」 편의 '성악선위性惡善僞'와 '선악지분善惡之分' 외에 다음과 같은 곳에서 보여진다.

> 현명한 사람을 존중하고 유능한 인사를 기용하여 공적이 있는 사람에게는 상을 주고 죄가 있는 사람에게는 벌을 내리는 것은 군주 혼자서만 행한 것이 아니다. 그것은 옛 성왕으로부터 내려온 법도요 민심을 통일하는 근본이며, 선함을 선하다고 하고, 악함을 악하다고 하는 당연한 응대로서 국가의 다스림은 반드시 이러한 상벌의 법도에 의존해야 한다는 것은 옛날이나 지금이나 한가지인 것이다.[11]

위의 인용문 가운데 "선함을 선하다고 하고, 악함을 악하다고 하는 당연한 응대"라는 말은 대략 '선하면 상을 주고 악하면 벌을 준다.'는 의미에 상당한다고 볼 수 있는데, 그 속에는 선과 악을 도덕과 비도덕의 의미로 이해한듯한 분위기가 담겨져 있으며 또한 도덕적 행위에 대하여 장려를 하고 비도덕적 행위에 대해서는 징벌을 가해야 한다는 의미가 담겨져 있다. 그러나 문장 전체의 맥락에서 볼 때 여기에서

10 徐復觀, 『中國人性論史』, 臺北, 臺灣商務印書館, 1990년, 255~256쪽 참조.

11 『荀子』, 「彊國」, "夫尙賢使能, 賞有功, 罰有罪, 非獨一人爲之也, 彼先王之道也, 一人之本也, 善善惡惡之應也, 治必由之, 古今一也."

말하고자 하는 요점은 공적과 죄의 문제에 있다. 즉 "공적이 있는 사람에게는 상을 주고, 죄가 있는 사람에게는 벌을 내린다."는 말속에서 의미하는 바는 한 개인의 공과功過에 대한 상벌의 문제이지 개인의 도덕수양 문제와는 무관하다고 할 수 있는 것이다. 그러므로 위의 인용문에서 언급된 선과 악을 도덕과 비도덕의 문제로 이해하는 것은 문제의 소지가 있다고 판단된다.

> 부정한 음악이 사람의 마음을 감동시키게 되면 여기에 따라 부정한 기운이 일어나게 되고, 그 부정한 기운은 마침내 부정한 노래와 춤으로 나타나 사람의 마음을 음탕하게 만들어 혼란이 생기게 된다. 그러나 바른 음악이 사람의 마음을 감동시키게 되면 이에 따라 바른 기운이 일어나게 되고, 그 바른 기운은 바른 노래와 춤으로 나타나 사람의 마음을 아름답게 만들어 여기서 질서가 생기게 된다. 노래하고 화답하는 데는 서로 맞아 어울리는 것이 있고, 선과 악 또한 마찬가지로 종류에 따라 같은 결과를 낳는다. 그러므로 군자는 무엇보다도 음악에 있어서 바른 것과 사악함을 신중하게 가려 부정한 것을 버리고 바른 것을 따르는 것이다.[12]

위의 인용문은 음악과 사회적 분위기와의 관계에 대하여 설명한 것이다. 즉 퇴폐적인 음악은 사람들의 마음을 뒤흔들어 사회적 혼란을 야기 시키고, 좋은 음악은 사람들의 정서를 순화시켜 사회의 질서를 유지시키는 기능을 한다는 것이다. 여기에서 언급된 선과 악 역시 도덕적 의미를 가지고 있지 않다고 할 수 있다.

순자는 「성악」 편에서 선과 악의 개념에 대하여 다음과 같이 설명하

---

12 『荀子』, 「樂論」, "凡姦聲感人而逆氣應之, 逆氣成象而亂生焉. 正聲感人而順氣應之, 順氣成象而治生焉. 唱和有應, 善惡相象, 故君子愼其所去就也."

고 있다.

> 옛날부터 지금에 이르기까지 세상에서 말하는 선이라고 하는 것은 바르고 이치에 맞으며 질서가 있는 것이다. 일반적으로 말하는 악이라고 하는 것은 편벽되고 불공평하고 도리에 어긋나 혼란한 것이다. 이것이 바로 선과 악의 구분이다.[13]

잠일성岑溢成은 위의 문장 가운데서 "바르고 이치에 맞으며 질서가 있는 것과 편벽되고 불공평하고 도리에 어긋나 혼란한 것"은 개인의 도덕행위와 사회질서 유지와도 관련이 있다고 주장한다. 즉 순자는 선악 구분의 기준을 예의와 이러한 두 측면의 의미를 갖춘 것으로 삼았다는 것이다. 그러나 잠일성은 순자가 인간과 짐승의 구분에 대하여 언급할 때 비교적 사회질서 유지의 측면에 편중되어 있다는 점을 강조한다.[14] 순자가 '성악'을 주장한 까닭은 '인간이 인간 되는 이유'를 바로 사회질서 유지에 근거하였기 때문이며 또한 인간과 짐승의 차이점에 대해서도 이러한 기준을 적용하기 때문에, 순자에게 있어서 사회질서 유지의 의미가 개인의 도덕행위의 의미에 선행된다고 할 수 있는 것이다.

사회질서의 측면에서 보았을 때 선이라고 하는 것은 "바르고 이치에 맞으며 질서가 있는"상태를 의미하는데, 이는 사회의 이상적이고 완벽한 상태를 말한다. 또한 악惡이라는 것은 "편벽되고 불공평하고 도리에 어긋나 혼란한"상태를 의미하며 이는 이상적이지 못하고 불안

---

13 『荀子』, 「性惡」, "凡古今天下之所謂善者, 正理治平也; 所謂惡者, 偏險悖亂也. 是善惡之分也已."

14 岑溢成, 「荀子性惡論析辯」, 『鵝湖學誌』, 第3期, 臺北, 文津出版社, 1989년, 52~54쪽 참조.

정한 상태를 의미한다. 또한 순자는 「불구不苟」 편에서도 '예의禮義'와 '비예의非禮義'로써 사회적 질서와 혼란에 대하여 설명을 한다. 즉 순자는 이상적이거나 완벽한 사회적 상태는 바로 예의의 표현이 그 구체적인 내용이 되어야 하는 것이며, 이상적이지 못하고 불안정한 사회적 상태는 예의가 결여되어 있거나 도덕적 상태가 이루어지지 않은 것을 의미한다고 생각한 것이다. 여기에서의 선과 악은 도덕과 비도덕의 개념에 상당히 접근되었다고 할 수 있다.

순자의 도덕과 비도덕에 관한 논의 역시 주목할 만한 가치가 있다고 할 수 있다.

> 타인의 선함을 보면 마음을 가다듬어 반드시 스스로 내 자신을 돌이켜보고, 타인의 선하지 않은 것을 보면 걱정이 되어 혹시 나에게도 그러한 결점이 없나 반성하여 볼 것이다. 그래서 나에게 선함이 있으면 굳건히 지켜 스스로 기뻐할 것이요, 선하지 않음이 나에게 있으면 재앙이 나에게 있듯이 미워할 것이다.[15]

위의 인용문에서 말하고자 하는 것은 바로 타인의 도덕기준에 부합하는 행위를 보면 반드시 자신의 행위 역시 도덕적 요구에 부합하는지를 냉정하게 성찰하고, 타인의 도덕기준에 위배되는 행위를 보게 되면 자신 역시 같은 잘못을 범하지 않았는지 돌이켜 반성해야만 한다는 것이다. 또한 자신의 행위가 도덕기준에 부합된다면 마땅히 그러한 점을 굳게 지켜나가야 하며, 자신의 행위가 도덕기준에 위배된다면 마땅히 잘못된 점을 개선하여 같은 실수를 되풀이해서는 안 된다는 것이다.

---

15 『荀子』, 「修身」, "見善, 修然必以自存也; 見不善, 愀然必以自省也. 善在身, 介然必以自好也, 不善在身, 菑然必以自惡也."

이제 만일 선하지 않은 사람과 함께 있다면 항상 듣는 것은 사람을 속이는 거짓말 뿐, 또 항상 보는 것은 추악함과 사악함 그리고 탐욕뿐이다. 이렇게 하여 자기 자신에게 형벌이 가해지는 상황으로 몰려도 자각하지 못하는 것은 주위로부터의 영향에 따른 완만한 변화이기 때문이다.[16]

이것은 환경의 중요성을 강조한 언급으로, 만일 개인이 품행이 불량한 사람들과 어울리게 되면 그러한 사람들로부터 보고 듣게 되는 것은 모두 남을 기만하는 거짓말과 추악하고 사악한 행위와 탐욕스러운 마음일 뿐으로, 시간이 지나면 자신 역시 이러한 악습에 물든다는 것이다.

이상과 같이 볼 때 순자가 사용한 선과 악의 개념은 그 의미에 있어서 오늘날 현대인들이 사용하는 개념과 의미상에 있어서 분명한 차이가 존재하고 있음을 알 수 있을 것이다. 즉 순자가 언급한 선과 악에는 도덕과 비도덕의 의미가 내재되어 있지 않기 때문이다. 다만 그가 언급한 '선악지분善惡之分'과 '성악선위性惡善僞'의 주장들 속에서 도덕·비도덕과 유사한 개념이 보일 뿐이며, 그가 도덕과 비도덕을 설명할 때 사용한 개념은 역시 선과 불선이다.

4. 성악선위性惡善僞

순자는 「성악」 편에서 "인간의 본성은 악이며, 그 선한 요소는 모두 후천적인 작위에 기인하는 것이다."라는 언급을 하는데, 이것은 그의 인성에 대한 기본적인 관점이라고 말 할 수 있다. 또한 문장 전반에

---

16 『荀子』, 「性惡」, "今與不善人處, 則所聞者欺誣詐僞也, 所見者汙漫淫邪貪利之行也. 身且加於刑戮而不自知者, 靡使然也."

걸친 논의는 결국 이러한 주장의 연장이라고 할 수 있다. 앞서 진행된 논의를 근거로 하여 순자의 "인간의 본성은 악이며, 그 선한 요소는 모두 후천적인 작위에 기인하는 것이다."를 해석해보면 다음과 같다고 할 수 있다. 즉 인간의 자연적 성향은 불완전하고 비도덕적인 것이고, 완전하거나 도덕적 행위의 실현은 후천적인 학습과 노력에 의해야 한다는 것이다. 이러한 주장은 "생리적 본능을 본성이라고 한다."의 각도에서 인간의 본성을 인식한 것이 아니고 "인간이 인간 되는 까닭"의 각도에서 인간의 본성을 인식한 것이라고 할 수 있다. 즉 순자는 인간을 도덕적 존재로 인식하는 유가의 근본정신을 계승하여, 이러한 기준으로부터 그는 본성이 비도덕적이라고 생각하고 '성악'을 주장한 것이다. 그러므로 본 장에서는 '성악'과 '선위善僞'의 문제에 대한 분석을 중심으로 논의를 진행해보도록 하겠다.

먼저 '성악'에 대하여 살펴보겠다. 이 문제에 관하여 장기지張豈之는 '성악'은 한편으로는 본성의 열악함을 의미하고 다른 한편으로는 본성의 악함을 의미한다고 주장했다.[17] 다시 말하면 본성이란 것은 비도덕적인 것이라는 것이다. 그러므로 '성악'의 '악'을 비도덕적 의미로 해석할 수 있다는 말이 되는데 이러한 주장은 그 타당성이 부족하다는 것을 이미 앞에서 언급했다. 그렇다면 여기에서 우리는 '성악'과 '악성'의 차이에 대하여 살펴볼 필요가 있다고 생각된다. 즉 '성악性惡'에서 성은 비도덕적 의미를 내포하고 있으며, '악성惡性'에서의 성은 도덕이 아니라는 의미를 내포하고 있는 것이다.[18]

---

17 張豈之, 『中國儒學思想史』, 臺北, 水牛出版社, 1992년, 124쪽 참조.

18 鮑國順은 인간의 자연적인 성향이 '惡性'으로 변하게되는 원인을 인간이 자연적인 욕망을 쫓기만 할 뿐 절제할 줄 모르기 때문에 발생하게 되는 것이라고 주장한다. 그가 언급한 '惡性'은 바로 이런 의미이다. 鮑國順, 『荀子學說析論』, 臺北, 華正書局, 1993년, 13쪽 참조.

필자는 비록 순자가 언급한 '성악'에서 '악'을 도덕이 아니라는 해석에는 동의 할 수는 없지만, 이러한 주장은 '도덕이 아님'의 근원에 대한 해석을 가능하게 해준다고 본다. 모종삼 등과 같은 학자들의 견해에 의하면 인간 본성의 자연적인 성향이 '악성'으로 변하게 되는 관건성의 문제는 결국 "자연적 성향으로서의 본성을 따르기만 한다."는 데에서 찾아질 수 있다는 것이다. 즉 자연적인 성향으로서의 본성 그 자체는 '악'이 될 수가 없고, 다만 그러한 성향을 조절하지 못하고 제어하지 못했을 때 '악'의 결과가 조성된다는 것이다.

그러나 순자는 "자연적 성향으로서의 본성을 따르기만 한다."는 것만이 '악'의 근원적인 문제라고 보지 않았다. 또한 순자는 한 걸음 더 나아가 "자연적 성향으로서의 본성을 따르기만 한다."는 것으로부터 '악'이 조성될 수 있는 원인을 '성악'에 있다고 보았다. 즉 본성 자체가 '악'이라는 것이다. 일반적으로 우리는 순자의 성악설에 대하여 단편적으로 전자의 의미에만 관심을 집중할 뿐, 후자의 의미를 소홀히 하는 경향이 있는데 바로 이러한 후자의 의미가 순자가 주장하고자 했던 핵심이라고 할 수 있는 것이다.

그러므로 '악성'은 다음과 같은 두 가지의 조건들을 만들어낸다고 할 수 있다. 하나는 인간의 자연적인 성향은 불완전하다는 것이고, 다른 하나는 인간의 자연적인 성향을 방임한다는 것이다. 인간의 자연적인 성향을 방임했을 경우 '악'의 결과가 조성된다는 발속에는 '방임'이라고 하는 선택을 포함하고 있음과 동시에 상대적으로 조절이나 제어를 선택할 수 있는 성분을 포함하고 있기 때문에 의지의 자유 관점에서 본 것이라고 할 수 있다. 그러나 이러한 주장은 그 설득력이 매우 약하다고 할 수 있다. 즉 어째서 방임을 선택한 것이 도덕적인 것이 아니란 말인가?

이러한 문제는 당시의 유가의 학자들이 직면했던 문제였다고 할 수 있다. 즉 당시에 성행했던 일부 사조들 가운데는 인간의 자연적 성향이 완벽하고 이상적인 것이라고 생각하여 일체의 외재적 간섭을 배제한 자연 그대로의 상태로 방임할 것을 주장하는 학파도 있었기 때문에 유가에서 중시하는 예의법도나 인문제도 등은 필요 없는 것으로 취급되었다. 이러한 상황 속에서 인간의 본성을 자연 그대로의 상태로 방임하자는 이론의 문제점을 지적하기 위해서 순자는 '성악'을 주장한 것이다. 즉 순자는 인간의 본성은 불완전하고 결함이 있는 것이기 때문에 그것을 방임하고 조절하지 않는다면 '악'의 결과가 조성된다고 보았던 것이다. '악'의 형성은 한편으로는 자유의지의 선택 결과에 의한 것이며, 다른 한편으로는 이러한 선택이 도덕적인 것이 아니기 때문에 본성은 비도덕적인 것이라는 것이다.

다음은 '선위善僞'에 대하여 살펴보겠다. 순자가 주장한 '성악선위性惡善僞'는 '성性'과 '위僞'의 구분이 단지 선천적인 것과 후천적인 것의 구분에만 그치는 것이 아닐 뿐만 아니라 동시에 '위僞'의 결과가 반드시 '선'이 되는 것이 아니라는 점을 의미하기도 한다. '위'와 '선'은 두 측면의 의미를 가지고 있기 때문에 이러한 주장을 상당히 복잡한 형태로 만드는 한편 다양한 이해를 가능하게 하는 것이다. '선위善僞'의 문제에 대한 이해를 보다 쉽게 하기 위하여 '위선僞善'의 문제와 비교하여 분석해보도록 하겠다.

'선위善僞'는 다음과 같은 두 가지 의미를 함축하고 있다. 그 가운데 하나의 의미로는 인격의 완성과 도덕은 후천적인 학습과 노력에 의해서 실현된다는 것이다. 이때의 '선'은 '악'과 상대적인 의미로서의 '선'이며, '위'는 수양 혹은 인위적인 노력 등을 의미한다. 이러한 의미는 반드시 '성악'과 동반되어 이해되어져야 할 것이다. 앞서 언급한 것처럼 '성'은 불완전하고 비도덕적인 것이기 때문에 인간 행위의 준칙이 되지 못하는 것이다. 인간 본성의 불완전하고 비도덕적인 성향만으로는 동물과의 차이를 규정 지울 수 없기 때문에 반드시 인간만의 특징을 규정 지울 수 있는 그 무엇이 필요한 것이다. 다시 말하면 '성악'과 대비되는 개념으로서 그 무엇이 필요하다는 것이다. 이러한 '성악'과 대비되는 개념으로서 그 무엇이 바로 '선위'라는 것이다. 이러한 '선위'는 도덕과 이상은 인간의 학습과 노력에 의해 실현된다는 것을 의미한다. 이렇게 인간의 인위적인 노력과 실천의 중요성을 강조한 순자의 '선위'는 도가道家에서 주장한 '무위無爲'와 분명한 대비를 이루고 있다고 할 수 있다.

'선위善僞'의 또 다른 의미는 다음과 같다. 즉 도덕은 반드시 실천이 전제가 되어야한다는 것이다. 만일 인간이 실천을 하지 않는다면 도덕이라고 하는 것은 그 존재이유를 상실하게 되는 것이다.[19] '선위'는 단지 '선'이 반드시 '위'를 그 전제로 해야만 한다는 것을 의미할 뿐, '위'의 결과가 반드시 '선'이 되어야 한다는 의미는 포함하고 있지를 않다.(여기에서의 '선'은 '불선' 즉 비도덕과 대비되는 의미로서의 '선'을 의미한다.) 바꿔 말하면 도덕의 영역은 인간이 그것을 실천하는 것으로부터 열리는 것이며, 이러한 영역 내에서야 비로소 도덕과 비도덕이라고 하는 것이 있게 된다는 것이다.

'위선'에서의 '위'는 이상理想의 의미로 간주해서 해석해야 하며, '선'은 두 가지 의미를 겸해서 가지고 있다고 할 수 있다.[20] 이상의 의미로

19 『荀子』, 「儒效」, "道라는 것은 하늘의 道도 아니고 땅의 道도 아니며, 사람으로서 마땅히 걸어가야 할 길로서 군자가 밟아나가야 할 길을 말한다."라고 언급되어있는 것에서 볼 수 있듯이 荀子에 있어서의 道는 자연의 법칙을 의미하는 것이 아니라 인간세계의 규범을 의미하는 것이다.

20 여기에서 말하는 두 가지 의미를 겸해서 가지고 있는 말은 의리적인 측면에서 언

서의 '위僞'란 장기적인 학습과 노력이 축적되어 나온 결과를 의미하며 이러한 결과를 '선'이라고 부른다. 사회 전체의 측면에서 본다면 이것은 일종의 인류 문명에 대한 긍정으로 인류가 장기간에 걸쳐 자연과의 투쟁 속에서 점차 원시생활에서 벗어나 문명 생활로의 진입을 했음을 의미하는 것이다. 개인의 측면에서 본다면 이것은 성인聖人이라는 존재가 선천적으로 성인이 된 것이 아니고 장기간에 걸친 자아수양과 노력을 거쳐 만들어진 존재라는 것을 의미하는 것이다. 즉 장기간 노력을 하면 성인이 될 수 있다는 것이다.

이와 같이 '위선'은 '위'와 '선' 사이에 어떠한 필연적 관련이 있다는 것을 나타내고는 있지만, 그러한 필연성은 자연계의 인과율적 필연성이 아니고 인간세계 속에서의 실천 가운데의 필연성을 의미하며 끊임없는 실천을 그 전제로 한다.

이상과 같은 '성악선위性惡善僞'의 주장 속에는 인간의 본성이 불완전하다는 것이 지적되어 있다. 인간의 본성이 불완전한 이유에는 다음과 같은 것이 있다. 즉 소극적인 측면으로는 예의가 없고 예의를 알지 못하기 때문이며, 적극적인 측면으로는 도덕행위를 방해하기 때문이다.[21] '성악'의 주장은 기본적으로 '선위'를 기준으로 해서 나온 것이다. 즉 '선위'라는 것은 한편으로 '선'의 의미와 범위를 규정하는 것

급한 것이다. 앞서 張豈之의 견해를 비판한 이유는 바로 그가 이러한 두 가지 의미를 보편적으로 응용을 했기 때문이다. 그러나 '性惡善僞'주장의 측면에서 본다면, '善'과 '惡'은 기본적으로는 '완벽함'과 '조악함'으로 해석되거나 '도덕'과 '비도덕'으로 해석되는 것이 비교적 타당하다고 생각된다. 또한 개별적이고 다른 상황 속에서는 이 둘이 병존될 수도 있다. 그러나 이러한 두 의미에는 선후가 있는데, 즉 먼저 기본적인 의미가 있고 그 뒤에 응용한 의미가 있다는 것이다.

21 岑溢成은 '性惡'을 강한 의미와 약한 의미로 구분한다. 즉 강한 의미는 禮義가 파괴된 것을 뜻하고, 약한 의미는 禮義가 결핍된 것을 뜻한다고 한다. 岑溢成, 「荀子性惡論析辯」, 『鵝湖學誌』, 第3期, 臺北, 文津出版社, 1989년, 56쪽 참조.

으로 그것은 인간의 실천행위를 통해서 드러나는 것이기 때문에 본성이라고 말할 수 없는 것이며, 다른 한편으로는 '성악'은 해결의 방법을 제공해주며 또한 '선'으로 통할 수 있는 길을 제시해주고 있는데 그것이 바로 실천이라는 것이다.

5. 맺는 말

앞에서 살펴본 바와 같이 인간의 본성이 악하다고 하는 주장은 순자의 사상체계 가운데 후세 학자들로부터 가장 주목을 받는 한편 의견이 분분한 부분이라고 할 수 있다. 특히 현대학자들의 순자가 언급한 '성악'에 대한 해석들은 비록 다 같은 것이라고 할 수는 없지만, 모두 본성과 악의 관계에 초점을 집중하여 자연적인 속성과 성악 사이의 불일치의 해결을 시도했다고 볼 수 있으며, 그렇기 때문에 순자가 사용한 악 개념의 특수한 의미에 대한 분석이 불가피하게 소홀할 수 밖에 없었던 것이다. 그러므로 관심의 초점을 악의 의미에 맞춰서 순자가 과연 어떻게 이러한 개념을 사용했는지 분석한 결과는 다음과 같다.

순자가 사용한 선과 악의 개념은 그 의미에 있어서 오늘날 현대인들이 사용하는 개념과는 의미상에 있어서 분명한 차이가 존재하고 있다고 할 수 있다. 이러한 차이는 순자가 언급한 선과 악에는 도덕과 비도덕의 의미가 내재되어 있지 않기 때문에 존재하는 것이다. 다만 그가 언급한 '선악지분'과 '성악선위'의 주장들 속에서 도덕·비도덕과 유사한 개념이 보일 뿐이며, 또한 그가 도덕과 비도덕을 설명할 때 사용한 개념 역시 선과 불선인 것이다.

또한 순자가 언급한 '성악선위'의 주장 속에는 인간의 본성이 불완전하다는 것이 지적되어 있다. 인간의 본성이 불완전한 이유에는 다음과 같은 것이 있다. 즉 소극적인 측면으로는 예의가 없고 예의를 알지 못하기 때문이며, 적극적인 측면으로는 도덕행위를 방해하기 때문이다. '성악性惡'의 주장은 기본적으로 '선위'를 기준으로 해서 나온 것이다. 즉 '선위'라는 것은 한편으로 '선'의 의미와 범위를 규정하는 것으로 그것은 인간의 실천행위를 통해서 드러나는 것이기 때문에 본성이라고 말할 수 없는 것이며, 다른 한편으로는 '성악'은 해결의 방법을 제공해주며 또한 '선'으로 통할 수 있는 길을 제시해주고 있는데 그것이 바로 실천이라는 것이다.

참고문헌

王先謙,『荀子集解』, 北京, 中華書局, 1992년.

程頤, 程顥,『二程全書』, 遺書十九, 臺北, 臺灣中華書局, 1990년.

牟宗三,『名家與荀子』, 臺北, 學生書局, 1985년.

韋政通,『荀子與古代哲學』, 臺北, 臺灣商務印書館, 1992년.

陳大齊,『荀子學說』, 臺北, 中國文化大學出版部, 1988년.

廖名春,『荀子新探』, 臺北, 文津出版社, 1994년.

張豈之,『中國儒學思想史』, 臺北, 水牛出版社, 1992년.

徐復觀,『中國人性論史』, 臺北, 臺灣商務印書館, 1990년.

鮑國順,『荀子學說析論』, 臺北, 華正書局, 1993년.

岑溢成,「荀子性惡論析辯」,『鵝湖學誌』, 第3期, 臺北, 文津出版社, 1989년.

제5장

한비자의 인성론 사상

1. 시작하는 말

한비자는 인간이란 자신만을 이롭게 하는 존재라고 하는 인성론 관점을 견지한다. 또한 한비자는 이러한 자신의 인성론의 기초 위에 정치철학을 발전시켜 "덕의 수양에 힘쓰지 않고 법의 집행에 힘쓴다."라고 하는 원칙을 세운다. 그는 이러한 원칙 아래 법法·술術·세勢를 합친 정치학설의 이론적 기초를 세움과 동시에 이것으로써 유가의 윤리도덕 관념 및 그것들의 정치적 조치 즉 '덕치德治'와 '인정仁政'을 비난한다.

한비자가 '덕치'와 '인정'에 대하여 논급을 피하고 그것들의 시행 가능성에 대해서 부정적인 입장을 견지했던 이유는 바로 그가 생존했던 시기와 관련이 있다. 즉 한비자가 생존했던 시기는 도덕규범의 호소와 실천만으로는 당시에 직면한 문제들을 해결할 수 없었기 때문에 그는 고대의 성왕들의 통치방법으로 현재의 백성들을 통치하는 것은 적절하지 못하다고 주장했던 것이다. 여기에서 고대의 성왕들의 통치는 유가에서 적극 주장하는 '덕치'와 '인치'인데, 그는 이러한 '덕치'와 '인치'로서 현재의 백성들을 통치하는 것은 농사일을 멈추고 나무 그루터기에 앉아서 토끼만을 기다리는 행위와 같은 종류의 것으로 매우 우매한 짓이라고 말했던 것이다. 그러므로 한비자는 백성들을 다스리는 데는 일정한 방법이 있는 것이 아니고 오직 법률에 의해서만 다스리면 된다고 했던 것이다.

한비자의 인간이란 이기적인 존재라고 하는 인성론 관점과 도덕적 존재의 가치는 서로 상관관계가 없다고 하는 주장은 후세의 학자들에게 있어서 많은 쟁론을 야기 시키는 결과를 초래했다. 그러한 쟁론의 초점은 바로 한비자가 자신의 학설 속에서 인간의 도덕적 가치를 전면적으로 부정하고 인간은 자신의 이익만을 추구하는 존재라고 하는 입장을 견지했는지의 여부에 있었다. 이러한 문제에 대하여 어떤 학자들은 각자 처한 입장과 바라본 시각이 서로 다르기 때문에 한비자가 언급한 인간은 이기적인 존재라고 하는 주장에 대하여 동의하지는 않으나 도덕적 가치를 전면적으로 부정하지는 않았다고 하기도 하고, 다른 학자들은 한비자가 도덕적 가치를 전면적으로 부정했다고 하는 주장을 굽히지 않는 등 천차만별의 모습을 보이고 있어 그 진위를 판별하는 것이 상당히 어려운 실정이다.

그러므로 본문에서는 이상과 같은 문제에 대하여 한비자가 진정으로 도덕존재의 가치를 부정했는가와 도덕존재의 실제상황을 어떻게 보았는지의 문제를 중심으로 분석해보도록 하겠다.

2. 도덕존재의 가치에 대한 견해

한비자는 인의仁義의 내용과 그 함의에 대하여 일정한 정도의 인지는 가지고 있었다. 한비자는 인仁과 의義라고 하는 것의 의미에 대하여 다음과 같이 생각했다.

인仁이라는 것은 그 마음속으로부터 흔연히 기뻐하면서 사람을 사랑하는 것을 말한다. 그 어진 사람은 다른 사람이 축복을 받는 것을 기뻐하고, 재앙을 당하는 것을 싫어한다. 그것은 마음속으로부터 저절로 어찌할 수 없이 우러나오는 것이지 그 보답을 희구하는 것이 아니다.[1]

의義라는 것은 군주와 신하 사이에 있어서 위와 아래를 구분하는 것이고, 아버지와 아들 사이에서 높고 낮음을 구별하는 것이고, 알고 사귀는 친구들 사이의 교제의 도리이며, 친한 사람과 소원한 사람 그리고 집안사람들과 외부사람들 사이를 구분하는 것이다. 신하는 군주를 섬기는 것이 마땅하고, 아랫사람은 윗사람을 따르는 것이 마땅하고, 자식은 아버지를 섬기는 것이 마땅하고, 신분이 낮은 사람은 신분이 높은 사람을 공경하는 것이 마땅하고, 알고 사귀는 친구들 사이는 서로 돕는 것이 마땅하고, 친한 사람은 안으로 들이고 소원한 사람은 밖으로 내침이 마땅한 것이다.[2]

인仁이라는 것은 간단하게 말하면 바로 "사람을 사랑하고 은혜를 베풀며 재물을 가볍게 여기는 것"[3]이 되는 것이며, 의義라는 것은 인간이 하는 모든 행위가 사회적 통념에 맞게 하는 것을 의미하는 것이다. 이와 같은 인과 의에 대하여 한비자의 논리로서 추측을 해본다면

1 『韓非子』, 「解老」, "仁者, 謂其中心, 欣然愛人也. 其喜人之有福, 而惡人之有禍也. 生心之所不能已也, 非求其報也."

2 『韓非子』, 「解老」, "義者, 君臣上下之事, 父子貴賤之差也, 知交朋友之接也, 親疎內外之分也. 臣事君宜, 下懷上宜, 子事父宜, 賤敬貴宜, 知交朋友之相助也宜, 親者內而疎者外宜."

3 『韓非子』, 「八說」, "慈惠而經財者也."

다음과 같다. 인과 의 그 자체를 인간의 이기적인 본성과 서로 비교해 본다면, 현실적으로는 인간은 이익을 취하고 인과 의는 멀리 한다고 할 수 있다. 즉 인간은 현실상의 요구에 부합하는 존재인 것이다. 이러한 점이 바로 한비자가 생각한 일반적인 인간들이 인과 의를 실행하기 어려운 가장 주요한 원인인 것이다. 또한 한비자는 인과 의로서 정치적인 조치들을 이끌어가기에는 부적합하다고 보았다. 한비자는 일반적인 군주는 이기심을 버리고 인과 의를 실행하는 것은 불가능하다고 봄과 동시에 일반적인 백성들 역시 인과 의를 실행하는 것이 어렵다고 생각했다.

> 오늘날 학자들이 군주를 설득하는 것을 보면, 모두 이기심을 버리고 서로 사랑하라고 권장하고 있다. 이러한 것은 군주의 백성에 대한 애정을 부모의 자식에 대한 사랑보다 더 깊게 하기 위해서이다. 이러한 논급은 결과적으로 사람을 속이는 것이기 때문에 현명한 군주는 받아들이지 않는다.[4]

> 백성이란 본래 권세에는 복종하지만 의義에 따르는 일은 적은 것이다. 그런데 공자는 천하의 성인이다. 행실을 닦고 도를 밝혀 온 천하를 돌아다니니, 천하의 모든 사람들이 그의 어짊을 칭송하고 의로움을 찬미하였다. 그러나 제자로서 그를 섬기고 따른 사람은 겨우 칠십 명이다. 생각해보니 이는 어짊을 귀하게 여기는 사람은 적고, 의로움을 실행하는 것은 어려운 일이다. 그러므로 천하가 광대한데도 그를 섬기고 따른 사람은 겨우 칠십 명 뿐이니, 어짊과 의로움을 실천한 사람은 자기 한 사람뿐이었다.[5]

---

4 『韓非子』, 「六反」, "今學者之說人主也, 皆去求利之心, 出相愛之道, 是求人主之過於父母之親也, 此不熟於論恩詐而誣也, 故明主不受也."

5 『韓非子』, 「五蠹」, "民者固服於勢, 寡能懷於義. 仲尼, 天下聖人也, 修行明道以

"어짊을 귀하게 여기는 사람은 적고, 의로움을 실행하는 것은 어려운 일이다"는 현실적 상황에서 일반 백성들 가운데 인과 의를 실천하고자 하는 사람은 매우 적을 것이라고 이해되어 질 수 있다. 그러므로 한비자는 "인과 의로서 사람들을 가르치려고 하는 것은, 지혜와 수명을 가지고 사람들을 설득시키려는 것과 같으니, 법도를 가진 군주는 받아들이지 아니한다."[6]라고 하여, 군주가 인정仁政을 실행할 것을 요구하는 한편 이러한 인정仁政의 감화를 통하여 백성들이 군주의 은혜에 감복하고 덕을 쌓도록 만든다면, 국가는 잘 다스려 질 것이라고 하는 주장은 장애 요소가 너무 많아서 실행하기 어렵다는 점을 주장했다. 이러한 것들을 실행하는 과정 속에서 직면하게 되는 곤경들이 공자의 경우와 비교했을 때 지나침이 있을망정 부족하지는 않기 때문이다.

> 요즘의 학자들은 군주를 설득함에 있어서 반드시 이길 수 있는 권세를 타라고는 하지 않고, 힘써 어짊과 의로움을 실천하면 군주가 될 수 있다고 한다. 이것은 군주가 공자처럼 되기를 바라면서 세상의 모든 백성들은 그의 제자들같이 되기를 바라는 것이니, 이는 결코 할 수 없는 방법이다.[7]

한비자가 보기에는 백성들을 통치하는 가장 효과적인 방법은 군주의 자애와 의로움이라고 하는 도덕의식에 기인한 인정仁政이나 덕치德治가 아니고, 형벌과 포상 등을 적절하게 활용한 법률에 의한 통치였

遊海內, 海內說其仁, 美其義, 而爲服役者七十人, 蓋貴仁者寡, 能義者難也. 故以天下之大, 而爲服役者七十人, 而仁義者一人."

6 『韓非子』, 「顯學」, "以仁義教人, 是以智與壽說人也, 有度之主弗受也."

7 『韓非子』, 「五蠹」, "今學者之說人主也. 不乘必勝之勢, 而務行仁義則可以王, 是求人主之必及仲尼, 而以世之凡民皆如列徒, 此必不得之數也."

다. 당시 백성들의 현실적인 모습은 "부모의 사랑으로는 자식을 가르치기에는 부족하고, 반드시 지방관청 관리의 엄한 형벌을 기다려야 한다. 백성들이란 본래 사랑에는 교만하고 위압에는 복종하는 것이다."[8]라는 상황을 보여주고 있었기 때문에, 이러한 상황 속에서는 인의仁義 도덕에 의한 인정이나 덕치를 아무리 강조해도 허공을 맴도는 메아리에 불과할 뿐이므로, 백성들을 통치하는 타당한 정치적 조치가 되기에는 확실히 역부족이었다. 전국시대인 당시의 현실은 오직 형벌과 포상을 중심으로 한 강력한 법률에 의한 조처만이 한비자가 주장하는 갖가지 정치적 목적의 실효를 걷을 수 있었던 것이다. 그렇기 때문에 한비자는 현명한 군주는 반드시 "덕의 수양에 힘쓰지 않고 법의 집행에 힘쓴다."[9]라고 하는 법률에 의한 통치방법에 가장 역점을 두었다고 한 것이다. 정치란 백성들을 관리하는 일이다. 여기에는 반드시 규칙을 제정하여 그것을 모든 백성들이 준수하게 만들어야만 국가는 비로소 효과적으로 그들을 제어할 수 있게 된다. 또한 인의仁義 도덕법칙은 개인의 수양과 관련된 범주에 속하기 때문에 그것을 국가 통치 시책의 근거로 사용하기에는 무리가 따른다는 것이다. 그래서 한비자는 다음과 같이 말한 것이다.

> 성인이 나라를 통치할 때는 그에게 선행할 수 있는 사람들을 신뢰하지 않으며, 오히려 악행을 하지 않을 수 있게 한다. 저지를 수 있는 사람들을 제어한다. 그에게 선행할 수 있어 신뢰할 수 있는 사람들은 나라 전체에서 겨우 수 십 명이 있을 수 있을 것인데 반해서 악행의 제어를 통해서는 나라 전체의 백성들을 통치할 수 있

---

8 『韓非子』, 「五蠹」, "父母之愛不足以教子, 必待州部之嚴刑者, 民固驕於愛, 聽於威矣."

9 『韓非子』, 「顯學」, "不務德而務法"

게 되기 때문이다.[10]

또한 한비자는 "국가에 법이 없어지지 않는 한 한 사람이라도 다스리지 못하는 경우는 없다. 그러므로 통치술을 가지고 있는 군주는 우연한 선행을 따르지 않고 필연적인 원칙을 따라 통치한다."[11]라고 하여 국가를 통치하는 필연적인 원칙이 법에 있는 것이지 우연한 선행에 있는 것이 아니라고 주장하였다. 다시 말하자면 덕으로서 한 통치는 법률에 의한 통치처럼 확실한 효과를 볼 수가 없다는 것이다. 이러한 견해는 동시에 관리임용의 원칙에도 적용된다.

> 요즘 올바르고 신뢰할 수 있는 선비는 한 나라에 열 명이 되지 않는데 관직은 백 자리가 넘어간다. 올바르고 신뢰할 수 있는 선비만을 임용한다면 사람이 관직의 수에 미치지 못하게 된다. 사람이 관직의 수에 미치지 못하게 되면 통치행위가 적어져 혼란한 상황이 많이 발생하게 된다.[12]

이상의 내용들을 통하여 우리는 한비자에게 있어서의 인간에 대한 도덕가치의 존재는 부정할 수 없는 사실임과 동시에 도덕규범의 존재 역시 부정할 수 없는 사실임을 알 수 있었다. 그러나 인의仁義 도덕을 현실 생활 속에서 실현할 수 있는 사람은 실재로는 극히 적은 수에 불과하다고 할 수 있다. 또한 이러한 인의仁義 도덕은 개인의 수양과

---

10 『韓非子』, 「顯學」, "夫聖人之治國, 不恃人之爲吾善也, 而用其不得爲非也. 恃人之爲吾善也, 境內不什數; 用人不得爲非, 一國可使齊爲治也."

11 『韓非子』, 「顯學」, "國法不可失, 而所治非一人也. 故有術之君, 不隨適然之善而行必然之道."

12 『韓非子』, 「五蠹」, "今貞信之士不盈於十, 而境內之官以百數, 必任貞信之士, 則人不足官, 人不足官則治者寡而亂者衆矣."

관련된 범주에 속하는 것이기 때문에 국가 통치를 효과적으로 통치할 수 있는 이론적 근거로는 적합하지 않다는 것이다. 그렇기 때문에 한비자가 주장한 "덕의 수양에 힘쓰지 않고 법의 집행에 힘쓴다"고 하는 본래의 함의가 바로 이러한 점에 있는 것이다. 그러므로 한비자는 만일 어떤 군주가 자신이 주창하는 법法·술術·세勢를 합친 정치이론만을 채택하여 정치를 시행하게 된다면 비로소 부국강병을 이룰 수 있어 결국에는 천하를 제패할 수 있다고 했던 것이다.

> 성인은 나라를 통치하는데 있어서 법과 금기를 자세하게 살핀다. 법과 금기를 분명하게 하므로 모든 관리들이 잘 다스린다. 포상과 처벌을 반드시 시행하고, 포상과 처벌이 치우치지 않고 공정하면 백성들은 군주에게 필요한 사람이 되고자 노력할 것이다. 백성들은 군주에게 필요한 사람이 되고자 노력하고 관리들이 직무에 충실하게 되면 국가는 부유해지고, 국가가 부유해지면 강병을 육성할 수 있어, 결국은 패왕의 위업을 이룰 수가 있다.[13]

3. 도덕존재의 실재상황에 대한 견해

한비자는 인간이란 이기적인 존재라고 하는 인성론 관점의 전제 하에 이익에 대한 추구가 인간의 모든 행위의 최종 목표라는 점을 분명하게 표방한다. 그러나 인간이 이기적인 존재로 자신의 이익만을 추구한다고 하는 경향의 가장 주요한 요인은 바로 법치의 필연적인 가능성을 확보하는데 있다고 할 수 있다. 이는 한비자의 "그러므로 현명한 군주는 그 도움 되는 것을 서두르고 그 칭송 같은 것은 늦춘다.

---

13 『韓非子』, 「六反」, "聖人之治也, 審於法禁, 法禁明著, 則官治; 必於賞罰, 賞罰不阿, 則民用. 官治則國富; 國富則兵强, 而覇王之業成矣."

따라서 인의仁義는 언급하지 않는다."[14]라는 말속에 잘 나타나 있다.

이와 같이 한비자는 실제적으로는 결코 도덕의 존재를 전면적으로는 부정하지 않았으며, 주지하는 바와 같이 도덕 가치를 긍정했다고 말할 수 있는 것이다. 즉 『한비자』의 여러 편들 가운데 어떤 부분들 속에서 한비자가 당시에 존재했던 윤리도덕의 질서를 운용했던 언급들이 어렵지 않게 보이고 있기 때문이다. 이상과 같은 문제들에 대하여 다음과 같은 방식으로 논의를 진행해보도록 하겠다.

먼저 한비자는 결코 도덕존재의 사실을 부정하지 않았다고 하는 문제이다.

한비자는 비록 일반적인 사람들은 도덕을 실천할 수 없다고 여겼지만 극소수의 사람들은 예외적으로 도덕을 실천할 수 있다고 생각했다. 한비자는 공자가 인의仁義 도덕의 화신임을 인정하는 한편 공자를 추종하던 여러 제자들 역시 비교적 인의仁義 도덕에 가까운 사람들이라고 했다. 또한 그들이 인의仁義 도덕을 현실정치 측면에 적용하여 시행하고자 노력했던 점 역시 인정하고 있다.

> 그러므로 어지러운 군주와 몽매한 군주의 박해를 꺼리지 아니하고 반드시 백성들의 이익을 보급하려고 생각하는 것은 어질고 지혜로운 행동입니다. 어지러운 군주와 몽매한 군주의 박해를 꺼리어 죽고 망하는 환난을 피함으로써 자기 한 몸의 화복만을 밝힐 줄 알고, 백성들의 이익을 돌보지 아니하는 것은 탐욕스럽고 천박한 행동입니다. 저는 탐욕스럽고 천박한 행위로 나가는 것을 참지 못하고, 또 어질고 지혜로운 행동을 감히 손상할 수 없습니다.[15]

---

14 『韓非子』, 「顯學」, "故明主急其功而緩其頌, 故不道仁義."

15 『韓非子』, 「問田」, "故不憚亂主闇上之患禍, 而必思以齊民萌之資利者, 仁智之行也. 憚亂主闇上之患禍, 而避乎死亡之害, 知明夫身而不見民萌之資利者, 貪鄙

실제적으로는 한비자는 덕행德行의 존재도 인정하고 있다. 그러나 일반적인 사람들에게 있어서는 덕행이 존재하지 않는다고 생각하였다. 다시 말하면 일반인들에게는 어떠한 상황 속에서도 덕행이 존재할 수 없다는 것이다. 그러므로 한비자는 "그러므로 흉년이 든 해의 봄에는 어린 아우에게도 밥을 아껴서 주려하지 않지만, 풍년이 든 해의 가을에는 낯선 나그네라도 반드시 밥을 대접한다. 이는 친형제를 소홀히 하면서 낯선 나그네를 더욱 사랑해서가 아니라, 물자가 많고 적은 것이 다르기 때문이다."[16]라고 하여, 흉년이 들었을 때 사람들은 생존을 위하여 심지어는 친형제마저 져버리는 비윤리적인 행위를 서슴없이 하다가, 풍년이 들었을 때는 인심이 매우 후덕해져 지나가는 나그네에게까지 음식을 나눠준다고 하는 사례로서 일반 백성들의 덕행부재를 설명하고 있다. 또한 한비자는 이러한 격앙된 행위를 결정하게 되는 원인이 바로 물질적 풍요와 빈곤에 있다고 판단하였지, 인의仁義에 의해서 결정되는 것이 아니라고 주장했다. 그러나 만일 모든 사람들이 털끝만큼의 자비심도 없다면 아무리 재물이 많거나 식량이 많다고 하더라도 그것을 다른 사람들에게 결코 쉽게 베풀어주지는 않을 것이다.

다음은 한비자는 현실정치 속에서 도덕의 효용성을 부정했지만 덕행의 가치는 부정하지 않다고 하는 문제이다.

한비자는 결코 '신뢰'의 정치적 가치에 대해서 부인을 하지 않았다. 그는 "군주란 자신의 술수를 믿고 신하를 믿어서는 안 된다"[17]는 입장을 기반으로 하여 군주가 신하들을 통치함에는 신하들의 충성 혹은

之爲也. 臣不忍嚮貪鄙之爲, 不敢傷仁智之行."

16 『韓非子』, 「五蠹」, "故饑歲之春, 幼弟不餉; 穰歲之秋, 疏客必食; 非疏骨肉愛過客, 多少之實異也."

17 『韓非子』, 「外儲說左下」, "恃術而不恃信."

신의에 의지해서는 안 되고 자신의 술수(권력에 의한 통치기술)에 의지해야 한다고 주장하였다. 단 군주가 신하들의 충성이나 신의에 의지하지 않는다고 하는 것은 군주 자신이 신뢰를 져버려도 된다는 것과는 다른 차원의 문제이다. 반대로 한비자는 군주의 신용 있는 언행의 작용을 매우 강조하였다. 그래서 한비자는 "작은 신뢰라도 지켜야 큰 신뢰가 세워지는 것입니다. 그러므로 현명한 군주는 신뢰를 쌓는 것입니다. 포상과 처벌을 신뢰 할 수 없으면 금지령도 실행되지 않는 것입니다."[18]라고 언급한 것이다. 또한 그는 진문공晉文公이 원原을 공격한 이야기를 실례로 들면서 군주의 신뢰할 수 있는 언행의 정치적 효과에 대하여 강력하게 역설한다.

> 진나라 문공이 원原을 공격할 때 열흘 분의 군량을 준비하게 하여 열흘 만에 함락시킬 것을 대부들과 기약했다. 그러나 원에 이르러 공격하기를 열흘이 되어도 원을 함락시킬 수 가 없어서 종을 울려 퇴각을 지시했다. 그때 원의 성에서 나온 사람이 '원은 삼일이 지나면 항복할 것입니다'라고 말하자, 여러 신하들이 문공에게 '원은 식량이나 병력이 모두 고갈되어 있으므로 조금만 참아주십시오.'라고 간언 했다. 문공이 "나는 그대들과 열흘 간의 기약을 했으므로 지금 퇴각하지 않으면 나는 신뢰를 잃게 된다. 원을 얻기 위해 신뢰를 져버리는 행위를 나는 못하겠다"라고 말하고 결국 군대를 이끌고 돌아갔다. 원의 사람들이 그러한 사실을 듣고 "군주 된 사람의 신의가 그와 같다면 귀의하지 않을 수 없다"고 하며 문공에게 투항했다. 위나라 사람들이 이러한 사실을 듣고 "군주 된 사람의 신의가 그와 같다면 따르지 않을 수 없다"고 하며 문공에게 투항했다. 공자는 이러한 사실을 듣고 기록하여 "원을 공격하여 위나라를 얻은 것은 신뢰 때문이다"라고 말했다.[19]

---

18 『韓非子』, 「外儲說左上」, "小信成則大信立, 故明主積於信. 賞罰不信, 則禁令不行."

이와 같이 볼 수 있듯이 신뢰의 정치적 효과는 군주에게 반드시 신의가 있어야만 함을 요구한다. 한비자는 이러한 요구의 수준을 "현명한 군주는 신뢰를 세워 시범하기를 증자가 돼지를 잡았던 경우와 같이 해야 하는 것입니다."와 같은 정도에 맞출 것을 강조함과 동시에, 그러한 것은 국가 통치에 상당한 유익을 제공할 수 있다고 보았다.

한비자는 또한 예禮가 도덕규범의 정치적 작용이 된다는 것을 부정하지는 않았다. 그래서 그는 "나라가 작은데도 겸손하지 아니하고, 국력이 적은데도 국력이 강한 나라를 두려워하지 않고, 무례하게도 큰 이웃나라를 업신여기며, 탐욕스럽고 강팍하면서 외교에 졸렬한 나라는 망할 것이다."[20]라고 하여 군주가 '예'의 정치적 작용에 좀더 세심한 주의를 기울일 것을 당부한다.

유가에서 강조하는 '인'과 '의'의 도덕규범에 대하여 한비자는 비록 그것의 정치적 가치에 대해서는 부정적인 입장을 견지하기는 하지만, 그것들의 인간 정신세계에 대한 영향력은 부정하지는 않는다. 그래서 그는 "사람에게 덕이 갖추어지면 그 행위상에도 좋은 결과가 저절로 나타난다. 그 효과가 정신 속에 충실할 때는 스스로 빛이 난다. 인仁은 그 덕의 빛이다. 빛이 있으면 그 빛의 윤택함은 자연히 사물에 미치게 되어 만사가 그 의義를 얻어 어진 것으로 합일되는 것이다."[21]라고 하

19 『韓非子』, 「外儲說左上」, "晉文公攻原, 裹十日糧, 遂與大夫期十日. 至原十日而原不下, 擊金而退, 罷兵而去. 士有從原中出者曰: '原三日卽下矣.' 群臣左右諫曰: '夫原之食竭力盡矣, 君姑待之.' 公曰: '吾與士期十日, 不去, 是亡吾信也. 得原失信, 吾不爲也.' 遂罷兵而去. 原人聞曰: '有君如彼其信也, 可無歸乎?' 乃降公. 衛人聞曰: '有君如彼其信也, 可無從乎?' 乃降公. 孔子聞而記之曰: '攻原得衛者, 信也.'"

20 『韓非子』, 「亡徵」, "國小而不處卑, 力少而不畏强, 無禮而侮大隣, 貪愎而拙交者, 可亡也."

21 『韓非子』, 「解老」, "德者道之功. 功有實而實有光, 仁者德之光. 光有澤而澤有事, 義者仁之事也."

였는데, 다시 말하자면 인仁은 적은 수의 사람만이 가지고 있는 "마음 속에서 흔연히 우러나오는 다른 사람에 대한 사랑"의 정서로 상실될 수 없는 고상한 정신세계의 가치인 것이다. 그리고 '의'는 바로 이러한 정신세계의 외재적 표현이 된다. 이러한 정신세계에 대한 구체적인 실례는 한비자가 공자에 대하여 찬양한 "공자는 천하의 성인이다. 행실을 닦고 도를 밝혀 온 천하를 돌아다니니, 천하의 모든 사람들이 그의 어짊을 칭송하고 의로움을 찬미하였다."[22]는 언급에 가장 잘 나타나있다.

끝으로 한비자가 유가에서 주창하는 윤리도덕 규범에 대하여 혹자는 한비자가 그것을 차용했다는 주장을 하고, 혹자는 한비자 스스로 모순을 범한 것이라는 주장에 대한 문제이다.

한비자는 유가에서 언급하는 '인의'의 도덕관념을 차용하여 상벌과 형법제도의 효용을 설명하려고 했다고 할 수 있다. 전국시대의 상앙商鞅 역시 인의仁義에 대하여 반대했지만, 사람들로부터 받는 엄한 형벌로 백성들을 해친다는 지적에 대한 답변을 위해서 그는 "형벌을 통해 형벌을 제거한다"는 관점을 근거로 "형벌을 무겁게 하고 포상을 가볍게 취급하는 것은 군주가 백성들을 사랑하기 때문이다. 그래서 백성들은 군주를 위해 죽는다. 포상을 후하게 내리고 형벌을 가볍게 하면 군주는 백성들을 사랑하지 않기 때문에 백성들은 군주를 위해 목숨을 바치지 않는다."[23]와 "덕이란 것은 권력에서 나오는 것이다. 현명한 군주만이 그것을 가지고 있기 때문에 인의仁義를 천하에 펼칠 수 있는 것이다."[24]라는 주장을 통해 자신을 변호한다.

---

22 『韓非子』, 「五蠹」, "仲尼, 天下聖人也, 修行明道以遊海內, 海內說其仁, 美其義."
23 『商君書』, 「去彊」, "重罰輕賞, 則上愛民, 民死上; 重賞輕罰, 則上不愛民, 民不死上."
24 『商君書』, 「靳令」, "德生於力, 聖君獨有之, 故能述仁義於天下."

한비자 채택한 차용방식 역시 상앙과 대동소이하다고 할 수 있다. 그는 "그러므로 그가 백성에게 가하는 형벌은 백성을 미워하기 때문이 아니고 백성을 사랑하는 근본인 것이다."[25]라고 하고, 또한 "그러므로 법률은 왕권의 근본이며 형벌은 자애의 시초가 되는 것이다."[26]라고 하여 형벌을 엄격하게 집행하고 법령을 엄하게 적용하는 것이 백성들에 대한 애정의 표현이라고 한 것이다. 그러나 실제로 현실은 결코 이와 같지는 않았다. 즉 형벌을 무겁게 하여 엄격한 처벌을 자행하는 시책의 근본적인 출발점은 백성들을 사랑하거나 백성들을 이롭게 하기 위함이 아니고 통치자가 필요로 하는 더 많은 이익을 위함이었던 것이다. 그러므로 한비자가 언급한 사랑愛이라는 것은 상벌과 형법을 제정할 때 나타나는 백성들의 이익이라고 하는 허상에 불과할 뿐이라고 할 수 있는 것이다. 이러한 사랑이 아닌 사랑과 불인不仁한 인은 인애仁愛의 도덕관념을 차용한 것일 뿐으로, 그것은 오직 법제론적인 필요성을 변명한 것에 불과한 것으로 볼 수 있는 것이다. 한비자가 인애仁愛라고 하는 도덕관념에 대하여 형식상에 있어서 차용한 부분에 관하여 당시 인의仁義 도덕을 정치학설의 근간으로 삼는 사람들에게 많은 영향을 줬다고 할 수 있다.

한비자는 요·순·탕·무왕의 도道를 추앙하는 유가의 학설을 배척하기 위하여 전제군주적인 법치제도의 실행을 관철시키려고 했다. 그래서 그는 "요는 군주가 되어 가지고 그의 신하를 군주로 삼았고, 순은 신하가 되어 가지고 그의 군주를 신하로 삼았다. 탕왕과 무왕은 신하로서 그의 군주를 시해하고 그들의 시신에 형벌을 가했다."[27]라고 하

25 『韓非子』, 「心度」, "故其與之刑, 非所以惡民, 愛之本也."

26 『韓非子』, 「心度」, "故法者, 王之本也; 刑者, 愛之自也."

27 『韓非子』, 「忠孝」, "堯爲人君而君其臣, 舜爲人臣而臣其君, 湯·武爲人臣而弑其主·刑其尸."

는 사례와 "고수는 순의 아비가 되어 가지고 자식인 순을 버렸고, 상은 순의 동생이 되어 가지고 형인 순을 죽이려고 했다."[28]라고 하는 유가에서 언급한 역사적 사실을 일례로 들어 엄중하게 비판을 한다. 아울러 한비자는 "공자는 본래 효제·충순의 도를 알지 못했다."[29]고 지적하기도 하지만, 그가 견지한 입장은 역시 충효의 도가 중요하다는 것을 강조하는데 있었으며 또 한편으로는 삼강三綱이란 관념을 제시하기도 한다.

> 신하는 군주를 섬기며, 자식은 부모를 섬기고, 부인은 남편을 섬기는 법이다. 이러한 세 가지 관계가 순조로우면 천하에 질서가 잡히고, 세 가지 관계가 역행된다면 천하는 문란해진다. 이러한 것은 천하의 일반적인 도인데, 현명한 군주나 유능한 신하는 이러한 것을 바꾸지 않는다.[30]

위의 인용문에서 "신하는 군주를 섬긴다."는 언급에서 신하가 군주를 섬길 때 갖추어야 하는 '충'이라고 하는 것은 충성의 외재적인 표현과 행위의 결과에 불과한 것으로, 신하에게 인애仁愛와 성경誠敬의 정신에 기초한 충성을 갖출 것을 요구할 수는 없다고 한비자는 주장한다. 이렇게 주장하는 이유로서는 한비자가 보기에 군신 사이의 관계에는 "군주와 신하 사이에는 부모와 자식의 관계와 같이 친한 것이 아니다. 서로의 계산에서 나온다."[31]는 관계이기 때문에 신하는 군주를 위하여 사력을 다해 섬기지만 그 군주를 사랑하는 마음은 없다는

---

28 『韓非子』, 「忠孝」, "瞽瞍爲舜父而舜放之, 象爲舜弟而殺之."

29 『韓非子』, 「忠孝」, "孔子本未知孝悌忠順之道也."

30 『韓非子』, 「忠孝」, "臣事君, 子事父, 妻事夫. 三者順則天下治; 三者逆則天下亂, 此天下之常道也. 明王賢臣而弗易也."

31 『韓非子』, 「難一」, "君臣之際, 非父子之親也, 計數之所出也."

것이다. 또한 군주는 공적이 있는 신하에게는 포상을 내리고 허물이 있는 신하는 반드시 처벌을 한다는 회유와 협박으로 자신의 이익을 추구하고 피해를 비켜간다는 입장을 고수하기 때문에 역시 신하에 대한 사랑이 없다는 것이다. 그러므로 한비자는 "군주에게 확실한 원칙이 있으면 신하들은 자신들의 직무에 최선을 다할 것이며 간사한 짓을 할 생각을 못하게 된다. 군주에게 확실한 원칙이 없게 되면 신하들이 위로는 군주의 영명함을 막고 아래로는 자신들의 사사로운 이익을 달성하게 된다."[32]라고 한 것이다.

한비자가 신하는 군주를 섬겨야 한다는 주장을 한 목적은 신하들과 백성들의 도덕정서를 양성하려는데 있지 않고, 단지 군주의 정치권력을 절대적으로 유지시키기 위한 법률제도의 보조수단으로 사용하기 위해서였던 것이다. 이와 같은 내심에서 우러나오는 충성이 아니고 내재적인 동인을 이미 상실하게 된 진정한 충성이 아닌 충성과 특별히 강조하는 인애仁愛와 성경誠敬의 정신에 기초한 전통적인 충성의 덕목은 물론 말할 것도 없이 서로 확연하게 다른 성질의 것이라고 할 수 있는 것이다. 한비자는 충성의 관념을 자신이 주장하는 법치의 실행을 관철시키기 위해서 차용했을 뿐으로, 충성이라고 하는 도덕관념의 이상적인 기능이 군주의 법치에 효과적이고 유리하기 때문에 차용한 것이다. 그래서 그는 유가에서 주장하는 충忠의 도덕관념의 외재적인 형식만을 차용한 것이다.

한비자는 「충효忠孝」편에서 자식은 부모를 섬겨야 한다고 언급했는데, 이러한 것은 한비자가 효도의 외재적인 형식으로서의 가치를 긍정했다는 것을 의미한다. 그러나 효도의 내재적인 순수한 동기에 대해서는 전면적으로 부정하지는 않음으로서 한비자 자신의 효도에 대

---

32 『韓非子』, 「難一」, "君有道, 則臣盡力而姦不生; 無道, 則臣上塞主明而下成私.."

한 가치관에 상호 모순점이 발생하게 만들었다. 한비자가 비록 부모와 자식 사이에 "계산하는 마음으로 서로 대한다."는 점이 있음을 강조하기는 했지만 또한 부모와 자식의 관계에는 정情이라고 하는 정서가 존재하고 있다고 생각했다. 그래서 그는 "실질적으로는 두터우나 얇은 것처럼 보이는 것, 부모와 자식 간의 예가 이러하다."[33] 했던 것이다. 한편으로 한비자는 부모와 자식 사이에도 서로간의 이익을 위하여 서로가 계산한다는 것을 강조하면서 다른 한편으로는 부모와 자식 사이에 효도라는 것이 존재하고 있음을 긍정하여 자기모순을 초래한다. 이러한 자기모순은 사실은 한비자의 인성론적 관점의 편파성을 반영하는 것으로, 이는 법치제도를 위하여 설정된 인간이 이기적인 존재라고 파악한 그의 인성론적 관점이 완벽하지 못함을 반증하고 있는 것이다.

4. 맺는 말

이상과 같은 한비자의 완벽하지 못한 인성론적 관점은 반드시 도덕 존재의 사실적 승인을 받아야 함에도 불구하고 도덕실천 가능성의 보편적인 성질 및 그 가치를 부인하고 있다. 비록 극소수의 사람들만이 인의仁義 도덕규범을 성취할 수 있고, 또 우연한 선행이 출현할 수 있어도 이러한 것이 한비자에게 도덕이 존재한다는 사실을 확신시켜주지는 못했다. 그러나 "올바르고 신뢰할 수 있는 선비는 한 나라에 열 명이 되지 않는"다고 하는 현실적인 상황 때문에 한비자가 도덕적 가치는 보편성이 없다고 하는 것을 인정하게 만든 것이다.

한비자는 도덕에는 보편적인 성질의 가치가 결코 존재하지 않는다

33 『韓非子』, 「解老」, "實厚者貌薄, 父子之禮是也."

고 생각함과 동시에 "통치자를 위하여 백성들을 쓰지만 적게 버린다." 는 정치적 원칙 아래 다시 한 번 더 "덕의 수양에 힘쓰지 않고 법의 집행에 힘쓴다."는 사실을 강조한다. 그러나 그는 또한 반드시 법치제도를 보완하기 위하여 현존하는 윤리도덕의 외재적인 형식의 틀을 찾는다. 그러므로 남편과 아내 사이나 부모와 자식 사이나 군주와 신하 사이를 막론하고 또한 심지어는 일반 백성들이 서로 알고 지내는 사이에서도 실질적으로는 모두가 자신의 이익만을 추구한다고 하는 이기적인 인성론적 관점과 현존하는 도덕가치 사이에 모순이 존재하는 것이다.

한비자는 진보적인 역사관에 근거하여 "옛날 사람들이 재물을 가벼이 여긴 것은 그들이 어질었기 때문이 아니라 재물이 많았기 때문이다. 오늘날의 사람들이 서로 다투고 빼앗는 것은 그들이 비열하기 때문이 아니라 재물이 적기 때문이다."[34]는 결론을 추론해내어 "상고시대에는 도덕으로 경쟁하고 중세시대에는 지혜와 모략으로 서로 좇고 지금의 시대는 힘으로 다툰다."[35]고 하는 실제 상황을 인식할 수 있도록 한다. 이와 같은 시대적인 요청 속에서 한비자의 치도治道는 법의 집행을 위해 힘을 기울이지 덕의 수양을 위해 힘을 기울였던 것은 아니다.

이와 같이 볼 때, 한비자가 인정한 인간이란 자신의 이익만을 추구하는 이기적인 존재라고 하는 인성론적 관점은 상벌위주의 법치제도에 근거를 마련해주기 위하여 공리적인 입장 아래서 도덕가치의 보편성을 부정했으며, 또한 실제적으로 존재하는 도덕의 실용적 가치를 백안시 한 것이라고 말할 수 있을 것이다. 그러나 한 가지 부정할 수

---

34 『韓非子』, 「五蠹」, "古之易財, 非仁也, 財多也. 今之爭奪, 非鄙也, 財過也."
35 『韓非子』, 「五蠹」, "上古競於道德, 中世逐於智謀, 當今爭於氣力."

없는 사실은 바로 인간은 사회적인 동물이기 때문에 본래부터 존재하던 윤리라는 것과 그것을 운용하기 위한 도덕규범이 있었다는 것은 의심할 수 없는 사실이며, 또한 이러한 도덕규범들이 고대사회와 고대국가에서 사회질서의 유지에 필요한 조건들이었다는 것이다. 그렇기 때문에 한비자의 인성론 관점은 확실히 목적을 위해서 이론적 체계를 세울 때 야기된 인식론상의 편파적인 성향이 존재한다고 볼 수 있는 것이다. 또한 도덕 가치와 상관된 많은 부분에 있어서도 자기모순을 안고 있다고 볼 수 있는 것이다. 이러한 점들이 우리가 한비자의 인성론에 대하여 분석을 시도할 때에 발견 할 수 있게 되는 흠결인 것이다.

참고문헌

王先愼, 『韓非子集解』, 北京, 中華書局, 1998년.

蔣禮鴻, 『商君書錐指』, 北京, 中華書局, 1986년.

張素貞, 『韓非子難篇研究』, 臺北, 學生書局, 1988년.

張　純, 『韓非思想的歷史研究』, 臺北, 聯經出版事業公司, 1984년.

蔣重躍, 『韓非子的政治思想』, 北京, 北京師範大學出版社, 1998년.

鄭良樹, 『商鞅及其學派』, 臺北, 學生書局, 1987년.

王讚源, 『中國法家哲學』, 臺北, 東大圖書公司, 1989년.

王曉波, 『中國法家思想史論』, 臺北, 聯經出版事業公司, 1991년.

이춘식, 『춘추전국시대의 법치사상과 세勢·술術』, 서울, 아카넷, 2002년.

제6장
육가의 인성론 사상

1. 시작하는 말

서한시기 전반기라고 하면 유방이 한나라를 건국한 뒤부터 한무제漢武帝 건원建元 연간까지에 해당된다고 할 수 있다. 이러한 시기에 진나라가 폭정으로 인하여 단명하게 된 것을 교훈으로 삼는 한편 사회적으로 오랜 전란을 겪으면서 피폐해질 대로 피폐해진 민심을 추스르기 위해서 초창기의 통치자들은 황노사상을 기반으로 통치를 하면서 제국질서의 안정적인 기틀을 마련했다. 이처럼 황노학설은 한나라 초기 통치자들의 선택과 장려 속에서 한나라 초기의 주류사상이 되었던 것이다.

이와 같은 시기의 인성론의 발전은 선진시대의 인성론을 계승한 기초위에서 새로운 개발을 하게 되며, 이후의 인성론 발전에 매우 중요한 영향을 끼치게 된다. 이러한 시기의 인성론에 있어서 선구자의 역할을 했던 사상가는 바로 육가라고 할 수 있을 것이다.

그동안 서한과 동한시기의 인성론 관련 연구는 주로 동중서의 성삼품설性三品說이나 양웅의 성선악혼재설性善惡混在說과 왕충의 성유선유악설性有善有惡說과 같은 분야에만 집중되어 있는 경향이 매우 강했다고 볼 수 있다. 반면 양한시기 전시기를 통하여 수많은 사상가들이 명멸을 했음에도 불구하고 심성론 분야에서는 대부분의 사상가들의 주장이나 이론이 도외시되고 있는 상황이라고 할 수 있을 것이다. 특히 육가의 사상과 같은 경우에는 한대 초기의 유학을 이해하는데 있어서 가의賈誼의 사상과 함께 빠져서는 안 될 관건적인 사상이라고 할 수 있다. 한나라 초기 국가의 시스템을 갖추는데 지대한 영향력을 발휘했으며, 한무제 시기의 유가사상의 부흥에 있어서 그 단초의 역할을 했던 육가의 사상 특히 인성론 사상에 대한 연구는 매우 중요하다고 볼 수 있다. 즉 양한시기의 인성론에 대한 이해에 있어서 선진시기의 인성론이 어떻게 양한시기로 계승되고 발전되는 가에 관련하여 육가의 인성론은 매우 중요한 연결고리의 역할을 한다고 볼 수 있는 것이다.

서한 건국초기 어수선한 상황 속에서 혼란한 현실을 타개하기 위해서 인간의 인성문제에 대하여 자신의 견해를 역설한 육가의 사상은 서한 초기의 유학사상을 조명하는데 있어서 누락 되서는 안 될 사상체계라고 할 수 있을 것이다. 이러한 육가의 인성론에 대하여 그의 생애와 인성론의 근원과 성性·정情·심心으로 본 인성론을 중심으로 논의를 진행해 보도록 하겠다.

2. 육가의 생애

육가陸賈의 생애(B.C240~B.C170)와 관련된 문헌기록은 그렇게 많지 않다고 할 수 있는데, 『사기史記』와 『한서漢書』에서 찾아볼 수 있을 정도라고 말할 수 있다. 이러한 문헌들에 기록되어 있는 육가 관련 언급은 대부분 한고조 유방이 천하를 얻은 후 그가 한나라 왕조 건립과 기틀을 다지는데 역할을 한 것에 대한 것들이라고 할 수 있다. 육가의 저작과 관련된 문헌은 『한서漢書』, 「예문지藝文志」와 『초한춘추楚漢春秋』등이 있다. 청나라 시기의 당안唐晏은 육가가 순자의 제자였다고 주장하기도 했다.[1] 또한 『사기색은史記索隱』에는 "육씨는 춘추시대 육혼국의 후예인데, 진나라 제후가 육혼국을 침략하자 육혼국 제후의 자제가 초나라로 도망갔다. 육가는 그의 후예이다."라고 기록되어 있다. 육가의 정치참여는 주로 서한 고조 시기부터 시작하여 서한 문제 초기까지의 기간에 이루어진다. 『사기』에 육가의 정치활동과 관련하여 몇 건의 중요한 사적이 기록되어 있는데, 먼저 두 차례에 걸쳐서 남월에 사신으로 파견 나가서 변방을 평정한 것을 들을 수 있다.

> 고조가 황제로 등극하였을 당시 중국은 거의 평정되었는데, 위타가 남월을 평정하여 그곳에서 왕이 되었다. 고조는 육가를 보내 위타에게 인장을 내리고 남월의 왕으로 봉했다.……육생에게 천금이나 나가는 보물을 자루에 넣어주고 따로 천금을 주었다. 육생은 마침내 위타를 남월의 왕으로 임명하고, 그로 하여금 한나라의 신하됨을 고하게 하고 한나라와의 약속을 지키게끔 하였다. 육생이 한나라로 돌아와서 고조에게 보고하자 고조는 매우 기뻐하며 육가를 태중대부에 임명하였다.……효문제가 즉위하자 남월에 사신을 보내려고 하였다. 그때 우승상 진평 등이 육생이 태중대부로 있을 때 위타에게 사신으로 가서 위타로 하여금 황색 비단으로 수레 덮개를 사용하지 못하게 하고 황제의 명령을 칭하는 것을 못하게 하여 제후와 동등하게 함으로써 황제의 마음에 들게 하였다고 말하

---

1 王利器, 『新語校注』, 北京, 中華書局, 1996년, 223쪽 참조.

였다.[2]

그리고 여태후 일파의 전횡과 음모를 적극적으로 제지한 것이다.

여태후 때에 여씨들을 왕으로 세우니 여씨 일족은 정권을 전횡하고 어린 황제를 협박하여 유씨의 한나라를 위태롭게 하였다.…… 육가는 진평을 위하여 여씨 일족에게 대처하는 몇 가지 계책을 일러주었다. 진평은 육가의 계책에 따라 500금으로 강후 주발의 장수를 축복하고, 가무와 술과 음식을 융성하게 베풀었다. 태위 역시 마찬가지로 후하게 답례하였다. 이 두 사람이 서로 밀접하게 결속되자, 여씨들의 음모는 점차 움츠러들었다. 진평은 이에 노비 100명과 수레와 말 50승, 500만전을 음식비용으로 육생에게 주었다. 육생은 이것으로 한나라 조정의 공경들과 교유하니 그의 명성이 자자해졌다.[3]

육생은 항상 황제 앞에서 진언할 때 『시경』과 『상서』를 인용하였다. 고조는 육가를 꾸짖으며 나는 말 위에서 천하를 얻었는데, 어찌 『시경』과 『상서』 따위에 얽매이겠소? 라고 말했다. 그러자 육생이 말 위에서 천하를 얻으셨지만 어찌 말 위에서 천하를 다스릴 수 있겠습니까? 옛날 은나라의 탕왕과 주나라의 무왕은 정도에 벗어난 방법으로 천하를 취하였지만 정도로서 그것을 지키셨으니,

---

2 『史記』, 「酈生陸賈列傳」, "及高祖時, 中國初定, 尉他平南越, 因王之. 高祖使陸賈賜尉他印爲南越王.……賜陸生橐中裝直千金, 他送亦千金. 陸生卒拜尉他爲南越王, 令稱臣奉漢約. 歸報, 高祖大悅, 拜賈爲太中大夫.……孝文帝卽位, 欲使人之南越. 陳丞相等乃言陸生爲太中大夫, 往使尉他, 令尉他去黃屋稱制, 令比諸侯, 皆如意旨."

3 『史記』, 「酈生陸賈列傳」, "呂太后時, 王諸呂, 諸呂擅權, 欲劫少主, 危劉氏.……爲陳平畫呂氏數事. 陳平用其計, 乃以五百金爲絳侯壽, 厚具樂飮; 太尉亦報如之. 此兩人深相結, 則呂氏謀益衰. 陳平乃以奴婢百人, 車馬五十乘, 錢五百萬, 遺陸生爲飮食費. 陸生以此游漢廷公卿閒, 名聲藉甚."

> 이와 같이 문무를 함께 사용하는 것이 국가를 길이 보존하는 방법입니다. 옛날에 오나라 왕 부차와 진나라의 지백은 무력을 지나치게 사용하여 멸망하였으며, 진나라는 가혹한 형법만을 사용하고 바꾸지 않다가 결국 조씨는 멸망하였습니다. 당시 진나라가 천하를 통일한 뒤 인의를 행하고 옛 성인을 본받았다면 폐하께서 어떻게 천하를 차지할 수 있었겠습니까? 라고 말했다.[4]

육가는 한나라 고조가 유학을 좋아하지 않는다고 하는 것에 개의치 않고 항상 황제에게 『시경』과 『상서』를 인용하여 진언을 했으며, 『신어新語』를 저술하여 자신의 치국방략에 대한 견해를 밝히기도 했다. 육가는 한평생 '태중대부太中大夫' 벼슬만을 했을 뿐인데, 그가 세운 적지 않은 공적과 그의 관직은 일견 형평성에 문제가 있다고 보인다. 그러나 유방의 측근에 있었던 수많은 공신들과 번왕으로 봉해졌거나 제후로 봉해졌던 인사들과 높은 관직을 제수 받았던 사람들 대부분은 좋지 않은 종말을 맞이하게 된 반면에 육가는 전생을 보전할 수가 있었다. 이와 같이 볼 때 육가는 상당히 지혜로운 태도로 정치권에서 운신을 했던 것 같다고 하는 추측을 할 수 있게 된다. 청나라 시기의 당안唐晏의 경우 "한대에 유학이 다시 부활된 것은 육생에서부터 시작된 것이다."[5]라고 하며, 육가의 학술상에서 선대를 계승 발전시킨 공적을 언급했었다. 청나라 말기의 유사배劉師培의 경우 "부에 대하여 말하자면 육가로부터 이하 이십 일가이다."[6]라고 하여, 육가가 한대문학

---

4 『史記』, 「酈生陸賈列傳」, "陸生時時前說稱詩書. 高帝罵之曰: '乃公居馬上而得之, 安事詩書!' 陸生曰: '居馬上得之, 寧可以馬上治之乎? 且湯武逆取而以順守之, 文武并用, 長久之術也. 昔者吳王夫差·智伯極武而亡; 秦任刑法不變, 卒滅趙氏. 鄉使秦已并天下, 行仁義, 法先聖, 陛下安得而有之?'"

5 王利器, 『新語校注』, 北京, 中華書局, 1996년, 223쪽 참조.

6 劉師培, 『劉師培中古文學論集』, 北京, 中國社會科學出版社, 1997년, 232쪽 참조.

의 한 장르인 부賦의 개창자라고 언급했다.

3. 인성의 근원인 도

육가가 인성에 관하여 언급한 것은 그다지 많지 않다고 할 수 있지만, 『신어』의 내용을 세밀하게 분석한다면 육가의 인성에 대한 관점을 파악할 수 있다.

> 사람의 성정에 근원한 근본의 확립으로 인륜도덕의 체계를 마련하였습니다. 천지의 법도를 근거로 책을 편찬하여 후세에 남기니 새나 짐승들도 감화를 받았으며 그로써 혼란스런 세상을 구제하였습니다. 천의와 인간사가 하나로 합해져 근본적인 도술이 모두 갖추어지게 되었습니다. 지혜로운 사람들은 그 이치에 통달하였습니다.[7]

위의 인용문의 언급에서와 같이 볼 수 있듯이, 육가는 도가 천지만물 가운데에 존재하고 있으며, 또한 인간의 성정과 서로 연결되어 있기 때문에 지혜로운 사람의 마음은 도에 통달할 수 있다고 생각했다. 또한 왕충은 『논형論衡』에서 육가의 언급을 인용하여 "천지가 인간을 낳고, 인간은 예의로써 본성을 삼는다. 인간은 자신을 살필 수 있기 때문에 천명을 받아 순응하는 것이며, 순응하는 것을 도라고 일컫는다."[8]라고 하여 인간의 본성은 도에서 비롯되는 것이며 예의가 본성 안에 있다고 보았다. 그렇기 때문에 육가는 도를 인성의 근원으로 보

---

7 『新語』, 「道基」, "原情立本, 以緖人倫, 宗諸天地, 脩篇章, 垂諸來世, 被諸鳥獸, 以匡衰亂, 天人合策, 原道悉備, 智者達其心."

8 『論衡』, 「本性」, "天地生人也, 以禮義之性. 人能察己所以受命則順, 順之謂道."

았던 것이라고 할 수 있다. 그러므로 육가는 『신어』의 첫머리에서 "전하는 말에, 하늘은 만물을 낳고 땅은 그들을 기르며 성인은 그들을 완성시킨다고 합니다. 이들의 공덕이 어우러져 그로 말미암아 도가 생겨났습니다."[9]라고 언급하여, 도를 만물의 기초로 삼았는데, 이는 도가에서 도를 만물의 근원으로 삼은 것과 상당히 비슷하다고 생각한다. 노자 역시 "도는 하나를 낳고 하나는 둘을 낳고 둘은 셋을 낳고 셋은 만물을 낳는다. 만물은 음기를 등지고 양기를 껴안아 그 가운데의 기운을 조화롭다고 여긴다."[10]라고 언급한 것처럼 도는 우주만물의 본원이 되는 것이며 본체적인 의미를 가지고 있다. 마찬가지로 육가 역시 "도는 가까운데 있으니 요원한 옛날에서 찾을 필요가 없습니다. 그 핵심만 취하면 바로 성취할 수 있습니다."[11]라고 언급했으며, 또한 "다수 사람들이 옳다고 하는 것이 도의 입장에서 보면 적절하지 않고, 도의 입장에서 보면 옳은 것을 다수 사람들이 옳지 않다고 하는 수도 있습니다."[12]라고 하여 도가 현실세계 가운데 없는 곳이 없다고 하며 인간사의 법칙이 되는 것이라고 했던 것이다.

> 하늘에 있는 것들은 관찰할 수 있으며, 땅에 있는 것들은 측량할 수 있으며, 만물에 깃든 것들은 규율을 찾을 수 있으며, 사람에게 나타나는 것들은 관상을 파악할 수 있습니다.[13]

> 사업을 벌이는 사람은 도덕을 떠나지 않았으며, 현악기를 조율하는 사람은 궁·상의 음조를 잃지 않았습니다. 천도는 사시의 균형

---

9 『新語』, 「道基」, "傳曰: 天生萬物, 以地養之, 聖人成之. 功德參合, 而道術生焉."
10 『老子』, 「42章」, "道生一, 一生二, 二生三, 三生萬物. 萬物負陰而抱陽, 中氣以爲和."
11 『新語』, 「術事」, "道近不必出於久遠, 取其至要而有成."
12 『新語』, 「懷慮」, "故物之所可, 非道之所宜; 道之所宜, 非物之所可."
13 『新語』, 「道基」, "天者可見, 在地者可量, 在物者可紀, 在人者可相."

을 잡고, 인도는 오상의 질서를 관리합니다. 주공과 요·순은 하늘로부터 상서로운 징조 즉 부명을 받았고, 진나라 2세와 걸·주는 하늘로부터 징벌의 재앙을 받았습니다.[14]

위의 인용문에서 볼 수 있듯이 육가는 도를 천도天道·지도地道·인도人道로 나누었으며, 사람이 천지의 도에 참여할 수 있고 천지의 도를 본받아 실천하게 된다면 천의와 인간사가 하나로 합해지는 것 즉 천인합책天人合策을 이룩할 수 있다고 보았던 것이다.

이에 옛 성인 복희씨는 고개를 들어 천문을 보시고 고개를 숙여 지리를 관찰하시어 천지음양 건곤 등 팔괘를 그려내셨습니다. 이로써 인간세상의 도덕규범이 정해지고 백성들은 깨치기 시작하여 부자유친, 군신유의, 부부유별, 장유유서의 도리를 알게 되었습니다. 이에 모든 관직이 바로 서고 왕도가 생겨나게 되었습니다.[15]

즉 육가는 인도人道라고 하는 것은 고대의 성인들이 천도에 대하여 체득한 것을 법칙으로 제정해놓은 것이라고 생각했다. 그래서 육가가 언급하는 도라고 하는 것은 하늘과 땅과 인간의 속성과 규율을 지칭하는 것이라고 할 수 있는 것이다. 또한 육가는 "이러한 도에 근거하여 그것을 천지간에 전파하였으니, 옛 사람들이 말하는 득도한 사람 아니겠습니까?"[16]라고 언급하여, 도가 천지간의 모든 사물들 사이에 존재하지 않을 수 없다고 보아 "도는 폐기되어 일어서지 못하는 경우

---

14 『新語』, 「術事」, "立事者不離道德, 調絃者不失宮商, 天道調四時, 人道治五常, 周公與堯舜合符瑞, 二世與桀紂同禍殃."

15 『新語』, 「道基」, "於是先聖乃仰觀天文, 俯察地理, 圖畫乾坤, 以定人道, 民始開悟, 知有父子之親, 君臣之義, 夫婦之道, 長幼之序. 於是百官立, 王道乃生."

16 『新語』, 「愼微」, "因是之道, 寄之天地之間, 豈非古之所謂得道者哉?"

가 없고, 기器는 훼손되어 갖춰지지 못하는 경우가 없습니다."[17]라고 하는 주장을 했던 것이다. 이처럼 육가는 노자의 도道·기器개념으로 도가 구체적인 현상세계에 무소부재 하는 것이라고 설명한다. 이는 후대 북송시기 정명도가 "형이상은 도가 되고 형이하는 기가 된다. 이와 같은 설명에 의하면 기는 또한 도이며, 도 역시 기이다."[18]라고 언급한 것처럼 도기道器가 서로 분리될 수 없다고 하는 개념과 같다고 할 수 있다.

육가는 "인은 도의 준칙이며, 의는 성인의 학문입니다."[19]라고 언급한 것처럼 도를 인의 강령으로 삼았다. 그렇기 때문에 인은 도의 필요성이 되는 것이다. 또한 육가는 "인의에 의지하여 일을 도모하지 않으면 결과적으로 반드시 실패합니다. 근본을 굳게 다지지 않고 높은 건물을 지으면 결과적으로 반드시 붕괴할 것입니다."[20]라고 언급하여, 인간은 인의仁義를 떠나서는 모든 일에 대해서 도모를 할 수가 없는 것이며, 아울러 근본을 굳건하게 하고 기초를 탄탄히 다져야만 한다고 하는 것이 도의 기초라고 하는 함의임을 강조했다. 그렇기 때문에 육가는 인의仁義를 도의 내용으로 삼았던 것이다.

> 골육지간은 인으로 인해 친근하게 지내는 것입니다. 부부사이엔 의가 있어서 서로 화합하고, 친구사이엔 의가 있어서 서로 믿으며, 군신지간엔 의가 있어서 위아래 질서가 있으며, 백관들 사이엔 의가 있어서 서로를 받드는 것입니다. 증삼과 민자건은 인 때문에 큰 효자가 되었으며, 백희는 의를 지켜서 최고의 정절을 세웠습니다.

17 『新語』, 「愼微」, "故道無廢而不興, 器無毁而不治."

18 程頤, 程顥, 『二程全書』, 遺書一, 臺北, 臺灣中華書局, 1990년.

19 『新語』, 「道基」, "仁者道之紀, 義者聖之學."

20 『新語』, 「道基」, "夫謀事不並仁義者後必敗, 殖不固本而立高基者後必崩."

나라를 지키는 사람은 인으로써 사회를 굳건하게 만들고, 군주를 보좌하는 사람은 의로써 사회가 무너지지 않도록 받쳐줍니다. 군주는 인으로 나라를 다스리고 신하는 의로써 일을 공평하게 처리합니다…… 『시경』, 「녹명鹿鳴」장은 사슴이 인의 마음으로 무리를 불러 같이 먹는다는 의미이며, 「관저關雎」장은 물수리가 의 때문에 수컷에게 경계의 소리를 낸다는 의미입니다. 『춘추』는 인의로 죄악을 물리쳐 끊고, 『시경』은 인의로 국가의 존망을 표현하고 있습니다. 『주역』의 「건괘」와 「곤괘」는 인으로써 화합하며, 팔괘는 의로써 서로 이어져 있습니다. 『상서』는 인을 바탕으로 고조에서 현손까지 9족에 관해 서술하고 있으며, 군주와 신하가 의에 따라 만든 충을 말하고 있습니다. 『예기』는 인으로써 절제를 다한 것이며, 음악은 예로써 오르내립니다.[21]

부자지간이나 부부지간, 친구지간이나 군신지간 및 시골이나 조정을 막론하고 심지어는 동물이 조화이루거나 집안을 정돈하고 나라를 다스림으로써 천하를 평정하는 것 즉 천도天道·지도地道·인도人道는 모두가 인의仁義를 근거로 한다고 하는 것이다. 인의는 도의 기초가 되는 것이며 그 내용이 된다. 이와 같은 육가의 표현은 유가의 기본입장에서 언급한 것이라고 할 수 있다.

치국의 도리로 무위보다 큰 것은 없으며, 행동의 원칙으로 삼가고 공경하는 것보다 중요한 것은 없습니다. 왜 그렇게 얘기하셨습니까? 옛날에 순임금은 천하를 다스리면서 오현금을 타시고 「남풍」

21 『新語』, 「道基」, "骨肉以仁親, 夫婦以義合, 朋友以義信, 君臣以義序, 百官以義承, 曾、閔以仁成大孝, 伯姬以義建至貞, 守國者以仁堅固, 佐君者以義不傾, 君以仁治, 臣以義平,……鹿鳴以仁求其群, 關雎以義鳴其雄, 春秋以仁義貶絶, 詩以仁義存亡, 乾坤以仁和合, 八卦以義相承, 書以仁敍九族, 君臣以義制忠, 禮以仁盡節, 樂以禮升降."

이란 시를 노래하셨습니다. 평온하기가 마치 치국할 의사가 없는 듯하였고, 조용하기가 마치 천하를 근심하는 마음이 없는 듯하였으나, 천하는 오히려 대단히 잘 다스려졌습니다. 주공이 예악제도를 만들고, 천지에 제사지내고, 산천에 제를 올리고, 군대를 만들지 않았으며, 형법은 한쪽에 놓아두고 사용하지 않았으나 사해 안 모든 나라들이 몰려와 공물을 바쳤습니다. 머나먼 남해 월상국의 군주까지 통역을 거듭해가며 내조하였습니다. 그러므로 무위는 곧 유위인 셈입니다.[22]

육가는 흡사 도道 위에 무위라고 하는 지도자를 세워놓은 것처럼 보이지만, 사실은 육가가 "치국의 도리로 무위보다 큰 것은 없으며, 행동의 원칙으로 삼가고 공경하는 것보다 중요한 것은 없습니다."라고 언급한 것은 하늘과 인간의 직분 및 관계의 문제를 설명한 것이지 도道 위에 무위가 존재한다는 것을 설명한 것이 아니다. 육가는 『역전易傳』의 천지인이 서로 참여한다고 하는 관념을 계승 발전시켜 천天을 다음과 같은 의미로 생각했다.

하늘은 해와 달을 배열하고 별들의 자리를 잡아주고 사계절의 순서를 매기고 음양의 기운을 적절히 조화시킵니다. 그 기운이 퍼져서 만물은 각자의 본성을 조절하게 되며 순서에 따라 오행이 배치됩니다. 만물은 봄에 태어나고 여름에 성장하며 가을에 거둬들이고 겨울에 감추어둡니다. 양기가 움직여 천둥번개가 생기고 음기가 모여 눈서리가 만들어집니다. 그리하여 뭇 생명들이 생육하고 성장하여 무성해지기도 하고 사라지기도 합니다. 비바람으로 윤기가 돌

---

22 『新語』, 「無爲」, "道莫大於無爲, 行莫大於謹敬. 何以言之? 昔舜治天下, 彈五絃之琴, 歌南風之詩, 寂若無治國之意, 漠若無憂民之心, 然天下治. 周公制作禮樂, 郊天地, 望山川, 師旅不設, 刑格法懸, 而四海之內, 奉供來臻, 越裳之君, 重譯來朝. 故無爲也, 乃有爲也."

게 하고, 햇볕으로 쬐어주며, 절기로 온기가 있게 하며, 차가운 서리로 쇠락하게 합니다. 뭇 별들이 제 자리를 잡아가고 북두칠성으로 방향을 제어합니다.[23]

즉 육가는 천天을 자연적 의미의 천으로 보았으며, 천하의 만물은 천도의 법칙에 의해서 운행되는 것이기 때문에 사람은 그러한 것을 보지 못하는 것이라고 생각했던 것이다. 그래서 육가는 인간은 주체적으로 능동적인 역량을 발휘하여 "만물을 통괄하고 사물의 변화에 정통할 수 있는 바는 만유의 성정을 다스려 인의가 드러나게 하는 것이다."[24]라고 했으며, "요임금·순임금은 해와 달 등 자연현상이 바뀌지 않았는데도 흥성하였으며, 하나라 걸왕 은나라 주왕은 별빛이 바뀌지 않았는데 멸망하였습니다. 천도는 바뀌지 않았는데 인도가 바뀐 때문입니다."[25]라고 하여 천도는 바뀔 수 없는 것이라고 했고, 국가의 흥망성쇠나 인간세상의 변화는 모두가 인간의 행위에 의한 것이라고 주장했던 것이다. 그렇기 때문에 육가는 인간이 삼가고 경건하게 모든 일을 해야 만이 천도에 합치될 수 있다고 하는 천인합책天人合策사상을 내놓았던 것이다.

4. 성性·정情·심心으로 본 인성론

왕충은 『논형論衡』에서 육가가 예의禮義를 본성으로 삼았다고 하는 사실을 제기한다.

---

23 『新語』, 「道基」, "張日月, 列星辰, 序四時, 調陰陽, 布氣治性, 次置五行, 春生夏長, 秋收冬藏, 陽生雷電, 陰成雪霜, 養育群生, 一茂一亡, 潤之以風雨, 曝之以日光, 溫之以節氣, 降之以殞霜, 位之以衆星, 制之以斗衡."

24 『新語』, 「道基」, "所以能統物通變, 治情性, 顯仁義也."

25 『新語』, 「明戒」, "堯舜不易日月而興, 桀紂不易星辰而亡, 天道不改而人道易也."

> 육가는 천지가 사람을 낼 때 예의의 본성을 부여했다고 하였다. 사람이 받은 명을 살필 수 있다면 그것에 순응할 수 있고, 순응해가는 것을 도라고 하였다. 육가는 사람이 예의의 성을 갖추고 태어나며, 또한 자신이 명을 받게 된 근원을 살필 수 있다고 생각하는 것이다. 본성이 선한 자는 살피지 않아도 자연히 선하다. 본성이 악한 자는 아무리 살필 수 있다 해도 예의에 어긋난다. 예의는 선한 본성에서 나오는 것으로서 인위적으로 얻을 수 없다. 따라서 탐욕스러운 자도 청렴한 것에 대해 말할 수 있고, 혼란을 야기 하는 자도 질서에 대해 말할 수도 있다. 도척도 남이 훔치는 것을 비난하며, 장요도 남이 탐욕스러운 것을 질책한다. 명확하게 자신을 살필 수 있고 입으로 현명함에 대해 논할 수 있으나, 성품이 나빠서 스스로 실행할 수 없다면 선을 행하는 데 무슨 도움이 되겠는가? 육가의 말은 실상과 맞지 않다.[26]

육가는 인간이 예의의 본성을 부여 받아서 부여 받은 본성을 살필 수 있는 것이기 때문에 본성을 따라서 행위를 한다고 보았다. 그러나 왕충의 경우에는 실제로는 선한 사람은 살피지 않아도 스스로 자각하여 선한 행위를 할 수 있고 악한 사람은 선한 것을 알더라도 행하지 않는다고 생각했다. 그렇기 때문에 왕충은 육가가 한 인간은 살펴서 행한다고 하는 주장은 사실과 부합되지 않는다고 보았던 것이다. 그러나 왕충이 비록 육가의 성선설을 치밀하지 못한 것이라고 생각했지만, 그래도 육가가 언급한 예의禮義를 본성으로 삼았다고 하는 주장에 대해서는 수긍하고 있는 입장을 견지하고 있다.

---

26 『論衡』, 「本性」, "陸賈曰: 天地生人也, 以禮義之性. 人能察己所以受命則順, 順之謂道. 夫陸賈知人禮義爲性, 人亦能察己所以受命. 性善者不待察而自善; 性惡者雖能察之, 猶背禮畔義. 義挹於善不能爲也. 故貪者能言廉, 亂者能言治. 盜跖非人之竊也, 莊蹻刺人之濫也, 明能察己, 口能論賢, 性惡不爲, 何益於善? 陸賈之言, 未能得實."

『한서漢書』에 일찍이 육가가 남월에 사신으로 파견되었을 때 남월의 수장인 조타趙佗에게 "귀하께서는 중국 사람으로 친척과 형제의 무덤이 진정에 있습니다. 그런데 지금 귀하께서는 천성을 위반하고 관대를 버린 채, 보잘 것 없는 월나라로 천자와 대항하여 적국이 되려고 하오니, 화가 장차 몸에 미칠 것입니다."[27]라고 한 언급 가운데, "관대"는 예의제도를 대표하는 것이며, "관대를 버림"은 예의를 위반했음을 표명하는 의미라고 볼 수 있다. 육가는 "관대를 버림"을 "천성을 위반함"이라고 보았는데, 이는 육가가 왕충이 말한 것처럼 예의禮義를 인간의 본성으로 삼았다고 하는 사실을 표시하는 것이다.

육가가 "천지가 사람을 낼 때 예의의 본성을 부여했다. 사람이 받은 명을 살필 수 있다면 그것에 순응할 수 있고, 순응해가는 것을 도라고 하였다."라고 언급한 것은, 인간은 예의의 본성을 알 수가 있으며 그러한 본성에 순응할 수 있고 또 순응해가는 것을 도라고 하는 사실을 나타내기 위한 것이었다. 그렇기 때문에 육가는 인간의 본성 즉 인성과 도는 서로 합치되는 것이며, "인은 도의 준칙이며, 의는 성인의 학문입니다."라고 하는 언급을 했던 것이다. 즉 육가는 도의 내용을 인과 의로 보았던 것이다. 그러므로 인간의 행위는 단지 예의禮義의 표현에만 국한 되어서는 안 되고, 마땅히 "나라를 다스림에는 도덕을 최상으로 여겨야 하며 일을 실행함에는 인의를 근본으로 삼아야 합니다."[28]라고 하는 것과 같은 선의 도덕본질을 실천하는 것이 되어야 하는 것이다.

육가는 본성으로써 선을 삼은 것 외에 "사람의 성정에 근원한 근본

---

27 『漢書』, 「酈陸朱劉叔孫傳」, "足下中國人, 親戚昆弟墳墓在眞定. 今足下反天性, 棄冠帶, 欲以區區之越與天子伉衡爲敵國, 禍且及身矣."

28 『新語』, 「本行」, "治以道德爲上, 行以仁義爲本."

의 확립으로 인륜도덕의 체계를 마련하였습니다. 천지의 법도를 근거로 책을 편찬하여 후세에 남기니 새나 짐승들도 감화를 받았으며 그로써 혼란스런 세상을 구제하였습니다. 천의와 인간사가 하나로 합해져 근본적인 도술이 모두 갖추어지게 되었습니다. 지혜로운 사람들은 그 이치에 통달하였습니다."[29]라고 언급하여, "사람의 성정에 근원한 근본의 확립"이 천지에 근원하고 인도人道에 합치되며 아울러 천도와 서로 합쳐지게 되는 것이라고 언급했다. 그렇기 때문에 육가는 사람의 성정이 인의仁義 도에 부합되는 것이며 성정 역시 선한 것이라고 생각했던 것이다.

> 세속의 사람들은 옛날로부터 전해져 내려오는 물건을 소중하게 생각하고, 오늘날 만들어진 물건은 가볍게 여깁니다. 그들은 직접 눈으로 본 것을 대수롭게 여기고 소문으로 들은 것을 대단하게 여깁니다. 사물의 겉모습에 미혹되어서 내면의 실정을 놓치고 있습니다. 성인은 희소한 물건이라고 귀하게 여기지 않는데, 세상 사람들은 흔한 물건을 보면 오히려 천시합니다. 오곡은 생명을 길러주는 것임에도 많다고 길바닥에 버리고, 주옥은 아무 짝에도 쓸모가 없는데 그것을 제 몸의 보배로 아낍니다. 성인은 주옥을 중시하지 않고 자신의 몸을 보배로 여깁니다. 그래서 순임금은 황금을 험준한 산에 깊이 감추어두었고, 하나라 우임금은 주옥을 오호의 깊은 못에 던져버렸습니다. 그렇게 함으로써 세상 사람들의 사악한 욕망을 막고 진기한 물건에 대한 호기심을 끊어버리고자 한 것입니다.[30]

---

29 『新語』, 「道基」, "原情立本, 以緒人倫, 宗諸天地, 脩篇章, 垂諸來世, 被諸鳥獸, 以匡衰亂, 天人合策, 原道悉備, 智者達其心."

30 『新語』, 「術事」, "世俗以爲自古而傳之者爲重, 以今之作者爲輕, 淡於所見, 甘於所聞, 惑於外貌, 失於中情. 聖人貴寬, 而世人賤衆, 五穀養性, 而棄之於地, 珠玉無用, 而寶之於身. 故舜棄黃金於嶄嵓之山, 禹捐珠玉於五湖之淵, 將以杜淫邪之欲, 絶琦瑋之情."

인간의 성정은 본래 선한 것이지만 외부 세계의 유혹을 받아서 음란하고 사악한 욕망이 생기게 되어 겉모습이 아름다운 것에 성정이 미혹되어 내면의 실정과 선한 본성을 상실하게 된다. 그래서 "군자는 의로써 서로를 칭송하지만, 소인은 이익 때문에 서로를 속입니다. 어리석은 사람은 힘 때문에 서로 소요를 일으키지만, 현자는 의로써 서로를 다독여줍니다."[31]라고 하여 군자나 현자는 서로를 의로써 격려하고 선한 본성을 상실하지 않도록 다독여 주지만, 소인이나 어리석은 사람은 쾌락에 빠져 선한 본성을 상실하게 되는 것이다. 또한 육가는 "사적인 이익추구 행위가 두절되면 도의가 뚜렷하게 드러날 것이다."[32]라고 언급하여 이익은 인의의 도가 드러나지 못하게 만드는 주요한 원인이라고 했으며, 또한 사람의 성정에 악한 요소가 생기게 만드는 외재적인 요인이라고 주장한 것이다.

인간의 성정은 이익에 현혹되어 인의仁義를 버리고 악을 행할 수 있기 때문에 육가는 마땅히 "만유의 성정을 다스려 인의가 드러나게 한다."라고 하는 주장을 했던 것이다.

> 제 성정을 다 발휘하여 훌륭한 기물이 되지 않는 경우가 없습니다. 그래서 성인이 그것들을 완성시켰다고 말합니다. 만물을 통괄하고 사물의 변화에 정통할 수 있는 바는 만유의 성정을 다스려 인의가 드러나게 하는 것이다.[33]

육가는 현실생활 속에서 사물의 도리에 통달함으로써 성정의 악을 제거하고 성정의 인의본질을 드러낼 수 있다고 생각했던 것이다. 그

---

31 『新語』, 「道基」, "君子以義相褒, 小人以利相欺, 愚者以力相亂, 賢者以義相治."
32 『新語』, 「懷慮」, "利絶而道著."
33 『新語』, 「道基」, "盡情爲器. 故曰, 聖人成之. 所以能統物通變, 治情性, 顯仁義也."

리고 이러한 "만유의 성정을 다스려 인의가 드러나게 한다."고 하는 공부에 대하여 육가는 몇 가지 요점을 언급한다.

> 눈으로 흑색 백색을 구별할 수 없고, 귀로 청음 탁음을 구별할 수 없고, 입으로 선함 악함을 설명할 수 없다고 하면 이는 할 수 없다는 말입니다. 그래서 도를 세우는 사람은 누구나 쉽게 알아볼 수 있도록 하므로 보통 사람들의 마음에 꿰뚫고 들어가 할 수 없다는 행동들을 할 수 있도록 바꾸어줍니다.[34]

육가는 마음에 도를 인식할 수 있는 능력이 있다고 생각했기 때문에 "사람이 받은 명을 살필 수 있다면 그것에 순응할 수 있다"라고 언급했던 것이다. 그러므로 마음에는 살필 수 있는 작용이 있게 되는 것이다. 이처럼 육가는 마음의 의지가 힘쓰는 곳에서 사람이 선하거나 혹은 악하게 되는 원인의 여부가 결정된다고 생각했던 것이다.

> 선한 사람은 반드시 그런 선량한 군주가 있기에 몰려드는 것이며, 악한 사람은 반드시 그런 불량한 까닭이 있기에 다가오는 것입니다. 선과 악은 공연히 지어지지 않으며, 화와 복은 제멋대로 생겨나지 않습니다. 오직 군주의 마음이 향한 바와 군주의 의지가 실천하는 바에 따라 결정될 따름입니다.[35]

마음이 향한 바와 의지가 실천하는 바가 선악의 주요한 요인이 되는 것이다.

---

34 『新語』, 「愼微」, "夫目不能別黑白, 耳不能別淸濁, 口不能言善惡, 則所謂不能也. 故設道者易見曉, 所以通凡人之心, 而達不能之行."

35 『新語』, 「思務」, "善者必有所主而至, 惡者必有所因而來. 夫善惡不空作, 禍福不濫生, 唯心之所向, 志之所行而已矣."

> 안회는 밥 한 대접에 물 한 바가지 마시며 누추한 뒷골목에 살았는데, 다른 사람은 그 걱정을 참아내지 못하겠지만 안회는 즐거운 삶의 태도를 바꾸지 않았습니다. 예에 맞추어 행동하였고 겸손한 태도를 드러내었습니다. 열심히 공부하여 『시경』·『서경』구절을 외는 것은 보통사람도 할 수 있는 일입니다. 장강·황하를 옮기고 태산을 움직이고자 한다면 이는 인간의 힘으로 할 수 없는 일입니다. 몸과 마음을 잘 조절하고, 악을 지양하고 선을 지향하며, 재물을 탐하지 않고, 조그만 이익에 구차히 굴지 않으며, 재물을 나눌 때 적게 취하고, 사회에 봉사하며 노고를 아끼지 않는 일 등은 천하 사람들이 쉽게 알 수 있는 도리이며 쉽게 실천할 수 있는 일입니다. 그 가운데 정말 하기 어려운 일이 있습니까?[36]

안회가 누추한 뒷골목에서 살면서 밥 한 대접에 물 한 바가지 마시면서도 즐거운 삶의 태도를 바꾸지 않았던 것은, 그의 마음의 의지가 도에 있었기 때문이며 또한 도를 즐기려고 하는 까닭에 있었기 때문이다. 그래서 만일 사람의 마음이 재물을 탐하지 않고 이익을 추구하지 않으면 곧 도를 인식하고 실천할 수 있는 것이다.

> 선한 행위가 좋고 악한 행위가 나쁘다는 것을 모르는 사람은 없습니다. 열심히 공부하면 제 몸에 유익하고, 태만하고 놀기 좋아하면 일하는데 무익하다는 것을 모르는 사람은 없습니다. 그럼에도 사람들이 나쁘고 무익한 짓을 하는 것은 욕망이 넘쳐서 이성으로 그 뜻을 이겨낼 수 없기 때문입니다.[37]

---

36 『新語』, 「愼微」, "顔回一簞食, 一瓢飮, 在陋巷之中, 人不堪其憂, 回也不改其樂. 禮以行之, 遜以出之. 夫力學而誦詩·書, 凡人所能爲也; 若欲移江·河, 動太山, 故人力所不能也. 如調心在己, 背惡向善, 不貪於財, 不苟於利, 分財取寬, 服事取勞, 此天下易知之道, 易行之事也."

37 『新語』, 「資質」, "凡人莫不知善之爲善, 惡之爲惡; 莫不知學問之有益于己, 怠戲

이처럼 육가는 성정의 과도한 욕망을 극복하고 통제하기 위해서는 마음의 의지의 결정 작용에 의탁해야 한다고 했던 것이다.

또한 육가는 악을 배척하고 선을 지향하는 마음의 의지는 한결같고 확고부동해야 만이 비로소 항구적으로 유지될 수가 있는 것이라고 생각했다.

> 눈의 역할은 밝게 보는 것이고, 귀의 역할은 잘 듣는 것이고, 입의 역할은 맛을 구별하는 것이고, 코의 역할은 냄새향기를 맡는 것이고, 손은 물건을 붙잡는 데 쓰며, 발은 걷는 데 쓰입니다. 각자 한 가지 특성을 지니며 두 가지를 겸할 수 없습니다. 두 가지 역할을 겸하려면 마음이 혼란에 빠지고, 동시에 두 길을 가려 하면 행동이 막히게 됩니다. 마음을 단정히 하여 한결같이 굳건히 하면 오래도록 잊어버리지 않게 됩니다.[38]

생각이 번잡하면 혼란스러워져서 마음을 단정하게 할 수 없게 되어 결국에는 의지를 지키는 과정에 영향을 미치게 된다.

> 소진과 장의는 그 몸이 존귀한 지위에 오르고 이름을 당세에 빛냈으며, 6국의 재상으로 여섯 군주를 섬겨 산동 각지에 위세를 떨쳤습니다. 사방으로 제후들에게 유세를 벌여 각 나라마다 다른 말을 하고 각 사람들에게 다른 의사를 표출하여 약소국들의 합종으로 강국 진나라를 제압하거나, 연횡으로 합종을 깨고자 하였습니다. 내적으로 고정불변의 계책도 없었고 그 자신의 고정불변한 명분도 없었으니 공을 이룰 수 없었고 합종연횡은 중도에 폐기되었

之無益於事也. 然而爲之者情欲放溢, 而人不能勝其志也."

38 『新語』, 「懷慮」, "目以精明, 耳以主聽, 口以別味, 鼻以聞芳, 手以之持, 足以之行, 各受一性, 不得兩兼, 兼則心惑, 二路者行窮, 正心一堅, 久而不忘."

> 으며, 제 몸은 보통 사람의 손에 죽임을 당함으로써 천하 사람들의 조롱거리가 되었습니다. 이는 그들의 언사가 통일되지 못하고 제멋대로 방종했기 때문에 그런 것입니다.[39]
>
> 그래서 관중은 제환공을 보좌함에 몸을 굽혀 주군을 섬기되 오로지 한 마음 한 뜻이었으며, 그 자신은 외국 사람과 사적인 교유를 하지 않았고 마음속으로는 비정상적인 속임수를 생각하지 않았습니다. 자기 나라인 제나라를 바르게 이끌고 그로써 천하를 제어하여 자기 군주의 패자 지위를 존귀하게 하였으며 제후들을 굴종케 하였습니다. 권력은 사해 안에 위엄을 떨치고 교화는 중원 각지에 두루 보급되었습니다. 도의를 잃은 자는 주살하고 도의를 지키는 자는 현달시키니 한 가지 일을 하려들면 천하가 그에 따랐으며, 한 가지 정책 법령을 내리면 제후들이 모두 그에 복종하였습니다. 따라서 성인은 통일된 정책법령을 고수하여 백성들을 묶고, 통일된 표준을 견지하여 만민을 가지런히 합니다. 그렇게 함으로써 세상이 모두 한결같이 다스려지도록 하며, 천하가 통일되어 있음을 밝힌 것입니다.[40]

소진蘇秦과 장의張儀는 마음속에 이익과 욕망 및 잡념과 혼란스러움이 가득 차있었기 때문에 끝내는 사업을 성취할 수 없게 되었으며 사람들의 조롱거리로 전락하고 말게 된다. 반면 관중의 경우에는 오로지 한 마음 한 뜻으로 할 수 있었기 때문에 제환공齊桓公을 보좌하여

---

39 『新語』, 「懷慮」, "蘇秦·張儀, 身尊於位, 名顯於世, 相六國, 事六君, 威振山東, 橫說諸侯, 國異辭, 人異意, 欲合弱而制彊, 持橫而御縱, 內無堅計, 身無定名, 功業不平, 中道而廢, 身死於凡人之手, 爲天下所笑者, 乃由辭語不一, 而情欲放佚故也."

40 『新語』, 「懷慮」, "故管仲相桓公, 詘節事君, 專心一意, 身無境外之交, 心無欹斜之慮, 正其國如制天下, 尊其君而屈諸侯. 權行於海內, 化流於諸夏, 失道者誅, 秉義者顯, 舉一事而天下從, 出一政而諸侯靡. 故聖人執一政以繩百姓, 持一概以等萬民, 所以同一治而明一統也."

천하를 제어할 수 있었던 것이다. 그래서 육가는 "여러 다른 생각을 품는 사람은 원대한 계획을 세울 수 없으며, 양 극단을 왔다 갔다 하는 사람은 위신을 세울 수 없습니다. 그래서 외부세계를 다스리려는 사람은 반드시 자기 내면부터 조절하고, 먼 곳을 평정하려는 사람은 반드시 가까운 일부터 바르게 정돈합니다. 천하의 기강을 바로 세우고 온 세상일에 신경을 쓰는 사람은 집안일을 걱정하지 않으며, 기운을 정양하고 성정을 함양하여 정신창달과 수명 연장을 생각하는 사람은 바깥일에 뜻을 두지 않습니다."[41] 라고 언급하여 마음이 다른 잡념을 품고 있으면 한결같을 수 없어서 장기적이고 원대한 계획을 세울 수 없다고 생각했다. 그렇기 때문에 마음의 의지가 제대로 정립되려면 반드시 한결같고 확고부동한 기초위에서 세워져야 하고, 나태하지 않음을 견지하고 성정을 다스려 인의仁義의 도道를 실천해야만 하는 것이다.

5. 맺는 말

이상과 같이 육가의 인성론에 대하여 그의 생애와 인성론의 근원과 성性·정情·심心으로 본 인성론을 중심으로 살펴보았는데, 이를 정리하면 다음과 같다.

육가는 한나라 고조가 유학을 좋아하지 않는다고 하는 것에 개의치 않고 항상 황제에게 『시경』과 『상서』를 인용하여 진언을 했으며, 『신어新語』를 저술하여 자신의 치국방략에 대한 견해를 밝히기도 했다. 육가는 한평생 '태중대부太中大夫' 벼슬만을 했을 뿐인데, 그가 세운 적

41 『新語』, 「懷慮」, "懷異慮者不可以立計, 持兩端者不可以定威. 故治外者必調內, 平遠者必正近, 綱天下, 勞神八極者, 憂不存於家. 養氣治性, 思通精神, 延壽命者, 則志不流於外."

지 않은 공적과 그의 관직은 일견 형평성에 문제가 있다고 보인다. 그러나 유방의 측근에 있었던 수많은 공신들과 번왕으로 봉해졌거나 제후로 봉해졌던 인사들과 높은 관직을 제수 받았던 사람들 대부분은 좋지 않은 종말을 맞이하게 된 반면에 육가는 전생을 보전할 수가 있었다. 이와 같이 볼 때 육가는 상당히 지혜로운 태도로 정치권에서 운신을 했던 것 같다고 하는 추측을 할 수 있게 된다.

육가는 도가 천지만물 가운데에 존재하고 있으며, 또한 인간의 성정과 서로 연결되어 있기 때문에 지혜로운 사람의 마음은 도에 통달할 수 있다고 생각했다. 또한 왕충은 『논형論衡』에서 육가의 언급을 인용하여 "천지가 인간을 낳고, 인간은 예의로써 본성을 삼는다. 인간은 자신을 살필 수 있기 때문에 천명을 받아 순응하는 것이며, 순응하는 것을 도라고 일컫는다."라고 하여 인간의 본성은 도에서 비롯되는 것이며 예의가 본성 안에 있다고 보았다. 그렇기 때문에 육가는 도를 인성의 근원으로 보았던 것이라고 할 수 있다.

육가는 "인은 도의 준칙이며, 의는 성인의 학문입니다."라고 언급한 것처럼 도를 인의 강령으로 삼았다. 그렇기 때문에 인은 도의 필요성이 되는 것이다. 또한 육가는 "인의에 의지하여 일을 도모하지 않으면 결과적으로 반드시 실패합니다. 근본을 굳게 다지지 않고 높은 건물을 지으면 결과적으로 반드시 붕괴할 것입니다."라고 언급하여, 인간은 인의仁義를 떠나서는 모든 일에 대해서 도모를 할 수가 없는 것이며, 아울러 근본을 굳건하게 하고 기초를 탄탄히 다져야만 한다고 하는 것이 도의 기초라고 하는 함의임을 강조했다. 그렇기 때문에 육가는 인의仁義를 도의 내용으로 삼았던 것이다.

육가는 본성으로써 선을 삼은 것 외에 "사람의 성정에 근원한 근본의 확립으로 인륜도덕의 체계를 마련하였습니다. 천지의 법도를 근거로 책을 편찬하여 후세에 남기니 새나 짐승들도 감화를 받았으며 그로써 혼란스런 세상을 구제하였습니다. 천의와 인간사가 하나로 합해져 근본적인 도술이 모두 갖추어지게 되었습니다. 지혜로운 사람들은 그 이치에 통달하였습니다."라고 언급하여, "사람의 성정에 근원한 근본의 확립"이 천지에 근원하고 인도人道에 합치되며 아울러 천도와 서로 합쳐지게 되는 것이라고 언급했다. 그렇기 때문에 육가는 사람의 성정이 인의仁義 도에 부합되는 것이며 성정 역시 선한 것이라고 생각했던 것이다.

또한 육가는 인간의 성정은 본래 선한 것이지만 외부 세계의 유혹을 받아서 음란하고 사악한 욕망이 생기게 되어 겉모습이 아름다운 것에 성정이 미혹되어 내면의 실정과 선한 본성을 상실하게 된다고 생각했다. 그래서 그는 "군자는 의로써 서로를 칭송하지만, 소인은 이익 때문에 서로를 속입니다. 어리석은 사람은 힘 때문에 서로 소요를 일으키지만, 현자는 의로써 서로를 다독여줍니다."라고 하여 군자나 현자는 서로를 의로써 격려하고 선한 본성을 상실하지 않도록 다독여주지만, 소인이나 어리석은 사람은 쾌락에 빠져 선한 본성을 상실하게 되는 것이라고 주장했던 것이다. 아울러 육가는 "사적인 이익추구 행위가 두절되면 도의가 뚜렷하게 드러날 것이다."라고 언급하여 이익은 인의의 도가 드러나지 못하게 만드는 주요한 원인이라고 했으며, 또한 사람의 성정에 악한 요소가 생기게 만드는 외재적인 요인이기도 한 것이라고 주장했다. 이처럼 인간의 성정은 이익에 현혹되어 인의仁義를 버리고 악을 행할 수 있기 때문에 육가는 마땅히 "만유의 성정을 다스려 인의가 드러나게 한다."라고 하는 주장을 했던 것이다.

또한 육가는 본성으로써 선을 삼은 것 외에 "사람의 성정에 근원한 근본의 확립으로 인륜도덕의 체계를 마련하였습니다. 천지의 법도를 근거로 책을 편찬하여 후세에 남기니 새나 짐승들도 감화를 받았으며 그로써 혼란스런 세상을 구제하였습니다. 천의와 인간사가 하나로 합해져 근본적인 도술이 모두 갖추어지게 되었습니다. 지혜로운 사람들은 그 이치에 통달하였습니다."라고 언급하여, "사람의 성정에 근원한 근본의 확립"이 천지에 근원하고 인도人道에 합치되며 아울러 천도와 서로 합쳐지게 되는 것이라고 언급했다. 그렇기 때문에 육가는 사람의 성정이 인의仁義 도에 부합되는 것이며 성정 역시 선한 것이라고 생각했던 것이다.

참고문헌

賀榮一,『道德經註譯與析解』, 天津, 百花文藝出版社, 1994년.

王利器,『新語校注』, 北京, 中華書局, 1996년.

司馬遷,『史記』, 北京, 中華書局, 1982년.

班　固,『漢書』, 北京, 中華書局, 1990년.

黃　暉,『論衡校解』, 北京, 中華書局, 1995년.

程頤, 程顥,『二程全書』, 遺書一, 臺北, 臺灣中華書局, 1990년.

劉師培,『劉師培中古文學論集』, 北京, 中國社會科學出版社, 1997년.

제7장
가의의 인성론 사상

1. 시작하는 말

서한 초기는 전 왕조인 진나라의 폐단이 이어졌기 때문에 사회 전반에 걸쳐서 사치와 향락을 일삼고 방종과 음탕한 기풍을 쫓으며 오직 재물만을 숭상하는 등의 예의禮義와 염치에 어긋나는 분위기가 팽배해 있었으며, 심지어는 인간의 본성을 방치하는 현상까지 나타나기도 하였다. 이러한 사회적인 분위기에 서한의 조정에서 채택한 방임정책은 앞서 언급한 것과 같은 온갖 폐해를 더욱 심화시키게 되고, 급기야는 지배계층들의 타락을 더욱 부추기는 결과를 초래하게 된다.

가의賈誼는 이러한 사회적 국가적 병리현상들의 원인을 인성에 관한 담론이 훼손된 데에 있다고 보았다. 또한 사회전반적인 분야에 있어서 다양한 요인에 의해서 훼손되고 상실된 인성의 회복은 반드시 도와 덕에 의해서 만이 가능할 수 있는 것으로 보아서, 오직 도와 덕이 있어야 만이 서한 왕조가 안고 있는 정치적·사회적 문제 등의 각 방면의 불안정한 상태를 해소할 수 있다고 생각했다. 가의는 이러한 도덕의 회복에 의해서 비로소 사람과 사람 사이의 합리적인 관계가 수립되고 사회질서가 바로 잡히고 유지될 수 있게 되어, 종극에는 조화로운 사회를 건설할 수 있게 되는 것이라고 생각했던 것이다.

서한 초기 국가의 체제를 정비하는데 적지 않은 공헌을 했으며, 한문제 시기의 유가사상의 진흥에 있어서 기반을 다지는 역할을 했던 가의의 사상 특히 인성론 사상에 대한 연구는 매우 중요하다고 볼 수 있다. 즉 선진시기의 인성론이 어떻게 양한시기로 계승되고 발전되는가에 관련하여 가의의 인성론은 육가의 인성과 함께 매우 중요한 연결고리의 역할을 한다고 볼 수 있는 것이다.

서한 건국초기 혼란한 상황 속에서 어지러운 현실을 타개하기 위해서 인간의 인성문제에 대하여 자신의 사상을 역설한 가의의 사상은 서한 초기의 유학사상을 조명하는데 있어서 누락 되어서는 안 될 사상체계라고 할 수 있을 것이다. 그렇기 때문에 본문에서는 가의의 인성론에 대하여 인성론의 근원과 성性·명命·세勢로 본 인성론을 중심으로 논의를 진행해 보도록 하겠다.

2. 인성의 근원

가의賈誼는 "성이란 도와 덕이 만든 존재이다. 만물은 각기 형체가 있는데, 성은 도와 덕의 신묘함이 하나의 기운으로 모인 것이다."[1]라고 언급하여 도와 덕이 만물을 만든다고 생각했다. 즉 도와 덕의 신묘한 변화가 교차되고 모여서 기氣의 상태가 되었을 때 성性이 만들어지게 되는 것이라고 생각했던 것이다. 가의는 또 "도라고 하는 것은 그로써 사물을 대하는 것이다."[2]라고 언급하여 도가 마음이 사물을 인식

1 『新書』, 「道德說」, "性者, 道德造物. 物有形而道德之神專而爲一氣."

하는 근거가 된다고 생각했다. 그렇기 때문에 도와 덕은 가의가 말하는 마음과 본성의 근원이 되는 것이라고 할 수 있다.

가의賈誼는 도가 우주만물의 본원이 된다고 하였다.

> 사물을 이끌어 시작하게 하는 것을 도라 하며, 사물이 얻어서 생겨난 것을 덕이라 한다. 덕이 있는 것은 도를 근본으로 삼기 때문이다. 그러므로 도는 덕의 근본이라고 한다.[3]

> 만물은 덕에 의해서 생성되고, 덕은 도에 의해서 생성되는데, 도는 우주만물의 태초의 근원이자 만물의 근본이 된다. 그러므로 도는 공허하고 형체가 없는 본체인 것이다.

> 도는 형체가 없고 평화로우면서 신묘하다. 도는 사물을 실어주는 것으로, 모두 다 사리에 맞고 조화롭게 운행하므로 사물들은 맑고 윤택하게 된다. 반질반질하게 윤택한 것은 거울이다.(즉 사물을 비춰 볼 수 있다.) 거울은 신묘한 도로써 비추어서 사물의 형상을 그대로 본떠 반영하고, 빈 공간을 통해서 도를 받드는 것을 첫째 임무로 삼는다. 거울은 볼 수 있게 해주는 도구요, 보는 것은 눈이다.[4]

도는 평화로우면서 신묘하고 공허하고 형체가 없는 것으로 만물을 실어주는 것이기 때문에, 그것은 빈 공간을 통하여 깨끗한 거울과 맑

---

2 『新書』, 「道術」, "道者, 所從接物也."

3 『新書』, 「道德說」, "物所道始謂之道, 所得以生謂之德. 德之有也, 以道爲本, 故曰道者德之本也."

4 『新書』, 「道德說」, "道者無形, 平和而神. 道物有載物者, 畢以順理和適行, 故物有淸而澤. 澤者鑑也, 鑑以道之神, 模貫物形, 通達空竅, 奉一出入爲先, 故謂之鑑. 鑑者所以能見也, 見者目也."

고 윤택한 눈동자처럼 객관적으로 만물의 본래 모습을 반영할 수 있게 되는 것이다. 가의는 도가 형체가 없고 평화로우면서 신묘하고 정미한 본체상태로 허虛가 된다고 생각했다.

> 도라고 하는 것은 그로써 사물을 대하는 것이니, 그 근본이 되는 것을 허라고 하고, 그 말단이 되는 것을 술이라고 한다. 허는 그 정미함을 말하니, 평범하고 소박한 모습 그대로 거기에 아무 것도 덧붙이지 않은 상태다. 술이라는 것은 그에 따라서 사물을 조절하는 것으로, 움직이고 멈추게 하는 도리이다. 이런 것이 다 도의 내용이다.[5]

도는 우주만물의 근원이 되는 것이며 허虛의 본체적인 성질을 가진다고 볼 수 있다. 이러한 도가 만물에 구현될 때 만물이 움직이고 정지하게 하는 법칙이 되는 것이며, 구체적인 작용과 원칙으로 표현되는 것을 술術이라고 한다. 그렇기 때문에 도는 허虛를 본체로 삼고 술術을 작용으로 삼는 것이다.

> 물었다. "허로 사물을 대한다는 것은 어떤 것인가?" 대답하였다. "거울은 가만히 있어도 무엇이든 다 잘 비추니, 아름답건 추악하건 각각 그에 맞게 비춘다. 저울은 비어있어 사사로움이 없으며, 평온하고 조용히 있지만 가볍고 무거움이 모두 거기에 매달려서 각각 제자리를 잡게 된다. 현명한 군주는 남면한 채로 바르게 앉아서 자신을 텅 비운채로 조용히 있을 뿐이다. 그러나 아름다운 이름이 절로 펼쳐지고 만물을 스스로 안정되게 만드니, 마치 거울에 비추는 것과 같고 저울에 다는 것과 같다. 틈이 생기면 화합시키고 실마리

5 『新書』, 「道術」, "道者, 所從接物也. 其本者謂之虛, 其末者謂之術. 虛者, 言其精微也, 平素而無設施也. 術也者, 所從制物也, 動靜之數也. 凡此皆道也."

가 있으면 따르며, 만물을 그 끝까지 길러주되 (각각의 상황에) 알맞게 베풀어주니, 이것이 허로 사물을 대하는 방식이다."[6]

도는 허虛를 본체로 삼는 것이기 때문에 사물을 대할 때 텅 비우고 평온하고 조용히 있으며 사사로움이 없는 것을 최고의 원칙으로 삼는다. 그러나 현실의 실제적인 상황에서는 사안에 맞게 구체적인 술術이 존재하게 되는데, 가의가 정치에 대하여 제기한 인仁·의義·예禮·신信·법法·현명한 사람을 등용함擧賢·능력 있는 사람을 씀使能·출중한 인재가 자리에 있음英俊在位·보좌진이 맡은 책임을 다함羽翼勝任·덕을 굳게 지킴操德而固·교화가 순조롭고 틀림없음教順而必·여러 의견을 고루 들음周聽·경험에 잘 비추어 봄稽驗·좋고 나쁜 것을 분명히 밝혀 줌明好惡·일처리가 주도면밀함密事端 등의 원칙과 실천방법과 같은 것을 말할 수 있다.

물었다. "술術로 사물을 대한다는 것은 어떤 것인가?" 대답하였다. "군주가 어질면 나라 안이 화평하므로 그 백성들이 친하지 않음이 없고, 군주가 의로우면 나라 안이 다스려지므로 그 백성들이 순하지 않음이 없다. 군주가 예를 갖추면 나라 안이 엄숙해지므로 그 백성들이 공경하지 않음이 없고, 군주가 믿음을 지니면 나라 안이 바르게 되므로 그 백성들이 믿지 않음이 없다. 군주가 공정하면 나라 안이 복종하게 되니 그 백성들이 떠받들지 않음이 없고, 군주가 법도가 있으면 나라 안이 기강이 서게 되니 그 백성들이 도와주지 않음이 없다. 현명한 사람을 등용하면 백성들이 착하게 교화되

---

6 『新書』, 「道術」, "曰: 請問虛之接物, 何如? 對曰: 鏡儀而居, 無執不臧, 美惡畢至, 各得其當. 衡虛無私, 平靜而處, 輕重畢懸, 各得其所. 明主者, 南面而正, 淸虛而靜, 令名自宣, 命物自定, 如鑑之應, 如衡之稱, 有釁和之, 有端隨之, 物鞠其極, 而以當施之. 此虛之接物也."

고, 능력 있는 사람을 쓰게 되면 관직이 정돈 된다. 출중한 인재들이 자리에 있으면 군주가 높아지고, 보좌진이 맡은 바 책임을 다하면 백성들이 번창하게 된다. 덕을 굳게 지키면 위엄이 서고, 교화가 순조롭고 틀림없으면 명령이 행하여진다. 여러 의견을 고루 들으면 폐단이 없고, 경험에 잘 비추어보면 당황하지 않는다. 좋고 나쁜 것을 분명히 밝혀주면 민심이 교화되고, 일처리가 주도면밀하면 군주가 귀신같다고 한다. 술術이란 사물을 대하는 길이다. 권세가 큰 자는 반드시 조심해서 일을 처리하고, 명령을 추진하는 자는 반드시 말을 조심해서 해야 하니, 그렇게 하면 실패가 적다. 이것이 술術로써 사물을 대하는 길이다. 그 근원은 다함이 없고, 변화에 대응하는 데에 있어서는 끝이 없나니, 이런 까닭에 성인은 술을 존중하는 것이다. 도를 자세히 다 말할 수가 없다."[7]

가의는 이어서 쉰여섯 가지로 선善의 대략을 구분하는 것으로 사물을 대하는 도를 설명했다.

물었다. "선을 대체적으로 분류하면 어떠한가?" 대답했다. "어버이가 자식을 사랑하고 이롭게 돕는 것을 자애로움이라고 하며, 자애의 반대되는 것이 완악함이다. 자식이 어버이를 사랑하고 이롭게 하는 것은 효성스러움이라고 하며, 효에 반대되는 것이 비뚤어짐이다. 사랑하고 이롭게 하려는 생각이 속마음에서 우러난 것을 충성

7 『新書』, 「道術」, "曰: 請問術之接物何如? 對曰: 人主仁而境內和矣, 故其士民莫弗親也; 人主義而境內理矣, 故其士民莫弗順也; 人主有禮而境內肅矣, 故其士民莫弗敬也; 人主有信而境內貞矣, 故其士民莫弗信也; 人主公而境內服矣, 故其士民莫弗戴也; 人主法而境內軌矣, 故其士民莫弗輔也. 擧賢則民化善, 使能則官職治, 英俊在位則主尊, 羽翼勝任則民顯, 操德而固則威立, 教順而必則令行. 周聽則不蔽, 稽驗則不惶, 明好惡則民心化, 密事端則人主神. 術者, 接物之隊. 凡權重者必謹於事, 令行者必謹於言, 則過敗鮮矣. 此術之接物之道也. 其爲原無屈, 其應變無極, 故聖人尊之. 夫道之詳, 不可勝述也."

스러움이라 하며, 충성에 반대되는 것을 배신이라고 한다. 마음으로부터 남을 보살펴주고 동정해주는 것을 은혜로움이라고 하며, 은혜에 반대 되는 것을 각박하다고 한다. 형이 아우를 받들어 아껴주는 것을 우애라고 하며, 우애에 반대되는 것을 모질다고 한다. 아우가 형을 받들어 사랑하는 것을 공경이라고 하며, 공경에 반대 되는 것을 건방지다고 한다.……지조가 순수하면서 과감함을 성실이라 하고, 성실에 반대되는 것을 태만하다고 한다. 능히 실천해서 지조를 이룸을 기필이라 하고, 기필에 반대되는 것을 방자하다고 한다. 이렇게 나누는 것이 선의 대략이니, 이른바 도이다."[8]

인간사회의 인륜의 도덕규범은 도의 허령한 본체가 구체적인 현실의 실천방법 상에 전개되어 드러나는 것이다.

도는 우주만물의 근원이 되는 것이지만, 반드시 덕에 의거하여 만물을 화육하고 생장시키는 것이다.

사물을 이끌어 시작하게 하는 것을 도라 하며, 사물이 얻어서 생겨난 것을 덕이라 한다. 덕이 있는 것은 도를 근본으로 삼기 때문이다. 그러므로 "도는 덕의 근본이다."라고 한다. 덕이 사물을 생성하고 또 사물을 기르니, 사물은 편안하고 이롭다.……덕이 사물을 낳고, 또 길러주기를 멈추지 않으며,……덕은 도에서 생겨나서 이치가 있는데, 이치를 지키면 도에 합치되어 도·리와 가까이 해서 떨어지지 않으므로 사물을 길러주고 양육할 수 있다. 사물은 덕을 우러러 의지하지 않음이 없으니, 이는 높은 덕이므로 "친밀함은 덕이 높음이다."라고 한다. 도를 따르고 잃지 않으면 도가 있

---

8 『新書』, 「道術」, "曰: 請問品善之體何如? 對曰: 親愛利子謂之慈, 反慈爲嚚. 子愛利親謂之孝, 反孝爲孼. 愛利出中謂之忠, 反忠爲倍. 心省恤人謂之惠, 反惠爲困. 兄敬愛弟謂之友, 反友爲虐. 弟敬愛兄謂之悌, 反悌爲敖.……志操精果謂之誠, 反誠爲殆. 克行遂節謂之必, 反必爲怛. 凡此品也, 善之體也, 所謂道也."

게 되고, 도를 얻어 지키면 덕이 있게 되며, 쉬지 않고 실천하면 행실이 이뤄진다.[9]

만물은 생성되고 화육되는 과정 가운데 도를 근원으로 삼으며, "덕이라는 것은 무無에서 출발하여 유有로 변해간다. 젖어들면 기름기가 엉기듯 탁해져서 형체를 형성하기 시작한다."[10] 덕이 젖어들면서 혼탁한 상태가 형성되어야 만이 비로소 형체의 틀이 있게 되어 만물이 이루어지기 시작하는 것이다. 그렇기 때문에 덕은 도가 만물을 생성하고 화육하는 변화 상태인 것이다. 그리고 덕의 응집에 의한 만물의 생육은 도의 본체를 떠날 수 없는 것이기 때문에 "생성은 덕을 근본으로 하고 덕은 도를 근본으로 한다."고 하는 것이며, 이러한 도와 덕의 관계를 가의는 물과 얼음의 관계로 비유했다.

덕은 사물의 원리에서 변화되어 나온 것이다. 아직 변화하지 않은 상태는 도의 모습이다. 도가 엉겨 덕이 되고, 신은 덕에 실려 있다. 덕은 도가 윤택해진 것이다. 도가 비록 신묘한 것이지만, 반드시 덕에 실려야 하니, 그래야만 (도의) 모습이 의탁하는 바가 있게 되며, 그럼으로써 변화를 움직여서 변화하게 된다. 만물을 변화시키는 원리는 모두 도의 변화이다.[11]

---

9 『新書』, 「道德說」, "物所道始謂之道, 所得以生謂之德. 德之有也, 以道爲本, 故曰道者德之本也. 德生物又養物, 則物安利矣.……德生物, 又養長之而弗離也,……德生於道而有理, 守理則合於道, 與道理密而弗離也, 故能畜物養物, 物莫不仰恃德, 此德之高, 故曰密者德之高也. 道而勿失, 則有道矣; 得而守之, 則有德矣; 行有無休, 則行成矣."

10 『新書』, 「道德說」, "德者, 離無而之有, 故潤則腒然濁而始形矣."

11 『新書』, 「道德說」, "德者, 變及物理之所出也, 未變者道之頌也. 道冰而爲德, 神載於德. 德者, 道之澤也. 道雖神必載於德, 而頌乃有所因, 以發動變化而爲變. 變及諸生之理, 皆道之化也."

물이 응집되면 얼음이 되는데, 물과 얼음은 동일한 성질을 가지고 있는 것이지만 다만 형태가 다른 것일 뿐인 것이다. 마찬가지로 도와 덕 역시 도는 텅 비고 형체가 없는 본체이고 덕은 도가 변화하는 시작점으로 허虛와 실實 및 유有와 무無의 결합으로 만물의 초기 형태를 구성한다. 그래서 가의는 도와 덕이 만물을 만들어낸다고 했던 것이다.

덕이 만물을 창출하는 과정 가운데 도가 만물 안에 내재되어 만물의 성질이 되는 것이라고 가의는 생각했다. 그리고 그는 만물의 성질이 되는 것에는 육리六理라고 하는 것이 있다고 했다.

> 덕에는 육리六理가 있다. 무엇을 육리六理라고 하는가? 도道·덕德·성性·신神·명明·명命, 이 여섯 가지가 덕의 리理이다. 이 육리六理로 인해 생겨나지 않는 것이 없으니, 이미 밖으로 생겨났으면 육리는 그 생겨난 것 안에 존재한다.[12]

덕을 사물의 성질 측면에서 언급하자면, 여섯 가지의 속성을 포함하고 있는데 그 가운데 덕도 포함되어 있다. 이러한 점에 대하여 임계유任繼愈의 경우 "이는 고대인들이 사용한 개념이 세밀하지 못한 데서 오는 흠결인 것이다."[13]라고 주장하고 있다. 가의는 "여섯 가지 원리는 (무에서 유에 이르는) 변화에서 생겨난 것으로, 생겨난 사물에는 여섯 가지 원리가 갖춰져 있다. 그러니 만물은 윤택해져서 생성되므로 윤덕潤德이라 이른다."[14]라고 언급했는데, 이는 곧 육리六理라고 하는 것이 사물이 창조되는 과정 가운데, 덕이 만물 속에 여섯 가지의 속성을

---

12 『新書』, 「六術」, "德有六理, 何謂六理? 道·德·性·神·明·命, 此六者, 德之理也. 六理無不生也, 已生而六理存乎所生之內."

13 任繼愈, 『中國哲學發展史 - 秦漢』, 北京, 人民出版社, 1985년, 156쪽 참조.

14 『新書』, 「道德說」, "六理所以爲變而生也, 所生有理, 然則物得潤以生, 故謂潤德."

포함하고 있는 것이라고 하는 것이다. 서복관徐復觀의 경우 “총체적으로 언급한 덕이라고 하는 것은 조리의 측면에서 말하자면 리理가 된다. 여기에서의 리理와 덕은 동등한 것이다. 도가 응집하고 분화되어 덕이 되나 덕 속에는 여전히 도가 있는 것이다. 덕은 조리가 되어 육리가 될 수 있고, 육리 속에는 여전히 덕이 있는 것이다.”[15]라고 언급하고 있는데, 이는 곧 육리六理가 도로 모든 사물 가운데 체현되어 모든 사물의 준칙과 법칙이 된다고 하는 것이다.

> 육리六理로 인해 생겨나지 않는 것이 없으니, 이미 밖으로 생겨났으면 육리는 그 생겨난 것 안에 존재한다. 그러므로 음양과 천지와 사람은 모두 육리로써 내재하는 법칙을 삼으며, 내재한 법칙이 기반을 잡은 것을 육법六法이라고 한다. 육법이 안에 갖춰져 있다가, 변화해 나와 밖으로 드러나서, 밖에서 육술六術을 이루니 이를 육행六行이라고 한다.[16]

도덕이 만물을 생성하고 화육하며 만물이 창조되는 과정 속에서 만물은 덕의 육리六理에 근거하여 내재적인 성질을 이루게 되며, 아울러 사물의 내재적인 법칙이 되는 것이기 때문에 육리六理를 육법六法(道·德·性·神·明·命)이라고 부르기도 하는 것이다. 또한 이러한 육법이 사물의 변화에 따라 외부에 대응하는 것을 육술六術(仁·義·禮·智·信·樂)이라고 부르며, 이러한 육술이 구체적으로 외재적인 행위의 근거가 되는 것을 육행六行(仁·義·禮·智·信·樂)이라고 부르는 것이다.

이상과 같이 볼 때, 가의는 도를 우주만물의 본체로 삼고 이것이

15 徐復觀, 『兩漢思想史』, 卷二, 臺北, 學生書局, 1985년, 159쪽 참조.

16 『新書』, 「六術」, “六理無不生也, 已生而六理存乎所生之內. 是以陰陽天地人, 盡以六理爲內度, 內度成業, 故謂之六法. 六法藏內, 變流而外遂, 外遂六術, 故謂之六行.”

외부로 발현되는 것을 덕이라고 생각했던 것이다. 도와 덕이 만물을 생성하고 화육하는 과정 속에서 도와 덕을 사물 속에 충실하게 체현시키게 되면 곧 현실 사물에 대한 법칙으로 자리매김하게 되는 것이라고 주장했던 것이다.

3. 성性·명命·세勢로 본 인성론

가의는 성에 대하여 다음과 같이 언급했다.

> 성이란 도와 덕이 만든 존재이다. 만물은 각기 형체가 있는데, 성은 도와 덕의 신묘함이 하나의 기운으로 모인 것이니, 더욱 윤택함을 알 수 있다. 탁하면서 단단히 서로 연결되어 사물 가운데 있는데, 사물은 생겨나지 않았으나 기운이 모두 모여들어 있는 상태를 성이라 한다. 성이란 신기가 모인 것이다. 성이 수립되면 신기가 환하게 펼쳐져서 밖으로 통하게 되며, 바깥의 사물과 서로 감응한다. 그래서 "아주 윤택하면서 단단히 붙어있는 것을 성이라고 한다.", "성은 기운을 낳으며 밝게 통한다."고 말한다.[17]

성性은 도와 덕이 만물을 만드는 과정 가운데 도와 덕의 신묘함과 기운이 서로 모여서 윤택하고 단단한 물체의 상태에서 이루어진 것으로, 즉 사물이 형체를 갖추기 전의 형체가 있는 듯 형체가 없는 듯하는 과정의 상태인 것이라고 할 수 있다. 성에는 신묘한 기운이 있어서 비로소 사물의 완정한 개체를 구성할 수 있게 되는 것이며 다른

---

17 『新書』, 「道德說」, "性者, 道德造物. 物有形而道德之神專而爲一氣, 明其潤益厚矣. 濁而膠相連在物之中, 爲物莫生, 氣皆集焉, 故謂之性. 性, 神氣之所會也, 性立則神氣曉曉然發而通行於外矣. 與外物之感相應, 故曰潤厚而膠謂之性. 性生氣, 通之以曉."

외재 사물과 상응할 수 있게 되는 것이다.

가의는 도와 덕이 만물을 창조하는 과정 속에서 만물 속에 내재된 도와 덕이 만물의 도道·덕德·성性·신神·명明·명命 등 육리六理가 되는 것이며, 이러한 육리六理는 "덕의 여섯 가지 원리이며, 원리는 그물 모양이다."[18]라고 하는 것으로 곧 여섯 가지의 내재적인 성질인 것이다. 이와 같은 여섯 가지의 성질은 만물이 창조되어가는 과정 속에서 점진적으로 완성되어지는 것이라고 할 수 있다. 도는 텅 비어 있으면서 형체가 없는 본체이고 덕은 도가 변화하는 시작점이며 성은 신묘함과 기운이 서로 모여 있는 상태인 것이다. 그리고 "신은 도와 덕과 신과 기운이 성에서 표출된 것으로, 흐르는 물처럼 자유 자재함은 다른 어떤 사물도 모방할 수 없다. 하지 못하는 변화가 없고, 사물의 이치와 여러 변화가 일어남은 모두 신에서 변화해 나온 것이다."[19]라고 하는 언급은 사물의 감통변화의 활동인 것이다. 그리고 가의가 한 "명明은 신과 기가 안에 있는데, 빛이 없으면 지혜가 되고, 밝으면 환하게 밖으로 드러난다. 밖과 안이 통하여 하나가 되면 득실이 드러나게 된다. 사리와 시비는 다 지혜가 주관하니, 그러므로 빛나는 광채를 명이라 한다."[20]라고 하는 언급은 사물의 작용을 인식한 것이다. 또한 "명은 사물이 모두 도와 덕이 베풀어 준 것을 받아서 생겨나니 윤택하며, 성性·기氣·신神·명明 및 형체의 분수와 정도가 각각의 한도와 법도가 있다.……생기지 않을 수가 없는 것이 명이며, 생겨나면 형체가 있게 되고, 형체가 있게 되면 도道·덕德·성性·신神·명明이 따라서 사물의

18 『新書』, 「道德說」, "德之有六理, 理離狀也."

19 『新書』, 「道德說」, "神者, 道德神氣發於性也. 康若濼流, 不可物效也, 變化無所不爲, 物理及諸變之起, 皆神之所化也."

20 『新書』, 「道德說」, "明者, 神氣在內, 則無光而爲知, 明則有輝於外矣. 外內通一, 則爲得失, 事理是非皆職於知, 故曰光輝謂之明."

형체에 실리게 된다. 그러므로 단단히 굳은 것을 명이라 이른다. 명命은 형체를 낳는데, 일정하게 정해짐으로써 통한다고 말한다."[21]라고 하는 언급은 이미 사물이 형성된 단계로서 이는 곧 사물이 만물을 만들고 낳은 완성단계에 해당되는 것이다. 즉 주관적이거나 객관적인 조건에 관계없이 이미 고정불변의 성격에 도달하게 된 것이다.

만물의 창생과정 가운데 성性은 기氣와 신神이 서로 모여서 완성된 단계이며, 신神·명明·명命은 성性이 완성된 후에 전개되어 드러나는 과정과 속성인 것이다. 그러므로 성性에서부터 시작하여 신神·명明·명命에 이르는 과정은 내부적으로 도덕을 갖추고 있으면서 사물을 만드는 정신적인 측면 가진 것이면서 한편으로는 기氣를 갖추고 있으면서 형체를 구성하고 있는 물질적인 측면을 가진 것으로 이는 곧 만물의 완정한 생명체를 형성하고 있는 것이라고 할 수 있는 것이다. 그러므로 성性은 신神(정신적인 측면)과 기氣(물질적인 측면)가 결합하는 가장 처음의 시점이라고 할 수 있는 것이다. 신神·명明이 결합하여 성性을 완성했을 때 내부적으로는 성性의 특성과 성질을 구비하게 되는 것이기 때문에 신神·명明·명命은 성性이 완성된 후의 도덕이 전개되고 드러나게 된다고 하는 다른 특성을 가지게 되는 것이다.

가의는 도덕이 만물을 창조하고 생성하는 과정 속에서 기氣는 또 다른 구성요소라고 생각했다. 즉 가의는 만물은 음양陰陽 이기二氣의 변화에 의해서 생성되는 것이라고 생각했으며, 사물의 변화나 심지어는 인간의 생사까지도 형체와 기운이 돌아 이어지는 것의 결과라고 생각했다. 그렇기 때문에 기氣는 형체의 요소가 되는 것이다.[22] 만물의

---

21 『新書』, 「道德說」, "命者, 物皆得道德之施以生, 則澤潤性氣神明, 及形體之位分·數度, 各有極量指奏矣.……命者, 不得毋生, 生則有形, 形而道德性神明因載於物形, 故礐堅謂之命. 命生形, 通之以定."

22 徐復觀, 『兩漢思想史』, 卷二, 臺北, 學生書局, 1985년, 166쪽 참조.

생성과정 가운데 성性의 단계까지 진행이 되었을 때 기氣는 비로소 응집하기 시작하여 처음으로 형상을 이루게 되고 탁하면서 단단하게 뭉쳐져 있는 상태가 되는 것이다. 그렇기 때문에 가의는 "아주 윤택하면서 단단히 붙어 있는 것을 성이라고 한다."[23]라고 언급한 것이며, 또한 "성은 기운을 낳으며 밝게 통한다."[24]라고 언급하여 기氣가 성性에 의해서 생성되는 것이 아니라고 하는 사실을 분명하게 표명하고 성性이 기氣를 수립했다고 하는 것을 주장하고 있다.

또 다른 구성요소는 도덕의 신神에서 비롯되는 것이라고 할 수 있다. 그러므로 신神은 도덕 안에 갖춰진 본질이 되는 것이라고 말할 수 있는 것이며, 그것은 공허하고 고요한 가운데서 분출되어 흐르는 것이기 때문에 마치 강물이 수원지에서 끊임없이 분출되는 것과 같으며, 또한 하지 못하는 변화가 없기 때문에 신神이라고 말하는 것이다.

성性의 단계에서 도덕의 신神과 기氣의 총체를 갖추게 되면 이는 곧 만물의 공통적인 성性이 되는 것으로, 여기에는 인간의 성性과 사물의 성性 간의 분별이 없게 되는 것이고 또한 성性의 가치의미에 대한 분류가 사라지게 되는 것이다. 그러므로 가의의 만물생성의 과정에서 보았을 때, 성性의 완성단계는 만물 사이의 성性에 분별이 없는 것이며 또한 선악의 구분이 없는 것이 된다고 할 수 있다. 인성과 물성의 분수령은 바로 "명命은 형체를 낳는데, 일정하게 정해짐으로써 통한다고 말한다."에서의 명命이 이루어지는 단계에 있는 것이다. 몽배원蒙培元의 경우 명命은 인간의 내재적 본성으로 잠재적 능력과 생명의 극한이라고 언급했다. 즉 인간의 주체성의 완성인 것이라고 말했다.[25]

---

23 『新書』, 「道德說」, "潤厚而膠謂之性."

24 『新書』, 「道德說」, "性生氣, 通之以曉."

25 蒙培元, 『中國心性論』, 臺北, 學生書局, 1992년, 147쪽 참조.

> 명命은 사물이 모두 도와 덕이 베풀어 준 것을 받아서 생겨나니 윤택하며, 성性·기氣·신神·명明 및 형체의 분수와 정도가 각각의 한도와 법도가 있다. 이는 모두 그의 도덕에서 받은 것이지, 자신의 취향대로 선택해서 그렇게 된 것은 아니다. 도와 덕을 받아 갖춤에 단단히 정해진 바가 있어서 받아들이지 않을 수가 없으므로 명이라고 한다. 생기지 않을 수가 없는 것이 명이며, 생겨나면 형체가 있게 되고, 형체가 있게 되면 도道·덕德·성性·신神·명明이 따라서 사물의 형체에 실리게 된다. 그러므로 단단히 굳은 것을 명이라 이른다. 명命은 형체를 낳는데, 일정하게 정해짐으로써 통한다고 말한다.[26]

만물의 창조는 명命의 단계에 이르러 생성되면서 바로 형상이 있게 되어서 제각기 형체가 있게 되는 것이며 실제적인 존재가 되는 것이다. 또한 만물은 모두가 도덕의 근원 위에서 성性·기氣·신神·명明을 통하여 윤택한 생성과 화육의 과정 속에서 분수와 정도가 각각의 한도와 법도가 있게 되는 것이다. 즉 제각기 서로 다른 형체와 특성을 가지게 되는 것이다. 만물은 "이미 밖으로 생겨났으면 육리는 그 생겨난 것 안에 존재한다. 그러므로 음양과 천지와 사람은 모두 육리로써 내재하는 법칙을 삼는다."[27]는 것이기 때문에 도덕이 만물을 생성하고 화육하는 것이며, 만물은 구비되어 있는 육리로써 내재하는 성과 법칙을 삼는 것이다. 만물의 근원은 서로 같은 것이며 본래부터 가지고 있는 도덕 안에 덕성을 구비하고 있지만, 사물이 완성되고 일정하게

26 『新書』, 「道德說」, "命者, 物皆得道德之施以生, 則澤潤性氣神明, 及形體之位分·數度, 各有極量指奏矣. 此皆所受其道德, 非以嗜欲取捨然也. 其受此具也, 礐然有定矣, 不可得辭也, 故曰命. 命者, 不得毋生, 生則有形, 形而道德性神明因載於物形, 故礐堅謂之命. 命生形, 通之以定."

27 『新書』, 「六術」,"已生而六理存乎所生之內. 是以陰陽天地人, 盡以六理爲內度."

정해진 이후에 만물은 제각기 지니고 있는 자신의 현실적 경험의 한계로 인하여 본래 본체의 도덕이 "내재한 법칙이 기반을 잡은 것을 육법六法이라고 한다. 육법이 안에 갖춰져 있다가, 변화해 나와 밖으로 드러나서, 밖에서 육술六術을 이루니 이를 육행六行이라고 한다."[28]라고 하는 것처럼 현실세계 가운데 구체적인 육법六法과 육행六行으로 실현되어 인간의 행위의 가치근거와 원칙이 되는 것이다. 이는 곧 구체적인 인성이 되는 것이다.

> 사물을 이끌어 시작하게 하는 것을 도라 하며, 사물이 얻어서 생겨난 것을 덕이라 한다. 덕이 있는 것은 도를 근본으로 삼기 때문이다. 그러므로 "도는 덕의 근본이다."라고 한다. 덕이 사물을 생성하고 또 사물을 기르니, 사물은 편안하고 이롭다. 사물을 편안하고 이롭게 하는 것은 인자한 행동인데, 인자한 행동은 덕에서 나오므로, "인은 덕의 표현이다."라고 한다. 덕이 이치를 낳는데, 이치가 수립되면 알맞게 되니, 의는 적절한 상태를 말한다. 의라는 것은 이치이다. 그러므로 "의는 덕의 이치이다."라고 한다. 덕은 사물을 낳고, 또 길러주기를 멈추지 않으며, 사물을 편안하고 이롭게 한다. 덕은 충실하고 후덕하게 사물을 대하므로, "충은 덕이 두터움이다."라고 한다. 충실하고 후한 덕은 미덥고 견고해 바뀌지 않으니, 이는 덕의 일정한 모습이다. 그러므로 "신은 덕이 견고함이다."라고 한다. 덕은 도에서 생겨나서 이치가 있는데, 이치를 지키면 도에 합치되 도·리와 가까이해서 떨어지지 않으므로 사물을 길러주고 양육할 수 있다. 사물은 덕을 우러러 의지하지 않음이 없으니, 이는 높은 덕이므로 "친밀함은 덕이 높음이다."라고 한다.[29]

---

28 『新書』, 「六術」,"內度成業, 故謂之六法. 六法藏內, 變流而外遂, 外遂六術, 故謂之六行."

29 『新書』, 「道德說」, "物所道始謂之道, 所得以生謂之德. 德之有也, 以道爲本, 故曰道者德之本也. 德生物又養物, 則物安利矣. 安利物者, 仁行也. 仁行出於德, 故

덕에는 여섯 가지 미덕이 있다. 무엇을 여섯 가지 미덕이라 하는가? 도道가 있고, 인仁이 있고, 의義가 있고, 충忠이 있고, 신信이 있고, 밀密이 있다. 이 여섯 가지가 덕의 아름다움이다. 도는 덕의 근본이요, 인은 덕이 표출된 것이요, 의는 덕의 원리요, 충은 덕이 두터움이요, 신은 덕의 굳음이요, 밀은 덕의 높음이다.[30]

인간은 창조되어 생겨나는 과정 가운데 이미 갖추어져 있는 육리六理가 도道·인仁·의義·충忠·신信·밀密 등과 같은 육미六美의 구체적인 인성의 표현이 되는 것이다. 도道·인仁·의義·충忠·신信·밀密은 각각 도덕의 본체가 되고 현상세계 속으로 내려와 도덕의 여섯 가지 미덕으로 표현되어 인성 가운데 여섯 종류의 특질이 되는 것이다.

가의는 인성에는 여섯 종류의 덕성이 있다고 생각했으며, 그러한 덕성들이 인성에 대하여 선하거나 악함을 확정지울 수 없다고 하는 견해를 표명했다. 가의는 인성에 대한 논의에서 현실적이고 경험적인 입장에서 논의를 시작한다. 그리고 현실세계의 경험은 분수·정도와 한도·법도 및 성취가 있는 것으로 이는 『노자老子』의 "어려움과 쉬움은 서로 성립시키며, 길고 짧음은 서로 형태를 드러내주고, 높고 낮은 것은 서로 기울어짐을 나타내준다. 음音과 성聲은 서로 어울리고, 앞과 뒤는 서로 따르는 것이다."[31]라고 하는 언급과 같다고 할 수 있다. 현

曰仁者德之出也. 德生理, 理立則有宜適之謂義. 義者, 理也, 故曰義者德之理也. 德生物, 又養長之而弗離也, 得以安利. 德之遇物也忠厚, 故曰忠者德之厚也. 德之忠厚也, 信固而不易, 此德之常也, 故曰信者德之固也. 德生於道而有理, 守理則合於道, 與道理密而弗離也, 故能畜物養物, 物莫不仰恃德, 此德之高, 故曰密者德之高也."

30 『新書』, 「道德說」, "德有六美, 何謂六美? 有道, 有仁, 有義, 有忠, 有信, 有密, 此六者德之美也. 道者德之本也, 仁者德之出也, 義者德之理也, 忠者德之厚也, 信者德之固也, 密者德之高也."

31 『老子』, 제2장, "難易相成, 長短相形, 高下相傾, 音聲相和, 前後相隨."

상세계에는 모든 사물이 상대적으로 존재한다고 할 수 있다. 즉 『장자莊子』의 "물건 자체의 입장에서 볼 때 자신은 귀하고 남은 천한 것이다. 세속적인 입장에서 본다면 귀하고 천한 것은 자신에게 달려 있는 것이 아니라, 남이 정하는 것이다. 상대적인 관점에서 볼 때, 어느 것에 비하여 크다는 입장에서 말하면 만물 중에 크지 않은 것이 없게 되며, 어느 것에 비하여 작다는 입장에서 보면 만물 중에 작지 않은 것이 없게 된다."[32]라고 하는 언급처럼 현실세계의 경험에서는 초자연적인 절대적 존재가 없는 것이다. 그래서 도道·인仁·의義·충忠·신信·밀密의 덕성 외에 즉 육미六美 이외의 특성에 속하는 것이 존재할 수 있거나 혹은 불도不道·불인不仁·불의不義·불충不忠·불신不信·불밀不密과 같은 상대적인 특성이 있을 수도 있다. 그렇기 때문에 인간은 도道·인仁·의義·충忠·신信·밀密의 본성을 가지고 있을 뿐이라고 말할 수 있는 것이며, 이는 도덕의 근본·표출·원리·두터움·굳음·높음이라고 하는 특성으로부터 온 것으로 만물을 편안하고 이롭게 하는 것의 표현이 된다고 할 수 있는 것이다.

가의는 신묘함과 기운이 모인 것과 명이 만물의 형체를 생겨나게 한다고 하는 본체론적 측면의 성性에는 선악의 문제가 확정되어 있지 않다고 생각했다. 오히려 가의는 인성의 선악을 결정하는 원인은 외재적인 요인에 있는 것으로 보았다. 그래서 가의는 "사람이란 높은 곳에 오르면 멀리 바라보고 깊은 곳에 다다르면 굽어보게 된다. 이는 사람의 본성상 굽어보거나 멀리 바라보는 것이 아니고, 처한 지세가 그렇게 만드는 것이다. 어떤 사정은 사악한 일을 불러일으키고, 어떤 형세는 화란을 불러들일 수 있다."[33]라고 언급했다. 즉 가의는 인간에

32 『莊子』, 「秋水」, "以物觀之, 自貴而相賤; 以俗觀之, 貴賤不在己. 以差觀之, 因其所大而大之, 則萬物莫不大; 因其所小而小之, 則萬物莫不小"

게 도덕의 본체가 되는 육미의 본성 이외에 "사람이란 높은 곳에 오르면 멀리 바라보고 깊은 곳에 다다르면 굽어보게 된다."고 하는 본성이 있다고 하였지만, 그렇다고 해서 인간에게 선천적으로 멀리 바라보고 굽어보게 되는 본성이 내재되어 있는 것은 아니라고 했다. 그러므로 높고 깊은 형세가 인간을 멀리 바라보고 굽어보게 만드는 것이라고 한 것이다. 그래서 멀리 바라보고 굽어보게 되는 선악의 결과는 외부적인 상황에 의해서 만들어지게 되는 것이다. 가의는 외부적인 상황을 인성 형성의 또 다른 요인으로 보는 한편 그것을 인성 선악의 근거로 논급한다.

> 인간의 감정은 다름이 없고 얼굴과 모양새도 비슷해서, 귀하고 천한 구별이 선천적으로 사람의 모습에 드러나 있지 않다. 귀천을 구별하고 존비를 밝혀주는 것은 등급과 세력과 의복과 명령이다.[34]

인간은 선천적으로 우수하고 열등하거나 고귀하고 비천하거나 하는 구별이 없는 존재이다. 인간에게 고귀하고 비천한 구분이 있게 되는 것은 현실의 세속적인 환경에 의해서 그렇게 된 것이라고 할 수 있다. 예를 들자면 등급이나 세력과 복장 및 명령의 차이가 바로 그러한 구분의 전형적인 유형이 될 수 있다고 할 수 있다. 이러한 요인들은 바로 가의가 언급한 형세에 해당되는 것이다. 즉 가의는 "목공으로부터 진시황에 이르는 이십여 명의 임금은 항상 제후들의 우두머리가 되었으니, 이는 어찌 대대로 그들이 모두 현명해서였겠는가? 이는 진

---

33 『新書』, 「審微」, "彼人也, 登高則望, 臨深則窺, 人之性, 非窺且望也, 勢使然也. 夫事有逐姦, 勢有召禍."

34 『新書』, 「等齊」, "人之情不異, 面目狀貌同類, 貴賤之別, 非天根著於形容也. 所持以別貴賤明尊卑者, 等級·勢力·衣服·號令也."

나라가 차지한 지세가 그렇게 만든 것이었다."[35]라고 하여 형세와 사물 사이에는 객관적으로 존재하는 상대적 관계가 형성되어 있다고 보았다. 이러한 관계는 사물의 존비·고하·강약 등의 상태를 반영하고 있는 것이라고 할 수 있다. 그러나 개인에게 있어서 이러한 상태는 신분이나 지위 등과 같은 현실적인 여건이 다르기 때문에 바뀔 수 있는 여지가 있다고 할 수 있다. 그래서 가의는 "이전의 형세가 다하였다가 다시 살아나고 있습니다. 그리하여 재앙의 변란이 어디로 옮겨갈지 알지 못하니, 계속 이런 식으로 나간다면 언제 끝이 나겠습니까?"[36]라고 언급한 것처럼, 재앙과 행복은 형세의 전환 속에서 변동되는 것이라고 보았던 것이다. 이것은 곧 현상계의 존재가 상대적인 존재이기 때문인 것에 기인하는 것이다. 그러나 사람은 태어나서 살아가는 동안 다른 사람과 서로 대비되는 관계 속에서 형세에 의하지 않고는 행동할 수 없는 존재라고 할 수 있다. 이는 가의가 "대체로 세력이 강한 자가 먼저 모반하였습니다.……품성이 다른 사람과 달랐기 때문이 아니라 그 당시 형세가 그러했기 때문입니다."[37]라고 언급한 것에서 그 실례를 찾아볼 수 있다. 가의는 인간은 형세를 보고 행동하는 본성이 있다고 주장했기 때문에 "높은 곳에 오르면 멀리 바라보고 깊은 곳에 다다르면 굽어보게 된다고 하는 본성이 있다."라고 하는 언급을 했던 것이다.

가의는 인간이 형세에 따라서 행동하기 때문에 선악의 결과가 있게 되는 것이라고 생각했다. 만일 형세에 따르지 않게 된다면 아무것도 하지 않게 된다는 것이다.

---

35 『新書』, 「過秦下」, "自繆公以來, 至於秦王, 二十餘君, 常爲諸侯雄. 此豈世賢哉, 其勢居然也."

36 『新書』, 「制不定」, "其勢盡又復然, 殃禍之變, 未知所移, 長此安窮?"

37 『新書』, 「藩彊」, "大抵彊者先反.……非獨性異人也, 其形勢然矣."

그러나 그들의 권력이 분수에 넘친 요행을 바랄 정도로 크지 않고 그 세력이 반역을 일으킬 정도로 강성하지 않아야, 교만한 야심이 없어지고 사특한 행동이 없어질 것입니다. (그렇게 되면) 법을 받들고 황실의 명령을 두려워하며 순하게 말을 듣게 될 것이니, 오래 안락하게 살면서 위와 아래가 서로 의심해서 생기는 화는 없을 것입니다.[38]

형세가 악한 행동을 유발할 수 있으며 반대로 선한 행동을 하게 만들 수도 있는 것이다.

천자의 춘추가 바야흐로 한창 젊으시고 바르게 행동하여 아무런 잘못이 없으며, 은덕과 혜택이 천하에 두루 베풀어지고 있음에도 오히려 이러한 일이 일어나거늘, 하물며 막대한 힘을 가진 제후의 권세가 지금의 열 배가 되는 경우에 있어서는 어떠하겠습니까?[39]

천자의 춘추가 바야흐로 한창 젊은 시기에 비록 올바른 행동을 하지 않았더라도 은덕과 혜택이 천하의 백성들에게 두루 베풀어지고 있음은 바로 형세에 기인한 것이다. 이러한 사례는 『춘추좌전春秋左傳』에 위衛나라가 적인狄人들에게 패하여 나라가 유린되고 위나라 대공戴公이 조曹나라에 가서 망명생활을 하게 되자, 제나라 환공이 그를 구해주고 다시 초구楚丘에 성을 쌓고 위나라를 존속시켜 줬을 뿐만 아니라 수레와 말 그리고 제기 및 의복을 보내주자, 당시의 제후들과 후세 사람들이 제나라 환공을 인仁을 행한 사람이라고 찬양했다고 하는 기

38 『新書』, 「藩傷」, "然而權力不足以徼幸, 勢不足以行逆, 故無驕心, 無邪行, 奉法畏令, 聽從必順, 長生安樂, 而無上下相疑之禍."

39 『新書』, 「宗首」, "天子春秋鼎盛, 行義未過, 德澤有加焉, 猶尚若此, 況莫大諸侯, 權勢十此者乎."

록에서 발견할 수 있다. 만일 제나라 환공의 형세가 제후의 신분에 있지 않았다면 위나라 사람들을 구할 수 없었을 뿐만 아니라 초구楚丘에 성을 쌓고 위나라를 존속시켜 줄 수 없어서 자신의 선행을 완성하지 못했을 것이다. 이처럼 가의는 인간의 본성에 대하여 논급할 때 현실적인 의미에서 언급했던 것이다. 선한 행위와 악한 행위의 발생은 형세에 의해서 결정되는 것으로 즉 다시 말하자면 외재적인 환경의 요인에 의해서 결정되는 것이다. 그렇기 때문에 가의는 악을 제거하고 선을 완성하는 것은 후천적인 작용에 의해서 이루어지게 되는 것이라고 주장했던 것이다.

4. 맺는 말

이상과 같이 가의의 인성론에 대하여 인성론의 근원과 성性·명命·세勢로 본 인성론을 중심으로 살펴보았는데, 이를 정리하면 다음과 같다.

가의는 "성이란 도와 덕이 만든 존재이다. 만물은 각기 형체가 있는데, 성은 도와 덕의 신묘함이 하나의 기운으로 모인 것이다."라고 하여 도와 덕이 만물을 만든다고 생각했다. 즉 도와 덕의 신묘한 변화가 교차되고 모여서 기氣의 상태가 되었을 때 성性이 만들어지게 되는 것이라고 생각했던 것이다. 가의는 또 "도라고 하는 것은 그로써 사물을 대하는 것이다."라고 언급하여 도가 마음이 사물을 인식하는 근거가 된다고 생각했다. 그렇기 때문에 도와 덕은 가의가 말하는 마음과 본성의 근원이 되는 것이라고 할 수 있다.

가의는 도가 우주만물의 근원이 되는 것이며 허虛의 본체적인 성질을 가진다고 생각했다. 더나가 가의는 이러한 도가 만물에 구현될 때

만물이 움직이고 정지하게 하는 법칙이 되는 것이며, 구체적인 작용과 원칙으로 표현되는 것을 술術이라고 했기 때문에 도는 허虛를 본체로 삼고 술術을 작용으로 삼는 것이라고 생각했다. 또한 가의는 도는 우주만물의 근원이 되는 것이지만, 반드시 덕에 의거하여 만물을 화육하고 생장시키는 것이라고 생각했다. 그래서 가의는 만물은 생성되고 화육되는 과정 가운데 도를 근원으로 삼으며, 덕이 젖어들면서 혼탁한 상태가 형성되어야 만이 비로소 형체의 틀이 있게 되어 만물이 이루어지기 시작하는 것이라고 주장했다. 그렇기 때문에 덕은 도가 만물을 생성하고 화육하는 변화 상태인 것이며, 덕의 응집에 의한 만물의 생육은 도의 본체를 떠날 수 없는 것이기 때문에 "생성은 덕을 근본으로 하고 덕은 도를 근본으로 한다."고 하는 것이다. 이렇게 볼 때 가의는 도를 우주만물의 본체로 삼고 이것이 외부로 발현되는 것을 덕이라고 생각했던 것임을 알 수 있다. 아울러 가의는 도와 덕이 만물을 생성하고 화육하는 과정 속에서 도와 덕을 사물 속에 충실하게 체현시키게 되면 곧 현실 사물에 대한 법칙으로 자리매김하게 되는 것이라고 주장했던 것이다.

가의는 성性이라는 것이 도와 덕이 만물을 만드는 과정 가운데 도와 덕의 신묘함과 기운이 서로 모여서 윤택하고 단단한 물체의 상태에서 이루어진 것으로, 즉 사물이 형체를 갖추기 전의 형체가 있는 듯 형체가 없는 듯 하는 과정의 상태라고 생각했다. 또한 가의는 이러한 성에는 신묘한 기운이 있어서 비로소 사물의 완정한 개체를 구성할 수 있게 되는 것이며 다른 외재 사물과 상응할 수 있게 되는 것이라고 생각했다.

또한 가의는 도와 덕이 만물을 창조하는 과정 속에서 만물 속에 내재된 도와 덕이 만물의 도道·덕德·성性·신神·명明·명命 등 육리六理

가 되는 것이며, 이러한 육리六理는 "덕의 여섯 가지 원리이며, 원리는 그물 모양이다."라고 하는 것으로 곧 여섯 가지의 내재적인 성질이라고 생각했다. 그래서 가의는 이와 같은 여섯 가지의 성질은 만물이 창조되어가는 과정 속에서 점진적으로 완성되어지는 것이라고 했던 것이다.

만물의 창조는 명命의 단계에 이르러 생성되면서 바로 형상이 있게 되어서 제각기 형체가 있게 되는 것이며 실제적인 존재가 되는 것이다. 또한 만물은 모두가 도덕의 근원 위에서 성性·기氣·신神·명明을 통하여 윤택한 생성과 화육의 과정 속에서 제각기 서로 다른 형체와 특성을 가지게 되는 것이다. 또한 만물의 근원은 서로 같은 것이며 본래부터 가지고 있는 도덕 안에 덕성을 구비하고 있지만, 사물은 자신의 현실적 경험의 한계로 인하여 본래 본체의 도덕이 "내재한 법칙이 기반을 잡은 것을 육법六法이라고 한다. 육법이 안에 갖춰져 있다가, 변화해 나와 밖으로 드러나서, 밖에서 육술六術을 이루니 이를 육행六行이라고 한다."라고 하는 것처럼 현실세계 가운데 구체적인 육법六法과 육행六行으로 실현되어 인간의 행위의 가치근거와 원칙이 되는 것이다. 이는 곧 구체적인 인성이 되는 것이다.

가의는 신묘함과 기운이 모인 것과 명이 만물의 형체를 생겨나게 한다고 하는 본체론적 측면의 성性에는 선악의 문제가 확정되어 있지 않다고 생각했다. 오히려 가의는 인성의 선악을 결정하는 원인은 외재적인 요인에 있는 것으로 보았다. 또한 가의는 인간에게 도덕의 본체가 되는 육미의 본성 이외에 "사람이란 높은 곳에 오르면 멀리 바라보고 깊은 곳에 다다르면 굽어보게 된다."고 하는 본성이 있다고 하였지만, 그렇다고 해서 인간에게 선천적으로 멀리 바라보고 굽어보게 되는 본성이 내재되어 있는 것은 아니라고 했다. 그러므로 높고 깊은 형세가 인간을 멀리 바라보고 굽어보게 만드는 것이라고 한 것이다. 그래서 멀리 바라보고 굽어보게 되는 선악의 결과는 외부적인 상황에 의해서 만들어지게 되는 것이다. 가의는 외부적인 상황을 인성 형성의 또 다른 요인으로 보는 한편 그것을 인성 선악의 근거로 논급한다. 즉 가의는 인간에게 있어서 선한 행위와 악한 행위를 하게 되는 것은 형세에 의해서 결정되는 것으로 즉 다시 말하자면 외재적인 환경의 요인에 의해서 결정되는 것이라고 보았다. 그렇기 때문에 가의는 악을 제거하고 선을 완성하는 것은 후천적인 작용에 의해서 이루어지게 되는 것이라고 주장했던 것이다.

참고문헌

司馬遷, 『史記』, 北京, 中華書局, 1982년.

班　固, 『漢書』, 北京, 中華書局, 1990년.

賈　誼, 『新書』, 『四庫全書』 本.

王興國, 『賈誼評傳』, 南京, 南京大學出版社, 1992년.

任繼愈, 『中國哲學發展史 - 秦漢』, 北京, 人民出版社, 1985년.

徐復觀, 『兩漢思想史』, 卷二, 臺北, 學生書局, 1985년.

蒙培元, 『中國心性論』, 臺北, 學生書局, 1992년.

제8장
동중서의 인성론 사상

1. 시작하는 말

춘추전국시대의 제자백가의 학설들은 시대적 문제에 대한 고민과 그것의 해결방법을 강구하기 위한 노력으로부터 시작 되었다고 할 수 있다. 이러한 결과 학술과 정치는 구분이 없게 되는 상황이 발생하게 된다. 학술과 정치의 구분이 없어지게 된 현상은 선진시대 이후로 중국 사회에 더욱 만연되게 된다. 특히 중국에 대제국이 건설된 이후부터는 학술은 정치에 종속되어가는 현상을 더욱 뚜렷하게 보이고 있다. 제국 통치 시기의 학자들은 자신의 학설을 통치자에게 제시하였으며 심한 경우에는 자신의 학설을 제국 통치에 반드시 필요한 정책으로 만들기 위해 다양한 방법을 동원하기도 했다. 이러한 결과 학술사상과 현실정치의 관계는 결합의 모습을 보여주게 된다. 동중서董仲舒의 사상 역시 이러한 시대적 분위기 속에서 점진적으로 만들어지게 되었던 것이다. 또한 동중서의 사상은 현실정치 문제를 그 사상의 귀착점으로 삼는다고 할 수 있으며 한편으로는 추상적인 인성론의 문제를 자신의 사상체계의 기본 토대로 삼는다.

서한 후기의 사상가였던 동중서는 유가사상의 학설만을 존숭해야 한다고 하는 독존유술을 제창하여 전통시기 중국의 사상계에 매우 심각한 영향을 끼치게 된다. 동중서 사상의 체계는 음양오행학설이 그 기본적인 골간을 이루고 있으며, 천인감응설로 대표되는 천인관계론으로 완성한다. 그런 후에 동중서는 이러한 이론들을 바탕으로 선진유학의 인성론, 윤리론, 등의 문제에 대한 새로운 의미를 부여함과 동시에 자신만의 독특한 철학체계를 이룩한다.

2. 인성론의 연원

동중서의 인성론은 '천'에 대한 분석에서 그 연원을 찾을 수 있다고 생각한다. 동중서가 언급한 '천'에는 만물의 조상이라고 하는 의미가 담겨져 있다고 할 수 있다. '천'이 만물의 조상이라고 하는 의미는 그가 한 언급 속에 구체적으로 "하늘은 만물의 조상이다."[1]라고 명시되어 있다. 이처럼 동중서의 관념 속에서의 '천'은 만물의 근원이 되고 또한 인간은 '천'으로부터 생성되어 나온 존재가 된다고 할 수 있는 것이다. 즉 '천'은 인간의 존재근거가 되는 것이다.

> 사람은 사람을 키울 수 있으나 빚을 수는 없다. 사람을 빚은 것은 하늘이다. 사람이 사람다운 것은 하늘로부터 받은 것에 뿌리를 두고 있다. 하늘은 인류의 증조부다. 이 때문에 사람과 하늘이 서로 닮은꼴이 된다. 예를 들자면 사람의 신체는 천체 운행의 주기와 부합해서 이루어지고, 사람의 혈기는 하늘의 의지와 부합해서 따뜻하고, 사람의 덕행은 하늘의 구조에 따라 반듯하고, 사람의 좋아하고

1 『春秋繁露』, 「順命」, "天者, 萬物之祖."

싫어함은 기후의 따뜻하고 서늘함에 호응하고, 사람의 기뻐하고 성냄은 절기의 추위와 더위에 호응한다.……이처럼 하늘의 부본(복사본)이 사람에게 있다. 사람의 성정이 하늘로부터 말미암아 있게 되었으므로 '수' 즉 받았다고 하는데 이것은 하늘로부터 온 유래를 일컫는다.[2]

사람은 하늘로부터 명령을 받고 하늘로부터 진실한 사랑을 받아서 그런 사랑을 펼친다. 따라서 사람은 하늘의 존귀한 사명을 받았기 때문에 아버지와 형, 자식과 동생 사이에 절친함이 있고, 충실과 믿음성, 자비와 은혜의 마음이 있고, 예절과 본분, 염치와 겸양의 행실이 있고, 옳고 그름, 순조와 역조의 치국 방략을 갖추고 있다. 조리가 분명하고 풍부하며 지식이 깊고 넓으니 오직 사람이 가야 할 길만이 하늘이 드러내는 길에 참여할 수 있다.[3]

사람의 심지와 성정 신체 및 윤리도덕은 모두 하늘로부터 명령을 받은 것이며, 하늘과 유사한 것이기 때문에 하늘과 하나가 되는 것이다.

그렇다면 이러한 '천'은 어떠한 요소들로 구성되어져 있는 것일까? 동중서는 '천'이 열 가지의 원소로 이루어져 있는 것으로 보았다.

하늘의 거점은 무엇을 말하는가? 대답했다. 하늘에는 십단 즉 열 가지 거점이 있다. 열 가지 거점 외에 더 이상의 거점은 없다. 하늘

---

2 『春秋繁露』, 「爲人者天」, "爲生不能爲人, 爲人者天也. 人之人本於天, 天亦人之曾祖父也. 人之形體, 化天數而成; 人之血氣, 化天誌而仁; 人之德行, 化天理而義. 人之好惡, 化天之暖淸; 人之喜怒, 化天之寒暑.……天之副在乎人. 人之情性有由天者矣. 故曰受, 由天之號也."

3 『春秋繁露』, 「王道通三」, "人之受命於天也, 取仁於天而仁也. 是故人之受命天之尊, 父兄子弟之親, 有忠信慈惠之心, 有禮義廉讓之行, 有是非逆順之治, 文理燦然而厚, 積知廣大有而博, 唯人道爲可以參天."

> 이 하나의 거점이고 대지가 하나의 거점이고, 음이 하나의 거점이고 양이 하나의 거점이고, 불이 하나의 거점이고 쇠가 하나의 거점이고 나무가 하나의 거점이고 물이 하나의 거점이고 흙이 하나의 거점이고, 사람이 하나의 거점이다. 열 가지 거점으로 모든 것이 포괄되므로 이것은 하늘의 수다.[4]

동중서는 천지·음양·오행·사람 등을 자연계의 구성요소로 보았다. 이러한 '천'을 풍우란馮友蘭의 경우 물질적 의미의 '천'이라고 불렀다.[5] 또한 이위웅李威熊의 경우에는 사람이 '천'을 구성하는 하나의 거점이 되기 때문에 직접적으로 '천'을 물질이라고 말할 수 없다고 했다.[6] 동중서가 언급한 '천'의 열 가지 구성요소 가운데 음양이기는 '천'의 두 종류의 속성으로 모든 만물의 기본 물질이 된다고 할 수 있다. 그러므로 풍우란이 언급한 물질적 의미의 '천'은 바로 음양으로 대표되는 두 종류의 물질적 기에 기반을 둔 것이라고 할 수 있는 것이다.

> 천지의 기는 서로 결합하여 일체를 이루었다가 음과 양으로 나누고 네 계절로 쪼개어지고 오행으로 펼쳐진다. 행이란 나아가는 길이다. 그 길이 같지 않기 때문에 다섯 가지 길이라고 한다. 오행은 다섯 가지의 직무를 가리킨다. 바로 옆에 붙어있는 두 행은 상생의 관계고, 하나를 건너뛴 두 행은 상승의 관계다.[7]

---

4 『春秋繁露』, 「官制象天」, "何謂天之端? 曰: 天有十端, 十端而止已. 天爲一端, 地爲一端, 陰爲一端, 陽爲一端, 火爲一端, 金爲一端, 木爲一端, 水爲一端, 土爲一端, 人爲一端, 凡十端而畢, 天之數也."

5 馮友蘭, 『中國哲學史』, 臺北, 藍燈文化事業股份有限公司, 1989년, 56쪽 참조.

6 李威熊, 『董仲舒與西漢學術』, 臺北, 文史哲出版社, 1978년, 64쪽 참조.

7 『春秋繁露』, 「五行相生」, "天地之氣, 合而爲一, 分爲陰陽, 判爲四時, 列爲五行. 行者行也, 其行不同, 故謂之五行. 五行者, 五官也, 比相生而間相勝也."

오행 역시 음양이기의 분열에 의해서 생성된 것으로 그것들은 "같은 종류의 기들끼리 서로 화합하여 변화를 낳으며 서로 교류한다."[8]라고 하는 것처럼 서로 변화하고 교류하는 방식으로 사계절의 순환을 낳는 것이다.

> 음양의 기는 천에도 존재하고 사람에게도 존재한다. 사람에게는 좋아함과 싫어함, 기쁨과 성냄으로 표현되고, 하늘에서는 따뜻함과 차가움, 추위와 더위로 나타난다.……기쁨과 성냄, 슬픔과 즐거움이 (필요할 때) 그치거나 드러나는 것은 하늘이 사람에게 부여한 성명이다. 때에 맞게 드러내니 이러한 반응은 역시 자연스런 호응이다."[9]

음양이기 역시 인간에게 관통되어 좋아함과 싫어함, 기쁨과 성냄으로 표현되는 것이다. 더 나아가 동중서는 음양이기에 선악의 속성을 부여했다.

> 나쁜 것은 하나같이 음에 해당되고 좋은 것은 모두 양에 해당된다. 양은 덕을 상징하고, 음은 형벌을 상징한다.……양은 하늘의 덕을, 음은 하늘의 형벌을 가리킨다. 양기는 따뜻하지만 음기는 차갑고, 양기는 뭔가를 주지만 음기는 뭔가를 빼앗고, 양기는 사랑을 베풀지만 음기는 무자비하게 굴고, 양기는 너그럽지만 음기는 다그치고, 양기는 좋아하지만 음기는 싫어한다.[10]

---

8 『春秋繁露』, 「陰陽終始」, "其氣相俠, 而以變化相輸也."

9 『春秋繁露』, 「如天之爲」, "陰陽之氣在上天亦在人, 在人者爲好惡喜怒, 在天者爲暖淸寒暑.……夫喜怒哀樂之止動也, 此天之所爲人性命者. 臨其時而欲發其應, 亦天應也."

10 『春秋繁露』, 「陽尊陰卑」, "惡之屬盡爲陰, 善之屬盡爲陽. 陽爲德, 陰爲刑.……陽天之德, 陰天之刑也. 陽氣暖而陰氣寒, 陽氣予而陰氣奪, 陽氣仁而陰氣戾, 陽

동중서는 음은 악한 것이고 양은 선한 것이라고 하는 사실에 의거하여 사람의 성정性情을 구분했다. 더 나아가 동중서는 이러한 성정의 구분을 통하여 성性은 인한 것이고 정情은 탐욕적인 것이라고 하는 인성론을 수립했던 것이다.

동중서가 언급한 '천'에는 의지가 있으며 주재자적인 성격이 있기 때문에 '천'은 인간 사회의 정치나 윤리 및 사회질서와 변화를 관장한다고 하는 의미를 담고 있다. 즉 새로운 왕조의 왕이 제도를 고친다든가 국가를 통치하는 커다란 원칙이나 생활풍속 및 문화 등 모두는 하늘의 의지를 계승하여 이룩해야 한다고 동중서는 주장했던 것이다. 또한 동중서는 사람이 사람다운 것은 바로 '천'에 그 근원을 두기 때문이라고 하였다.

> 사람은 사람을 키울 수 있으나 빚을 수는 없다. 사람을 빚은 것은 하늘이다. 사람이 사람다운 것은 하늘로부터 받은 것에 뿌리를 두고 있다. 하늘은 인류의 증조부다. 이 때문에 사람과 하늘이 서로 닮은꼴이 된다. 예를 들자면 사람의 신체는 천체 운행의 주기와 부합해서 이루어지고, 사람의 혈기는 하늘의 의지와 부합해서 따뜻하고, 사람의 덕행은 하늘의 구조에 따라 반듯하고, 사람의 좋아하고 싫어함은 기후의 따뜻하고 서늘함에 호응하고, 사람의 기뻐하고 성냄은 절기의 추위와 더위에 호응하고, 사람의 환경 적응은 자연의 네 계절의 변화에 호응하고, 사람이 살아가며 기쁨·성냄·슬픔·즐거움의 반응을 보이는 것은 봄·여름·가을·겨울의 변화가 있는 것에 대응한다.[11]

氣寬而陰氣急, 陽氣愛而陰氣惡."

11 『春秋繁露』, 「爲人者天」, "爲生不能爲人, 爲人者天也. 人之人本於天, 天亦人之曾祖父也. 人之形體, 化天數而成; 人之血氣, 化天誌而仁; 人之德行, 化天理而義. 人之好惡, 化天之暖淸; 人之喜怒, 化天之寒暑; 人之受命, 化天之四時. 人生有喜

동중서는 사람의 신체는 천체 운행의 주기와 부합해서 이루어지고, 사람의 덕행은 하늘의 의지와 하늘의 구조에 따른 것이라고 생각했다. 또한 그는 사람의 기쁨·성냄·슬픔·즐거움은 하늘의 네 계절의 변화에 호응하는 것이라고 생각했다. 그렇기 때문에 동중서는 사람과 하늘이 같은 종류이고 사람의 모든 것은 하늘에 견줄 수 있는 것이기 때문에 사람과 하늘은 하나로 합일 될 수 있는 것이며 사람은 마땅히 '천'의 의지를 계승해야 하는 것이라고 했던 것이다.

동중서는 하늘이 사람을 사랑하기 때문에 재해와 괴이한 현상으로 군주의 실정에 대하여 경고와 견책을 한다고 생각했으며, 이러한 재해와 괴이한 현상을 통하여 '천'의 뜻을 살펴볼 수 있다고 주장했다. 또한 그는 하늘이 내리는 상서로운 징조 즉 부명符命 및 재해와 괴이한 현상을 통하여 천인감응의 주장을 강화하는 한편 정권교체의 합리화를 꾀하였으며 군주가 인정仁政을 베풀 것을 독려했다.

> 하늘은 백성에게 선이 아니라 선의 바탕으로서 성을 부여했다. 이에 백성을 위해 제왕을 세워 그들을 선으로 인도하게 했다. 이것이 하늘의 의도다. 백성은 하늘로부터 아직 선하지 않는 성을 부여받고서 후천적으로 왕으로부터 성을 완전하게 하는 교화를 받는다. 왕은 하늘의 의지를 이어서 백성의 성을 완전하게 하는 일을 자신의 소임으로 간주한다.[12]

동중서는 사람의 본성은 하늘로부터 부여받은 것이지만 완전히 선

怒哀樂之答, 春秋冬夏之類也."

12 『春秋繁露』, 「深察名號」, "天生民性有善質, 而未能善, 於是爲之立王以善之, 此天意也. 民受未能善之性於天, 而退受成性之敎於王. 王承天意, 以成民之性爲任者也."

한 것이 아니기 때문에 하늘이 군주를 세워 백성들을 교화시킨다고 주장했다. 또한 그는 사람의 본성은 교화를 받아야 만이 선해질 수 있는 것이라고 하는 것 역시 하늘의 의지에 해당되는 것이라고 생각했다.

> 하늘 운행의 중대한 규칙은 (성질과 운동 방향이) 상반성을 띠는 것이다. 예컨대 한꺼번에 출현하지 않는데 음과 양의 경우가 그러하다. 봄에는 양이 나타나고 음이 물러나지만, 가을에는 음이 나타나고 양이 물러난다. 여름에는 양이 오른쪽에 있고 음이 왼쪽에 있지만, 겨울에는 음이 오른쪽에 있고 양이 왼쪽에 있다. 음이 나오면 양이 들어가고, 양이 나오면 음이 들어간다. 음이 오른쪽에 있으면 양이 왼쪽에 있고, 음이 왼쪽에 있으면 양은 오른쪽에 있다. 이렇기 때문에 봄에는 음과 양 모두 남쪽으로 나아가고, 가을에는 둘 다 북쪽으로 나아가지만 동선을 달리한다. 여름에는 음과 양이 앞쪽, 즉 남쪽에서 만나고 겨울에는 둘이 뒤쪽, 즉 북쪽에서 만나지만 상징과 목적을 달리한다. 이처럼 음과 양이 나란히 진행하더라도 서로 뒤섞여 헷갈리지 않고 만나서 엉기더라도 제각각 구별되는 본분을 지니고 있다. 이것이 곧 하늘의 뜻이다.[13]

모든 자연의 운행이나 재해와 괴이한 현상의 발생 및 인간사의 변화 심지어는 사람의 신체까지도 하늘과 관련되지 않은 것이 없다고 할 수 있으며, 사람 역시 하늘의 사명을 지고 있는 존재라고 할 수 있다. 동중서의 '천'은 고정되거나 통일적인 의미를 담고 있지 않은 것

---

13 『春秋繁露』, 「陰陽出入上下」, "天道大數, 相反之物也, 不得俱出, 陰陽是也. 春出陽而入陰, 秋出陰而入陽, 夏右陽而左陰, 冬右陰而左陽. 陰出則陽入, 陽出則陰入; 陰右則陽左, 陰左則陽右. 是故春俱南, 秋俱北, 而不同道; 夏交於前, 冬交於後, 而不同理. 立行而不相亂, 澆滑而各持分, 此之謂天之意."

으로, 그것에는 '자연적 의미의 천'·'신령한 의미의 천'과 '도덕적 의미의 천'이 담겨져 있다고 할 수 있다. 이러한 '천'에는 절대적인 권위가 부여되어 있어서 군주가 인정仁政을 시행하는 것으로 나타나기도 하고 사람이 인의仁義를 중시하는 것으로 나타나기도 한다.

3. 성정에 대한 조명

동중서가 한 "성이라고 하는 것은 가지고 태어난 바탕(재질)인 반면 선이라고 하는 것은 왕의 교육에 의한 감화이다."[14]라는 언급에서 인성에 대한 이중적 의미를 찾아볼 수 있다. 즉 인성은 재질이라고 하는 측면과 교화를 거쳐야 선해질 수 있다고 하는 측면을 찾아볼 수 있게 된다.

> 요즘 사람들은 성의 의미를 제대로 분간할 줄 모른다. 사람들이 성을 말하면서도 그것을 각각 다른 의미로 쓴다. 어찌 시험 삼아 성을 명명하게 된 (원초적 상황으로) 돌아가서 (논의해보지 않겠는가?) 성이라는 명명은 생래적인 것에 기반 하지 않는가? 만약 성이 태어나면서부터 저절로 그렇게 된 자질을 성으로 일컫는다고 해보자. 그러면 성은 바탕(원질)이 된다.[15]

동중서는 인성을 자연적인 본질로 생각했는데, 이는 순자가 언급한 "본성은 선천적인 것이다."[16]라고 하는 것과 같은 맥락으로 볼 수 있으며, 맹자가 언급한 "사람에게 사단이 있는 것은 사지가 있는 것과

---

14 『春秋繁露』, 「實性」, "性者, 天質之樸也; 善者, 王教之化也."

15 『春秋繁露』, 「深察名號」, "今世暗於性, 言之者不同, 胡不試反性之名. 性之名非生與? 如其生之自然之資謂之性. 性者質也."

16 『荀子』, 「正名」, "性者, 天之就也."

같다."[17]라고 하는 것처럼 태어나면서부터 저절로 그렇게 된다고 하는 의미와 같다고 할 수 있다. 또한 동중서가 언급한 인성은 가지고 태어난 본질이라고 할 수 있다. 그래서 일부 학자의 경우 직접적으로 인성은 가지고 태어난 질료로서 동중서의 인성론을 개괄하여 부르기도 한다.[18] 인성이란 것은 사람이 가지고 태어난 본질이라고 하는 것에 대하여 고대로부터 수많은 사상가들이 다양한 견해를 제시했다고 볼 수 있다. 즉 맹자의 경우 성선설을 주장했으며 고자의 경우 성무선무악설을 주장했고 순자의 경우 성악설을 주장하는 등 각양각색의 주장들이 제기 되었다. 동중서는 인성의 본질에 대하여 다양한 형태의 견해를 내놓고 있다.

동중서는 '하늘이 백성의 본성을 부여했다.'는 것과 '사람은 하늘을 부본으로 삼는다.'라고 하는 관념을 기초로 하여 음양으로 성정性情을 나눈다. 동중서가 언급한 성性은 넓은 의미와 좁은 의미로 구분할 수 있는데, 넓은 의미의 성은 인성을 지칭하는 것으로 성과 정情을 포함하고 있는 것이고, 좁은 의미의 성은 단순하게 정情과 분리된 성을 지칭하는 것이다.

> (사람의 경우) 하늘과 대지가 생성한 것을 성정이라 일컫는다. 성과 정을 합쳐서 모두 명이라 일컫는다.……몸이 성과 정을 겸비하고 있듯 마찬가지로 천은 음과 양을 겸비하고 있다. 사람의 성을 말하면서 정을 포괄하지 않는다면, 그것은 하늘을 양과 연관 짓고 음과 관계를 단절시키는 것과 같다.[19]

17 『孟子』, 「公孫丑上」, "人之有是四端也, 猶其有四體也."

18 胡發貴, 「試論董仲舒的人性論」, 『中山大學研究生學刊』, 1984年特刊號.

19 『春秋繁露』, 「深察名號」, "天地之所生, 謂之性情. 性情相與爲一瞑.……身之有性情也, 若天之有陰陽也. 言人之質而無其情, 猶言天之陽而無其陰也."

사람에게 성정이 있는 것은 '천'에 음양이 있는 것과 같은 것이며, 성은 양에 속하고 정은 음에 속하는 것이다. 또한 동중서는 "나쁜 것은 하나같이 음에 해당되고 좋은 것은 모두 양에 해당된다. 양은 덕을 상징하고, 음은 형벌을 상징한다."[20]라고 하여 양陽이 선이 되고 음陰은 악이 되는 것이라고 하는 주장을 했다. 그리고 성性은 양에 속하고 음은 정情에 속한다고 하는 관점 위에서 성性은 양이 되고 선한 것이 되고 정情은 음이 되고 악이 되는 것이라고 했다. 그래서 동중서는 "몸의 명명은 천에서 연유한다. 천은 음과 양이라는 두 기의 작용을 겸비하고 있다. 몸도 탐욕과 사랑의 두 성향을 갖추고 있다."[21]라고 언급했던 것이다. 인仁은 선한 것이고 양陽의 속성이 되는 것이고 성性의 본질인 것이다. 반면 탐욕은 악한 것이고 음陰의 속성이 되는 것이고 정情의 본질인 것이다. '천'에 음양이 있는 것처럼 사람에게도 선악이 있는 것이기 때문에 사람의 성은 인仁과 탐욕이라고 하는 본질을 동시에 가지고 있는 것이다. 그러므로 성性에는 선과 악이 혼재되어 있는 것이다.

동중서는 "천은 음과 양이라는 두 기의 작용을 겸비하고 있다. 몸도 탐욕과 사랑의 두 성향을 갖추고 있다."고 하는 것을 기반으로 하여 자신의 인성론 관점을 성은 선한 것이 되고 정은 악한 것이 된다고 하는 선악 혼재론적 입장으로 몰아간다. 그렇기 때문에 보통 사람의 성性만이 동중서가 지칭하는 성이 된다고 할 수 있다.

> 지금 생각해보면 성인의 말씀 중에는 원래부터 성이 선하다고 규정한 적이 없다. 있다면 성인께서 "뛰어난 사람조차 나는 보지

---

20 『春秋繁露』, 「陽尊陰卑」, "惡之屬盡爲陰, 善之屬盡爲陽. 陽爲德, 陰爲刑."

21 『春秋繁露』, 「深察名號」, "身之名, 取諸天. 天兩有陰陽之施, 身亦兩有貪仁之性."

> 못했구나!" 정도다. 맹자의 주장대로 일반 백성의 성이 모두 선천적으로 선하다면 공자께서 어찌 선인조차 왜 보지 못했다고 말했겠는가? 공자께서 이와 같이 말하는 의도를 뚫어보면 선에 이르기란 너무나도 어려운 과제다. 그러니 맹자가 일반 백성의 성이 모두 선에 해당할 수 있다고 하니 그것은 오류다. 성인 차원의 성을 기준으로 해서 일반적인 성으로 명명할 수 없고, 그릇이 적은 사람의 성을 기준으로 해서 일반적인 성으로 규정할 수 없다. 일반적인 성으로 명명하는 것은 백성의 대다수를 차지하는 보통 사람의 성이다.[22]

동중서는 공자의 인성론에 대한 분석을 하였으며 그리고 "가장 지혜로운 사람과 가장 어리석은 사람만큼은 후천적인 습관에 의해 변하지 않는다."라고 하는 공자의 주장에 대하여 사람의 성을 상중하의 세 등급으로 귀결시킨다. 즉 성인의 성과 그릇이 적은 사람의 성 및 보통 사람의 성으로 삼등분 했던 것이다. 이러한 연유로 인하여 후대 사람들 대부분이 동중서가 인성론에 대하여 성삼품설을 주장했다고 여기게 된 것이다.[23] 사실 성인의 성은 순수지선 하여 악함이 없으며 그릇이 적은 사람의 성은 순전히 악하고 선함이 없는 것으로, 동중서가 주장한 성은 선하고 정은 악하다고 하는 주장에 배치된다고 할 수 있다. 그렇기 때문에 "성인 차원의 성을 기준으로 해서 일반적인 성으로 명명할 수 없고 그릇이 적은 사람의 성을 기준으로 해서 일반적인 성

---

22 『春秋繁露』, 「實性」, "今按聖人言中, 本無性善名, 而有善人吾不得見之矣. 使萬民之性皆已能善, 善人者何爲不見也? 觀孔子言此之意, 以爲善甚難當. 而孟子以爲萬民性皆能當之, 過矣. 聖人之性不可以名性, 斗筲之性又不可以名性, 性者, 中民之性."

23 徐復觀, 『兩漢思想史』, 卷二, 臺北, 學生書局, 1985년, 406쪽. 姜國柱, 『論人·人性』, 北京, 海洋出版社, 1988년, 61쪽. 羅光, 『中國哲學思想史 - 兩漢南北朝篇』, 臺北, 學生書局, 1978년, 207쪽 참조.

으로 규정할 수 없다. 일반적인 성으로 명명하는 것은 백성의 대다수를 차지하는 보통 사람의 성이다."라고 언급하는 것이다. 동중서의 관점에서 볼 때 보통 사람의 성이야말로 그가 말하는 인성의 본질에 해당하는 것이라고 할 수 있는 것이다.

> 하늘의 (운행) 과정은 한 번의 주기가 끝나면 다시 시작된다. 북쪽은 하늘의 운행이 종착하고 시작되는 영역이고 음양이 결합했다가 분리되는 영역이다. 동지 후에 음이 꺾이고 점차로 서쪽으로 향하며 지하로 들어가고 양은 살아나고 점차로 동쪽으로 향하며 지상으로 나온다. 이 둘의 들어가고 나오는 영역이 늘 서로 반대된다. (음양 가운데 어느 하나가 양적으로) 많거나 적거나 조화를 이루어 적절한 상태로 유지되니 서로 연동되어 있다. 많더라도 흘러넘치지 않고 적더라도 끊어져 없어지지 않는다. 예컨대 봄과 여름에는 양이 많고 음이 적으며, 가을과 겨울에는 양이 적고 음이 많다. 많고 적음의 양적 상태는 일정하게 고정되어 있지 않고 늘 다르며 (모였다가 다시) 흩어진다. (음양 중) 어느 하나가 출현하면 다른 하나는 지하로 들어가는데 이 교체에 따라 양적인 증대와 감소가 일어난다. (둘 중) 하나가 많아지면 다른 하나는 줄어들어 양적으로 균형을 이루도록 서로 보충한다.[24]

위의 인용문에서 동중서는 음양이 서로 균형을 이루어 보충해주고 양적인 증대와 감소를 통하여 사계절의 교체를 설명한다. 그리고 음양이기가 사람에게 있어서는 사람의 성정이 되는 것이라고 하여, 음양의 운행이 시작하고 종료되는 것으로 사람의 선한 성과 악한 정이

---

24 『春秋繁露』, 「陰陽終始」, "天之道, 終而複始. 故北方者, 天之所終始也, 陰陽之所合別也. 冬至之後, 陰而西入, 陽仰而東出, 出入之處常相反也. 多少調和之適, 常相順也. 有多而無溢, 有少而無絶. 春夏陽多而陰少, 秋冬陽少而陰多, 多少無常, 未嘗不分而相散也. 以出入相損益, 以多少相溉濟也."

합쳐지거나 분리가 되는 것을 설명했다. 또한 동중서는 음양 둘 중에 어느 하나가 출현하면 다른 하나는 지하로 들어가는데, 이 교체에 따라 양적인 증대와 감소가 일어난다고 하여 음양 둘 가운데 하나가 많아지면 다른 하나는 줄어들어 양적으로 균형을 이루도록 서로 보충한다고 보았다. 즉 양이 많을 때는 음이 적어지게 되고, 음이 많을 때에는 양이 적어지게 되는데 이 둘은 서로 번갈아가며 증대와 감소하여 끊어져 없지는 상황까지 이르지 않게 되는 것이다. 그렇기 때문에 사람의 성정은 선한 성만 있게 되고 악한 정은 없게 되는 것이 아니거나 혹은 악한 정만 있게 되고 선한 성은 없게 되는 상황은 발생하지 않는다는 것이다. 사람의 선한 성과 악한 정에 많고 적음과 감소나 증대와 같은 양적인 차이가 있기 때문에 순수지선 하여 악함이 없는 성인의 성과 순전히 악하고 선함이 없는 그릇이 적은 사람의 성과 같은 것은 존재하지 않고 오직 선악이 서로 혼재되어 있는 보통 사람의 성만이 존재하는 것이다.

동중서는 "성은 단계의 훈화를 거친 다음에야 선해질 수 있다. 선하게 되는 것은 교화로 그렇게 되었지 바탕이 스스로 미칠 수 있는 것이 아니므로 성과 선이 일치될 수 없다."[25]라고 언급하여 인성은 후천적인 교화를 통해서야 만이 비로소 선하게 될 수 있다고 주장했다. 또한 이렇기 때문에 동중서는 백성들을 교화하여 선하게 만드는 것이야말로 군주가 국가를 통치하는 커다란 근본의 하나라고 생각했던 것이다. 이러한 동중서의 인성은 교화를 통하여 선해질 수 있다고 하는 주장에 대하여 다음과 같이 몇 가지 사항을 중심으로 살펴보겠다.

먼저 선한 바탕(재질)은 선함과 같은 것이 아니라고 하는 것이다.

---

25 『春秋繁露』, 「實性」, "性待漸於教訓而後能爲善. 善, 教訓之所然也, 非質樸之所能至也, 故不謂性."

> 하늘이 사람을 낳으며 하나의 근본적인 원칙을 부여했으니 성을 논의 하면서 이론을 가져서는 안 된다. 그런데 누구는 성이 이미 선한 것이라고 말하고 누구는 성이 아직 선한 것이 아니라고 주장한다. 결국 양측이 선을 말하지만 그 의미를 달리 사용하는 것이다. 가능태로서 성에는 완전해질 수 있는 바탕(자질)이 있다. 예컨대 어린이가 자신의 어버이를 사랑하는데 그 정도가 짐승과 비교해서 훨씬 낫다. 따라서 성선이라 할 수 있다. 이것은 맹자가 주장하는 선이다. 삼강오기, 즉 인간관계의 근본적 도리를 준수하고 팔단, 즉 사람다워지는 단서를 깨닫고 있을 뿐만 아니라 됨됨이 거짓 없고 믿음성이 있으며 예의범절을 지킨다면 이에 선이라 할 만하다. 이것은 성인이 찾는 선이다.[26]

동중서는 맹자가 언급한 사람은 짐승과 달리 어린아이가 자신의 부모를 사랑하지 않는 것이 없는 것을 인성의 선한 단서로 보았을 뿐, 이러한 것이 진정한 선이라고 할 수 없다고 생각했다. 그래서 동중서는 진정으로 선善이라고 칭할 수 있는 것은 인간관계의 근본적인 도리를 준수하고 사람됨됨이에 거짓이 없고 믿음성이 있으며 예의범절을 지키는 덕행이라고 했던 것이다. 동중서의 이러한 주장은 선善 자체의 본질적인 것을 지칭하는 것이 아닌 외부로 표현되어 나온 선善을 지칭하는 것이라고 할 수 있다.

> 그렇기 때문에 공자는 "선인을 나는 본 적이 없다. 한결같아 변하지 않는 사람이라도 볼 수 있다면 그것으로도 괜찮겠는데."라고

26 『春秋繁露』, 「深察名號」, "天生民有六經, 言性者不當異. 然其或曰性也善, 或曰性未善, 則所謂善者, 各異意也. 性有善端, 動之愛父母, 善於禽獸, 則謂之善. 此孟子之善. 循三綱五紀, 通八端之理, 忠信而博愛, 敦厚而好禮, 乃可謂善. 此聖人之善也."

> 말했다. 이러한 말로 보건대 성인이 말하는 선은 쉽게 감당할 게 아니다. 짐승보다 낫다고 해서 결코 선이라고 할 수 없다. 만약 어떤 부분적 단서가 짐승보다 낫다고 해서 선이라고 한다면 공자가 도대체 왜 선인을 본 적이 없다고 했겠는가?……그럼에도 불구하고 만민의 성이 바로 그것에 해당될 만하다고 한다면 이것은 대단한 착오다. 짐승의 성에 바탕을 둔다면 모든 사람의 성이 선하다고 할 수 있다. 반면 인간이 가야 할 이상적인 선에 바탕을 둔다면 백성들의 성은 선에 미칠 수 없다. 나는 맹자의 주장 중에 모든 사람의 성이 짐승보다 뛰어나다는 점에는 동의할 수 있지만 성인이 말하는 성에 미칠 수 있다는 점에는 동의하지 않는다. 내가 성으로 명명하는 기준(바탕)은 맹자와 다르다. 맹자는 기준을 낮추어 짐승의 하는 짓에다 비교하기 때문에 사람의 성은 이미 선하다고 주장한다. 나는 기준을 높여서 성인이 하는 행실에 비교하기 때문에 사람의 성은 아직 선하지 않다고 주장한다.[27]

만일 맹자의 경우처럼 짐승보다 낫다고 해서 선하다고 한다면 곧 선함의 기준은 매우 낮아지게 되는데, 그렇다면 공자는 무엇 때문에 선한 사람을 본 적이 없다고 탄식을 해야만 했을까? 그렇기 때문에 동중서가 언급한 선은 맹자가 언급한 선과 기준이 다르다고 할 수 있는 것이다. 즉 맹자는 기준을 낮추어 짐승에 비교했기 때문에 사람의 측은한 마음과 부끄러워하는 마음 및 사양하는 마음 그리고 시비를 판별하는 마음 등 사단四端이 선한 것이 된다고 했다. 반면 동중서는

---

27 『春秋繁露』, 「深察名號」, "是故孔子曰: 善人吾不得而見之, 得見有常者斯可矣. 由是觀之, 聖人之所謂善, 未易當也, 非善於禽獸則謂之善也. 使動其端善於禽獸則可謂之善, 善奚爲弗見也?……而謂萬民之性皆能當之, 過矣. 質於禽獸之性, 則萬民之性善矣; 質於人道之善, 則民性弗及也. 萬民之性善於禽痹嗜許之, 聖人之所謂善者弗許. 吾質之命性者異孟子. 孟子下質於禽獸之所爲, 故曰性已善; 吾上質於聖人之所爲, 故謂性未善."

기준을 높여 성인에 비교했기 때문에 인간관계의 근본적인 도리를 준수하고 사람됨됨이에 거짓이 없고 믿음성이 있으며 예의범절을 지키는 성인의 행위를 거론하여, 이러한 행위에 결과적으로 부합하는 것을 선한 것이라고 했던 것이다. 맹자 역시 사람이 선한 단서를 가지고 있다고 하더라도 항상 선한 행위를 하는 것이 아니라고 하는 사실을 인정했기 때문에 동중서가 보기에는 선한 바탕이 곧 선한 것이라고 하는 것과는 분명하게 차이점이 존재하는 것으로 비춰졌을 것이다.

동중서는 인성에는 양의 선함과 음의 악한 바탕이 있다고 생각했지만, 그렇다고 해서 이러한 것들이 인성을 선하게 만드는 결정적인 요인은 아니라고 보았다. 이를 동중서는 쌀과 벼의 관계를 비유로 들어 설명하였다.

> 성은 벼에 비유되고 선은 쌀에 비유될 수 있다. 쌀이 벼 안에서 생겨나더라도 벼 단계는 아직 온전하게 쌀과 동일시될 수 없다. 이처럼 선과 쌀은 사람이 하늘의 생성 작업을 이어받아서 외적인 노력을 들여서 완성시키는 것이므로 하늘이 생성하는 내적 계기 안에서 완결되는 것이 결코 아니다. 하늘이 생성하는 작업은 어디까지 진행되다가 멈추는 경계를 지니고 있다. 여기서 멈추는 경계의 내부, 즉 내적 계기를 천성으로 일컫는다. 사람의 노력이 자연적인 성의 외부에 있으므로 성은 (획득된) 덕행으로 진행되어갈 수밖에 없다. 민이라는 칭호는 눈이 어둡다, 우둔하다는 뜻에서 생겨났다. 만약 성이 이미 선의 상태에 있다고 한다면 무엇 때문에 우둔하다는 것을 칭호로 삼았겠는가?……성은 사람의 눈과 닮은 점이 있다. 사람이 누워서 눈을 감고 있거나 잠을 자면 눈으로 사물을 식별할 수 없다. 반면 사람이 깨어나 눈을 뜨면 뭔가를 볼 수 있다. 이처럼 사람이 아직 눈을 뜨지 않았을 때 눈은 볼 수 있는 바탕(자질)을 가지고 있지만 본다고 말할 수 없다. 예컨대 일반 백성들의 성은

> 자질이 있지만 그것이 아직 깨어나지 않는 상태다. 비유하자면 그것은 깜깜한(어두운) 사람이 깨어나 눈을 떠야 하는 형국이다. 일반 백성들은 왕의 교화를 받고서야 선해질 수 있다.[28]

이와 같이 동중서는 선한 바탕과 선함의 관계를 벼와 쌀 및 눈과 사물을 보는 것의 관계로 비유했는데, 벼는 도정 작업을 거쳐야 만이 비로소 쌀이 될 수가 있는 것이고 눈은 깨어 있어야 만이 비로소 사물을 볼 수가 있게 되는 것처럼, 인성 역시 교화를 통해서만이 선하게 되는 것이라고 하였던 것이다.

다음은 군주의 교화를 통해서 인성을 선하게 만든다는 것이다.

동중서는 교화를 통해야 만이 비로소 선한 단서가 구체적으로 구현되어 실제적인 선함이 될 수 있다고 하는 점을 강조했다. 즉 그는 "성은 누에고치와 비슷하고 알과 비슷하다. 알은 (어미 닭이) 품어야만 부화가 되고 누에고치는 켜야만 실이 되듯이 마찬가지로 성은 교화를 거쳐야만 선이 된다. 이것이 바로 참다운 천도다."[29]라고 언급하여 인성에 선한 바탕이 갖춰져 있지만 만일 후천적인 교화를 거치지 않는다면 그것은 구현될 수 없는 것이라고 했던 것이다. 그렇다면 도대체 누가 이와 같은 교화를 담당해야만 하는 책임을 가지고 있는 것일까? 하늘의 뜻에 의한다면 바로 군주가 그러한 책무를 담당해야 하는 것

---

28 『春秋繁露』, 「深察名號」, "故性比於禾, 善比於米. 米出禾中, 而禾未可全爲米也. 善出性中, 而性未可全爲善也. 善與米, 人之所繼天而成於外, 非在天所爲之內也. 天之所爲, 有所至而止. 止之內謂之天性, 止之外謂之人事. 事在性外, 而性不得不成德. 民之號, 取之瞑也. 使性而已善, 則何故以瞑爲號?……性有似目, 目臥幽而瞑, 待覺而後見. 當其未覺, 可謂有見質, 而不可謂見. 今萬民之性, 有其質而未能覺, 譬如瞑者待覺, 教之然後善."

29 『春秋繁露』, 「深察名號」, "性如繭如卵. 卵待覆而成雛, 繭待繅而爲絲, 性待教而爲善. 此之謂眞天."

이며, 이러한 것이 하늘이 군주를 세운 이유이기도 하다.

> 하늘은 백성에게 선이 아니라 선의 바탕으로서 성을 부여했다. 이에 백성을 위해 제왕을 세워 그들을 선으로 인도하게 했다. 이것이 하늘의 의도다. 백성은 하늘로부터 아직 선하지 않는 성을 부여받고서 후천적으로 왕으로부터 성을 완전하게 하는 교화를 받는다. 왕은 하늘의 의지를 이어서 백성의 성을 완전하게 하는 일을 자신의 소임으로 간주한다. 지금 성의 참된 바탕을 생각해보건대, 백성의 성이 이미 선하다고 주장하면 그것은 하늘의 의지를 놓치고 왕의 소임을 저버리는 것이다.[30]

> 성이라고 하는 것은 가지고 태어난 바탕(원질)인 반면 선이라고 하는 것은 왕의 교육에 의한 감화이다. 바탕이 없다면 왕의 교화가 변화를 낳을 수 없고, 왕의 교화가 없다면 바탕(재질)이 선해질 수 없다. (자연적으로) 주어진 바탕(재질)을 선한 인성이라고 할 수 없다. 이처럼 명명이 정확하지 않기 때문에 (사람들은 성선의 주장을) 받아들이지 않는다.[31]

또한 사람에게는 바탕(재질)이 선한 성이 있기 때문에 비로소 군주가 백성들을 교화시켜 선하게 만들 수 있게 되는 것이다. 이처럼 사람들이 바탕이 선한 성을 가지고 있고 군주는 마땅히 그들을 교화 시켜야할 책무가 있는 것은 모두가 '천'이 명령한 것이다. 그렇다면 군주는 과연 어떻게 백성들을 교화시켜야만 하는 것일까?

---

30 『春秋繁露』, 「深察名號」, "天生民性有善質, 而未能善, 於是爲之立王以善之, 此天意也. 民受未能善之性於天, 而退受成性之教於王. 王承天意, 以成民之性爲任者也. 今案其眞質, 而謂民性已善者, 是失天意而去王任也."

31 『春秋繁露』, 「實性」, "性者, 天質之樸也; 善者, 王教之化也."

성인의 도리도 위엄과 권세만으로 정치적 효과를 거둘 수 없고, 반드시 교화가 있어야 한다. 그러므로 위정자는 먼저 널리 사랑을 베풀어야 하므로 진실한 사랑으로 백성을 교화시킨다. 취득하기 어려운 재화는 군자가 대수롭지 않게 여기며 본분으로 교화시킨다.……효도와 공경을 소중히 하고 예절과 직분을 달가워하며 사랑과 염치를 중시하고 재물과 이익을 경시한다. 윗사람(군주)이 이런 일을 몸소 실행한다면, 모든 백성이 본받아서 아래에서도 착한 짓을 하게 된다. 그러므로 고대의 위대한 왕들은 교육이야말로 백성을 감화시킬 수 있다고 간파했다. 이런 점을 일컫는다.[32]

동중서 역시 유가의 전통을 계승하였기 때문에 인의仁義와 예禮를 교화의 주요한 내용으로 삼았다. 그렇지만 동중서는 맹자가 주장한 선한 단서를 확충하면 그것(선한 단서)은 마치 불이 처음 타오르고 샘물이 처음 솟아나는 것과 같아서 모든 것을 이룰 수 있다고 하는 것과는 다른 의견을 개진한다. 즉 동중서는 선한 바탕(재질)은 사람이 교화를 받아서 선하게 변할 수 있는 가능성이라고 생각했다. 또한 그는 만일 사람이 선한 바탕(재질)을 가지고 있지 않다면 교화는 불가능할 것이며, 그 결과 끝내는 선하게 될 가능성이 없게 되는 것이라고 생각했다. 이러한 교화는 윗사람 즉 군주가 예악규범으로 백성들을 교육시키는 것을 의미하는 것이며, 이는 외부적으로 훈육의 효과가 있게 되는 것을 강조한다. 그렇기 때문에 동중서는 비록 사람에게 선한 바탕(재질)이 있다고 하는 말을 했을지라도, 사람의 선한 바탕을 계발하여 실제적으로 선한 행위를 할 수 있게 만들어야 한다고

---

32 『春秋繁露』, 「爲人者天」, "聖人之道, 不能獨以威勢成政, 必有教化. 故曰: 先之以博愛, 教以仁也; 難得者, 君子不貴, 教以養也.…… 貴孝弟而好禮義, 重仁廉而輕財利, 躬親職此於上, 而萬民聽, 生善於下矣. 故曰: 先王見教之可以化民也. 此之謂也."

는 언급하지 않았다. 그는 오히려 외부적으로 군주의 교화에 기댈 것만을 강조 했다.

> 외재적 사물이 성을 뒤흔들어서 마치 정신이 제자리를 지킬 수 없는 것과 같기 때문이다. 누적된 습관은 외재적 사물의 조그만 자극에서 비롯되었다. 미세한 자극이 자각하지 못하는 사이에 사람의 몸에 자리를 잡게 되면 어느 결에 습관이 되어 사람은 그것의 정체를 잊은 채 없을 수 없는 것으로 여기게 되고 그것으로 본성처럼 여겨지게 되므로 반성하지 않을 수 없다.[33]

동중서는 이와 같이 군주의 교화를 통하여 백성들이 인간관계의 근본적인 도리를 준수하고, 사람됨됨이에 거짓이 없고 믿음성이 있으며 예의범절을 지킬 수 있도록 하여 선을 이룩하게 만들어야 한다고 했던 것이다.

끝으로 예禮를 인정의 바탕으로 하여 혼란함을 방지한다는 것이다. 동중서는 선한 인성의 실현에 대하여 교화의 방식을 채택하였으나, 악한 정서에 대해서는 절제하는 방법으로써 악한 행위에 휩싸이게 되는 것을 방지하는 방식을 채택했다.

> 예란 인정에 바탕 하여 혼란으로 치닫는 것을 막는다. 일반 백성의 정은 자신의 욕망을 통제할 수 없으므로 그들로 하여금 예를 행위의 척도로 삼게 한다. 그들의 눈이 알맞은 색을 보고, 귀가 알맞은 소리를 듣고, 입이 알맞은 음식을 먹고, 몸이 알맞은 길을 걷도록 한다. 이것은 인정을 뜯어고치는 길이 아니라 오히려 인정을

---

33 『春秋繁露』, 「天道施」, "外物之動性, 若神之不守也. 積習漸靡, 物之微者也. 其入人不知, 習忘乃爲, 常然若性, 不可不察也."

안정시키는 길이다. (기쁨이나 슬픔처럼) 다르게 드러나는 것이 정이라 하고 그것이 외적 자극을 받아 생긴다고 하더라도 성과 비슷하므로 내재적이라고 말한다. 정을 다르게 드러내게 하는 이런저런 자극들은 외재적이라고 말한다. 비록 (자극과 반응의 심리현상을) 정으로 인정하더라도 성으로 말할 수는 없다. 왜냐하면 외재적 사물이 성을 뒤흔들어서 마치 정신이 제자리를 지킬 수 없는 것과 같기 때문이다. 누적된 습관은 외재적 사물의 조그만 자극에서 비롯되었다. 미세한 자극이 자각하지 못하는 사이에 사람의 몸에 자리를 잡게 되면 어느 결에 습관이 되어 사람은 그것의 정체를 잊은 채 없을 수 없는 것으로 여기게 되고 그것으로 본성처럼 여겨지게 되므로 반성하지 않을 수 없다.[34]

위의 인용문에서와 같이 동중서는 예禮를 인정의 바탕으로 하여 혼란함을 방지한다고 주장했다. 사람의 성정은 '천'의 음양처럼 완전히 소멸 될 수가 없는 것이지만, 정은 다툼과 혼란의 근원이다. 동중서에게 있어서 정욕을 조절하는 방법은 맹자처럼 과욕 즉 욕망을 적게 하는 방식이 아니라 인정을 바탕으로 욕망을 인도하는 방식이라고 할 수 있다. 그래서 동중서는 "예는 하늘과 땅을 잇고, 음과 양의 이원적 특성을 체현하고, 주인과 빈객의 역할을 신중하게 수행하게 하고, 존엄하거나 저속하고 고귀하거나 천박하고 중대하거나 사소한 지위의 서열을 뚜렷하게 하고, 안에 들거나 바깥에 있거나 멀거나 가깝고 새로 맺었거나 오래된 등급이 구별되게끔 한다."[35]라고 언급하여 예禮를

34 『春秋繁露』, 「天道施」, "夫禮, 體情而防亂者也. 民之情, 不能制其欲, 使之度禮. 目視正色, 耳聽正聲, 口食正味, 身行正道, 非奪之情也, 所以安其情也. 變謂之情, 雖持異物性亦然者, 故曰: 內也. 變變之變, 謂之外. 故雖以情, 然不爲性說. 故曰: 外物之動性, 若神之不守也. 積習漸靡, 物之微者也. 其入人不知, 習忘乃爲, 常然若性, 不可不察也."

35 『春秋繁露』, 「奉本」, "禮者, 繼天地, 體陰陽, 而愼主客, 序尊卑·貴賤·大小之位,

통한 사회의 등급질서의 구분을 특히나 강조했던 것이다. 그렇기 때문에 예는 정욕이 합리적으로 발전할 수 있도록 만들어 줄 수 있는 것이다.

4. 맺는 말

이상과 같이 동중서의 인성론에 대하여 인성론의 연원과 성정에 대한 조명을 중심으로 논의를 진행해 보았는데, 이를 정리하면 다음과 같다.

동중서의 인성론은 '천'에 대한 분석에서 그 연원을 찾을 수 있다고 생각한다. 동중서가 언급한 '천'에는 만물의 조상이라고 하는 의미가 담겨져 있다고 할 수 있다. '천'이 만물의 조상이라고 하는 의미는 그가 한 언급 속에 이미 구체적으로 명시되어 있다. 즉 동중서의 관념 속에서의 '천'은 만물의 근원이 되고 또한 인간은 '천'으로부터 생성되어 나온 존재가 된다고 할 수 있는 것이다. 즉 '천'은 인간의 존재근거가 되는 것이다.

동중서가 언급한 '천'에는 의지가 있으며 주재자적인 성격이 있기 때문에 '천'은 인간 사회의 정치나 윤리 및 사회질서와 변화를 관장한다고 하는 의미를 담고 있다. 즉 새로운 왕조의 왕이 제도를 고친다든가 국가를 통치하는 커다란 원칙이나 생활풍속 및 문화 등 모두는 하늘의 의지를 계승하여 이룩해야 한다고 동중서는 주장했던 것이다. 또한 동중서는 사람이 사람다운 것은 바로 '천'에 그 근원을 두기 때문이라고 하였다. 또한 동중서는 사람의 본성은 하늘로부터 부여받은 것이지만 완전히 선한 것이 아니기 때문에 하늘이 군주를 세워 백성

而差外內·遠近·新故之級者也."

들을 교화시킨다고 주장했다. 또한 그는 사람의 본성은 교화를 받아야 만이 선해질 수 있는 것이라고 하는 것 역시 하늘의 의지에 해당되는 것이라고 생각했다.

동중서는 인성을 자연적인 본질로 생각했는데, 이는 순자가 언급한 "본성은 선천적인 것이다."라고 하는 것과 같은 맥락으로 볼 수 있으며, 맹자가 언급한 "사람에게 사단이 있는 것은 사지가 있는 것과 같다."라고 하는 것처럼 태어나면서부터 저절로 그렇게 된다고 하는 의미와 같다고 할 수 있다. 또한 동중서가 언급한 인성은 가지고 태어난 본질이라고 할 수 있다. 그래서 일부 학자의 경우 직접적으로 인성은 가지고 태어난 재질로서 동중서의 인성론을 개괄하여 부르기도 한다.

동중서는 '하늘이 백성의 본성을 부여했다.'는 것과 '사람은 하늘을 부본으로 삼는다.'라고 하는 관념을 기초로 하여 음양으로 성정性情을 나눈다. 동중서가 언급한 성性은 넓은 의미와 좁은 의미로 구분할 수 있는데, 넓은 의미의 성은 인성을 지칭하는 것으로 성과 정情을 포함하고 있는 것이고, 좁은 의미의 성은 단순하게 정情과 분리된 성을 지칭하는 것이다.

사람에게 성정이 있는 것은 '천'에 음양이 있는 것과 같은 것이며, 성은 양에 속하고 정은 음에 속하는 것이다. 또한 동중서는 양陽이 선이 되고 음陰은 악이 되는 것이라고 하는 주장을 했다. 그리고 성性은 양에 속하고 음은 정情에 속한다고 하는 관점 위에서 성性은 양이 되고 선한 것이 되고 정情은 음이 되고 악이 되는 것이라고 했다. 그래서 동중서는 '천'에 음양이 있는 것처럼 사람에게도 선악이 있는 것이기 때문에 사람의 성은 인仁과 탐욕이라고 하는 본질을 동시에 가지고 있는 것이다. 그러므로 성性에는 선과 악이 혼재되어 있다고 했던 것이다. 이와 같이 동중서는 "천은 음과 양이라는 두 기의 작용을 겸비하고 있다. 몸도 탐욕과 사랑의 두 성향을 갖추고 있다."고 하는 것을 기반으로 하여 자신의 인성론 관점을 성은 선한 것이 되고 정은 악한 것이 된다고 하는 선악 혼재론적 입장으로 몰아간다.

동중서는 사람의 본성은 교화를 통해야 만이 비로소 선한 단서가 구체적으로 구현되어 실제적인 선함이 될 수 있다고 하는 점을 강조했다. 즉 그는 인성에 선한 바탕이 갖춰져 있지만 만일 후천적인 교화를 거치지 않는다면 그것은 구현될 수 없는 것이라고 했던 것이다. 그렇다면 도대체 누가 이와 같은 교화를 담당해야만 하는 책임을 가지고 있는 것일까? 하늘의 뜻에 의한다면 바로 군주가 그러한 책무를 담당해야 하는 것이며, 이러한 것이 하늘이 군주를 세운 이유이기도 하다. 또한 사람에게는 바탕(재질)이 선한 성이 있기 때문에 비로소 군주가 백성들을 교화시켜 선하게 만들 수 있게 되는 것이다. 이처럼 사람들이 바탕이 선한 성을 가지고 있고 군주는 마땅히 그들을 교화시켜야할 책무가 있는 것은 모두가 '천'이 명령한 것이다. 이와 같은 군주의 교화는 예악규범으로 백성들을 교육시켜야 하는 것을 의미하는 것이며, 이는 외부적으로 훈육의 효과가 있게 되는 것 역시 강조하는 것이다. 그렇기 때문에 동중서는 비록 사람에게 선한 바탕(재질)이 있다고 하는 말을 했을지라도, 사람의 선한 바탕을 계발하여 실제적으로 선한 행위를 할 수 있게 만들어야 한다고는 언급하지 않았던 것이다.

참고문헌

焦　循,『孟子正義』,『焦氏遺書』本.

王先謙,『荀子集解』, 北京, 中華書局, 1992년.

蘇　輿,『春秋繁露義證』, 北京, 中華書局, 1992년.

李威熊,『董仲舒與西漢學術』, 臺北, 文史哲出版社, 1978년.

羅　光,『中國哲學思想史 - 兩漢南北朝篇』, 臺北, 學生書局, 1978년.

徐復觀,『兩漢思想史』, 卷二, 臺北, 學生書局, 1985년.

馮友蘭,『中國哲學史』, 臺北, 藍燈文化事業股份有限公司, 1989년.

姜國柱,『論人·人性』, 北京, 海洋出版社, 1988년.

胡發貴,「試論董仲舒的人性論」,『中山大學研究生學刊』, 1984年特刊號.

제9장
양웅의 인성론 사상

1. 시작하는 말

대변혁의 시대였던 서한말기를 살아가고 있었던 양웅은 당시 사회의 현상들에 대하여 독특한 해석을 내놓는다. 특히 그는 서한사회에서 일세를 풍미하고 있었던 다양한 형태의 사상들이 성인의 가르침에 반하고 더 나아가 백성들을 현혹하고 있음을 발견하고 이러한 폐해를 개선하기 위하여 『법언』을 저술했다. 양웅은 『법언』을 통하여 자신의 도덕수양·정치·경제·사회문제 등에 대한 입장을 밝히고 있는데, 그 가운데 특히 도덕수양에 관한 그의 사상은 주목할 만 하다고 할 수 있다.

유가 사상가임을 내세웠던 양웅의 인성에는 선함과 악함이 혼재되어 있다고 하는 주장은 인간이 선하게 될 수도 있고 악하게 될 수도 있다고 하는 사실을 설명할 수는 있어도 도덕수양의 문제에 대한 근본적인 해결책은 제시하지 못하고 있지만, 그는 학문을 연마하고 좋은 스승을 모시는 것과 마음속에 성인을 모시는 것이야말로 인간이 선하게 될 수 있는 첩경임과 동시에 선함의 근거가 되는 것이라고 생각했다. 그렇기 때문에 양웅은 오경五經을 존숭하고 성인의 말씀을 계승하는 것이 학문을 배우는 요체라고 생각했는데, 그러한 주요 목표는 선한 본성을 수양하여 올바른 인간의 모습을 이룩하여 성인의 덕과 말씀으로 도덕실천을 하는 것에 있었던 것이다.

서한말기 유학의 정통주의를 표방했던 양웅의 인성론은 선진시대의 인성론이 양한시대에 어떠한 모습으로 변화와 발전을 해나가고 있는지를 이해하는 데에 있어서 누락되어서는 안 될 매우 중요한 관건적인 이론체계라고 할 수 있다. 그렇기 때문에 본문에서는 양웅의 인성론 사상을 도덕실천의 문제와 성인을 본받은 본성의 수양 및 군자의 덕을 중심으로 논의를 진행해 보도록 하겠다.

2. 도덕실천의 문제

자신을 수양하는 목적은 도덕실천 공부의 축적을 통하여 이상적인 인격의 경지에 도달하는 것에 있다고 할 수 있다. 이러한 도덕실천은 어떻게 가능한 것인가는 반드시 선결해야할 두 가지 문제가 있는데, 하나는 이상적인 인격의 경지를 달성할 수 있다는 것을 보증할 수 있는가의 문제로 즉 모든 사람들이 전부 요임금이나 순임금 같은 성인 될 수 있다고 하는 근거는 무엇인가? 라고 하는 문제이다. 다른 하나는 도덕실천의 출발은 필연성이 있는 것인가 없는 것인가의 문제로 즉 이러한 필연성의 요구는 어디에 기인하는 것인가? 라고 하는 문제이다.

첫 번째 문제에 관해서는 본성의 선함과 악함의 논의로 해결의 실마리를 풀 수가 있다. 양웅은 본성이란 "사람의 타고난 본성에는 선함과 악함이 섞여 있다. 선한 것을 닦아나가면 선한 사람이 된다."[1]라고 주장하였으며, 또한 "여러 새들 가운데 봉황과 여러 짐승들 가운데 기린은 외형과 성질이 본래부터 다릅니다. 어찌 사람들 가운데 성인의 경우와 같겠습니까?"[2]라고 언급하고 있다. 또한 그는 성인은 호랑이와 같고 군자는 표범과 같고 달변인 사람은 너구리와 같다고 언급했다.

> 성인은 호랑이 가죽과 같으니 그의 문장은 호랑이 가죽 무늬가 빛나는 듯 아름답다. 군자는 표범의 가죽과 같으니 그의 문장은 표범 가죽의 무늬가 선명한 것과 같이 명백하다. 달변인 사람은 너구리 가죽과 같으니 그의 문장은 너구리 가죽 무늬가 빽빽한 것과 같이 번다하다. 너구리가 변하면 표범이 되고, 표범이 변하면 호랑이가 된다.[3]

여기에서의 '변함'은 바로 학문을 연마해가는 과정을 의미하는 것으로, 달변인 사람이 더욱 학문에 정진하면 군자가 될 수 있고, 군자가 더욱 노력하면 성인과 같이 될 수 있다고 하는 것을 말하는 것이다. 이처럼 양웅은 학문의 연마를 매우 특별하게 중시했는데, 그것은 바로 학습의 효과가 쌓이면 일반적인 사람들 역시 성인의 경지에 도달할 수 있게 되는 것이기 때문이었다.[4]

두 번째 문제에 대한 양웅의 견해는 「문도問道」 편에 잘 나타나 있다.

> 어떤 사람이 도에 대해 물으니, "도란 통하는 것으로, 어디라도 통하지 않는 곳이 없는 것입니다."라고 했다. 그가 "(성인의 도가

1 『法言』, 「修身」, "人之性也善惡混. 修其善則爲善人."

2 『法言』, 「問明」, "群鳥之於鳳也, 群獸之於麟也, 形性. 豈群人之於聖乎?"

3 『法言』, 「吾子」, "聖人虎別, 其文炳也. 君子豹別, 其文蔚也. 辯人貍別, 其文萃也. 貍變則豹, 豹變則虎."

4 祝瑞開, 『兩漢思想史』, 上海, 上海古籍出版社, 1989년, 255쪽 참조.

아닌) 다른 길로 가도 됩니까?"라고 물으니, "요·순·문왕에게 가는 길은 바른 도이며, 요·순·문왕이 아닌 곳으로 가는 길은 다른 도입니다. 군자는 바른길로 가지, 다른 길로 가지 않습니다."라고 말했다. 어떤 사람이 도에 대해 물으니, "도라는 것은 도로와도 같고 하천과도 같습니다. 수레나 배가 도로나 하천에서 밤낮을 가리지 않고 왕래합니다."라고 답했다.[5]

도道로써 도로와 하천을 삼았다는 말이 가리키는 것은 목적지에 도달하는 루트를 의미하는 것이다. 그래서 "도로가 비록 굽어 있다고 해도 중원으로 통하면 그 길을 따라가고, 하천이 비록 굽어 있다고 해도 바다로 통한다면 그 물을 따라서 갑니다."[6]라고 하는 것이다. 이처럼 성인의 경지에 도달할 수 있는 커다란 길을 가지 않을 수가 있는 것일까?

공자는 일찍이 "길을 가도 지름길을 지나가지 않는다."[7]고 언급 하였으며, 또 "도에 뜻을 두고, 덕에 근거하고, 인에 의지하며, 예에서 노닐어야 한다."[8]라고 말하기도 했다. 공자는 "인에 의지한다."라고 하는 것으로 "도에 뜻을 둔다."라고 하는 것을 규정한다. 그리고 이러한 인仁은 외부에 존재하는 것이 아닌 "내가 인하게 되고자 하면, 곧 인이 찾아온다."[9]라고 하는 것처럼 본래는 인간의 본심 속에 존재하는 것이다. 그렇기 때문에 재아가 공자에게 삼년상을 물었을 때 공자가 네가

---

5 『法言』, 「問道」, "或問道. 曰: 道也者, 通也, 無不通也. 或曰: 可以適它與? 曰: 適堯·舜·文王者爲正道, 非堯·舜·文王者爲它道. 君子正而不它. 或問道. 曰: 道若塗若川, 車航混混, 不舍晝夜."

6 『法言』, 「問道」, "塗雖曲而通諸夏則由諸, 川雖曲而通諸海則由諸."

7 『論語』, 「雍也」, "行不由徑."

8 『論語』, 「述而」, "志於道, 據於德, 依於仁, 游於藝."

9 『論語』, 「述而」, "我欲仁, 斯仁至矣."

편안하겠느냐고 반문한 것은 바로 도덕주체의 인심仁心의 발로에 대한 물음으로, "자식은 태어나서 삼년이 된 뒤라야 부모의 품을 벗어날 수가 있다."[10]는 것처럼 삼년상을 지키는 예는 자식의 부모에 대한 애절한 사랑의 마음에서 나오는 것이기 때문에 "맛있는 것을 먹어도 달지 않고, 음악을 들어도 즐겁지 않으며, 잘 지내고 있어도 편안치 않기 때문에 그렇게 하는 것이다."[11]라는 것이다. 그러나 재아의 대답은 네! 편안합니다! 라는 것이었기 때문에 공자는 네가 편안하다면 그렇게 해라! 라고 했던 것이다.

그렇기 때문에 "도에 뜻을 두다"와 "덕에 근거 한다"는 것은 모두 도덕주체의 자유의지로부터 나오는 것으로, 반성적 판단을 거친 후에 결정되는 것이라고 할 수 있다. 이러한 도덕명령은 자기내적 각성으로부터 비롯되는 것이기 때문에 도道에 의거해서 실행하거나 길을 가도 지름길을 지나가지 않는다고 하는 선택은 모두 이러한 마음에서 발로되는 것이다.

맹자는 "인에 머물고 의를 따른다."[12]고 했는데, 이는 인한 마음을 본체로 삼고 의로움으로써 인한 마음을 사용하는 것을 의미하는 것이다. 즉 인仁은 의로움의 기초가 되는 것이고, 의로움은 인仁을 드러내는 것이기 때문에 인의仁義는 비록 외재적 행위일지라도 그것은 내재적인 자각과 도덕명령인 것이라고 할 수 있는 것이다. 물고기와 곰발바닥을 앞에 두고 선택의 기로에 섰을 때 물고기를 버리고 곰발바닥을 선택할 수 있는 것도 바로 이러한 마음의 발로 때문인 것이다.

---

10 『論語』, 「陽貨」, "子生三年然後免父母之懷."

11 『論語』, 「陽貨」, "食旨不甘, 聞樂不樂, 居處不安, 故不爲也."

12 『孟子』, 「盡心上」, "居仁由義."

> 어떤 사람이 "인·의·예·지·신의 쓰임은 어떠합니까?"라고 물으니, "인은 주택이고, 의는 도로이며, 예는 의복이고, 지는 등불이며, 신은 부절입니다. 주택에서는 편안히 거하고, 도로를 따라 걸으며, 예의에 맞는 의복을 입고, 등불을 밝히며, 부절의 약속을 굳게 지킵니다. 군자는 함부로 행동하지 않지만, 행동하면 반드시 시의에 적절한 행동을 합니다."라고 답했다.[13]

여기에서의 '쓰임'이라는 것은 그것의 기능적 측면을 의미하는 것이라고 할 수 있다. 그렇기 때문에 맹자가 언급한 "측은한 마음은 인이고, 부끄러움을 아는 마음은 의이고, 공경하는 마음은 예이고, 시비판단을 하는 마음은 지이다. 인·의·예·지라고 하는 것은 외부에서 나에게 녹아들어 오는 것이 아니고 내가 본래 가지고 있었던 것을 생각하지 않을 뿐이다."[14]와 같은 차원의 것이 될 수는 없는 것이다. 그렇기 때문에 이러한 덕들은 본래 몸과 행동을 편안하게 해줄 수 있지만, 덕성이 결핍되면 도덕주체의 자유가 드러날 수 없게 된다. 그래서 양웅은 도덕수양의 즐거움을 외부에 구하지 않고 스스로에게서 구했지만, 그것에는 "안회의 즐거움은 내면적인 것"의 내재적인 근거와 같은 경지에 도달하기에는 부족하였던 것이다.

> 어떤 이가 "만약 내가 왕후와 같이 붉은 인수를 내려뜨리고 금으로 된 도장을 가질 수 있다면 그 즐거움은 이루 헤아릴 수가 없을 것입니다."라고 말하니, "왕후의 즐거움은 안회의 즐거움만 같지 못합니다. 안회의 즐거움은 내면적인 것이고, 왕후의 즐거움은

---

13 『法言』, 「修身」, "或問, 仁·義·禮·智·信之用. 曰, 仁, 宅也. 義, 路也. 禮, 服也. 智, 燭也. 信, 符也. 處宅, 由路, 正服, 明燭, 執符, 君子不動, 動斯得矣."

14 『孟子』, 「告子上」, "惻隱之心, 仁也. 羞惡之心, 義也. 恭敬之心, 禮也. 是非之心, 智也. 仁義禮智, 非由外鑠我也, 我固有之也, 弗思耳矣."

외면적인 것입니다."라고 했다.[15]

왕후의 즐거움은 물질적 조건에 의한 외재적인 즐거움이고, 안회의 즐거움은 "늘 빈궁한자의 내면적인 즐거움"[16]으로 감각적인 욕망을 없앤 뒤에 성인이 되기 위하여 본성을 수양하는 과정에서 생기는 만족감으로서 외재적인 것이 아닌 내재적인 즐거움인 것이다. 양웅이 언급하는 도덕은 그것의 실천이 주체적이고 의식적인 것에 있다고 하는 것을 밝히지 못하기 때문에, 나와 인의仁義 사이를 연결해주는 동력이 결핍되어 공허할 수밖에 없으며 늘 빈궁한 자의 내면적인 즐거움을 말하는 것으로, 그 의의는 그렇게 대단하다고 할 수는 없다.

안회는 성인의 가르침을 배우기 위해서 뜻을 세우고 열악한 생활환경을 감내하면서 결코 부귀영화에 마음이 흔들리지 않았다. 이처럼 안회가 안빈낙도하면서 자신의 신념을 바꾸지 않을 수 있었던 것은 바로 내심의 자발적인 요구 때문이었는데, 만일 그렇지 않았다면 편안치 못했을 것이다. 그렇기 때문에 만일 고난이 있다면 그것은 바로 "우러러볼수록 더욱 높고, 뚫을수록 더욱 굳다."[17], "공자의 탁월한 경지에 이르고자 하여 괴로웠던 것이다."[18]라는 이유 때문이다. 안회는 만일 공자의 도를 터득할 수 없었다면 비록 천하를 얻었다고 해도 즐겁지 않았을 것이며 마음이 편치 않았을 것이다.

양웅은 비록 내적인 즐거움과 외적인 즐거움을 통하여 안회가 이미 도에 상당히 가까웠다고 하는 점을 밝혔으나, 그가 더욱 중시한 점은

15 『法言』, 「學行」, "或曰: 使我紆朱懷金, 其樂不可量也. 曰: 紆朱懷金者之樂, 不如顏氏子之樂. 顏氏子之樂也內, 紆朱懷金者之樂也外."

16 『法言』, 「學行」, "屢空之樂."

17 『論語』, 「子罕」, "仰之彌高, 鑽之彌堅."

18 『法言』, 「學行」, "苦孔之卓之至也."

성인의 행위를 배우는 것에 있었다. 그러나 양웅은 성인의 행위를 배우는 것의 출발점은 자기 내심의 자각으로부터 비롯된다고 하는 사실을 간과했다고 할 수 있다.

3. 성인을 본받은 본성의 수양

양웅은 인간의 본성에는 선함과 악함이 혼재되어 있다고 하며 인간은 선천적으로 선하거나 악한 존재가 아니라고 한다. 양웅은 사람이 성인과 현인 및 보통사람으로 구분되어져 있다고 생각하여 수양의 목적이 자신의 덕을 닦는데 있으며, 자신의 덕을 닦는 요지는 바로 기질의 변화에 있다고 하는 주장을 한다. 또한 그는 수양의 목표가 성현이 되는 것에 있다는 사실을 밝혔다. 그래서 양웅은 "배움이란 타고난 본성을 닦기 위한 것이다."[19]라고 하며 아울러 "배움이란 군자가 되기를 구하기 위한 것이다."[20]라고 언급했던 것이다. 양웅은 인품을 분별하는 기준으로 지혜와 덕행을 들었다.

> 성인의 재량은 천지와 같아 만물을 모두 품어 기를 수 있고, 현인의 재량은 산이나 언덕, 냇물이나 샘과 같아 천지의 일부로서 그 활동을 도울 수 있으며, 보통 사람들의 재량은 새와 짐승, 풀과 나무 등과 같아서 천지 안에서 산, 언덕, 냇물, 샘 등에 의지해 살아간다.[21]

성인은 천지에 비견될 수 있는 존재로서 천지와 더불어 덕을 합치

---

19 『法言』, 「學行」, "學者, 所以修性也."

20 『法言』, 「學行」, "學者, 所以求爲君子也."

21 『法言』, 「五百」, "聖人之材, 天地也. 次, 山陵川泉也. 次, 鳥獸草木也."

할 수 있는 사람이며, 현인의 경우는 그 재질이 산이나 언덕처럼 높게 드러나고 냇물이나 샘처럼 윤택한 사람이라고 할 수 있다. 여기에서 말하는 재량 혹은 재질은 본성으로 해석될 수는 없는데, 그것은 "성인이란 천지에 비할 만한 덕이 있다."[22]에서 볼 수 있듯이 성인의 재질은 천지에 비견할 만한 덕이 있으며, 현인은 산천 보다 높고 윤택한 덕을 가지고 있으나 보통사람의 재질은 짐승과 초목과 같은 것이기 때문이다.

> 새나 짐승은 감정대로 움직이지만, 보통사람은 이와 다른 것이다. 현인은 보통사람과는 다르고, 성인은 다시 현인과도 다른 것이다. 예의가 만들어진 것도 까닭이 있는 것이다. 사람으로서 배우지 않으면 비록 근심스러운 일은 없을지라도 새나 짐승과 다를 것이 무엇이 있겠는가?[23]

새나 짐승은 자신의 감정대로 움직이는 존재이다. 그러나 이와는 달리 보통사람은 본성을 수양할 수 있는 존재이다. 바로 이러한 점이 인간과 짐승의 가장 기본적인 구별이 되는 것이라고 할 수 있다. 성인이 예의를 만들고 현인이 그것을 널리 확대 보급시켜서 보통사람들이 그것에 의해서 자신의 본성을 수양하는 것이다. 이는 "성인은 옳지 않은 것은 듣지 않고 선함에서 벗어나는 것을 말하지 않는다. 현자는 듣는 것을 가리며 말하는 것도 가린다. 보통사람들은 보고 들음에 아무것도 가리는 바가 없다."[24]와 같기 때문에 보통사람은 감정대로 행

---

22 『法言』, 「五百」, "聖人有以擬天地."

23 『法言』, 「學行」, "鳥獸觸其情者也, 衆人則異乎! 賢人則異衆人矣, 聖人則異賢人矣. 禮義之作, 有以矣夫. 人而不學, 雖無憂, 如禽何?"

24 『法言』, 「修身」, "聖人耳不順乎非, 口不肆乎善. 賢者耳擇口擇, 衆人無擇焉."

동을 한다. 그렇기 때문에 반드시 성현이 예의를 제정하여 그들에게 규범을 만들어 준 것이다.

성인이나 현인 보통사람은 기본적인 자질에 있어서는 구별이 없지만, 인간의 본성적인 측면에서 볼 때는 모두가 선하게 될 수 있고 악하게도 될 수 있다고 하는 차이가 발생하게 된다. 새나 짐승은 자신의 감정이 욕구하는 바에 의해서 움직이는 존재로 인간과 짐승의 구별은 바로 성인이 만든 예의를 인식하고 실천할 수 있는 것에 있는 것이다. 그렇기 때문에 양웅은 "이 세상에는 세 가지 문이 있는데, 정욕에 따르는 사람들은 금수의 문으로 들어가고, 예의에 따르는 사람들은 인간의 문으로 들어가며, 심원한 지혜에 따르는 사람들은 성인의 문으로 들어간다."[25] 라고 주장했던 것이다. 여기에서 '따르다'라고 하는 의미는 "어떻게 해야 비로소 곧은길을 만나 그 길을 통해 앞으로 나아갈 수 있겠습니까?"[26]에서 볼 수 있는 것처럼 통한다는 의미이다. 또한 '문'은 본받는다는 의미라고 할 수 있다. 그렇기 때문에 정욕에 이끌려 물욕을 추구하기 위해 사는 사람은 바로 금수를 본받는 것이라고 할 수 있는 것이다. 예의에 이끌리는 사람은 현인을 본받는 사람이 되는 것이며, 심원한 지혜에 따르는 사람은 성인을 본받는 사람이라고 할 수 있는 것이다.[27]

성인이 성인으로 될 수 있는 까닭은 그의 재질 때문이 아니고 "천지에 비할 만한 덕이 있으므로 하늘·땅과 더불어 삼재가 되는 것이다."[28]에 있는 것이라고 할 수 있다. 그러므로 양웅은 "성인의 도는 마

---

25 『法言』, 「修身」, "天下有三門, 由於情慾, 入自禽門. 由於禮義, 入自人門. 由於獨智, 入自聖門."

26 『法言』, 「問道」, "焉得直道而由諸?"

27 任繼愈, 『中國哲學發展史(秦漢)』, 北京, 人民出版社, 1985년, 380～381쪽 참조.

28 『法言』, 「五百」, "有以擬天地而參諸身乎."

치 하늘과 같다."[29], "오직 하늘만이 진정으로 귀가 밝고, 오직 하늘만이 진정으로 눈이 밝다."[30]라고 언급했던 것이다. 그래서 그는 성인을 이해하고자 한다면, 곧 천지를 보면 된다고 했던 것이며, 아울러 천지란 본래 신묘해서 헤아리기 어려운 것이나 사방을 비추고 모든 것에 통한다고 한 것이다. 성인은 천지에 비할 만한 덕이 있으므로 예의를 제정하여 사람들을 교화하고 군주를 세우고 스승을 만들었던 것이다. 일반적인 사람들은 삶의 목적이 부귀영화를 추구하는 것에 있으며 자신의 한 몸과 자기 집안의 행복만을 추구한다. 현인은 올바른 행동을 통하여 의로움을 추구할 수 있으며, 한 국가의 백성들의 평안한 삶을 도모한다.

> 어떤 사람이 보통사람에 대해 물으니, "보통사람이란 부유함과 귀함과 삶을 바라는 자들이고, 현자란 의로움을 구하는 자들이며, 성인이란 사람의 지혜로 헤아릴 수 없는 신묘한 경지에 든 사람입니다. 현인을 보면 보통 사람들을 이해할 수 있고, 성인을 보면 현인을 이해할 수 있으며, 천지를 보면 성인을 이해하게 됩니다. 이 세상에는 무엇을 좋아하는가에 따라 세 가지 부류가 있는데, 보통사람들은 남들이 자기를 따르는 것을 좋아하고, 현인들은 자신을 올바로 하는 것을 좋아하며, 성인은 자신을 사표가 되게끔 하는 것을 좋아합니다. 이 세상에는 그 살펴 단속하는 것에 따라 세 가지 부류가 있는데, 보통사람들은 자기 집안을 살펴 단속하고, 현인은 나라를 살펴 단속하며, 성인은 온 천하를 살펴 단속합니다."라고 했다.[31]

---

29 『法言』, 「君子」, "聖人之道若天"

30 『法言』, 「問明」, "惟天爲聰, 惟天爲明."

31 『法言』, 「修身」, "或問衆人. 曰, 富貴生. 賢者. 曰, 義. 聖人. 曰, 神. 觀乎賢人則見衆人, 觀乎聖人則見賢人, 觀乎天地則見聖人. 天下有三好, 衆人好己從, 賢人好己正, 聖人好己師. 天下有三檢, 衆人用家檢, 賢人用國檢, 聖人用天下檢."

여기에서의 성인과 현인 그리고 보통사람의 세 등급의 구분은 각자가 본받은 것에 의해서 정해진 것이라고 할 수 있다. 그렇기 때문에 보통사람은 학문을 수양하고 품성의 도야를 통해서 군자나 현인이 될 수 있는 것이다.

> 성인은 호랑이 가죽과 같으니 그의 문장은 호랑이 가죽 무늬가 빛나는 듯 아름답다. 군자는 표범의 가죽과 같으니 그의 문장은 표범 가죽의 무늬가 선명한 것과 같이 명백하다. 달변인 사람은 너구리 가죽과 같으니 그의 문장은 너구리 가죽 무늬가 빽빽한 것과 같이 번다하다. 너구리가 변하면 표범이 되고, 표범이 변하면 호랑이가 된다.[32]

문식과 실질적인 것에 대해서 말하자면, 문식에는 표현이 있는데 그것은 꼭 실질적인 것과 같은 것이 아니다. 실질적인 것은 문식을 드러내는 것이기 때문에 성인의 문식은 빛나는 듯 아름답고 군자나 현인의 문식은 선명한 것과 같이 명백하며 보통사람의 문장은 빽빽한 것과 같이 번다한 것이다. 양웅은 사람이란 수양을 통하여 기질을 변화시킬 수 있다고 했는데, 즉 보통사람은 더욱 노력하면 군자나 현인이 될 수 있고 군자나 현인이 더욱 노력하면 성인이 될 수 있다고 보았던 것이다.[33] 그러나 양웅이 수립했던 성인의 상은 매우 지고하고 현묘한 모습을 지니고 있어서 맹자가 언급했던 누구나 다 요임금이나 순임금과 같은 성인될 수 있다고 할 때의 성인과는 다소 간극이 있어 보인다.

---

32 『法言』, 「吾子」, "聖人虎別, 其文炳也. 君子豹別, 其文蔚也. 辯人貍別, 其文萃也. 貍變則豹, 豹變則虎."

33 金春峰, 『漢代思想史』, 北京, 中國社會科學出版社, 1997년, 447쪽 참조.

맹자가 일찍이 모든 사람이 다 요임금이나 순임금과 같은 성인될 수 있다고 언급한 것은 바로 인간의 도덕심에 대한 것인데, 그것은 곧 선한 단서의 확충을 통하여 가능하다는 것이다. 즉 맹자는 인간의 마음이 지극한 선에 뜻을 둔다면 모두가 다 요임금이나 순임금과 같은 성인될 수 있다는 것으로, 이러한 마음(본심) 혹은 본성으로부터 선함을 보증 받게 되는 것이라고 생각했던 것이다. 그렇다면 인간이 정말로 모두 다 요임금이나 순임금과 같은 성인의 경지에 도달할 수 있는 것인가에 대해서는 이러한 본심 혹은 본성이 선함을 보증해주지 못한다고 할 수 있는데, 그러한 이유는 바로 인간에게 있는 기질의 성 때문이라고 할 수 있다. 이러한 기질의 성 즉 기질지성氣質之性은 본심이나 본성의 선함이 외부로 발현되는 것을 막을 수 있기 때문이다. 이와 같이 요임금이나 순임금과 같은 성인이 될 수 있는 경지에 이르는 방도는 부득이하게 기질지성을 수양하는 것을 필요조건으로 삼아야 하는 것이다. 양웅은 하늘이나 신묘함이나 명철함으로 성인의 덕성과 언행을 형용하기를 즐겨했다고 볼 수 있는데, 이러한 양웅의 이론에서 볼 때 성인의 경지에 도달한다는 것은 실제로는 매우 어렵다고 볼 수 있다. 그 이유는 기질지성이 본심이나 본성의 선함이 외부로 발현되는 것을 방해하고 있기 때문이다. 그렇기 때문에 비록 너구리가 변해서 표범이 되고, 표범이 변해서 호랑이가 된다고 하는 언급은 기질을 변화시키는 것이 성인의 경지에 도달하는 필요조건이라고 하는 것이 되지만, 이러한 양웅의 이론과 맹자의 이론을 비교해 본다면 분명한 차이가 존재한다고 볼 수가 있는 것이다.

이처럼 성인의 경지는 비록 아름답지만 한편으로는 도달하기 매우 어려운 경지이기 때문에 양웅은 군자의 학문으로써 수양론의 중심을 삼고 군자를 구체적인 인격의 표상으로 삼았던 것이다.

4. 군자의 덕

군자는 공자의 덕치사상의 결정체라고 할 수 있다.[34] 군자는 공자의 사상 가운데 품성을 대표하는 명칭이면서 신분을 지칭하는 것이라고 할 수 있다. 즉 군자는 덕과 지위를 겸비한 완벽한 이상적인 인격의 소유자라고 할 수 있는 것이다. 군자는 저술을 하고 제자를 받아서 가르치는데, 시·서·예·악을 주요한 교과목으로 하여 제자들을 교육한다. 군자가 제자들을 이렇게 교육하는 목적은 수신과 덕을 이루는 경세치용의 학술사상을 수립하고 이러한 학술사상을 일반백성들에게 전수하여 지혜와 덕성을 겸비한 인재를 배양하기 위함에 있는 것이다. 그들은 학문을 배운 이후에 정치에 참여하여 자신들의 학문과 능력을 발휘하게 된다. 그렇기 때문에 군자라고 하는 단어 속에는 세 가지 의미가 담겨져 있는데, 하나는 옛날에 『시경』과 『상서』 속에서 유행하던 호칭으로, 서주시대에 존재하던 일정한 사회적 지위를 통칭하던 것이다.[35] 다른 하나는 공자가 언급한 군자로서, 이는 항상 소인과 대비되는 명칭으로 불려졌다. 군자는 앞서 언급한 사대부의 의미 이외에도 때로는 전문적으로 덕행을 지칭하기도 한다. 마지막으로 군자는 덕행을 겸비한 사람이라는 의미로 『논어』에 다음과 같이 잘 묘사되어 있다.

> 공자께서 자산에 대하여 "군자의 도 네 가지를 지니고 있으니, 자신의 처신이 공손하였고, 윗사람을 섬김에 공경스러웠고, 백성을 다스림에 은혜로웠고, 백성을 부림에는 의로웠다."라고 말했다.[36]

---

34 蕭公權, 『中國政治思想史』(一), 瀋陽, 遼寧教育出版社, 1998년, 64쪽 참조.

35 『尙書』에서는 지위를 의미하는 명칭으로 쓰인 것을 찾아볼 수 있다. 『尙書』, 「周書·周官」, "有官君子", 또한 『詩經』에서는 덕을 지닌 사람을 통칭하는 의미로 쓰인 것을 찾아 볼 수 있다.

36 『論語』, 「公冶長」, "子謂子產, 有君子之道四焉, 其行己也恭, 其事上也敬, 其養

공자가 말한 군자는 위에서 언급한 군자의 두 번째 의미와 세 번째 의미에 가깝다고 할 수 있는데, 특히 덕행이 있고 지위가 있는 사람을 가리킨다고 할 수 있다. 공자의 학문은 이상적인 인격을 만드는 것에 뜻을 두고 덕행으로써 지위를 획득하여 백성들의 삶을 평안하게 만들어 주는 것에 있다고 할 수 있다. 그러나 중국에서는 근현대시기에 들어서 전통학문과 신학문 사이에 충돌이 발생하게 되는데, 그때 많은 사상가들이 신학문의 입장에서 공자를 신랄하게 비판한다. 그들은 공자가 일반백성들의 삶은 도외시 하고 군주의 전제정권만을 옹호했으며, 학문을 연마하는 목적이 관료의 배양에 있다고 하며 비난의 화살을 퍼부었다. 하지만 공자가 천하를 주유한 것은 현실정치에 참여하여 혼란에 빠진 세상을 구해보고자 하는 바람 때문이었으며, 그는 가슴속에 원대한 포부를 품었던 사람으로 어찌 바가지처럼 매달려 있기만을 원했을까?[37]라고 하는 반론을 제기할 수 있는 것이다.

> 학문이란 왕 노릇 하는 자의 도를 배우는 것으로서, 이러한 유래는 오래되었다. 요임금·순임금·우왕·탕왕·문왕·무왕은 부지런히 배움에 힘썼으며, 공자도 일생 동안 쉼 없이 배움에 힘썼으니, 이러한 유래는 매우 오래된 것이다.[38]

공자는 비록 정치적 포부는 실현하지는 못했지만, 그가 제자들을 교육시키는 목표는 그들을 군자다운 선비로 만들어 사익을 추구하지 않고 공익을 위하여 일하게 만드는 것에 있었던 것이다.

民也惠, 其使民也義.”

37 『論語』, 「陽貨」, “吾豈匏瓜也哉? 焉能繫而不食?”

38 『法言』, 「學行」, “學之爲王者事, 其已久矣. 堯·舜·禹·湯·文·武汲汲, 仲尼皇皇, 其已久矣.”

양웅이 말하는 군자의 학문은 공자의 이론을 계승한 것으로, 그는 통치하는 지위에 있는 사람은 반드시 덕행이 있어야 하지만 덕행이 있는 사람이 반드시 통치지위에 있을 필요는 없다고 주장했다.

> 어떤 사람이 성인의 도가 아닌 다른 길로 가도 됩니까?라고 물으니 "요·순·문왕에게 가는 길은 바른 도이며, 요·순·문왕이 아닌 곳으로 가는 길은 다른 도입니다. 군자는 바른길로 가지, 다른 길로 가지 않습니다."라고 말했다.[39]

> 군자가 나라를 다스릴 때는, 그 다스림의 근본인 크고 작은 강령들을 세우고 교화에 마음을 기울입니다. 백성들을 인으로써 이끌면 아랫사람들이 서로를 해치지 않을 것이고, 군주 자신이 청렴하게 왕 노릇을 한다면, 아랫사람들이 서로 도둑질하지 않을 것입니다.[40]

> 군자는 벼슬에 나아가서는 그 의로움을 행하고자 하며, 벼슬에서 물러나 집에 머물 때에는 그 도를 밝히고자 합니다. 일을 하면서 지겨워하지 않고, 가르치면서 권태로워하지 않으니, 어찌 한가로이 남는 시간이 있겠습니까?[41]

이상과 같은 양웅의 주장들은 대부분 덕을 이루는 것 및 처세의 태도에 그 중점을 두고 있는 것이라고 할 수 있다.

> 어떤 사람이 "군자는 입을 열어 말하면 곧 훌륭한 문장이 되고,

---

39 『法言』, 「問道」, "或曰: 可以適它與? 曰: 適堯·舜·文王者爲正道, 非堯·舜·文王者爲它道. 君子正而不它."

40 『法言』, 「先知」, "君子爲國, 張其綱紀, 謹其教化. 導之以仁, 則下不相賊, 蒞之以廉, 則下不相盜."

41 『法言』, 「五百」, "君子仕則欲行其義, 居則欲彰其道. 事不厭, 教不倦, 焉得日?"

움직이면 덕 있는 행동을 이룬다고 하는데, 그것은 무슨 까닭입니까?"라고 물으니, "그 내부에 가득 찬 것이 밖으로 나타나기 때문입니다. 이는 마치 공수반이라는 목공의 명장이 도끼를 휘두르는 것이나, 예라는 명사수가 화살을 쏘는 것과 같이 자연스러운 것입니다. 군자는 꼭 필요하지 않으면 말하지 않지만 일단 말을 하면 반드시 적중하며, 꼭 필요하지 않으면 나서서 행동하지 않지만 일단 행동을 하면 반드시 적절합니다."라고 답했다.[42]

군자가 입을 열어 말을 하면 문장이 된다고 하는 것은 그것이 멀리까지 전파될 수 있다는 것이고, 움직이면 덕이 있는 행동을 이룬다고 하는 것은 그의 일체의 행동거지가 적절하다는 것을 의미하는 것이다. 양웅이 제기한 문덕文德의 표현은 하나로써 그 도의 안을 채운 것이라고 할 수 있다. 군자의 명칭은 시세에 영합하여 벼슬자리를 얻는 것을 의미하지는 않는다. 시세에 영합하여 벼슬자리를 얻은 사람이 스스로 자신이 군자의 명칭을 얻었다고 생각하는 경우가 있는데, 이러한 군자의 개념 속에는 이미 통치하는 지위에 있는 사람이라고 하는 의미가 담겨져 있다고 볼 수 있다. 그러나 양웅은 통치지위로 군자를 말하는 것에 대하여 반대 했는데, 물론 벼슬자리 자체뿐만 아니라 그 지위가 의미하는 권력까지 포함하여 군자를 말하는 것에 반대했으며, 군자의 명칭은 덕으로 모든 것을 말해야 한다고 하였던 것이다. 아울러 양웅은 군자는 모든 덕을 귀하게 여기는 존재라고 생각했다.

도·덕·인·의·예는 우리 몸에 견주어 말할 수 있을 것이다. 대저 도란 이로써 우리의 나아가는 길을 인도하고, 덕은 이로써 수양한

42 『法言』, 「君子」, "或問: 君子言則成文, 動則成德, 何以也? 曰: 以其弸中而彪外也. 般之揮斤, 羿之激矢. 君子不言, 言必有中也, 不行, 行必有稱也."

바를 우리의 몸에 얻게 하며, 인은 이로써 사람으로 하여금 동물과는 다르게 해주고, 의는 이로써 시비를 판단해 적절하게 행동하게 해주며, 예는 이로써 규범에 합당한 행위가 몸에 배게 해주니, 이는 바로 하늘이 부여한 것이다. 이 모든 것은 합해지면 혼연일체가 되고, 나뉘면 흩어져 각각의 기능을 한다. 한 사람이 사지를 모두 아우를 수 있다면 그 몸이 온전할 것이다.[43]

모든 덕이라고 하는 것은 인·의·예·지·신이 모두 발휘되는 것으로서, 인의 주택에서는 편안히 거하고, 의로움의 도로를 따라 걸으며, 예의에 맞는 의복을 입고, 지혜의 등불을 밝히며, 부절의 약속을 굳게 지켜서, 군자는 그의 행동거지 하나하나가 반드시 시의에 적절한 것이다. 이러한 모든 덕의 지극함이 윤리적인 분야에 표현 되는 것이 바로 부모에게 효도를 다하는 것으로 나타나는 것이다. 그러므로 양웅은 부모에게 효도를 다할 수 있다면 성인이라도 여기에 더 보탤 바가 없다고 말할 정도로 효도를 모든 덕행의 최고로 보았던 것이다. 또한 양웅은 "부모는 그 자식에게 하늘과 땅 같은 존재이다."[44]라고 하여 아버지가 자식을 낳는 것은 마치 하늘이 만물을 낳는 것과 같고, 어머니가 자식을 키우는 것은 마치 땅이 만물을 양육하는 것과 같다고 보았다.

효도의 구체적인 내용은 바로 예禮를 다하는 것인데, 예禮는 근본을 바르게 하는 것이기 때문이다. 그래서 공자는 "부모가 살아계실 적에는 예로써 봉양하고, 돌아가시면 예로써 장사지내고 예로써 제사를 모셔야 한다는 것이다."[45]라고 말했으며, 양웅 역시 "사람이면서 예가

---

43 『法言』, 「問道」, "道·德·仁·義·禮, 譬諸身乎? 夫道以導之, 德以得之, 仁以人之, 義以宜之, 禮以體之, 天也. 合則渾, 離則散, 一人而兼統四體者, 其身全乎."

44 『法言』, 「孝至」, "父母, 子之天地與."

없다면 어찌 덕을 갖출 수 있겠습니까?"[46]라고 언급하여 덕행은 예에서 이루어지는 것이라고 보았던 것이다. 부모를 봉양하고 돌아가시면 장사지내는 예는 양웅의 입장에서 보았을 때는 의로써 즉 의로움으로 규정될 수 있다. 그래서 양웅은 "예에 따라 부모를 봉양한다면 이미 가장 훌륭한 봉양이고, 예에 따라 장사지낸다면 이미 가장 훌륭한 장례이다."[47]라고 하여 예의 절차를 실질적인 측면에서 규정하였던 것이다.[48] 그렇기 때문에 그는 "꾸밈과 실질이 서로 부합되어야 비로소 예에 맞는다."[49]라고 언급한 것이다. 이와 같은 양웅의 주장들은 대부분 『논어』에서 언급되어진 효친의 요지에서 크게 벗어나지 않는 한계점을 가지고 있다고 볼 수 있다.

5. 맺는 말

이상과 같이 양웅의 인성론 사상에 대하여 도덕실천의 문제와 성인을 본받은 본성의 수양 및 군자의 덕을 중심으로 논의를 진행해보았는데, 이를 정리하면 다음과 같다.

도덕실천은 어떻게 가능한 것인가는 반드시 선결해야할 두 가지 문제가 있는데, 하나는 이상적인 인격의 경지를 달성할 수 있다는 것을 보증할 수 있는가의 문제이며, 다른 하나는 도덕실천의 출발은 필연성이 있고 없는가의 문제로 즉 이러한 필연성의 요구는 어디에 기인하는 것인가? 라고 하는 문제이다. 첫 번째 문제에 관해서는 본성의

---

45 『論語』, 「爲政」, "生事之以禮, 死葬之以禮, 祭之以禮."
46 『法言』, 「問道」, "人而無禮, 焉以爲德?"
47 『法言』, 「學行」, "以其所以養, 養之至也. 以其所以葬, 葬之至也."
48 金春峰, 『漢代思想史』, 北京, 中國社會科學出版社, 1997년, 446쪽 참조.
49 『法言』, 「修身」, "華實副則禮."

선함과 악함의 논의로 해결의 실마리를 풀 수가 있다. 즉 양웅은 학문의 연마를 매우 특별하게 중시했는데, 그것은 바로 학습의 효과가 쌓이면 일반적인 사람들 역시 성인의 경지에 도달할 수 있게 되는 것이기 때문이었다. 두 번째 문제에 대한 양웅의 견해는 바로 도덕명령은 자기내적 각성으로부터 비롯되는 것이기 때문에 도道에 의거해서 실행하거나 길을 가도 지름길을 지나가지 않는다고 하는 선택은 모두 본심에서 발로되는 것이라고 하는 것이다.

양웅은 사람이 성인과 현인 및 보통사람으로 구분되어져 있다고 생각하여 수양의 목적이 자신의 덕을 닦는데 있으며, 자신의 덕을 닦는 요지는 바로 기질의 변화에 있다고 하는 주장을 한다. 또한 그는 수양의 목표가 성현이 되는 것에 있다는 사실을 밝혔다. 또한 양웅은 사람이란 수양을 통하여 기질을 변화시킬 수 있다고 했는데, 즉 보통사람은 더욱 노력하면 군자나 현인이 될 수 있고 군자나 현인이 더욱 노력하면 성인이 될 수 있다고 보았던 것이다. 그러나 양웅이 수립했던 성인의 상은 매우 지고하고 현묘한 모습을 지니고 있어서 맹자가 언급했던 누구나 다 요임금이나 순임금과 같은 성인될 수 있다고 할 때의 성인과는 다소 간극이 있어 보인다.

양웅이 말하는 군자의 학문은 공자의 이론을 계승한 것으로, 그는 통치하는 지위에 있는 사람은 반드시 덕행이 있어야 하지만 덕행이 있는 사람이 반드시 통치지위에 있을 필요는 없다고 주장했다. 그래서 양웅은 군자의 명칭은 시세에 영합하여 벼슬자리를 얻는 것을 의미하지는 않는다고 하였던 것이다. 그러나 시세에 영합하여 벼슬자리를 얻은 사람이 스스로 자신이 군자의 명칭을 얻었다고 생각하는 경우가 있는데, 이러한 군자의 개념 속에는 이미 통치하는 지위에 있는 사람이라고 하는 의미가 담겨져 있다고 볼 수 있다. 이러한 점에 관하여 양웅은 통치지위로 군자를 말하는 것에 대하여 반대를 했는데, 물론 벼슬자리 자체뿐만 아니라 그 지위가 의미하는 권력까지 포함하여 군자를 말하는 것에 반대했으며, 군자의 명칭은 덕으로 모든 것을 말해야 한다고 하였던 것이다. 아울러 양웅은 군자는 모든 덕을 귀하게 여기는 존재라고 생각했다.

양웅은 모든 덕을 인·의·예·지·신이 모두 발휘되는 것으로 보아서, 군자는 그의 행동거지 하나하나가 반드시 시의에 적절한 것이라고 하였다. 또한 그는 이러한 모든 덕의 지극함이 윤리적인 분야에 표현되는 것이 바로 부모에게 효도를 다하는 것으로 나타나는 것이라고 하였다. 그렇기 때문에 양웅은 부모에게 효도를 다할 수 있다면 성인이라도 여기에 더 보탤 바가 없다고 말할 정도로 효도를 모든 덕행의 최고로 보았던 것이다.

참고문헌

孫星衍, 『尙書今古文注疏』, 『平津館叢書』 本.

黃　侃, 『論語義疏』, 『皇淸經解』 本.

焦　循, 『孟子正義』, 『焦氏遺書』 本.

汪榮寶, 『法言義疏』, 北京, 中華書局, 1996년.

金春峰, 『漢代思想史』, 北京, 中國社會科學出版社, 1997년.

祝瑞開, 『兩漢思想史』, 上海, 上海古籍出版社, 1989년.

任繼愈, 『中國哲學發展史-秦漢』, 北京, 人民出版社, 1985년.

蕭公權, 『中國政治思想史』(一), 瀋陽, 遼寧敎育出版社, 1998년.

제10장

왕충의 인성론 사상

1. 시작하는 말

인성론에 관한 문제는 과거부터 현재에 이르기까지 중국철학의 핵심적인 문제 가운데의 하나였다고 말할 수 있다. 특히 유가의 인성론은 중국 인성론의 전범으로 인식되었는데, 공자와 맹자의 인성에 관한 주장들 가운데 기본적으로 인성이라고 하는 것은 사람이 사람 되는 이유와 금수와 구별되는 것을 의미하는 것으로 인간에게 갖춰져 있는 도덕성이 되는 것이라고 할 수 있다. 순자는 자연적인 본능에서부터 각종의 욕구에 이르기까지 폭넓게 인성에 대하여 언급했다. 이들의 주상은 기본적으로 출발점이 다르기 때문에 인간에 대한 인식과 이해는 각기 상이했던 것이었다. 사상사나 혹은 철학사에서 성선설과 성악설로 구분되어지는 맹자와 순자의 인성론은 많은 사상가들에 의해서 자신들이 주장하는 인성론에 관한 입론의 종지로 받아들여지게 되었으며, 더 나아가 후세의 학자들의 경우 간단하게 선과 악을 대립시키거나 심지어는 두 사람의 이론을 아예 무시하고 다른 견해를 주장하기도 하는 등의 경향을 보이기도 한다. 이러한 맹자의 성선설과 순자의 성악설이 비록 기본적으로 출발점은 다르지만 이들 둘의 최종적인 목적은 사람들을 성인의 경지에 도달할 수 있도록 만들어 이상적인 인격을 완성케 하는 것에 있었다.

통일된 제국을 형성하고 있었던 새로운 사회 속에서 한대의 지식인들은 인성에 관한 각종 주장과 언급을 모두 교화의 강조에 초점을 맞추고 있었다. 그들은 선진시대 이래로 인성론에 대하여 다양한 학파의 관점을 발전적으로 수용하는 한편 그것에 절충과 조화를 더하기도 했다. 각 학파의 인성론과 관련한 관점을 조화하려고 하는 주요한 의도는 바로 정치적 교화를 위하는 것과 사회의 윤리적 가치질서를 재건하여 견실한 이론적 기초와 숭고한 가치 관념을 제시하는데 있었던 것이라고 할 수 있다.

한대에 비교적 유행했던 인성론 관점은 바로 인성을 세 등분으로 나누는 이른바 성삼품설이 주류를 이루고 있었다고 할 수 있다. 예를 들자면 동중서가 제기한 '성인의 본성'·'중인의 본성'·'필부의 본성'이라고 하는 것이다.[1] 또한 동중서는 '중인의 본성'을 지닌 사람만이 정부가 시행하는 교육과 교화의 대상이 된다고 했다. 기본적으로 왕충의 인성론 역시 이와 같이 인성을 등급별로 분류한다고 하는 견해를 계승하여 인성을 '중인이상'·'중인'·'중인이하'의 세 종류로 구분한다. 또한 그는 이러한 분류 관념에 의거하여 선진시기 이래로 전해져 오는 각종의 인성론을 비판했다.[2]

중국 인성론사에 있어서 선진시기와 송명시기의 연결고리였던 양한시기의 인성론은 학술사적으로 매우 중요한 위치를 점하고 있으며,

---

1 樊浩, 『中國倫理精神的歷史建構』, 南京, 江蘇人民出版社, 1992년, 249쪽 참조.
2 陳拱, 『王充思想評論』, 臺北, 臺灣商務印書館, 1996년, 160～161쪽 참조.

사상적 측면에서 볼 때도 선진시대와 양한시대의 인성론을 총체적으로 비판 정리했다는 점에서 충분히 그 가치가 있다고 생각한다.

이상과 같은 왕충의 인성론에 관하여 본문에서는 선대 학자들의 이론 비판과 인성의 선악문제와 사회적 윤리교화 문제를 중심으로 논의를 진행해 나가보도록 하겠다.

2. 선대학자들의 이론 비판

왕충은 『논형論衡』에서 인성의 선악문제에 대하여 언급하면서 이전 시대의 사상가들의 주장에 대하여 비판적인 견해를 내놓는다. 왕충의 관념 속에서는 과거 학자들의 이론은 대부분 결함이 있거나 부족한 점들이 있는 것으로 비쳐졌다. 그는 「본성本性」 편에서 세석·맹자·고자·순자·육가·동중서·유향 등의 인성론에 대하여 비평을 했다. 그 가운데 세석과 공손니자公孫尼子 문도들의 이론만이 비교적 정확하다고 하였을 뿐 그 외의 사상가들의 이론에 대해서는 비판을 했다.

먼저 세석世碩의 인성 유선유악설有善有惡說에 대한 왕충의 견해를 살펴보면, 왕충의 인성론 역시 세석의 인성 유선유악설과 대부분 비슷한 형태를 지니고 있음을 알 수 있다. 아울러 왕충은 이러한 인성론에 음양의 이론과 선악의 문제를 상호 관련짓는다.

> 주나라 사람인 세석은 인간의 본성에는 선과 악이 있으므로 선한 본성을 배양하여 이끌어 주면 선해지고 악한 본성을 길러 주면 악해진다고 여겼다. 이와 같이 성정에는 음양의 두 측면이 있으며 선악은 이 가운데 어떤 측면을 길러주는가에 달려 있다. 그렇기 때문에 세석은 『양서』를 지었다. 복자천·칠조개·공손니자 문도들 역시 성정을 논의했는데, 이들의 견해와 세석의 견해는 차이점이 있

지만 모두 성에 선악이 있다고 주장한 점은 동일하다.[3]

다음 맹자의 성선설에 대한 왕충의 비판을 살펴보면, 왕충은 맹자의 성선설에 대하여 역사적인 인물들을 사례로 들어서 반박을 한다. 즉 그는 세석의 이론을 기초로 하여 은나라의 주임금과 진나라의 양설사아와 요임금의 아들인 단주 및 순임금의 아들인 상균이 모두 어질고 선한 사람들과 접촉했음에도 불구하고 오히려 더욱 악행을 저지른 사례를 들어서 맹자가 인간의 본성은 모두 선한 것이고 선하지 않은 것은 외부적인 환경의 요인에 의해서 그렇다고 하는 주장은 성립될 수 없는 것이라고 했다.

> 맹자의 말대로라면 사람이 어릴 때는 모두 선한 것이다. 미자는 "나는 언젠가 어린 왕자인 주를 평가하여 그다지 훌륭하지 못하다."고 하였다. 미자는 주가 어렸을 때부터 그의 선하지 못한 성품을 보아왔다……양설사아가 갓 태어났을 때 할머니 숙희가 그를 보려고 대청까지 갔다가는 아이의 울음소리를 듣고 돌아가면서 "울음소리가 승냥이나 이리 소리 같다. 마음이 야수와 같아서 육친을 돌보지 않을 것이니, 이 아이가 반드시 양설 씨를 멸망시킬 것이다."라고 하며 보려고 하지 않았다……주의 악함은 어린아이 때부터였고 사아의 난은 갓 태어났을 때의 울음소리에서 그 징조가 보였다. 갓 태어난 어린아이는 사물과 접촉하지도 않았는데 누가 나쁜 짓을 하게 하였는가? 단주는 요임금의 궁실에서 태어났고, 상균은 순임금의 궁실에서 태어났다. 요순시절에는 집집마다 행실이 선하여 관직을 줄만 하였으니, 교류하는 사람들의 본성도 틀림없이 착했을 것

---

3 『論衡』, 「本性」, "周人世碩以爲人性有善有惡, 擧人之善性, 養而致之則善長; 性惡, 養而致之則惡長. 如此, 則性各有陰陽, 善惡在所養焉. 故世子作養書一篇. 密子賤·漆雕開·公孫尼子之徒, 亦論情性, 與世子相出入, 皆言性有善有惡."

이다. 두 임금 곁에는 틀림없이 어진 신하가 많았을 것이다. 두 제왕의 옆에도 반드시 현자가 많았을 것이다. 그러나 단주는 오만하고 상균은 포악하여 모두 제위를 잃고 대대로 교훈이 되었다.[4]

또한 왕충은 맹자가 사람의 마음이 깨끗하면 눈동자가 맑고 마음이 탁하면 눈동자가 흐릿하다고 하는 사례를 들어서 인간 마음의 맑고 탁함과 선악을 설명한 것에 대하여 결코 그렇지 않다고 했다. 왕충은 인간의 눈동자의 맑음과 탁함은 선천적으로 타고 난 것이지 성장한 이후에 변하게 된 것은 아니라고 하여, "본성은 원래 자연적인 것이며, 선악은 품수 받은 기의 성질에 따라 결정된다."[5]라고 주장했던 것이다. 그러나 맹자의 성선설 가운데 인간이 악행을 하게 되는 이유가 외부적인 환경의 영향으로 인해서 사사로운 이익이나 정욕에 물들어서 마음이 험악해지고 행동이 그릇되는 것이라고 하는 것에 대하여 왕충은 긍정적인 태도를 취한다.

맹자가 언급한 성정에 대한 이론은 실제 상황과 부합하지 않는다. 그러나 본성이 선하다는 이론에도 이유는 있다. 한 살 된 영아는 원래 다투는 마음이 없으나, 자라면서 사사로운 이익이나 정욕에 물들어서 마음이 험악해지고 행동이 그릇되기 때문이다.[6]

---

4 『論衡』, 「本性」, "若孟子之言, 人幼小之時, 無有不善也. 微子曰: '我舊云孩子, 王子不出.' 紂爲孩子之時, 微子睹其不善之性,⋯⋯羊舌食我初生之時, 叔姬視之, 及堂, 聞其啼聲而還, 曰: '其聲豺狼之聲也. 野心無親, 非是莫滅羊舌氏.' 遂不肯見⋯⋯.紂之惡在孩子之時; 食我之亂見始生之聲. 孩子始生未與物接, 誰令悖者? 丹朱土於唐宮, 商均生於虞室, 唐虞之時, 可比屋而封, 所與接者必多善矣. 二帝之旁, 必多賢也. 然而丹朱傲, 商均虐, 並失帝統, 歷世爲戒."

5 『論衡』, 「本性」, "性本自然, 善惡有質."

6 『論衡』, 「本性」, "孟子之言情性, 未爲實也. 然而性善之論, 亦有所緣. 一歲嬰兒, 無爭奪之心, 長大之後, 或漸利色, 狂心悖行, 由此生也."

다음 고자의 인성 무선무악설無善無惡說에 대한 왕충의 비판을 살펴보면, 왕충은 고자가 언급한 인성에 선악의 구분이 없다고 하는 것에 대하여 고자가 단지 중등의 자질을 갖춘 사람들의 본성에 대해서만 언급했을 뿐이라고 여겼다. 아울러 고자가 제기한 흐르는 물의 비유를 들어서 본성의 선악 구별이 없다고 하는 주장에 대해서도, 인간이 태어났을 때 선악의 조짐을 발견할 수 있는 것이기 때문에 후천적으로 형성된 선악에 대해서 해석할 수 없는 것이라고 했다. 이외에도 왕충은 고자의 이론은 최고의 선과 극단적인 악을 지닌 사람에게는 해당 되지 않는 것이라고 했다.

> 고자의 말은 인간의 성품은 물과 같다는 것이다. 가령 본성이 물과 같아서 물이 충분히 본성에 비유될 수 있다고 하자. 그렇다면 쇠가 쇠인 것은 본성이 쇠이기 때문이며 나무가 나무인 것은 본성이 나무이기 때문인 것처럼, 인간이 선한 것은 선한 품성에서 나오고 악한 것도 악한 품성에서 나온다. 인간이 처음 천연의 모습을 받을 때 순수한 천연의 본질을 받기 때문에, 태어날 때 징조가 나타나고 선악을 살필 수 있다. 선악이 구분되지 않아서 변화시킬 수 있는 것은 보통 사람을 말하니, 선하지도 않고 악하지도 않아서 교화가 있어야 선을 행하는 사람이다. 그러므로 공자는 "중등 이상의 재질을 갖춘 사람에게는 큰 도리를 말해줄 수 있지만 중등 이하의 재질을 지닌 사람에게 큰 도리를 말할 수 없다."고 하였다. 고자가 물길을 트는 것으로 비유한 본성은 보통 사람의 본성을 말할 뿐이며, 최고의 선과 극단의 악을 지닌 사람에게는 해당 되지 않는다.[7]

7 『論衡』, 「本性」, "夫告子之言, 謂人之性與水同也. 使性若水, 可以水喻性, 猶金之爲金, 木之爲木也. 人善因善, 惡亦因惡, 初稟天然之姿, 受純壹之質, 故生而兆見, 善惡可察. 無分於善惡, 可推移者, 謂中人也, 不善不惡, 須教成者也. 故孔子曰: '中人以上, 可以語上也; 中人以下, 不可以語上也.' 告子之以決水喻者, 徒謂中人, 不指極善極惡也."

기본적으로 왕충은 고자가 언급한 인성에는 선함도 없고 악함도 없다고 하는 것은 단지 중등의 자질을 갖춘 사람들의 본성을 말하는 것일 뿐이라고 생각했다. 이러한 인성에 선함이나 악함이 없는 사람은 반드시 교육을 통하여 선하게 될 수 있다고 한 점으로 미루어 볼 때, 왕충이 사실상 후천적인 학습과 교육을 통하여 본성은 선하게 될 수 있다고 하는 것에 대하여 긍정했음을 알 수 있게 되는 것이다.

다음 순자의 성악설에 대한 왕충의 비판을 살펴보면, 왕충은 증거를 제시하는 방식으로 순자가 주장한 성악설을 신랄하게 비판한다. 왕충은 이러한 성악설이 맹자의 성선설과 마찬가지로 인성에 존재하는 진실한 모습을 궁극적으로 보여주지 못한다고 생각했다. 그는 성악설로는 인성 속에 존재하는 선천적으로 선한 본성을 해석할 수 없다고는 했으나, 인간의 정욕에 대해서도 부정하지 않았으며 성장한 후에는 감정을 억제하고 욕망을 없애고 힘껏 노력해야 선해진다고 하는 사실 역시 부정하지 않았다.

> 순자의 말대로라면 사람이 어릴 때는 선함이 없는 것이다…… 순자의 말은 사실과 맞지 않다. 그러나 본성이 악하다고 하는 말에도 이유가 있다. 한 살 된 영아는 헤아리고 사양하는 마음이 없어서 먹을 것을 보면 울면서 먹으려고 하며, 좋은 것을 보면 울면서 갖고 놀려고 한다. 성장한 후에는 감정을 억제하고 욕심을 없애고 힘껏 노력하여서야 선해진다. 유자정은 이를 비난하여 "이와 같다면 하늘의 기가 음과 양으로 분별되지 않는다. 음과 양, 선과 악이 상응하지 않는다면 사람의 선한 품성은 어디서 나오는 것인가?"라고 한다.[8]

---

8 『論衡』, 「本性」, "若孫卿之言, 人幼小無有善也.……夫孫卿之言, 未爲得實. 然而性惡之言, 有緣也. 一歲嬰兒, 無推讓之心, 見食, 號欲食之; 睹好, 啼欲玩之. 長

다음 육가의 예의가 본성이 되는 것이라고 하는 주장에 대한 왕충의 비판을 살펴보면, 왕충은 육가가 말하는 천지는 예의를 인간의 본성으로 하여 인간을 낳았다고 하는 것과 인간은 반드시 자신이 받은 명命을 살펴야 만이 선하게 될 수 있다고 하는 주장에 대하여 이론적으로 완전하지 못한 주장이라고 생각했다. 그는 인간이 비록 자신이 받은 명을 살필 수 있는 자각능력을 가지고 있기는 하지만, 인식할 수 있다고 해서 반드시 실천할 수 있는 것은 아니기 때문에 선한 말을 할 수 있는 사람이 반드시 선한 행위를 하는 것은 아니라고 했다. 그렇기 때문에 육가의 주장은 선악의 문제를 설명하기에는 부족한 것이라고 비판했던 것이다.

> 육가는 사람이 예의의 성을 갖추고 태어나며, 또한 자신이 명을 받게 된 근원을 살필 수 있다고 생각하는 것이다. 본성이 선한 자는 살피지 않아도 자연히 선하다. 본성이 악한 자는 아무리 살필 수 있다 해도 예의에 어긋난다. 예의는 선한 본성에서 나오는 것으로서 인위적으로 얻을 수 없다. 따라서 탐욕스러운 자도 청렴한 것에 대해 말할 수 있고, 혼란을 야기 하는 자도 질서에 대해 말할 수도 있다. 도척도 남이 훔치는 것을 비난하며, 장요도 남이 탐욕스러운 것을 질책한다. 명확하게 자신을 살필 수 있고 입으로 현명함에 대해 논할 수 있으나, 성품이 나빠서 스스로 실행할 수 없다면 선을 행하는 데 무슨 도움이 되겠는가? 육가의 말은 실상과 맞지 않다.[9]

大之後, 禁情割欲, 勉厲爲善矣. 劉子政非之曰: '如此, 則天無氣也. 陰陽善惡不相當, 則人之爲善, 安從生?'."

9 『論衡』, 「本性」, "夫陸賈知人禮義爲性, 人亦能察己所以受命. 性善者不待察而自善; 性惡者雖能察之, 猶背禮畔義. 義挹於善不能爲也. 故貪者能言廉, 亂者能言治. 盜跖非人之竊也, 莊蹻刺人之濫也, 明能察己, 口能論賢, 性惡不爲, 何益於善? 陸賈之言, 未能得實."

다음 동중서의 본성은 선하고 정은 악하다고 하는 주장에 대한 왕충의 비판을 살펴보면, 왕충은 동중서의 인성론에 대한 주장이 순자와 맹자의 인성론을 종합한 것이라고 생각했다.[10] 왕충은 동중서가 맹자는 음양 가운데 양의 측면만을 보고 순자는 음의 측면만을 보았기 때문에 두 사상가는 각자의 견해와 중점적으로 치중하는 부분이 있는 것으로 보는 한편 동중서는 한걸음 더 나아가 성과 정을 구분하여 성은 양이며 선한 것이 되고 정은 음이며 악한 것이 된다고 하는 것을 주장했다고 보았으며, 이러한 주장은 타당성이 있는 것이라고 생각했다. 그러나 실제로 인성이 성과 정으로 나누어진다고 하는 것에 대하여 분석을 해보면, 성과 정은 제각기 선악을 가지고 있으며 인간은 음양이기의 조화로 인하여 생성된 존재이기 때문에 인간에게는 마땅히 선과 악이 혼재되어 있어야만 한다는 것이다. 또한 인간은 하늘이 낳았고 음양을 다 갖추고 있으며 선과 악이 서로 혼재되어 있는 존재이기 때문에 순수하게 선할 수는 없다고 하는 것이다.

> 동중서의 말대로라면 맹자는 양을 보았고 순자는 음을 보았다는 것이다. 두 사람이 제각기 다른 시각을 지녔다고 판단하는 것은 괜찮다. 그러나 사람의 성정에 선도 있고 악도 있다는 생각을 하지 못한 점은 옳지 않다. 사람의 성정은 모두 음양에서 생기며, 음양에서 생긴 것에는 두텁고 얇은 정도의 차이가 있다. 옥은 돌에서 생긴 것인데 순수한 것과 잡박한 것이 있다. 성정은 음양에서 생긴 것인데, 어떻게 순수하게 선하기만 하겠는가? 동중서의 말은 사실과 맞지 않다.[11]

10 田昌五, 『王充及論衡』, 北京, 三聯書店, 1958년, 148쪽 참조.

11 『論衡』, 「本性」, "若仲舒之言, 謂孟子見其陽, 孫卿見其陰也. 處二家各有見,可也; 不處人情性情性有善有惡, 未也. 夫人情性, 同生於陰陽, 其生於陰陽, 有渥有泊. 玉生於石, 有純有駁; 情性於陰陽, 安能純善? 仲舒之言, 未能得實."

끝으로 유향의 인성은 내재하는 것이고 정은 외재하는 것이라고 하는 주장에 대한 왕충의 비판을 살펴보면, 왕충은 유향이 본성과 정을 둘로 나누어서 본성은 본래적으로 구비되어 있는 아직 발현되지 않은 것이 되고, 정은 아직 사물에 접촉하지 않은 외형적인 것이 된다고 하여 내외의 구분과 음양의 방식으로 본성을 언급했다고 생각했다. 즉 왕충은 유향이 동중서와는 완전히 상반 되게 본성은 음이 되고 정은 양이 된다고 하는 주장을 하며, 내외의 발현과 발현하지 않음으로써 본성과 정을 설명해서 본성이 발현하는 실제적인 부분을 누락시켰다고 생각했다. 심지어 왕충은 유향이 본성과 정의 내외와 음양의 문제만을 언급할 뿐 선악의 문제에 대해서는 전혀 주의를 기울지 않았기 때문에 선악의 문제에 대하여 명확한 판단을 내릴 수 없다고 생각했다.

> 유향의 말대로라면 정은 바로 양이고 성은 음이다. 이러한 견해는 성정이 나온 근원에 의거하여 논의한 것이 아니라, 단지 외부적으로 드러난 것이냐 드러나지 않은 것이냐에 따라 음과 양을 정한 것이다. 반드시 외부로 표출되는 것을 양이라고 한다면, 성 또한 외물과 접촉하여 발현되기 때문에 급박한 때나 어려운 상황에서도 본성을 벗어나지 말아야 한다. 측은해 하고 차마 하지 못하는 마음은 인仁의 기운이다. 겸손하고 사양하는 것은 성의 발현이다. 외물과 접촉했기 때문에 측은해 하고 겸양하는 마음이 외면으로 표출된다. 성은 내면에 있고 외물과 접촉하지 않는다고 하는 것은 사실이 아니다. 성의 선악을 논하지 않고 다만 내면에 있느냐 발현되었느냐를 음양이라고 논하는 것은 이치상 이해하기 힘들다. 또한 유향의 말대로 성을 음이라 하고 정을 양이라고 한다면, 사람이 타고난 본성에 결국 선악이 있다는 것인가 없다는 것인가?[12]

3. 인성의 선악문제와 사회적 윤리교화

왕충은 선대학자들의 인성론에 대하여 비판을 한 후에 인성의 선악문제에 대하여 자신의 견해를 내놓는다.

> 사실상 사람의 본성에 선이 있고 악이 있는 것은 사람의 재질에 높고 낮은 차이가 있는 것과 같다. 높은 재주는 낮아질 수 없고, 낮은 재주는 높아질 수 없다. 사람의 본성에 선악이 없다고 하는 것은 사람의 재질에 높고 낮음이 없다고 하는 것이다. 하늘로부터 성을 받는 것과 명을 받는 것은 동일한 사실이다. 명에는 귀천이 있고, 성에는 선악이 있다. 사람의 본성에 선악이 없다고 하는 것은 사람의 명에 귀천이 없다고 하는 것이다……나는 맹자가 말한 본성이 선한 사람은 보통 사람 이상의 재질에 해당하고, 순자가 말한 인성이 악한 사람이란 보통 사람 이하의 재질을 지닌 자에 해당하며, 양웅이 말한 인성에 선악이 혼재해 있는 사람은 보통 사람이라고 생각한다. 이상의 이론들이 경서의 도리와 부합된다면 교화를 행하기 위한 논거는 될 수 있으나, 성을 규명하는 원리로는 충분하지 못하다.[13]

왕충의 인성론 문제에 대한 견해는 새로운 주장이라고 말하기는 힘

---

12 『論衡』, 「本性」, "大如了政之言, 乃謂情爲陽, 性爲陰也. 不據本所生起, 苟以形出與不發見定陰陽也. 必以形出爲陽, 性亦與物接, 造次必於是, 顚沛必於是. 惻隱不忍, 不忍仁之氣也. 卑謙辭讓, 性之發也, 有與接會, 故惻隱卑謙, 形出於外. 謂性在內, 不與物接, 恐非其實. 不論性之善惡, 徒議外內陰陽, 理難以知. 且從子政之言, 以性爲陰, 情爲陽, 夫人稟情, 竟有善惡不也?"

13 『論衡』, 「本性」, "實者人性有善有惡, 猶人才有高有下也, 高不可下, 下不可高. 謂性無善惡, 是謂人才無高下也. 稟性受命, 同一實也. 命有貴賤, 性有善惡. 謂性無善惡, 是謂人命無貴賤也.……余固以孟軻言人性善者, 中人以上者也; 孫卿言人性惡者, 中人以下者也; 楊雄言人性善惡混者, 中人也. 若反經合道, 則可以爲教; 盡性之理, 則未也."

들다고 할 수 있으며, 단지 세석이나 공손니자 등이 주장한 인성 유선유악설有善有惡說 즉 선함도 있고 악함도 있다고 하는 견해와 상당부분에 걸쳐 유사성을 발견할 수 있다. 왕충의 인성론에 대한 견해를 살펴보면 그는 사실에 기인하여 인성의 선함과 악함에 관한 제반의 주장에 대하여 비판한다. 그러나 왕충은 사정은 인식하기 쉬워도 그 배후의 이치는 논의하기 힘들다고 하는 신념으로 주도면밀한 이론체계라 할지라도 모든 사실을 다 포함할 수 없다는 것을 굳게 믿었다.

왕충은 여러 선대학자들의 인성론에 대한 견해들이 비록 인성의 도리를 다 규명하기에는 부족하고 생각했지만, 그러한 견해들 모두는 교화의 이론을 형성할 수는 있는 것이라고 여겼다. 그렇기 때문에 왕충은 인간으로써 사실상 존재의 현상을 삼는다. 즉 인간이 선함도 있고 악함도 있는 존재라는 사실로서 각종 인성론을 검토하는 작업을 진행해나갔으며, 세석과 공손니자의 견해를 선택하여 그것에 음양론을 합치시켜 각종의 인성론을 비판적으로 검토했던 것이다. 이러한 과정을 거쳐 왕충이 최종적으로 도출한 결론은 맹자와 순자의 인성론이 "경서의 도리와 부합 된다면, 교화를 위한 논거가 될 수 있다."고 여긴 것이다. 그러나 왕충은 어떤 특정한 이론이 완벽해서 그것을 비평할 수 없는 인성론은 없는 것이라고도 했다.

왕충의 인성론에 대한 견해는 기본적으로 '생지위성生之謂性'의 전통을 계승했다고 볼 수 있으나, 그것을 하늘에서 원기를 부여 받아 생성된 것이라고 생각한 것은 전통의 인성론 관점과 약간의 차이가 있다고 할 수 있다. 그렇다면 천지의 음양이기陰陽二氣를 부여 받아 생성된 본성에 어떻게 선과 악의 문제가 있을 수 있는 것인가? 라고 하는 의문에 왕충은 기氣의 개념을 사용하여 인성의 선악문제에 관하여 대답을 하는데, 이는 천인감응 이론과 참위 및 재이 등의 사상이 지배적인 위치를 점하고 있었던 한대 사회에서 매우 중요한 의미를 갖게 되는 것이라고 할 수 있다.

왕충은 인간이 선천적으로 선할 수도 있고 악할 수도 있다고 생각했지만, 선천적으로 선악이 겸재 되어 있을 수도 있다고 여겼다. 그는 각 개인들 자신의 선하거나 악하거나 하는 특성은 하늘로부터 인간에게 내려준 것이 아니라 인간이 어머니의 태내에 있을 때 자연히 기를 부여 받아 생긴 것이라고 했다. 즉 부여 받은 기의 두텁고 얇은 차이에 따라서 인간의 자질 역시 선함과 악함의 구별이 있게 된다는 것이다.

> 부여받는 기에 두텁고 얇음의 차이가 있기에 본성에 선악이 있는 것이다. 잔인하고 난폭한 사람의 경우는 인仁의 기를 적게 받았으며, 과감한 사람의 경우는 용勇의 기를 두텁게 받은 것이다. 인의 기가 박하면 간특하고 자애가 적으며, 용의 기가 짙으면 사납고 의義가 없으며, 또 조화로운 기가 부족하면 즐거워하고 화내는 것이 때에 맞지 않고 생각이 가볍고 어리석다. 경망스럽게 행동하는 사람은 고의로 악한 행동을 하는 것이 아니다. 사람이 오상五常의 기를 받으면 오장五臟에 포함되니 모두 신체에 갖추어져 있다. 받은 기가 박하고 적기 때문에 선한 사람의 행실에 미치지 못하니, 마치 술마다 진하고 연한 차이가 있는 것과 같다. 술이 진하고 연한 것은 양조법이 달라서가 아니라, 누룩의 양에 따라 그런 것이다. 술에 진하고 연한 농도의 차이는 있지만 누룩에서 만들어졌다는 것은 마찬가지다. 사람의 선과 악도 같은 원기에 바탕 한다. 부여받은 기에 많고 적은 차이가 있으므로 현명하고 어리석은 성품의 차이가 생긴다.[14]

---

14 『論衡』, 「率性」, “稟氣有厚泊, 故性有善惡也. 殘則授不仁之氣泊, 而怒則稟勇渥也. 仁泊則戾而少愈, 勇渥則猛而無義, 而又和氣不足, 喜怒失時, 計慮輕愚. 妄行之人, 罪故爲惡. 人受五常, 含五臟, 皆具於身. 稟之泊少, 故其操行不及善人, 猶或厚或泊也, 非厚與泊殊其釀也, 麴蘖多少使之然也. 是故酒之泊厚, 同一麴蘖;

이론적인 측면에서 보았을 때, 왕충은 기를 부여받음의 두텁고 얇음이라고 하는 관념의 제기를 통하여 인간에게 선함과 악함의 자질적인 차이가 있다는 사실을 설명하고 있는데,[15] 이러한 왕충의 주장에는 다음과 같은 몇 가지의 문제점이 존재하고 있다고 말할 수 있다.

먼저 두터움과 얇음이라고 하는 개념은 매우 추상적이고 막연한 개념이라는 것이다. 얼마나 두터워야 만이 두터운 것이고 또 얼마나 얇아야 만이 얇다고 말할 수 있는 것인가? 이러한 두텁고 얇다고 하는 관념을 운용하는 가운데 왕충은 계량화 된 판단기준을 만들지 못했다고 볼 수 있다.

다음 부여받은 기의 두터움 얇음과 선함 악함의 내재적인 관련성에 대한 설명 및 근거가 명확하지 못하다는 것이다. 얼마나 어떻게 두터운 것을 선한 것이라고 말할 수 있으며, 또한 얼마나 어떻게 얇은 것을 악한 것이라고 말할 수 있는 것인가?

끝으로 기氣는 자연적 물질적인 성질의 존재일 뿐인데 어떻게 선함과 악함이 있을 수가 있는 것인가? 어떻게 음양이기 자체에 선함과 악함이 이미 존재하지 않겠는가? 왕충의 천인감응 이론에 대한 견해에 비춰 볼 때, 그가 천과 인간 사이에는 상호 감응을 할 수 있다는 사실을 긍정한 것이 아닌가?

이상과 같이 왕충의 주장에 비록 여러 문제점들이 존재하고는 있지만, 사회비판의 각도에서 본다면 왕충은 운명과 본성을 구분해서 언급하고자 했으며 또한 그는 이러한 본성과 운명 둘을 종합하여 본성이 일단 형성되면 운명이 결정된다性成命定고 하는 주장을 했다. 이러한 주장에는 인간의 본성과 운명은 모두 우연적이고 무의지적인 자연

人之善惡, 共一元氣. 氣有少多, 故性有賢愚."

15 陳正雄, 『王充學術思想述評』, 臺北, 文津出版社, 1987년, 232쪽 참조.

의 기에서 온다고 하는 것을 강조하는 의미를 내포하고 있다. 또한 이와 같은 왕충의 주장은 당시 사회에 보편적으로 유행하고 있었던 인간의 부귀와 빈천이라고 하는 사회적 지위는 바로 하늘이 인간의 성품과 재능에 대하여 내려준 보답이라고 하는 즉 하늘은 선악에 대한 대갚음을 한다고 하는 관념을 반박하기 위한 것이었다.

위에서 언급한 것과 같은 관념 즉 하늘은 선악에 대한 대갚음을 한다고 하는 관념이 야기한 사회적 가치판단을 타파하기 위하여 왕충은 기일원론氣一元論의 자연주의적 관점을 운용하여 인간이 살아가면서 맞이하게 되는 재앙과 축복·부귀와 빈천·국가의 치란 및 인성의 선악 등의 문제에 대한 회답을 제시한다. 바꿔 말하자면, 왕충이 인성론에 대하여 진행한 비판과 논의의 초점은 이론적으로 상세한 인성론을 수립하는데 있지 않고 비판을 위한 비판이었던 것으로, 사회의 기존 가치를 비판하기 위해서 부득불 사회적 가치의 핵심문제에 대하여 논의를 진행해 나갔던 것이다. 그렇기 때문에 왕충의 인성론에 대한 논의의 중점은 사회개혁이라고 하는 이상을 달성하기 위함에 있었다고 보는 것이 타당하다고 볼 수 있는 것이다. 아울러 왕충의 인성의 실질적인 의미를 정확하게 이해하기 위해서는 반드시 사회적 맥락 속에서 조명할 때에 만이 비로소 그의 인성론의 요체를 발견할 수 있게 되는 것이라고 할 수 있다.

왕충의 인성론과 관련한 논의의 대부분은 사회적 윤리교화의 주장과 매우 밀접하게 관련되어져 있다고 말할 수 있다. 즉 왕충의 인성론에 관한 논의의 초점은 바로 인간사회 공동체의 규범·생활·조직·협력 측면에서 인성의 중요성을 고찰한 것이라고 할 수 있다. 이러한 왕충의 인성론은 바로 인성이 어떻게 사회 속에서 실현될 수 있을 것인가라고 하는 실천의 문제에 관심이 집중되어져 있었던 것이다.

> 성정은 사람을 다스리는 근본이며, 예악은 이에 근거하여 만들어진 것이다. 그래서 성정을 극단까지 고찰한 결과, 예의로 그것을 방비하고 음악으로 절도 있게 하였다. 본성에는 겸양하고 사양함이 있어서 예를 제정하여 마땅하게 발휘하게 하였고, 정서에는 좋고 싫음과 기쁨 성냄 슬픔 즐거움이 있어서 음악을 제정하여 조심스럽게 나타나도록 하였다. 예의가 제정되고 음악이 만들어진 근거는 정서와 본성이다.[16]

『논형論衡』의 「솔성率性」편에서 왕충은 인간의 본성은 교화를 통하여 바뀔 수 있다고 하는 점을 중점적으로 언급했다. 왕충은 인간이 부여받은 오상五常의 본성은 기氣가 형성한 것이라고 생각했기 때문에 비록 "부여받은 기에 두텁고 얇음이 있기에 본성에 선악이 있는 것이다."라고 할지라도 그는 인간의 선하고 악한 본성은 변화될 수 있는 것이라고 했다.[17]

> 사람의 본성을 논하면 선한 사람이 있고 악한 사람이 있다. 선한 사람은 본래부터 선한 것이며 악한 사람도 교육과 가르침, 인도와 노력을 통해서 선하게 만들 수 있다. 모든 군주와 아비 되는 이들은 신하와 자식의 성품을 자세히 살펴서, 선하다면 길러주고 힘껏 이끌어 주어서 악을 가까이하지 않게 하며, 악하다면 단속하고 도와주어서 점점 선해지도록 해야 한다. 선이 점점 악에 스며들어 악이 선으로 바뀌면 천성에서 나온 행동같이 된다……사람의 본성은 이처럼 선이 악으로 될 수 있고, 악이 선으로 될 수 있다.[18]

---

16 『論衡』, 「本性」, "情性者, 人治之本, 禮樂所由生也. 故原情性之極, 禮爲之防, 樂爲之節. 性有卑謙辭讓, 故制禮以適其宜; 情有好惡喜怒哀樂, 故作樂以通其敬. 禮所以制, 樂所爲作者, 情與性也."

17 鍾肇鵬, 周桂鈿, 『桓譚 王充評傳』, 南京, 南京大學出版社, 1993년, 343쪽 참조.

18 『論衡』, 「率性」, "論人之性, 定有善有惡. 其善者, 固自善矣; 其惡者, 故可教告率

왕충은 인간의 선하고 악한 본성을 바꿀 수 있는 것은 교육과 법률 제도라고 하는 강력한 제도적 장치에 의해서 가능하다고 생각했다. 또한 왕충은 인성 가운데의 선한 부분은 악하게 될 수도 있고, 악한 부분 역시 선하게 될 수도 있는 것이기 때문에 인성문제에 대하여 논의를 할 때는 인성의 선하고 악함에 대해서만 알아서는 안 된다고 하였다. 그는 더나가 반드시 적극적으로 교화를 실시함으로써 "길러주고 힘껏 이끌어줌"·"단속하고 도와줌"의 단계에 까지 도달해야 한다고 하였다. 인간사회 속에서 이러한 임무 등을 담당하여 사람들이 선함을 실현하여 이룰 수 있도록 도와주는 것은 바로 학교의 교육과 법률에 의한 금지와 단속에 있는 것이다.

> 학교는 앞으로 나아가도록 힘쓰게 하고 법은 퇴보하는 것을 막기 때문에, 단주와 같은 성정이라도 선을 향해 노력하도록 할 수 있게 만든다.[19]

교화를 중시했으니 그 다음으로는 이상적인 인격의 본보기를 제시해야 하는데, 왕충은 이에 대하여 역사상 출현했던 고대의 성현들과 폭군들을 본보기 사례로 들어서 그들의 선한 부분은 거울삼기에 충분하고 악한 부분은 경계하기에 충분하다고 생각했다. 또한 그는 이러한 사례들을 절대로 홀시해서는 안 된다고 강조하기도 했다.

> "요임금과 순임금의 백성들은 집집마다 벼슬할 만하며, 걸과 주

勉, 使之爲善. 凡人君父, 審觀臣子之性, 善則養育勸率, 無令近惡; 近惡則輔保禁防, 令漸於善. 善漸於惡, 惡化於善, 成爲性行.…… 人之性, 善可變爲惡, 惡可變爲善."

19 『論衡』, 「率性」, "學校勉其前, 法禁防其後, 使丹朱之志, 亦將可勉."

> 의 백성들은 집집마다 죽임을 당할만하다. 이러한 백성들을 삼대(하·상·주)에는 도리에 따라 살게 할 수 있었다."고 전한다. 성왕이 다스리는 백성은 이렇게 되고 악한 군주하의 백성은 저렇게 된, 결국 교화에 달린 것이며 본성에 달린 것이 아니다. 백이의 풍격을 듣고 탐욕스런 사람은 청렴해지고 연약한 사람은 견고한 뜻을 세웠으며, 유하혜의 풍격에 대해 듣고 각박한 사람은 후해지고 편협한 사람은 관대해졌다.[20]

그밖에도 왕충은 인성이 본성을 실현하는 가운데 선함의 발전과 전환과정 속에서 환경의 영향은 상당히 주의할 만한 가치가 있다고 생각했다.

> 쑥이 마麻 틈에서 나면 붙들지 않아도 자연히 곧게 되고, 흰 비단이 검은 물감에 들어가면 염색하지 않아도 저절로 검어진다. 쑥의 본성은 곧지 않고 비단의 바탕은 검지 않지만, 마가 지탱해 주면 곧게 되고 검은 것에 물들면 검게 된다. 사람의 본성은 쑥이나 흰 비단과 같아서 점점 선이나 악으로 물들어 가는 것이다.[21]

왕충은 선천적으로 선한 자질을 구비하고 있는 사람이 좋지 않게 변해서 악하게 될 수 있다고 보았으며, 선천적으로 악한 자질을 구비하고 있는 사람이 일정한 교화를 거쳐서 좋은 방향으로 변하여 선하게 될 수 있다고 생각했다. 동시에 왕충은 악한 성품에서 변하여 선한 성품이 된 것과 선천적으로 선한 성품에서 변하여 악한 성품이 된 것

---

20 『論衡』, 「率性」, "傳曰 : '堯舜之民, 可比屋而封; 桀紂之民, 可比屋而誅.', '斯民也, 三代所以直道而行也.' 聖主之民如彼, 惡主之民如此, 竟在化不在性也. 聞伯夷之風者, 貪夫廉而懦夫有立志; 聞柳下惠之風者, 薄夫敦而鄙夫寬."

21 『論衡』, 「率性」, "蓬生麻間, 不扶自直; 白紗入緇, 不練自黑. 彼蓬之性不直, 紗之質不黑, 麻扶緇染, 使之直黑. 夫人之性猶蓬紗也, 在所漸染而善惡變矣."

에는 기본적인 과정에서는 차별이 없는 것으로 모두가 점점 물들게 된 영향을 받은 것이라고 생각했다. 그렇기 때문에 선천적으로 선한 본성이나 악한 본성이나 또는 선함도 있고 악함도 있다고 하는 것을 막론하고 모두가 반드시 교화의 점진적인 세례를 거쳐야만 한다는 것이다.[22]

왕충은 운명과 본성은 모두가 부여받은 기의 두텁고 얇음의 차이와 우연적으로 결정되는 것이라고 생각했기 때문에 본성이 일단 형성되면 운명이 결정된다고 하는 관념을 제기한 것이다. 그의 이러한 관념은 자연히 광범위한 주관적 능동성이 결여되어 있는 비관적이고 소극적인 숙명론으로 취급되었다. 그렇기 때문에 왕충은 교화의 필요성을 강조하면서 인간이 스스로의 본성 가운데의 선함을 실현하는 것에 대하여 부여받은 것이 어떠한 것이든지 반드시 준수해야 하며 노력하여 실천해야만 한다고 강조했다.[23]

왕충의 인성론을 사회비판의 각도에서 조명하는 가운데, 『논형』의 「솔성」과 「본성」 등의 편에서 왕충의 인성과 관련하여 악한 본성을 변화시켜 인문의 작위를 일으켜 선함을 이룬다고 하는 주장의 측면은 순자의 「권학」 편에서 찾아볼 수 있는 관점의 연속이라고 할 수 있으며, 후천적인 인위의 노력에 대하여 긍정을 한 것이라고 할 수 있는 것이다.

4. 맺는 말

이상과 같이 왕충의 인성론에 대하여 선대 학자들의 이론 비판과

22 田昌五, 『王充及論衡』, 北京, 三聯書店, 1958년, 149쪽 참조.
23 祝瑞開, 『兩漢思想史』, 上海, 上海古籍出版社, 1989년, 319～320쪽 참조.

인성의 선악문제와 사회적 윤리교화 문제를 중심으로 논의를 진행해 보았는데, 이를 정리하면 다음과 같다.

왕충은 세석의 인성에는 선함도 있고 악함도 있다고 하는 주장에 대하여 그것이 자신의 인성론과 대부분 비슷한 형태를 지니고 있다고 생각했으며, 한걸음 더 나아가 이러한 인성론에 음양의 이론과 선악의 문제를 상호 관련짓는다. 또한 맹자의 성선설에 대하여 역사적인 인물들을 사례로 들어서 반박을 하는데, 그는 세석의 이론을 기초로 하여 은나라의 주임금과 진나라의 양설사아와 요임금의 아들인 단주 및 순임금의 아들인 상균 등의 사례를 들어서 맹자가 인간의 본성은 모두 선한 것이고 선하지 않은 것은 외부적인 환경의 요인에 의해서 그렇다고 하는 주장은 성립될 수 없는 것이라고 했다. 그리고 고자가 언급한 인성에 선악의 구분이 없다고 하는 것에 대하여 고자가 단지 중등의 자질을 갖춘 사람들의 본성에 대해서만 언급했을 뿐이라고 여겼으며, 고자가 제기한 흐르는 물의 비유를 들어서 본성의 선악 구별이 없다고 하는 주장에 대해서도, 인간이 태어났을 때 선악의 조짐을 발견할 수 있는 것이기 때문에 후천적으로 형성된 선악에 대해서 해석할 수 없는 것이라고 비판했다.

순자의 성악설로는 인성 속에 존재하는 선천적으로 선한 본성을 해석할 수 없다고는 했으나, 인간의 정욕에 대해서는 부정하지 않았으며 성장한 후에는 감정을 억제하고 욕망을 없애고 힘껏 노력해야 선해진다고 하는 사실에 대해서도 부정하지는 않았다. 아울러 인간이 비록 자신이 받은 명을 살필 수 있는 자각능력을 가지고 있기는 하지만, 인식할 수 있다고 해서 반드시 실천할 수 있는 것은 아니기 때문에 선한 말을 할 수 있는 사람이 반드시 선한 행위를 하는 것은 아니라고 생각했기에 육가의 주장은 선악의 문제를 설명하기에는 부족한 것이라고 비판했다. 또한 성과 정은 제각기 선악을 가지고 있으며 인간은 음양이기의 조화로 인하여 생성된 존재이기 때문에 인간에게는 마땅히 선과 악이 혼재되어 있어야 하는 것이며, 인간은 하늘이 낳았고 음양을 다 갖추고 있으며 선과 악이 서로 혼재되어 있는 존재이기 때문에 순수하게 선할 수는 없다고 하여 동중서의 본성은 선하고 정은 악하다고 하는 주장을 비판했다. 끝으로 유향은 본성과 정의 내외와 음양의 문제만을 언급할 뿐 선악의 문제에 대해서는 전혀 주의를 기울지 않았기 때문에 선악의 문제에 대하여 명확한 판단을 내릴 수 없다고 비판했다.

왕충의 인성론에 대한 견해는 기본적으로 '생지위성'의 전통을 계승했다고 볼 수 있으나, 그것을 하늘에서 원기를 부여 받아 생성된 것이라고 생각한 것은 전통의 인성론 관점과 약간의 차이가 있다고 할 수 있다. 그렇다면 천지의 음양이기를 부여 받아 생성된 본성에 어떻게 선과 악의 문제가 있을 수 있는 것인가? 라고 하는 의문에 대하여 왕충은 기의 개념을 사용하여 인성의 선악문제에 관하여 대답을 한다. 또한 왕충은 인간이 선천적으로 선할 수도 있고 악할 수도 있다고 생각했지만, 선천적으로 선악이 겸재 되어 있을 수도 있다고 여겼다. 그는 각 개인들 자신의 선하거나 악하거나 하는 특성은 하늘로부터 인간에게 내려준 것이 아니라 인간이 어머니의 태내에 있을 때 자연히 기를 부여 받아 생긴 것이라고 했다. 즉 부여 받은 기의 두텁고 얇은 차이에 따라서 인간의 자질 역시 선함과 악함의 구별이 있게 된다는 것이다.

이러한 왕충의 주장에는 다음과 같은 몇 가지의 문제점이 존재하는데, 그것은 두터움과 얇음이라고 하는 개념은 매우 추상적이고 막연한 개념이라는 것과, 부여받은 기의 두터움 얇음과 선함 악함의 내재적인 관련성에 대한 설명 및 근거가 명확하지 못하다는 것 및 기는 자연적 물질적인 성질의 존재일 뿐인데 어떻게 선함과 악함이 있을 수가 있는 것인가? 라고 하는 것들이다.

왕충은 기일원론의 자연주의적 관점을 운용하여 인성론에 대하여 비판과 논의를 진행하는데, 그것의 초점은 사회의 기존 가치를 비판하기 위해서 사회적 가치의 핵심문제에 대하여 맞춰져 있었던 것이다. 이와 같이 왕충의 인성론에 대한 논의의 중점은 사회개혁이라고 하는 이상을 달성하기 위함에 있었다고 할 수 있다. 또한 왕충의 인성론과 관련한 논의의 대부분은 사회적 윤리교화의 주장과 매우 밀접하게 관련되어져 있다고 말할 수 있는데, 바로 인간사회 공동체의 규범·생활·조직·협력 측면에서 인성의 중요성을 고찰한 것이라고 할 수 있다. 즉 이러한 왕충의 인성론은 바로 인성이 어떻게 사회 속에서 실현될 수 있을 것인가라고 하는 실천의 문제에 관심이 집중되어져 있었던 것이라고 할 수 있는 것이다. 이러한 왕충의 인성론은 천인감응이론과 참위 및 재이 등의 사상이 지배적인 위치를 점하고 있었던 한대 사회에서 매우 중요한 의미를 갖는 것이라고 말할 수 있다.

참고문헌

黃　暉, 『論衡校解』, 北京, 中華書局, 1995년.

田昌五, 『王充及論衡』, 北京, 三聯書店, 1958년.

陳正雄, 『王充學術思想述評』, 臺北, 文津出版社, 1987년.

鍾肇鵬, 周桂鈿, 『桓譚 王充評傳』, 南京, 南京大學出版社, 1993년.

陳　拱, 『王充思想評論』, 臺北, 臺灣商務印書館, 1996년.

祝瑞開, 『兩漢思想史』, 上海, 上海古籍出版社, 1989년.

樊　浩, 『中國倫理精神的歷史建構』, 南京, 江蘇人民出版社, 1992년.

제11장

왕부의 인성론 사상

1. 시작하는 말

동한 후기는 화제和帝 재위시기부터 동한이 멸망한 시기까지를 지칭한다. 이러한 시기에 화제에서 질제質帝가 재위한 시기까지는 외척세력의 발호로 인하여 황제의 권위와 통치력은 이미 유명무실하게 된 상태였다고 할 수 있다. 그러다가 환제桓帝가 보위에 오른 이후 환관세력을 동원하여 외척세력을 제거한 뒤로 중앙정부와 지방정부의 권력은 모두 환관세력에 의해 장악 되게 된다. 그 결과 뛰어난 인재를 추천하여 임용하던 천거제도는 붕괴되어 현명하고 유능한 사람은 한직으로 쫓겨나고 어리석고 무능한 사람이 요직을 차지하고 수많은 탐관오리 등과 같은 무리들이 득세하게 되는 상황이 발생하게 된다. 그래서 중앙정부에는 불공정한 인사가 판을 치고 감찰기관은 책무를 방기하고 사적인 영리를 추구하는 자들은 서로 결탁하여 자기 진영의 인사가 아닌 자들을 철저하게 배제시키는 등 철저하게 국정이 농단되는 현상이 출현하게 된다.

동한 사회의 정치가 부패하게 되자 사회의 풍속도 매우 심각한 지경으로 문란하게 된다. 이러한 시대적 상황은 동한의 유학자들에게 우환의식과 사회에 대한 책임의식을 고취시켜서 당시의 사회에 대한 도덕적 비판을 주요한 담론으로 삼는 사조를 형성케 한다. 게다가 황제의 권위는 끝을 모르게 실추하게 되고 외척과 환관의 발호와 권력투쟁은 천거제도에 심각한 타격을 주게 되어, 당시의 유학자들로 하여금 학문연마와 도덕수양이 반드시 높은 관직과 부귀영화를 수반하는 것이 아니라고 하는 사실을 자각하게 만든다. 즉 현인군자와 부귀영화는 일치할 수 없다고 하는 사실을 깨달은 유학자들은 자신들의 이상에 대한 새로운 확인 작업을 통하여 당시의 사회적 분위기에 적응하게 되었던 것이다. 당시의 유학자들은 점차 정치적인 성취를 이루고자 하는 경향에서 탈피하여 개인의 심성수양에 집중하는 추세를 보이기 시작한다. 즉 그들은 더 이상 사회적인 명성이나 정치권에 대한 관심에 주의를 기울지 않고 자신의 도덕수양과 자신의 도덕적 가치 평가에 집중하는 모습을 보였던 것이다. 그렇기 때문에 천인감응이론을 주요한 사상체계로 삼았던 관변 유가사상은 쇠퇴하게 되고 민간의 유학사상이 유행하게 되는데, 그러한 사상가들 가운데 왕부王符나 조기趙岐나 정현鄭玄과 같은 사람들이 대표적인 인물이라고 할 수 있다.

동한 후기에 생존했던 왕부는 이상적인 인간상과 그에 부합하는 인간의 본성에 대한 주장들을 『잠부론潛夫論』에 담고 있다. 왕부의 『잠부론』은 인성 문제에 관한 논의 외에도 천도天道의 문제나 운명 및 귀신 등 다양한 문제에 관해서도 논의를 진행한 저작이라고 할 수 있다.

왕부의 인성론에 대하여 본문에서는 인성의 근원 기에 대한 분석과 선천적으로 부여받은 성과 후천적으로 형성된 성의 문제를 중심으로 살펴보도록 하겠다.

2. 인성의 근원 기

왕부는 일찍이 "하물며 지극히 정미하여 양호할 수도 없는 심기야 어떠하겠는가?"[1]라고 언급하여 심기心氣로써 마음을 설명했으며, 아울러 "그러므로 인의仁義의 마음과 염치의 지기로써 뼈가 성장하고 맥이 통하여 전체 몸과 함께 자라야 조악하고 더러운 기氣와 사특하고 음란한 욕망이 없어지게 되는 것이다."[2]라고 주장하여 기氣로서 인의仁義의 마음을 논급했다. 또한 왕부가 "사람과 하늘이 서로 그 뜻이 통하고 기氣와 감感은 서로 조화를 이루고 선함과 악함은 서로 징험을 보이며 이단의 변화는 성인이 이를 움직이는 것이다."[3]라고 언급한 것과 "그러므로 도덕의 공용이란 기氣보다 큰 것이 없다."[4]라고 한 주장에서와 같이 볼 수 있듯이 기氣를 기초로 하여 하늘과 사람이 서로 소통하고 더나가 하나가 될 수 있는 천인합일天人合一과 도덕을 실천하는 관점에 대하여 언급하고 있다. 그러므로 기氣는 왕부의 인성론의 기초가 되는 것이라고 할 수 있는 것이다.

왕부가 언급한 기氣에는 다음과 같은 몇 가지 특징이 있다고 할 수 있다. 먼저 기氣는 우주의 본원이라고 하는 것이다.

---

1 『潛夫論』, 「德化」, "又況乎心氣精微不可養哉?"

2 『潛夫論』, 「德化」, "是以爲仁義之心, 廉恥之志, 骨著脈通, 與體俱生, 而無麤穢之氣, 無邪淫之欲."

3 『潛夫論』, 「敍錄」, "人天情通, 氣感相和, 善惡相徵, 異端變化, 聖人運之."

4 『潛夫論』, 「本訓」, "是故道德之用, 莫大於氣."

하늘이 이로써 움직이고 땅이 이로써 조용하며, 해가 이로써 빛을 내고 달이 이로써 밝은 것이다. 사계절과 오행, 귀신과 백성, 억조 만물, 변고나 괴이한 현상과 길하고 흉함이 어찌 이러한 기氣가 그렇게 하는 것이 아닌 것이겠는가?[5]

왕부의 관념 속에서의 기氣는 천지와 만물을 구성하는 원소가 되는 것이며 또한 길함과 흉함 변고나 괴이한 현상의 요소가 되는 것으로 우주만물의 근원인 것이다.

상고시대에 천지가 아직 미분화 상태의 혼돈시기에는 원기가 깊고 심원하여 어떤 형태나 조짐도 없었으며, 모든 정기가 합병하여 혼돈 속에 하나가 되어 제압할 수도 통제할 수도 없었다. 이러한 상태가 오래 되다가 돌연히 스스로 변화하여 청탁이 분화 되어, 음양으로 나뉘었다. 음양은 모두 실체가 있어 그 실체는 양의를 낳고, 천지가 음양 이기의 교화 작용을 하여 만물이 화순하여 화기가 사람을 낳아 이를 통어하고 다스리게 되었다.[6]

왕부가 언급한 우주의 본원으로서의 기氣는 바로 원기元氣인 것이다. 이러한 원기元氣가 나뉘어 음양이 되고 그것이 만물과 화기和氣를 생성하게 되는 것이다. 그리고 이러한 화기和氣가 사람을 낳는 것이며 아울러 만물이 조화를 이루게 하여 질서가 잡히는 것 등과 같이 총체적으로 형통하게 만들어 주는 것이다. 왕부는 사람을 음양의 화기和氣

---

5 『潛夫論』, 「本訓」, "天之以動, 地之以靜, 日之以光, 月之以明, 四時五行, 鬼神人民, 億兆醜類, 變異吉凶, 何非氣然?"

6 『潛夫論』, 「本訓」, "上古之世, 太素之時, 元氣窈冥, 未有形兆, 萬精合幷, 混而爲一, 莫制莫御. 若斯久之, 翻然自化, 淸濁分別, 變成陰陽. 陰陽有體, 實生兩儀. 天地壹鬱, 萬物化淳. 和氣生人, 以統理之."

에 의해 생성된 것으로 귀결시켜 다른 만물과의 차별성을 강조하였던 것이다. 그래서 그는 "천지에서 귀한 것은 사람이다."[7]라고 하는 주장을 했던 것이다.

> 도라고 하는 것은 기의 뿌리이며 기라고 하는 것은 도의 사용이다. 반드시 그 뿌리가 있어야 기가 생겨나며, 반드시 사용됨이 있어야 변화가 그에 맞추어 이루어지게 된다.[8]

왕부는 도道가 기氣의 근본이 된다고 보는 한편 기는 도의 작용이 된다고 생각했다. 기氣는 우주만물의 근원이 되는 것이지만, 기氣 이전에 도라고 하는 것이 존재한다. 이러한 이유 때문에 후대의 학자들 사이에 왕부의 우주생성론에 대하여 원기일원론元氣一元論[9]이라고 하거나 혹은 도체기용론道體氣用論[10]이라고 하거나 도기이원론道氣二元論[11]이라고 하는 등 이견이 분분하게 되었던 것이다.

> 이러한 까닭으로 하늘은 양에 그 근본을 두고, 대지는 음에 그 근본을 두며, 사람은 중화를 그 근본으로 삼는다. 이러한 삼재는 각각 그 업무가 다르지만 서로 의지하여 이루어 나가고, 각각 그 도에 순응하여 화기가 다가오고, 기형이 형평을 이루게 되는 것이다. 하늘의 도를 베풀어 줌이라고 하며, 대지의 도를 만물을 길러

---

7 『潛夫論』, 「讚學」, "天地之所貴者人也."

8 『潛夫論』, 「本訓」, "道者, 氣之根也. 氣者, 道之使也, 必有其根, 其氣乃生; 必有其使, 變化乃成."

9 王步貴·周桂鈿·任繼愈·葛榮晉, 『儒學精蘊新釋·王符哲學新釋』, 濟南, 齊魯書社, 2002년, 251쪽 참조.

10 黃盛雄, 『王符思想研究』, 臺北, 文史哲出版社, 1982년, 72쪽 참조.

11 劉文起, 「荀子 '天生人成'與王符 '天道曰施, 地道曰化, 人道曰化'之比較」, 『第二屆先秦學術研討會論文集』, 高雄, 1994년, 180쪽 참조.

성장시켜 줌이라 하고, 사람의 도를 이룸이라고 한다.[12]

도道는 기氣가 만물을 생성하는 과정 가운데 근거로 삼아야 할 규범과 방법인 것이다. 원기元氣가 아직 음양으로 나뉘지 않은 상태 즉 변화되기 이전에 원기元氣는 이미 존재하고 있었으며, 그리고 기가 불현듯이 스스로 변화하여 규범으로서의 도가 발생하게 되는 것이며, 이를 통하여 비로소 만물이 창출되는 것이다. 그렇기 때문에 기氣는 우주만물의 본원이 되는 것이다.

다음은 기氣라고 하는 것은 무한한 객관적 존재라고 하는 것이다. 왕부는 일찍이 "상고시대에 천지가 아직 미분화 상태의 혼돈시기에는 원기가 깊고 심원하여 어떤 형태나 조짐도 없었으며, 모든 정기가 합병하여 혼돈 속에 하나가 되어 제압할 수도 통제할 수도 없었다. 이러한 상태가 오래 되다가 돌연히 스스로 변화하여 청탁이 분화 되어, 음양으로 나뉘었다."[13]라고 언급하여 원기元氣는 천지가 시작되기 이전에 이미 존재하고 있었다고 주장했다. 왕부가 언급한 우주생성은 『회남자淮南子』에서 언급한 '태시太始'나 혹은 『백호통의白虎通義』에서 언급한 우주생성에 '태초太初'·'태시太始'·'태소太素'의 단계가 있다고 하는 것과 다르며, 기氣 이전에 별도의 시작이 존재하고 있었다고 하는 것으로 볼 수 있다. 그래서 왕부는 직접적으로 "상고시대에 천지가 아직 미분화 상태의 혼돈시기"라고 언급했던 것이지 "천지가 아직 미분화 상태의 혼돈시기가 처음 시작되었다."라고 하는 언급은 하지 않았던 것이다. 이처럼 왕부는 우주의 생성과 원기元氣가 동시에 존재했

12 『潛夫論』, 「本訓」, "是故天本諸陽, 地本諸陰, 人本中和. 三才異務, 相待而成, 各循其道, 和氣乃臻, 璣衡乃平. 天道日施, 地道日化, 人道日爲."

13 『潛夫論』, 「本訓」, "上古之世, 太素之時, 元氣窈冥, 未有形兆, 萬精合幷, 混而爲一, 莫制莫御. 若斯久之, 翻然自化, 淸濁分別, 變成陰陽."

음을 역설했던 것이다. 원기元氣에는 시작도 없고 끝남도 없으며 생성도 없고 소멸도 없다고 하는 것은 바로 원기가 시간상에 있어서 무한한 객관적 존재라고 하는 사실을 표명하는 것이라고 할 수 있다.

끝으로 기氣는 무의식적으로 스스로 변화하는 작용을 한다고 하는 것이다.

원기元氣는 우주의 본원이기 때문에 이러한 원기元氣 이외에 원기元氣를 초월하여 주재하는 것은 없는 것이다. 이러한 원기元氣가 나뉘어 음양이 되고 그것이 만물을 생성하는 것이나 변고나 괴이한 현상 및 길함과 흉함 모두가 "제압할 수도 통제할 수도 없었다."와 "돌연히 스스로 변화한다."하는 가운데 있는 것으로 이것은 어떠한 형태의 외재적 역량이 개입하지 않고 오직 스스로의 변화에 의해서 그렇게 되는 것이다. 다시 말하자면 모든 변화의 규칙과 원동력은 모두가 원기元氣의 스스로 변화하는 작용인 것이라고 할 수 있는 것이다.

3. 선천적으로 부여받은 성과 후천적으로 형성된 성

왕부의 인성에 대한 전반적인 견해는 『잠부론潛夫論』, 「찬학讚學」편에서 상세하게 묘사되어 있다고 할 수 있다.

> 사람의 정서와 성품은 그 차이가 백 배 까지 갈 수 없지만, 총명과 재지는 오히려 그 차이가 만 배나 될 수 있다. 이는 그들이 나서면서 곧 그러한 재능, 즉 진성 때문이 아니라 틀림없이 어딘가에 가탁하기 때문에 생기는 결과이다. 군자의 성품은 끝까지 모두 드러내어 보일 필요가 없다. 배움으로 인해 총명이 가려지지 않고 마음과 지혜가 막히지 않아, 앞에 제왕의 일을 벼리로 삼고 백세의 정해질 일을 돌아보는 것이다. 이것이 곧 도의 밝힘으로써, 군자란 이를 가탁하여 스스로 밝게 볼 수 있는 것일 뿐이다.[14]

왕부는 사람의 정서와 성품은 서로 가까운 것이라고 생각했다. 또한 그는 총명과 재지의 작용으로 사람의 정서와 성품에 서로 다른 차이가 있게 만들어 선악을 분별하게 한다고 했다. 선악의 분별은 후천적인 영향인데, 즉 군자가 자신의 성품을 완성할 수 있게 되는 것은 바로 후천적인 학습이 쌓여서 이루어진 성과인 것이다. 이러한 언급 속에서 왕부의 인성론에 대한 주요한 관점이 드러나게 되는 것이다. 즉 왕부는 선천적으로 부여받은 성性과 후천적으로 형성된 성性의 문제를 제기하면서 수양공부의 중요성을 부각시켰으며, 마음과 지혜가 학습에 대하여 미치는 작용에 대해 강조했던 것이다.

왕부는 "사람의 정서와 성품은 그 차이가 백 배까지 갈 수 없다."고 하여 사람이 선천적으로 부여 받은 성을 세 등급으로 구분한다.

> 세상에 아주 뛰어난 사람과 아주 어리석은 사람은 그 수가 많지 않다. 오히려 중용의 백성이 많은 법이다. 이런 중간층이 세상에 태어남은 마치 녹는 쇠붙이가 용광로 속에 있는 것과 같다. 이는 주물의 거푸집에 따라 변화하여 어떻게 다루느냐에 따라 네모난 것·둥근 것·얇은 것·두꺼운 것 등이 고루 만들어져 그 용제에 따라 형태가 생겨날 따름이다.[15]

왕부는 세상 사람들을 아주 뛰어난 사람과 아주 어리석은 사람 및 중간층의 사람 즉 세 가지 등급으로 나누었다. 또한 왕부는 중간층의 사람의 성은 외부의 영향을 받아들여서 변화할 가능성이 비교적 크다

---

14 『潛夫論』, 「讚學」, "人之情性, 未能相百, 而其明智有相萬也. 此非其眞性之材也, 必有假以致之也. 君子之性, 未必盡照, 及學也, 聰明無蔽, 心智無滯, 前紀帝王, 顧定百世, 此則道之明也, 而君子能假之以自彰爾."

15 『潛夫論』, 「德化」, "上智則下愚之民少, 而中庸之民多. 中民之生世也, 猶鑠金之在鑪也, 從篤變化, 唯冶所爲, 方圓薄厚, 隨鎔制爾."

고 생각했다. 즉 예를 들자면 쇠붙이를 녹여서 네모난 것·둥근 것·얇은 것·두꺼운 것과 같이 다양한 종류의 서로 다른 형태를 만들 수 있는 것처럼 말이다.

> 지금 본성이 악한 사람은 집안에서 효제를 다하지 아니하고, 출입에도 공경의 행동을 하지 않는다. 경박하고 거만하며 흉한하고 변별력이 없이 위세로 모욕하고 이익을 침해하는 것을 명확히 하는 것이 옳은 행동인줄로 여기고, 남을 해치고 잔혹하게 학대하는 짓을 어진행동으로 여기고 있다. 그러다가 자주 왕의 법을 허물어뜨리니 이는 백성을 해치는 어리석고 극악한 인간들이다.[16]

왕부는 “경박하고 거만하며 흉한하고 변별력이 없는” 혹은 “남을 잔인하게 해치고 잔혹하게 학대하는 짓”과 같이 도덕적으로 극악무도한 사람은 아주 어리석은 사람이 되는 것이라고 생각했다. 그러므로 선악을 분별하는 도덕은 왕부가 인성의 등급을 나누는 기준이 되었던 것이다.

> 공자는 이렇게 말하였다. “소송 사건을 맡아 처리하는 것은 나라고 남과 다르지 않다.” 이로 말미암아 보건대 중간 이상의 사람이란 모두가 굽은 것과 곧은 것을 변별할 줄 알며, 형법의 이치대로 처리할 능력이 있다.[17]

---

16 『潛夫論』, 「述赦」, “今夫性惡之人, 居家不孝悌, 出入不恭敬, 輕薄慢傲, 凶悍無辨, 明以威侮侵利爲行, 以賊殘酷虐爲賢, 故數陷王法者, 此乃民之賊, 下愚極惡之人也.”

17 『潛夫論』, 「愛日」, “孔子曰: 聽訟, 吾猶人也. 從此觀之, 中材以上, 皆議曲直之辯, 刑法之理可.”

이처럼 왕부는 옳은 것과 그릇된 것을 구별할 수 있는 사람은 중간 이상의 사람에 속한다고 보았다. 분명하게 옳고 그름과 굽은 것과 곧은 것을 변별할 수 있는 것은 마음과 지혜의 작용에 의한 것이라고 할 수 있다. 그러므로 왕부는 성품을 분별하는 조건 가운데 도덕적으로 선하고 악한지 여부 이외에 마음의 인식작용의 중요성을 강조했던 것이다.

> 옛날 악의樂毅는 나약하기 그지없는 작은 연나라를 가지고, 강한 제나라를 깨뜨려 그 위세를 천하에 떨쳤으니, 정말 훌륭한 장수라고 이를 만하다. 그러나 즉묵의 대부 전단은 그 성을 홀로 지켜 6년이나 함락을 당하지 않으면서 끝내 그 백성을 안전하게 지켜내었다. 그 전단은 지친 병사 5천을 거느리고 기겁을 쳐서 패주시키고, 제나라 성 70여 개를 회복하였으니, 용병에 뛰어난 인물이라고 말할 수 있다. 그러나 그렇게 뛰어난 전단도 료聊와 거莒 두 성을 포위하고 해가 넘도록 끝내 함락시키지 못하였다. 이처럼 모두가 지극히 강한 자가 지극히 약한 자를 공략하고 아주 뛰어난 사람이 아주 어리석은 사람을 상대로 싸웠음에도 오히려 이길 수가 없었던 것은 무슨 이유 때문인가?[18]

이처럼 왕부는 악의樂毅를 아주 뛰어난 사람이자 훌륭한 장수라고 생각했다. 한편으로 왕부는 훌륭한 장수의 조건으로 다음과 같은 것들이 있다고 주장했다.

---

18 『潛夫論』, 「救邊」, "昔樂毅以慱慱之小燕, 破滅彊齊, 威震天下, 眞可謂良將矣. 然卽墨大夫以孤城獨守, 六年不下, 竟完其民. 田單師窮, 率五千騎, 擊走卻, 復齊七十餘城, 可謂善用兵矣. 圍聊·莒連年, 終不能拔. 此皆以至彊攻至弱, 以上智圖下愚, 而猶不能克者何也?"

> 손자는 "장수란 지혜롭고 인자하며, 공경심이 있고 믿음이 있으며, 용감하고 엄해야 한다."라고 말했다. 그러므로 지혜로는 적을 꺾고, 어짊은 무리가 따르도록 하며, 공경심은 어진 사람들을 불러들이고, 믿음은 포상에 대해 분명하며, 용감함은 사기를 북돋우고, 엄명함은 명령을 일사분란하게 한다. 따라서 적을 꺾은 즉 능히 무리를 변화시켜 합하고, 사랑으로 부하가 따르게 한즉 힘써 싸울 생각을 갖게 하고, 어질고 지혜로운 자가 모여든즉 영특하고 뛰어난 책략을 얻을 수 있으며, 상벌이 분명한즉 사졸들이 힘을 다하고, 용기가 더한즉 세력은 스스로 배가 되며, 명령이 한결같은즉 장수가 부릴 수 있게 된다.[19]

왕부는 반드시 도덕과 총명한 재능과 지혜를 겸비해야 만이 비로소 아주 뛰어난 사람이 되는 조건에 부합할 수 있다고 생각했다. 그렇기 때문에 왕부가 인성에 관하여 언급할 때 부분적으로는 심心으로써 성性을 말하기도 한다. 그리고 왕부는 사람이 아주 뛰어난 사람과 아주 어리석은 사람 및 중간층의 사람 즉 세 등급으로 나누어지게 된 것은 선천적으로 부여 받은 성 때문이고, 만물을 번식시키는 것은 기氣에 의해서 그렇게 되는 것이며 화기和氣를 품음으로써 생성 되는 것이라고 생각했다. 또한 왕부는 인의仁義의 마음과 염치의 의지가 있는 사람은 아주 뛰어난 사람이 된다고 여겼다.

> 성인은 이런 도리를 깊이 알아 모두가 자신을 바르게 닦는 것으로 그 표준을 삼고, 예와 의를 명확하게 하는 것으로 교육을 삼아,

19 『潛夫論』, 「勸將」, "孫子曰: 將者, 智也,仁也, 敬也, 信也, 勇也, 嚴也. 是故智以折敵, 仁以附衆, 敬以招賢, 信以必賞, 勇以益氣, 嚴以一令. 故折敵則能合變, 衆附愛則思力戰, 賢智集則陰謀得, 賞罰必則士盡力, 氣勇益則兵勢自倍, 威令一則唯將所使."

> 일이 생기기 전에 그 덕기를 온화하게 하며, 그들을 어린이 웃음 짓듯 편하게 해준 후에 그 표의를 단정하게 하였다. 인간이란 태내에서부터 이미 중화를 모아 성장하며, 태어나서는 방정을 세워 자라게 되는 것이다. 그러므로 인의仁義의 마음과 염치의 지기로써 뼈가 성장하고 맥이 통하여 전체 몸과 함께 자라야 조악하고 더러운 기氣와 사특하고 음란한 욕망이 없어지게 되는 것이다."[20]

아주 뛰어난 사람은 원기元氣를 품고 합치됨으로써 조악하고 더러운 기氣가 없어지게 되는 것이며, 아주 어리석은 사람은 이치에 어긋나고 비뚤어진 기氣에 의해서 그렇게 된 것이다.

왕부가 비록 사람들이 선천적으로 부여 받은 성性을 세 등급으로 구분했지만, 현실 속에서의 수많은 사람들의 "총명과 재지는 오히려 그 차이가 만 배나 될 수 있다."는 것이기 때문에 총명과 재지는 학습의 정도에 따라 다른 덕성을 만들어 낸다고 할 수 있다. 예를 들자면 어떻게 "현인군자들로 하여금 마음을 바로잡고 곧게 행동하며 정신을 견고하게 한다."[21] 혹은 "지금 본성이 악한 사람들은……어리석고 극악한 인간들이다."라고 하는 것이 가능할 것인가의 문제는 모두 후천적으로 그렇게 된 것이라고 할 수 있는 것이다. 그러므로 후천적인 개조 혹은 변화는 주로 학습을 통해서 해야만 하는 것이라고 할 수 있다. 그렇기 때문에 사람들이 선천적으로 부여 받은 세 등급의 성품은 후천적인 학습을 통하여 군자가 되기도 하고 소인이 되기도 하는 구분이 발생하게 되는 것이다.

---

20 『潛夫論』, 「德化」, "聖深知之, 皆務正己以爲表, 明禮義以爲教, 和德氣於未生之前, 正表義於咳笑之後. 民之胎也, 合中和以成; 其生也, 立方正以長. 是以爲仁義之心, 廉恥之志, 骨著脈通, 與體俱生, 而無麤穢之氣, 無邪淫之欲."

21 『潛夫論』, 「卜列」, "賢人君子秉心方直, 精神堅固者也."

왕부는 사람의 본성 즉 인성을 세 등급으로 나누었다. 또한 왕부는 "이는 그들이 나서면서 곧 그러한 재능, 즉 진성 때문이 아니다"라고 언급하여 그러한 인성은 단지 잠재적인 성일뿐이기에 후천적인 학습을 통해서 선하게 되기도 하고 혹은 악하게 되기도 하는 것과 같이 비로소 인성에 진정한 차이가 생기는 것이라고 생각했다.

> 무릇 사악함과 정의로움의 관계는 마치 물과 불처럼 그 근원이 판이하여, 동시에 흥성할 수는 없다. 정의로운 본성이 이기면 스스로를 존중하여 그 정의를 차마 허물어뜨리지 못한다. 그 때문에 백이는 굶어죽으면서까지 원망이 없었던 것이다. 그러나 사악한 본성이 이기면 겁을 내면서도 그 잘못된 행동을 차마 그만두지 못한다. 이러한 까닭으로 왕망은 나라를 훔치고도 부끄러워 할 줄 몰랐다. 이는 악습이 쌓여 이루어진 결과이다. 무릇 악을 쌓고 비행이 습성이 되면, 마침내 사망에 이르게 된다. 그러한 예는 한 둘이 아니다.[22]

왕망王莽은 악한 습성이 쌓여서 사악한 마음이 생겨나서 황제의 보위를 찬탈하는 악행을 저지르게 된 것이다. 즉 "군자의 성품을 끝까지 모두 드러내어 보일 필요가 없게" 하여서 "스스로 밝게 볼 수 있는 것일 뿐이다."인 상태로 만들어야 하는 것이다. 왕부는 진성眞性은 그러한 잠재적이고 내장되어 있는 성질의 것이 아니라 현실세계에 구체적으로 표현되어 있는 것이라고 하는 것을 강조하였다. 이와 같이 왕부가 언급한 인성은 현실적인 의미가 담겨져 있다고 할 수 있다.

왕부는 "비록 지극한 성인이라 할지라도 태어나면서부터 아는 것은

22 『潛夫論』, 「愼微」, "且夫邪之與正, 猶水與火不同原, 不得並盛. 正性勝, 則遂重己不忍虧也, 故伯夷餓死而不恨. 邪性勝, 則忸怵而不忍舍也, 故王莽竊位而不慚. 積惡習之所致也. 夫積惡習非久, 致死亡非一也."

아니며, 지극한 재주가 있다 할지라도 나면서부터 능숙한 것은 아니다.……오히려 학문의 단계를 거쳐서야 그 지혜가 해박해졌고 그 덕이 커졌던 것이다."[23]라고 언급하여 후천적인 수양을 통해서야 만이 군자로 거듭날 수 있는 것이라고 하는 점을 강조했다. 이처럼 왕부가 언급한 수양방법은 내적 수양과 외적 교화공부로 나누어 볼 수 있다.

먼저 내적 수양공부이다.

> 그러므로 군자는 전전율율戰戰慄慄하여 날마다 그 날을 근신하고, 극기삼성克己三省하여 과실이 보이기 전에 예방하여야 한다. 공자는 "선행을 쌓지 않으면 이름을 이룰 수 없고, 악을 쌓지 않으면 그 몸을 망치지 않는다. 소인은 작은 선이라 이익이 없으려니 하여 실행하지 아니하고, 적은 악이라 해가 될 게 없으려니 하여 이를 버리려 들지 않는다. 이러므로 악이 쌓여 어떻게 숨길 수 없는 지경에 이르며, 죄는 커져서 어떻게 해결할 길이 없게 된다."라고 하였다.[24]

날마다 근신하고 가기 반성을 하여 작은 악행이라도 하지 않거나 작은 선행이라도 안 하지 않으며, 아직 드러나지 않은 미세한 부분도 조심하고 매일 돌이켜 반성적 사고를 한다면 "스스로를 아는 것을 명이라 하고 스스로를 이기는 것을 강이라 한다. 무릇 스스로 훌륭하지 못함이 있을 때 이를 스스로 알지 못하는 경우란 없나. 나만 이를 알고 나서 똑같은 잘못을 저지르지 않는 것"[25]과 같이 자신의 마음을 발휘

23 『潛夫論』, 「讚學」, "雖有至聖, 不生而智; 雖有至材, 不生而能.……猶待學問, 其智乃博, 其德乃碩."

24 『潛夫論』, 「愼微」, "是故君子戰戰慄慄, 日愼一日, 克己三省, 不見是圖. 孔子曰: 善不積不足以成名, 惡不積不足以滅身. 小人以小善謂無益而不爲也, 以小惡謂無傷而不去也, 是以惡積而不可掩, 罪大而不可解也."

할 수 있게 되고 이를 실행에 옮기게 되는 것을 작위라고 하는 것이다.

> 천도를 베풀어 주는 것이라 하고 지도를 만물을 받아 길러주는 것이라 하고, 인도를 작위라고 한다.[26]

> 천지에서 귀한 것은 사람이며, 성인이 숭상하는 것은 의로움이다. 덕과 의로움이 이루는 것은 지혜이며, 밝은 지혜가 요구하는 것은 학문이다.[27]

사람이 귀한 것은 바로 작위를 할 수 있기 때문인데, 작위는 덕과 의로움을 실천하는 것으로 덕과 의로움을 이룩하는 것은 지혜의 탐구를 기다려야 한다. 그렇다면 어떻게 지혜를 탐구할 수 있을 것인가? 그것은 바로 학문의 연마를 통해서 가능한 것이다. "군자의 성품은 끝까지 모두 드러내어 보일 필요가 없다. 배움으로 인해 총명이 가려지지 않고 마음과 지혜가 막히지 않아,……군자란 이를 가탁하여 스스로 밝게 볼 수 있는 것일 뿐이다."라고 하기 때문에 지극한 성인聖人이라도 "오히려 학문의 단계를 거쳐서야 그 지혜가 해박해졌고 그 덕이 커졌던 것이다."라고 했던 것이다.

학문은 경전 속에 담겨져 있는 것이고 또 "도道는 학문에서 이루어져서 책에 저장된다."[28]고 하는 것이기 때문에, 학문이 경전의 도에서 비롯되는 것이라고 할 수 있는 것이다. 그렇기 때문에 학문은 도道를 배우는 것이라고 할 수가 있는 것이다.

---

25 『潛夫論』, 「愼微」, "知己曰明, 自勝曰彊. 夫有不善未嘗不知, 知之未嘗復行."

26 『潛夫論』, 「本訓」, "天道日施, 地道日化, 人道日爲."

27 『潛夫論』, 「讚學」, "天地之所貴者人也, 聖人之所尙者義也, 德義之所成者智也, 明智之所求者學問也."

28 『潛夫論』, 「讚學」, "夫道成於學而藏於書."

그러므로 마음에 있어서의 도라는 것은 눈에 있어서의 불빛과 같다. 깊은 방에 갇히면 어둡고 캄캄하여 아무 것도 보이지 않는다. 그러나 밝은 불을 준비하면 모든 물건이 환하게 드러나 보인다. 이는 불의 밝음 때문이지 눈이 빛을 내기 때문은 아니다. 눈이 이를 가탁하면 자신을 위해 밝게 보는 것이다. 천지의 도와 신명의 작위는 눈에 보이지 않는다. 그러나 학문의 성전과 심사의 도술은 모두가 보인다. 이는 곧 도의 재질이지 심의 명은 아니기 때문에, 사람이 다른 것에 가탁하게 되면 스스로를 위해 알 수 있게 되는 것이다.[29]

도道가 사람의 마음에 대해서는 마치 불빛이 눈에 있는 것과 같다고 할 수 있다. 즉 불빛이 없으면 사물을 볼 수가 없게 되는 것처럼 사람의 마음에 도가 없으면 안 되는 것이다. 왕부가 언급한 도道는 우주의 규범이면서 법칙으로서 주로 "학문의 성전과 심사의 도술"과 같이 유가의 경전에 담겨져 있는 도道인 것이다. 도道는 사람의 모든 행위의 지침이면서 기준이 되는 것이기 때문에 도가 없으면 사람의 마음이 돌아가 의탁할 데가 없게 되는 것이다.

그러므로 캄캄한 밤에 방안에서 물건을 찾을 때는 불빛에 의거하는 것보다 좋은 것이 없고, 당세에 도를 찾는 데는 전적에 의거하는 것보다 좋은 것이 없다. 전은 경이다. 선성이 제작한 것이다. 선성이 도의 정밀한 것을 터득하여, 자신이 이를 실행하면서 현인들도 스스로 힘써 그 길로 들어오기를 바라는 것이 곧 경이다.[30]

---

29 『潛夫論』, 「讚學」, "夫是故道之於心也, 猶火之於人目也. 中穽深室, 幽黑無見, 及設盛燭, 則百物彰矣. 此則火之燿也, 非目之光也, 而目假之, 則爲明矣. 天地之道, 神明之爲, 不可見也. 學問聖典, 心思道術, 則皆來覩矣. 此則道之材也, 非心之明也, 而人假之, 則爲己知矣."

30 『潛夫論』, 「讚學」, "是故索物於夜室者, 莫良於火; 索道於當世者, 莫良於典. 典

도道가 경전에 담겨져 있다고 하는 것은 바로 "성인이 자신의 마음으로써 경전을 지어내었고, 후세 사람들은 그 경전으로써 이미 흘러간 과거 성인의 마음에 합치됨을 이룰 수 있는 것이다. 따라서 경전을 잘 수학하는 현명함이 있어야 그 덕이 성인에 가까워질 수 있게 되는 것이다."[31]라고 하는 것으로 이는 곧 성인이 도를 체득하고 몸소 실천한 후에 도의 정수精髓를 얻어서 제정해낸 것이다. 그러므로 부지런히 경전을 학습하고 과거 흘러간 성인의 마음에 합치될 수 있을 때 비로소 작위가 있게 되는 것이다.

> 도道는 학문에서 이루어져서 책에 저장되고, 학문은 진발에서 진전되어 궁색함에서 황폐해지고 만다. 그러므로 동중서는 종신토록 집안일을 묻지 않았고 경군명景君明은 한 해가 다가도록 집 밖을 나가 보지 않았다. 이렇게 그 학문을 예리하고 정치하게 할 수 있었던 것은 그 집안이 부유하였기 때문이었다. 집안이 그렇게 부유하고 편안한 데도 이렇게 부지런히 하고 정밀하게 할 수 있었으니, 이는 재자라 할 수 있다. 그런가 하면 예관倪寬은 거리에서 날품팔이를 하였고, 광형匡衡은 스스로 고용자로 팔려 나갔으니, 이는 그 자신이 가난하였기 때문이다. 가난과 곤액이 그와 같으면서도 학문에 정진함이 이와 같았으니, 이는 수사라 할 수 있다.[32]

동중서董仲舒나 경군명景君明 및 예관倪寬이나 광형匡衡은 비록 훌륭

者, 經也. 先聖之所制; 先聖得道之精者以行其身, 欲賢人自勉以入於道."

31 『潛夫論』, 「讚學」, "聖人以其心來造經典, 後人以經典往合聖心也, 故修經之賢, 德近於聖矣."

32 『潛夫論』, 「讚學」, "夫道成於學而藏於書, 學進於振而廢於窮. 是故董仲舒終身不問家事, 景君明經年不出戶庭, 得銳精其學而顯昭其業者, 家富也; 富佚若彼, 而能勤精若此者, 材子也. 倪寬賣力於都巷, 匡衡自鬻於保徒者, 身貧也; 貧阨若彼, 而能進學若此者, 秀士也."

한 스승을 찾아 학문을 구한 적은 없지만, 학문에 정통했던 것은 그들이 경전을 읽으며 학문연마에 매진했기 때문이다. 여기에서 왕부가 언급한 경전이란 주로 유가의 경전을 지칭한다고 볼 수 있다.

> 『예기』·『악기』로 문식하고 『시경』·『서경』으로 인도하며, 『주역』으로 도움을 받고, 『춘추』로 사물을 밝혀 보는 훈련을 받는다면, 그 어찌 제도하지 못할 것이 있겠는가?[33]

> 선성의 지혜는 그 마음이 신명에 통달하고 성품은 도덕에 바로 닿는다. 또 경전을 지어 후세 사람에게 넘겨준다. 가령 현인·군자라 할지라도 학문에서 손을 놓고, 본디 타고난 바탕만 껴안고 행동한다면 틀림없이 이런 것을 구비하지 못할 것이다. 그러나 스승을 따라 배움에 나가고 경전을 표준으로 삼아 행동한다면, 총달聰達의 명석함과 덕의德義의 이치를 거의 구현해낼 수 있을 것이다. 그러므로 성인이 자신의 마음으로써 경전을 지어내었고, 후세 사람들은 그 경전으로써 이미 흘러간 과거 성인의 마음에 합치됨을 이룰 수 있는 것이다. 따라서 경전을 잘 수학하는 현명함이 있어야 그 덕이 성인에 가까워질 수 있게 되는 것이다.[34]

『예기』·『악기』·『시경』·『서경』·『주역』·『춘추』라고 하는 육경六經은 옛날 성현들의 지혜와 도덕 그리고 우주와 천지만물에 대한 체득을 집대성해 남겨놓은 것으로 인류의 소중한 지적 자산인 것이라고

---

33 『潛夫論』, 「讚學」, "文之以禮·樂, 導之以詩·書, 讚之以周易, 明之以春秋, 其有濟乎?"

34 『潛夫論』, 「讚學」, "先聖之智, 心達神明, 性直道德, 又造經典以遺後人, 試使賢人君子, 釋於學問, 抱質而行, 必弗具也, 及使從師就學, 按經而行, 聰達之明, 德義之理, 亦庶矣. 聖人以其心來造經典, 後人以經典往合聖心也, 故修經之賢, 德近於聖矣."

할 수 있다. 또한 왕부는 『주역』의 "군자가 옛 사람의 말과 행적을 많이 고찰하여 자신의 덕을 기른다."[35]라고 하는 문구를 통하여 옛날 성인들의 언행을 체득하고 선악에 대한 판단을 명료하게 한다면 바로 동중서·경군명·예관·광형과 같이 덕성을 갖춘 사람이 될 수 있다고 했다.

> 그러므로 동중서나 경군명의 재주에 예관과 광형의 뜻을 가지지 못하였으면서도 집안의 재물을 다 털고, 자신의 몸을 내던져 긴 시간에 스승의 문하에 나가고자 하는 자는 틀림없이 거의 없다고 볼 수 있다. 무릇 이 네 사람은 이목은 총명하고 충신염용忠信廉勇하니, 그와 같은 무리가 되고 싶어 하지 않는 자는 없을 것이다. 그렇게 하여 그들이 이름을 이루고 공적을 세워 그에 대한 칭송의 소문이 그치지 않게 되니 그 까닭은 무엇이겠는가? 이는 다른 것이 아니라 오직 스스로 능히 옛날 성인의 경전에 의탁하고 공자의 유훈에 마음을 묶어둘 수 있었기 때문인 것이다.[36]

동중서·경군명·예관·광형이 입신양명을 할 수 있었던 것은 바로 공자의 유훈에 마음을 묶어 두었기 때문인 것이다.

끝으로 외적 교화공부에 대하여 언급해보겠다.

왕부는 내적 수양공부에 대한 언급 이외에 외적 교화공부의 중요성에 대하여 주목하고 있었다.

---

35 『潛夫論』, 「讚學」, "君子以多志前言往行以畜其德."

36 『潛夫論』, 「讚學」, "是故無董·景之才, 倪·匡之志, 而欲强捐家出身曠日師門者, 必無幾矣. 夫此四子者, 耳目聰明, 忠信廉勇, 未必無儔也, 而及其成名立績, 德音令問不已, 而有所以然, 夫何故哉? 徒以其能自託於先聖之典經, 結心於夫子之遺訓也."

군주의 통치로서 도道보다 더 큰 것이 없고 덕德보다 더 중한 것이 없으며, 교敎보다 더 아름다운 것이 없고 화化보다 더 신묘한 것이 없다. 도라고 하는 것은 그것을 지탱해 나가는 것이며, 덕이란 그것을 함양하는 것이며, 교란 그것을 알게 하는 것이며, 화란 그것을 이루게 하는 것이다.[37]

왕부는 이처럼 군주라고 하는 존재는 교화의 책임이 있는 사람이라고 하였던 것이다.

중간층이 세상에 태어남은 마치 녹는 쇠붙이가 용광로 속에 있는 것과 같다. 이는 주물의 거푸집에 따라 변화하여 어떻게 다루느냐에 따라 네모난 것·둥근 것·얇은 것·두꺼운 것 등이 고루 만들어져 그 용제에 따라 형태가 생겨날 따름이다. 그러므로 세상의 선함과 악함, 그리고 풍속이 야박함과 후함은 모두가 군주에게 달려있다.[38]

그러므로 백성에게 본디 마음이 있음은 마치 나무를 심되 그 동산이 있어야 함과 같다. 화기를 만나면 그 나무가 무성히 자라 열매를 맺지만, 수재나 한발을 만나면 말라버리거나, 잡초가 대신 무성해지는 것이다. 백성이 좋은 교화를 입으면 사람은 선비나 군자와 같은 마음을 갖게 되지만, 악한 정치를 받게 되면 간사하고 난잡한 생각을 품게 된다.[39]

---

37 『潛夫論』, 「德化」, "人君之治, 莫大於道, 莫盛於德, 莫美於敎, 莫神於化. 道者, 所以持之也; 德者, 所以苞之也; 敎者, 所以知之也; 化者, 所以致之也."

38 『潛夫論』, 「德化」, "中民之生世也, 猶鑠金之在鑪也, 從篤變化, 唯治所爲, 方圓薄厚, 隨鎔制爾. 是故世之善否, 俗之薄厚, 皆在於君."

39 『潛夫論』, 「德化」, "故民有心也, 猶爲種之有園也. 遭和氣則秀茂而成實, 遇水旱則枯槁而生孽. 民蒙善化, 則有士君子之心; 被惡政, 則人有懷姦亂之慮."

특히 세상의 풍속이 두터운 것이나 야박하게 되는 것은, 군주가 어떻게 백성들을 통치하고 교육을 시키는가에 따라 결정되는 중요한 사안이라고 할 수 있다. 군주가 백성들을 교화시켜 양호한 풍속을 만드는 것은 사람들의 마음을 올바르게 만드는 것에 그 포인트가 있다고 할 수 있는 것이다.

> 사람이 곧 사람일 수 있는 것은, 그러한 팔 척의 몸이 있기 때문이 아니라 정신을 가지고 있기 때문이다.……풍속을 바꾸는 근본은, 그러한 마음을 열고 그러한 정신을 바르게 해주는 데에 있다. 지금 민생은 정도를 보지 못하고, 사악하고 음란하고 광신하여 미혹에 빠지는 것을 키워주고 있어, 그들이 믿고 있는 것을 능히 해결할 수가 없다. 오직 군주 된 자만이 이를 변혁시킬 수가 있는 것이다.[40]

> 백성에게는 습성이 있고 감정이 있으며, 변화가 있고 풍속이 있다. 정성情性이란 마음이며 근본이다. 화속化俗이란 행동이며 말류이다. 말류는 근본에서 생겨나며, 행동이란 마음에서 비롯된다. 이러한 까닭으로 훌륭한 군주는 세상을 쓰다듬되, 그 근본을 먼저하고 그 말단을 뒤로 하며, 그 마음을 순종하게 하고 그 행동을 이치대로 한다. 심정이 진실로 바르게 되면 간사함이 생겨날 수 없고, 사악함이 빌붙을 데가 없게 된다.[41]

---

40 『潛夫論』, 「卜列」, "夫人之所以爲人者, 非以此八尺之身也, 乃以其有精神也.……移風易俗之本, 乃在開其心而正其精. 今民生不見正道, 而長於邪淫誑惑之中, 其信之也, 難卒解也. 唯王者能變之."

41 『潛夫論』, 「德化」, "民有性, 有情, 有化, 有俗. 情性者, 心也, 本也. 化俗者, 行也, 末也. 末生於本, 行起於心. 是以上君撫世, 先其本而後其末, 愼其心而理其行. 心精苟亡, 則姦慝所作, 邪意無所載矣."

백성들에게는 정서와 성품이 있는데, 마음의 정서가 올바르면 간사함이 생겨날 수 없고 사악함이 존재할 수 없기 때문에 행동은 마음에서 일어나는 것이며, 이러한 마음이 행동의 근본이 되는 것이다. 마음을 올바르게 하는 것과 낡은 풍속을 고치는 것 모두는 군주 교화의 중점적인 부분이며 이러한 둘은 근본과 말단 관계가 있다고 할 수 있다. 즉 마음을 올바르게 하는 것을 근본으로 삼고 행위 혹은 행동을 말단으로 삼는 것이다. 또한 "도라고 하는 것은 그것을 지탱해 나가는 것이며, 덕이란 그것을 함양하는 것이며, 교란 그것을 알게 하는 것이며, 화란 그것을 이루게 하는 것이다."에서 도와 덕은 교화의 내용이 되는 것이며, 이러한 도덕의 실천 근거는 바로 인仁·의義·예禮·지智의 네 가지 행동四行과 서恕·평平·공恭·수守의 네 가지 근본四本이다.

> 세상에 크게 어려운 것이 네 가지가 있으니, 사람들은 이를 실행해낼 수가 없다. 즉 첫째는 서恕요, 둘째는 평平이요, 셋째는 공恭, 넷째는 수守이다. 서恕라고 하는 것은 인仁의 근본이고, 평平은 의義의 근본이며, 공恭은 예禮의 근본이며, 수守는 지智의 근본이다. 이 네 가지가 아울러 바로 서야 네 가지 행동이 갖추어 지는 것이다. 네 가지 행동을 갖추고 있는 경우 이를 진정한 현자라고 한다.[42]

행동四行과 서恕·평平·공恭·수守의 네 가지 근본四本의 요구와 실제 내용을 파악한다면 곧 인仁·의義·예禮·지智의 네 가지 행동四行을 이룩할 수 있게 되는 것이다. 그러나 "본성이 악한 사람은 집안에서 효제를 다하지 아니하고, 출입에도 공경의 행동을 하지 않는다. 경박하

---

42 『潛夫論』, 「交際」, "世有大男者四, 而人莫之能行也, 一曰恕, 二曰平, 三曰恭, 四曰守. 夫恕者, 仁之本也; 平者, 義之本也; 恭者, 禮之本也; 守者, 信之本也. 四本並立, 四行乃具, 四行具存, 是謂眞賢."

고 거만하며 흉한하고 변별력이 없이 위세로 모욕하고 이익을 침해하는 것을 명확히 하는 것이 옳은 행동인줄로 여기고, 남을 해치고 잔혹하게 학대하는 짓을 어진행동으로 여기고 있다. 그러다가 자주 왕의 법을 허물어뜨리니 이는 백성을 해치는 어리석고 극악한 인간들이다."에 대하여 도덕이 그러한 마음을 바로잡아 주지 못할 경우에 왕부는 법으로써 그들의 악행을 다스리는 것을 배제하지는 않았다. 그래서 왕부는 "그러므로 선왕이 형법을 제정한 것은 사람의 근육과 피부를 해치거나 남의 목숨을 끊기를 좋아해서가 아니라 간악한 무리에게 위엄으로써 악을 징벌하고 백성의 해악을 제거해 주기 위한 것이었다."[43]라고 언급했던 것이다. 또한 왕부는 "의로움이라는 것은 군주의 정치이며, 법이라고 하는 것은 군주의 명령이다."[44]라고 언급한 바와 같이 외적 교화공부에 있어서 군주에게 절대적 의무를 부여했던 것이다.

4. 맺는 말

이상과 같이 왕부의 인성론에 대하여 인성의 근원 기에 대한 분석과 선천적으로 부여받은 성과 후천적으로 형성된 성의 문제를 중심으로 논의를 진행해 보았는데, 이를 정리하면 다음과 같다.

왕부는 "하물며 지극히 정미하여 양호할 수도 없는 심기야 어떠하겠는가?"라고 언급하여 심기心氣로써 마음을 설명했으며, 아울러 "그러므로 인의仁義의 마음과 염치의 지기로써 뼈가 성장하고 맥이 통하여 전체 몸과 함께 자라야 조악하고 더러운 기氣와 사특하고 음란한

43 『潛夫論』, 「述赦」, "是故先王之制刑法也, 非好傷人肌膚, 斷人壽命者也, 乃以威姦懲惡除民害也."

44 『潛夫論』, 「衰制」, "義者, 君之政也; 法者, 君之命也."

욕망이 없어지게 되는 것이다."라고 주장하여 기氣로서 인의仁義의 마음을 논급했다. 또한 왕부가 "사람과 하늘이 서로 그 뜻이 통하고 기氣와 감感은 서로 조화를 이루고 선함과 악함은 서로 징험을 보이며 이단의 변화는 성인이 이를 움직이는 것이다."라고 언급한 것과 "그러므로 도덕의 공용이란 기氣보다 큰 것이 없다."라고 한 주장에서와 같이 볼 수 있듯이 기氣를 기초로 하여 하늘과 사람이 서로 소통하고 더나아가 하나가 될 수 있는 천인합일天人合一과 도덕을 실천하는 관점에 대하여 언급하고 있다. 그렇기 때문에 기氣는 왕부의 인성론의 기초가 되는 것이라고 할 수 있는 것이다. 이와 같이 왕부가 언급한 기氣에는 몇 가지 특징이 있다. 첫째 기氣는 우주의 본원이라고 하는 것이다. 둘째 기氣라고 하는 것은 무한한 객관적 존재라고 하는 것이다. 끝으로 기氣는 무의식적으로 스스로 변화하는 작용을 한다고 하는 것이다.

왕부는 사람의 정서와 성품은 서로 가까운 것이라고 생각했다. 또한 그는 총명과 재지의 작용으로 사람의 정서와 성품에 서로 다른 차이가 있게 만들어 선악을 분별하게 한다고 했다. 선악의 분별은 후천적인 영향인데, 즉 군자가 자신의 성품을 완성할 수 있게 되는 것은 바로 후천적인 학습이 쌓여서 이루어진 성과인 것이다. 이러한 언급 속에서 왕부의 인성론에 대한 주요한 관점이 드러나게 되는 것이다. 즉 왕부는 선천적으로 부여받은 성性과 후천적으로 형성된 성性의 문제를 제기하면서 수양공부의 중요성을 부각시켰으며, 마음과 지혜가 학습에 대하여 미치는 작용에 대해 강조했던 것이다. 또한 왕부는 세상 사람들을 아주 뛰어난 사람과 아주 어리석은 사람 및 중간층의 사람 즉 세 가지 등급으로 나누었다. 또한 왕부는 중간층의 사람의 성은 외부의 영향을 받아들여서 변화할 가능성이 비교적 크다고 생각했다.

왕부가 비록 사람들이 선천적으로 부여 받은 성性을 세 등급으로 구분했지만, 현실 속에서의 수많은 사람들의 "총명과 재지는 오히려 그 차이가 만 배나 될 수 있다."는 것이기 때문에 총명과 재지는 학습의 정도에 따라 다른 덕성을 만들어 낸다고 할 수 있다. 예를 들자면 어떻게 "현인군자들로 하여금 마음을 바로잡고 곧게 행동하며 정신을 견고하게 한다." 혹은 "지금 본성이 악한 사람들은……어리석고 극악한 인간들이다."라고 하는 것이 가능할 것인가의 문제는 모두 후천적으로 그렇게 된 것이라고 할 수 있는 것이다. 그러므로 후천적인 개조 혹은 변화는 주로 학습을 통해서 해야만 하는 것이라고 할 수 있다. 그렇기 때문에 사람들이 선천적으로 부여 받은 세 등급의 성품은 후천적인 학습을 통하여 군자가 되기도 하고 소인이 되기도 하는 구분이 발생하게 되는 것이다.

왕부는 덕과 의로움을 이룩하는 것은 지혜의 탐구를 학문의 연마를 통해서 가능하다고 주장했다. 그래서 왕부는 "군자의 성품은 끝까지 모두 드러내어 보일 필요가 없다. 배움으로 인해 총명이 가려지지 않고 마음과 지혜가 막히지 않아,……군자란 이를 가탁하여 스스로 밝게 볼 수 있는 것일 뿐이다."라고 하기 때문에 지극한 성인聖人이라도 "오히려 학문의 단계를 거쳐서야 그 지혜가 해박해졌고 그 덕이 커졌던 것이다."라고 언급했던 것이다. 또한 왕부는 이러한 학문이 경전 속에 담겨져 있는 것이고 또 "도道는 학문에서 이루어져서 책에 저장된다."고 하는 것이기 때문에 학문이 경전의 도에서 비롯되는 것이라고 했던 것이다. 그렇기 때문에 학문은 도道를 배우는 것이라고 할 수 있는 것이다.

참고문헌

彭　鐸, 『潛夫論箋校正』, 北京, 中華書局, 1985년.

黃盛雄, 『王符思想硏究』, 臺北, 文史哲出版社, 1982년.

劉文英, 『王符評傳』, 南京, 南京大學出版社, 1993년.

王步貴·周桂鈿·任繼愈·葛榮晉, 『儒學精蘊新釋·王符哲學新釋』, 濟南, 齊魯書社, 2002년.

劉文起, 「荀子 '天生人成'與王符 '天道曰施, 地道曰化, 人道曰化'之比較」, 『第二屆先秦學術硏討會論文集』, 高雄, 1994년.

제12장

조기의 인성론 사상

1. 시작하는 말

동한 왕조는 후기에 이르러 외척세력과 환관세력의 발호로 인하여 국가의 통치시스템은 이미 마비된 상태였다고 할 수 있다. 특히 환관세력에 의해서 중앙과 지방의 권력은 농단되는 지경에 이르게 된다. 그 결과 사회의 모든 시스템이 정상적으로 작동하지 못하게 되고 실력 있는 인재들은 더 이상 정치권에 자리를 잡을 수 없는 지경에 이르게 된다. 유능한 인재가 쫓겨난 자리를 무능하고 탐욕스러운 자들이 대신하고 수많은 사이비 잡배 등과 같은 무리들이 동한 사회에 주류로 편입되는 현상이 발생하게 된다.

동한 왕조의 정치적 부패는 사회적 풍속에 매우 심각한 영향을 미치게 되어 동한 사회는 급격하게 문란한 상황으로 치닫게 된다. 이와 같은 동한 왕조의 위기 상황은 당시의 유학자들에게 그들이 처한 현실사회에 대한 도덕적 비판을 주요한 과제로 삼는 학풍을 형성케 한다. 아울러 황제의 권위는 이미 유명무실 하게 되고 환관세력의 득세는 당시의 유학자들에게 높은 도덕성과 깊은 학문적 소양이 자신들의 이상을 펼칠 수 있는 여건을 마련해주지 않는다고 하는 사실을 일깨워준다.

즉 군자의 길과 정치권력은 일치할 수 없다고 하는 사실을 자각한 당시의 유학자들은 자신들의 이상에 대한 새로운 반성적 사고를 통하여 당면한 현실사회에 적응하게 되었던 것이다. 그들은 개인의 도덕수양에 몰두하는 추세를 보이며 상대적으로 정치무대에 등용되고자 하는 경향에서 탈피하는 추세를 보이기 시작한다. 즉 유학자들은 더 이상 대외적인 명예나 권력에 대한 집착에 관심을 기울지 않고 자신의 도덕적 성취에 몰두하는 모습을 보였던 것이다. 그렇기 때문에 민간의 유학사상이 유행하게 되는 반면 서한시기 동중서가 제창한 천인감응설을 기본적인 사상체계로 삼았던 관방 유학사상은 쇠락의 길을 걷게 된다. 이러한 민간 유학사상가들 가운데 조기趙岐나 정현鄭玄과 같은 사람들이 대표적인 인물이라고 할 수 있다.

동한 말기에 생존했던 조기는 인간의 본성에 대한 주장들을 『맹자장구孟子章句』에 담고 있다. 조기의 『맹자장구』는 인성 문제에 관한 논의 외에도 천도天道의 문제 및 이상적인 정치 그리고 전국시대의 전장제도 등 다양한 문제에 관해서도 논의를 진행한 저작이라고 할 수 있다.

본문에서는 조기의 인성론에 대하여 조기의 생애와 인성의 근원인 천에 대한 분석 및 성선설에 대한 조명을 중심으로 논의를 진행해보도록 하겠다.

2. 조기의 생애

조기趙岐(A.D 108～201년)의 자는 빈경邠卿으로 경조京兆 장릉長陵사람이다.[1] 어렸을 때의 이름은 가嘉였으며 자는 대경臺卿이었으나, 화를 피해 사방으로 도피하면서 이름을 바꾸게 된다. 이와 관련하여 『후한서後漢書』에 다음과 같은 사실이 기록되어져 있다.

> 조기는 어려서 경서에 밝았으며, 뛰어난 재능이 있어서 마융의 형의 딸을 아내로 맞이한다. 마융은 외척 세도가였는데 조기는 항상 그를 비천하게 생각하고 마융과 만나지 않았다.……삼십 여세가 되었을 때 중병에 걸려 7년간 병석에 누워 지내다가 스스로 생각한 것을 갑자기 형의 아들에게 유훈을 남겨 말하기를 "대장부가 세상에 태어나 은둔하여 기산에서 절조를 지키며 살수가 없고, 벼슬자리에 나가 이윤이나 여망처럼 공훈을 세울 수도 없으니 이는 하늘이 나와 같이하지 않음이니 다시 무슨 말을 하리요! 내 묘지 앞에 비석 하나를 세우고 '한나라에 은자가 있었는데 성은 조이고 이름은 가였다. 뜻을 품고 있었으나 때를 못 만났으니 어찌된 운명이란 말인가!'라고 새겨달라고 했다." 그 뒤로 병이 나았다.[2]

후한 영수永壽연간(A.D 155~157년)에 조기는 당시 경조윤京兆尹이었던 연독延篤의 부름을 받고 공조功曹[3]벼슬을 하게 된다. 그런데 이러한 벼슬 때문에 환관 당형唐衡의 형인 당현唐玹에게 밉보이게 된다. 그래서 연희延熹 원년(A.D 158년)에 당현이 경조윤에 임명되자 조기는 자신에게 화가 미칠 것을 염려하여 황급히 도피한다. 당현은 조기의 가솔들과 종친들을 잡아들여 중죄를 뒤집어씌우고 그들을 모조리 죽여 버린다. 조기는 당시에 지방 곳곳을 전전하며 도피행각을 벌이면

---

1 경조京兆 장릉長陵은 오늘날 섬서성 咸陽에 해당된다.

2 『後漢書』, 「吳延史盧趙列傳·趙岐」.

3 한대漢代 이래 주군州郡의 속료屬僚로서 인재추천 및 공로의 기록을 담당하는데, 삼국시대부터는 현縣에도 두었으며, 진대晉代 이후 '서조西曹'라고도 하였다.

서 자신의 이름을 숨기고 떡을 팔면서 근근이 생계를 유지했다. 그 후 연희延熹 7년(A.D 165년)에 당현이 죽고 나서 조기는 사면되고 병주자사幷州刺史로 제수된다. 후한 영제靈帝 즉위 초에 즉 제2차 당고黨錮의 화禍가 발생하고 약 10여 년이 지난 뒤에 조기는 의랑議郞과 태복太僕의 벼슬을 역임한다. 조조가 정권을 잡았을 때는 사공司空의 지위에 오르기도 하다가 태자소부太子少府인 공융孔融의 천거로 태상의 벼슬을 제수 받게 된다. 이후 구십 여세까지 살다가 건안建安 6년(A.D 201년)에 세상을 떠났다. 조기가 남긴 저작은 적지 않은데, 『맹자장구孟子章句』와 『삼보결록三輔決錄』이 전해져 오고 있다.[4]

조기는 『맹자제사孟子題辭』에서 "효문황제께서 학문의 길을 넓히고자 『논어』·『효경』·『맹자』에 박사를 설치하고 후에 전기 박사를 철패하고 오경박사만을 독립적으로 세웠다."[5]라고 언급했는데, 이와 같은 사실로 알 수 있는 것은 『맹자』가 서한 문제文帝 시기에 박사관에 설치되었다고 하는 것이다. 그러나 서한 무제武帝 이후 더 이상 박사관에서 보이질 않는다. 양한시기에 『맹자』에 주석 작업을 한 학자로는 주로 동한시기에 집중 되어 있는데, 양웅揚雄의 『맹자주孟子注』·정증程曾의 『맹자장구孟子章句』·정현鄭玄의 『맹자주孟子注』·고유高誘의 『맹자장구孟子章句』·유희劉熙의 『맹자주孟子注』·조기趙岐의 『맹자장구孟子章句』가 그것이다. 이들 가운데 지금까지 전해져오는 것은 유희의 『맹자주』와 조기의 『맹자장구』뿐으로 그 외의 것들은 모두 유실되었다.[6]

---

4 『後漢書』, 「吳延史盧趙列傳·趙岐」.

5 『孟子章句』, 「孟子題辭」.

6 조원일, 『맹자의 철학사상』, 광주, 전남대학교출판부, 2012년, 21쪽 참조.

3. 인성의 근원인 천에 대한 분석

조기趙岐는 "사람이 진실로 선한 본성을 받은 것은 하늘로부터 받은 것이다. 그러므로 천도라고 한다."[7]라고 하고 또 "이것은 하늘이 사람의 정서와 본성에 부여한 것으로, 먼저 그 대체를 세운다고 하는 것을 일컬어 태어나면서부터 선한 본성이 있는 것이라고 하는 것이다."[8]라고 언급한 것에서 볼 수 있듯이, 천天을 사람의 본성의 근원으로 삼았던 것이다.

조기는 때로는 천도天道 혹은 도道로써 천天을 대체하기도 했다. 조기가 천天이라고 불렀을 때에는 천天의 주체적 작용을 강조할 때 인데, 그것은 "천은 만물을 낳고 각각의 만물은 하나의 근원에서 나온다."거나 혹은 "천만이 이러한 인간의 본성을 악하게 만드는 것이 아니다." 거나 혹은 "군주는 도술에 의하지 않고 천의 의지를 헤아릴 수 있다." 라고 하는 것처럼 만물을 생성하고 인간에게 본성을 부여하면서 인간 세상의 법칙의 근거가 되는 것이다. 또한 조기는 천도로 천을 대체하여 말하기도 하는데, 이는 천의 속성과 특징을 강조한 것이다. 즉 "천도는 광대하게 큰 것이며 사사로움이 없고 만물을 생성하지만 그것의 유래는 알 수가 없는 것이다."[9]라고 조기는 언급했는데, 이는 천도란 광대함과 사사로움이 없는 존재이기 때문에 그것이 만물을 생성할 때 그 근본을 알지 못한다고 하는 것이다.

인간의 본성에는 인함과 의로움 예의와 지혜의 단서가 있는데, 본심으로 그것을 제어하며 오직 마음으로서 만이 그것을 바르게

---

7 『孟子章句』, 「離婁下」注, "授人誠善之性者, 天也, 故曰天道."

8 『孟子章句』, 「告子上」注, "此乃天所與人情性, 先立乎其大者, 謂生而有善性也."

9 『孟子章句』, 「滕文公上」注, "天道蕩蕩乎大無私, 生萬物而不知其所由來."

인도한다. 사람이 이러한 본심을 지극하게 하고 반성적 사고로써 선함을 실천할 수 있다면, 곧 그 본성을 인식한다고 말할 수 있다. 그러한 본성을 인식하게 되면 곧 천도가 선함을 귀하게 여기는 것을 알게 되는 것이다.[10]

천도는 선한 것을 귀하여 여기는 것이기 때문에 인의예지仁義禮智를 인간의 심성에 부여한 것이다.

천도는 생명을 좋아하고 어진 사람 역시 생명을 좋아한다. 천도는 친함이 없고 오직 인만이 이것과 함께 하는 것이다. 행위가 천도와 더불어 합치 되는 것을 하늘을 섬기는 까닭이라고 말하는 것이다.[11]

천도가 생명을 좋아하고 친함이 없기 때문에 사람과 더불어 생명을 좋아하는 인함이 있는 것이며, 아울러 천지만물을 인과 동일하게 보고 커다란 인仁을 실천하는 것이다. 그렇기 때문에 천도에는 선함을 귀하게 여기는 것과 생명을 좋아하는 것과 광대하게 크고 사사로움이 없는 특성이 있는 것이다.

조기가 도道로써 천天을 대체하여 언급했을 때는 천의 본체적인 성질을 강조한 것이다.

도를 음양이라고 일컫는데, 대도는 형체가 없고 살아 있는 것은 형체가 있다. 그것을 펼치면 천지사방을 채우지만 그것을 말면 주

10 『孟子章句』, 「盡心上」 注, “性有仁義禮智之端, 心以制之, 惟心爲正. 人能盡極其心, 以思行善, 則可謂知其性矣. 知其性, 則知天道之貴善者也.”

11 『孟子章句』, 「盡心上」 注, “天道好生, 仁人亦好生. 天道無親, 惟人是與. 行與合天, 故曰所以事天也.”

먹을 채우지 못하게 되는 것으로, 천지를 감싸고 있으면서 모든 생명체에게 부여된 것이다. 도와 기를 양성할 수 있고 의리를 실천할 수 있게 되면 이로써 항상 오장을 충만하게 만드는 것이다. 만일 그러지 못하게 될 경우에는 창자가 굶주리게 되어 사람이 굶주리게 되는 것과 같게 되는 것이다.[12]

조기가 "도道와 기氣를 양성할 수 있고 의리를 실천할 수 있게 되면 이로써 항상 오장을 충만하게 만드는 것이다."라고 인용한 문장 속에서 도道와 기氣를 합쳐서 부른 것에서와 같이 볼 수 있듯이 조기의 관념 속에서 도의 본질은 기라고 하는 사실을 알 수 있다. 즉 도道와 기氣는 천지간에 가득 차 있으며 만물이 그것을 부여받아서 생명이 있게 만드는 한편 의리를 실천할 수 있도록 만들어 주는 것이다. 그렇다면 도道와 기氣는 도대체 어떠한 방식으로 의리를 실천할 수 있는 것일까?

이러한 것이 지극히 크고 강건하다고 하는 것은 바르고 곧은 기를 말하는 것이다. 그러나 그것은 작은 구멍을 관통하는 아주 미세한 것이기 때문에 신명에 의해서 다스려지는 것이다. 그렇기 때문에 그것에 대하여 언급하기가 어려운 것이다. 그것을 의리로써 기른다고 하는 것은 사악한 행위가 그것의 줄기를 해치지 않게 하는 것으로, 이는 곧 그러한 것이 무성하게 자라게 하여 천지간에 가득 차게 되어 덕에 의한 교화가 온 천하에 끝없이 펼쳐지게 하는 것이다.[13]

---

12 『孟子章句』, 「公孫丑上」注, "道謂陰陽, 大道無形而生有形, 舒之彌六合, 卷之不盈握, 包洛天地, 稟授群生者也. 言能養道氣而行義理, 常以充滿五臟. 若其無此, 則腹腸饑虛, 若人之餒餓也."

13 『孟子章句』, 「公孫丑上」注, "言此至大至剛, 正直之氣也. 然而貫洞纖微, 治於神明, 故言之難也. 養之以義, 不以邪事幹害之, 則可使滋滿, 塞滿天地間, 布旅德敎,

조기의 관념 속에 있어서 도는 곧 기氣이기 때문에, 그 역시 수많은 한대의 사상가들과 마찬가지로 기氣를 우주만물을 구성하는 요소로 간주하는 기화氣化 우주론적 입장을 견지하게 된 것이라고 말할 수 있다.

4. 성선설

조기는 "인간의 심성은 모두 같은 것이다."[14]라고 언급하여 인간의 심성은 모두가 같은 것이며 선한 것이라고 했다.

> 사람의 본성은 태어날 때부터 선한 것인데, 이는 물이 아래로 흘러내림과 같은 것이다. 그렇기 때문에 사람에게는 모두 선한 본성이 있다고 하는 것을 알 수 있는 것이며, 이는 물이 아래로 흐르지 않음이 없다고 하는 것과 같은 것이다. 튀어 오름은 도약한다는 것이고 이마는 머리를 말하는 것이다. 사람이 손으로 물을 쳐서 튀어 오르게 하면 이마를 넘을 수 있고, 거세게 흐르게 하면 산에라도 올라가게 할 수 있지만 인위적인 힘에 의해서 그렇게 한 것일 뿐이지 물의 본성이 그러한 것은 아니다. 사람이 불선하게 될 수 있음은 그러한 본성을 따라서 그렇게 된 것이 아니고, 이익과 욕구의 유혹과 핍박에 의해서 그렇게 된 것일 뿐으로 물이 인위적인 힘에 의해서 거슬러 올라가는 것과 같은 것이다. 그러므로 사람의 본성은 선하지 않다고 말할 수 없는 것이다.[15]

無窮極也."

14 『孟子章句』, 「告子上」注, "人之心性皆同也."

15 『孟子章句』, 「告子上」注, "人性生而有善也, 猶水之欲下也. 所以知人皆有善性, 似水無有不下者也. 躍, 跳. 顙, 額也. 人以手躍水, 可使過顙, 激之可令上山, 皆迫於勢耳, 非水之性也. 人之可使爲不善, 非順其性也, 亦妄爲利欲之勢所誘迫耳, 猶是水也. 言其本性非不善也."

조기는 맹자가 물이 아래로 흐른다고 하는 특성을 예로 들어서 사람의 본성이 선한 것이라고 하는 주장에 적극 공감했다. 또한 조기는 "인의예지는 사람이 모두 그것의 단서를 가지고 있는데, 이는 마음속에 있는 것으로 외부에서 나에게 녹아들어 온 것이 아니다."라고 언급하여 인의예지는 사람에게 선천적으로 갖춰져 있는 도덕으로 후천적인 학습에 의해서 생겨난 것이 아니라고 생각했다. 그래서 조기는 "인과 의는 안에서 생겨나는 것이고 그 가운데서 그것을 실천하게 되는 것이지 강제적인 힘에 의해서 인의를 실천하는 것은 아니다. 그렇기 때문에 성선 말할 때는 말씀마다 반드시 요순을 언급하셨던 것이다. 그러나 군자는 그러한 것을 보존하고 서민은 그러한 것을 버리고 그것에 말미암지 않을 뿐이다."[16]라고 하여 사람들 모두가 인의를 실천할 수 있게 되면 요임금이나 순임금과 같이 될 수 있다고 했던 것이다. 즉 모든 사람은 요임금과 순임금처럼 선한 본성에 있어서는 같다는 것이다.

조기는 사람이 요임금이나 순임금과 같이 선한 본성을 가지고 있다고 하는 것 이외에 평범한 사람들 모두가 현명한 사람과 같이 서로 유사한 마음이 있다고 생각하여 "사람은 모두가 인의의 마음이 있다."[17]고 했던 것이다. 또한 조기는 사람에게는 인한 마음과 인한 본성이 있다고 했는데, 이는 곧 사람에게는 선천적으로 인한 마음과 인한 본성이 구비되어 있는 것이며, 이러한 본심과 본성은 모두 선한 것이라고 하는 것이다.

---

16 『孟子章句』, 「離婁下」注, "仁義生於內, 由其中而行, 非强力行仁義也. 故道性善, 言必稱於堯舜. 但君子存之, 庶民去之而不由爾."

17 『孟子章句』, 「告子下」注, "仁皆有仁義之心."

> 그렇게 하여 모든 일에 어지럽게 하는 것이 있게 되면 밤 동안 자라나는 바를 잃어버리게 만드는 것이다. 혼란이 반복되면 이익을 추구하는 마음이 본심에 해를 끼치게 되고, 밤사이에 길렀던 깨끗하고 조용한 기운을 다시 보존할 수 없게 되는 것이다. 사람들이 악한 사람이나 금수의 행위를 보고 일찍이 선한 본성이 없었다고 생각하는데, 이러한 것은 사람의 실상이 아닌 것이다.[18]

조기는 악한 사람과 금수를 같은 부류로 취급했다. 그러나 조기는 "악이나 악한행위는 자신의 선한 본성을 다 발휘하지 못했기 때문에 생기는 것이다. 그러므로 악한 사람이 있게 되는 것은 하늘이 그러한 사람에게만 악한 본성을 부여했기 때문이 아닌 것이다."[19]라고 언급하여, 악한 사람이 되는 것은 선천적으로 악한 본성을 가지고 태어난 것이 아니고, 자신의 선한 본성을 다 발휘하지 못했기 때문에 그렇게 되는 것이라고 주장했다. 또한 조기는 사람의 선한 본성을 언급했지만 그 안에 생리적인 본능은 포함시키지 않았다.

조기는 사람들 모두가 선한 본성을 가지고 있다고 생각했으며, 아울러 사람에게 "맛있는 것을 좋아하고 아름다운 색을 좋아하는 것이 사람의 본성이다."[20]라고 하는 생리적인 욕구가 내재되어 있다고 하는 사실을 인정했다.

> 사체라는 것은 사지를 말하는 것이고 이러한 사지를 나태하게

---

18 『孟子章句』, 「告子上」注, "其所爲萬事有梏亂之, 使亡失日夜之所息也. 梏之反覆, 利害於其心, 其夜氣不能復存也. 人見惡人禽獸之行, 以爲未嘗存善本性, 此非人之情也."

19 『孟子章句』, 「告子上」注, "所以惡乃至是者, 不能自盡其才性也. 故使有惡人, 非天獨與此人惡性."

20 『孟子章句』, 「告子上」注, "人之甘食, 悅色者, 人之性也."

만들면 힘든 것을 싫어하고 안일한 것만 생각하게 된다. 이러한 것은 모든 사람들이 원하는 것으로 이러한 즐거움에는 장수하는 것과 많은 봉록을 받는 것이 있지만, 사람들 모두가 그러한 소망이 같을 수는 없는 것이다. 평범한 사람은 정서가 욕구하는 것을 추구하지만 군자의 도는 인의를 우선으로 삼으며 예의로써 절제하여 생리적인 욕구가 추구하는 것을 따르지 않기 때문에 군자는 그러한 생리적인 욕구를 본성이라고 말하지 않는다.[21]

팔다리와 눈 귀 입의 욕구 역시 사람의 본성에 속한다고 할 수 있지만 "사람이 불선하게 될 수 있음은 그러한 본성을 따라서 그렇게 된 것이 아니고, 이익과 욕구의 유혹과 핍박에 의해서 그렇게 된 것일 뿐으로 물이 인위적인 힘에 의해서 거슬러 올라가는 것과 같은 것이다. 그러므로 사람의 본성은 선하지 않다고 말할 수 없는 것이다."[22]라고 한 것처럼 사람의 욕구는 항상 외부로부터의 유혹에 노출되어 있기 때문에 선하지 않게 되는 것이다. 그래서 조기는 감각기관의 욕구를 추구하는 사람을 소인이라고 단정 지었던 것이다.[23] 그렇기 때문에 군자는 감각기관의 욕구를 본성이라고 말하지 않았던 것이다. 그러므로 조기는 감각기관의 욕구를 선한 본성의 범주에서 제외시킨다.

사람들 모두에게 이러한 본심이 있다고 하는 까닭은 바로 평범한 사람이 찰나의 순간에 어린아이가 우물에 빠지려고 하는 상황을 목격했을 때, 현명하거나 어리석음에 관계없이 모두가 깜짝 놀

21 『孟子章句』, 「盡心上」注, "四體謂之四肢, 四肢懈倦, 則思安佚不勞苦. 此皆人性之所欲也, 得居此樂者, 有命祿, 人不能皆如其願也. 凡人則有情從欲而求可身, 君子之道, 則以仁義爲先, 禮節爲制, 不以性欲而苟求之也, 故君子不謂之性也."

22 『孟子章句』, 「告子上」注, "人之可使爲不善, 非順其性也, 亦妄爲利欲之勢所誘迫耳, 猶是水也. 言其本性非不善也."

23 『孟子章句』, 「告子上」注, "務口腹者爲小人."

> 라는 감정이 생기게 된다. 그러한 감정이 발생하게 되는 과정 속에는 다른 사람을 위해서도 아니고 불인한 사람이라고 하는 오명을 듣기 싫어서라고 하는 계산이 담겨져 있지 않기 때문에 두려워서 마음이 조마조마하다고 하는 것이다.[24]

사람에게는 타인의 불행을 불쌍하게 여기는 마음이 있기 때문에 찰나의 순간에 천진난만한 어린아이가 우물에 빠지려고 하는 상황을 목도했을 때 깜짝 놀라고 안타까워하는 감정이 발생하게 되는 것이다. 이러한 감정은 바로 심성에서 비롯되는 것이라고 할 수 있다.

> 본성과 감정은 서로 표리를 이루고 있는데, 선한 본성은 감정보다 우위에 있는 것이기 때문에 감정이 그러한 선한 본성을 따르게 되는 것이다. 『시경』에 "이렇게 슬프고 안타까운 감정"이라고 언급한 것은 감정이 본성을 따른다고 하는 것을 의미한다. 이러한 감정에 순응하여 그것을 선하게 하는 것을 진실로 선한 것이라고 말하는 것이다.[25]

본성과 감정은 서로가 표리관계를 이루고 있다고 할 수 있다. 본성은 선한 것이 되기 때문에 감정은 선한 본성을 따르게 되어 슬퍼하고 안타까워하는 감정이 생겨나게 되는 것이다. 그러나 사람에게는 불선不善한 정서도 있기 때문에 선한 본성에 순응하지 않은 상태에서 발현될 경우에 외부 사물에 얽매이게 되는 빌미를 주게 되는 것이다.

---

24 『孟子章句』, 「公孫丑上」注, "所以言人皆有是心, 凡人暫見小孺子將入井, 賢愚皆有驚駭之情, 情發於中, 非爲人也, 非惡有不仁之聲名, 故怵惕也."

25 『孟子章句』, 「告子上」注, "性與情相爲表裏, 性善勝情, 情則從之. 詩經云: 此哀戚之情, 情從性也. 能順此情, 使之善者, 眞所謂善也."

> 맹자가 말하기를 노인들이 구운 고기를 좋아하는 것은 모두 같은데, 이것은 좋아하는 감정 속에서 나온 것이다. 초나라 사람의 노인을 공경하는 것과 우리 집 노인을 공경하는 것 역시 자신의 감정과 본성이 그들을 공경하는 것과 같은 것이다. 비록 구운 고기가 자신의 것이 아니라고 하더라도 맛있게 보이는 것은 마찬가지이다. 그렇기 때문에 사물이 있으면 그러한 것에 대한 감정이 있게 되는 것이라고 했다.[26]

다른 사람의 노인을 공경할 수 있다고 하는 것은 자신의 노인을 공경하는 것과 같은 것이니, 이는 본성과 정서가 서로 상응하는 것으로 정서는 본성이 표현되는 것에서 발현될 수 있게 되는 것을 의미하는 것이다.

조기는 사람의 심성이 본래부터 선하다고 생각하여 "사람이 불선하게 될 수 있음은 그러한 본성을 따라서 그렇게 된 것이 아니고, 이익과 욕구의 유혹과 핍박에 의해서 그렇게 된 것일 뿐으로 물이 인위적인 힘에 의해서 거슬러 올라가는 것과 같은 것이다. 그러므로 사람의 본성은 선하지 않다고 말할 수 없는 것이다."라고 주장했으며, 또한 "만일 사람이 불선한 행위를 하게 된다면, 그것은 하늘이 부여한 본성의 죄가 아니고 외부 사물의 미혹에 의해서 그러한 행위를 하게 되는 것이다."라고 주장했던 것이다. 즉 조기는 사람이 불선不善한 행위를 하게 되는 원인으로 "이익과 욕구의 유혹과 핍박" 혹은 "외부 사물의 미혹"과 같은 것들을 들었으며, 이들 모두가 외부 환경의 영향을 받는 것이라고 생각했다. 그래서 조기는 흉년이 든 해에는 사람들의 본래 선한 심성이 표출될 수 없다고 하는 사실을 강조했던 것이다.

---

26 『孟子章句』, 「告子上」 注, "孟子曰: 耆炙同等, 情出於中. 敬楚人之老, 與敬己之老, 亦同己情性敬之. 雖非己炙, 同美, 故曰物則有然者也."

> 하늘이 내려준 자질과 본성이 그러한 것과 다른 것이 아니다. 굶주림과 추위 같은 재앙이 그러한 선한 본심을 빠져들게 하여 악한 행위를 하게 만드는 것이다.[27]

> 항심이 있다는 것은 사람에게 항상 선한 본심이 있다는 것이다. 오직 학문을 배운 선비의 마음만이 비록 궁핍한 상황에 처할지라도 그러한 도(선한 본심)를 잃지 않으며 구차하게 재물을 구하려 하지 않는 것이다. 일반 사람들은 굶주림과 추위에 못 이겨 그러한 선한 본심을 항상 지키지 못하게 되는 것이다.[28]

굶주림과 추위와 같은 재난은 사람의 선한 본성을 악행에 빠져들게 만들어서 결국에는 사람이 악한 행위를 하게 만드는 요인이 되는 것이라고 할 수 있는 것이다.

비록 외부의 환경이 사람의 선한 심성을 변화시키는 중요한 요인이 된다고 할지라도 가장 주요한 요소는 바로 자기 자신의 주체적인 역량이라고 할 수 있다.

> 스스로가 선한 행위를 할 수 없다고 하는 것은 스스로 선한 본성을 해쳐서 선한 행위를 할 수 없게 만드는 것이다.[29]

> 인·의·예·지는 모두가 사람에게 그러한 단서가 있는 것으로 내부에 간직되어 있는 것이지 외부로부터 나에게로 녹아져 들어온 것이 아닌 것이다. 그러한 것을 구하여 보존하면 그것을 얻어서 활

---

27 『孟子章句』, 「告子上」注, "非天降下才性與之異也, 以饑寒之厄陷溺其心, 使爲惡者也."

28 『孟子章句』, 「梁惠王上」注, "恒心, 人常有善心也. 惟有學士之心者, 雖窮不失道, 不求苟得耳. 凡民迫於饑寒, 則不能守其常善之心也."

29 『孟子章句』, 「公孫丑上」注, "自謂不能爲善, 自賊害其性, 使不爲善也."

용할 수 있고, 그것을 놓아서 버려버리면 잃게 되는 것이다.[30]

모든 사람들에게는 인仁·의義·예禮·지智의 심성이 갖춰져 있는데, 만일 "그러한 본심을 보존할 수 있고 그러한 선한 본성을 잘 기를 수 있다면"[31] 곧 "고수를 아비로 모시고 있으면서도 순이 변하여 악행을 할 수 없었다. 걸을 임금으로 모시면서 미자계와 비간이 형제의 친함이 있어서 그 두 사람을 불인하게 만들지 못했다."[32]와 같이 만들 수 있는 것이다. 그러나 만일 자신의 선한 본성을 해치게 되면 곧 불선不善을 하게 되는 것이다.

조기는 사람의 선한 본성을 변하게 만드는 주요한 요인으로 사람의 주동적인 통제작용에 있는 것이라고 생각했다. 그렇기 때문에 심성의 개선에 있어서 조기는 마음의 주동적인 제어작용을 중요시 했던 것이다.[33]

> 본성에는 인·의·예·지의 단서가 있는데, 마음이 그러한 것을 제어하며 오직 본심만이 올바르게 한다. 사람이 그러한 본심을 지극하게 다할 수 있으면 그러한 것으로 반성적 사고를 통하여 선을 실천하게 되는 것이니, 이러한 것을 일컬어 그러한 본성을 안다고 하는 것이다.[34]

---

30 『孟子章句』, 「告子上」 注, "仁·義·禮·智, 人皆有其端, 懷之於內, 非從外銷鑠我也. 求存之, 則可得而用之; 舍縱之, 則亡失之矣."

31 『孟子章句』, 「盡心上」 注, "能存其心, 養育其正性"

32 『孟子章句』, 「告子上」 注, "瞽瞍爲父, 不能化舜爲惡. 紂爲君, 又與微子比干有兄弟之親, 亦不能使其二子爲不仁."

33 『孟子章句』, 「盡心上」 注, "心者, 人之北辰也."

34 『孟子章句』, 「盡心上」 注, "性有仁·義·禮·智之端, 心以制之, 惟心爲正. 人能盡極其心, 以思行善, 則可謂知其性矣."

본심의 제어하고 통제하는 기능과 반성적 사고 기능의 발휘를 통하여 선을 인식하고 그러한 선을 실천하는 것이다.

> 의지는 본심이 사려하는 것이다. 기는 육체에 가득 차있는 것이기 때문에 기쁨과 성냄이 되는 것이다. 의지는 기를 통솔하여 그것이 행하는 것이 올바른지의 여부를 헤아리는 것이다.[35]

> 의지는 그러한 근본을 확립하려고 하는 것이 되고, 기는 다음에 따라오는 것이 되는 것이다.[36]

> 의지가 지향한다고 하는 것은 기가 그러한 의지의 마땅히 올바른 것을 따른다고 하는 말이다. 그러한 의지를 견지하게 되면 그러한 기가 어지럽지 않게 되고, 그럼으로써 제멋대로 기쁨과 성냄의 감정이 사람에게 더해지지 않게 되는 것이다.[37]

의지는 본심의 사고 기능을 집중시킬 수 있다. 즉 의지는 사람의 정신을 이끌어 나갈 수 있는 것으로, 만일 의지에 의해서 선한 본심을 항상 견지시킬 수 있게 된다면 기쁨이나 성냄과 같은 감정이 제멋대로 사람에게 더해질 수가 없게 될 것이다. 그렇기 때문에 조기는 "마음이 선함을 생각하지 않기 때문에 그러한 도를 잃게 되어 소인배의 나락으로 전락되는 것이다."[38]라고 언급했던 것이다.

---

35 『孟子章句』, 「公孫丑上」 注, "志, 心所念慮也. 氣, 所以充滿形體, 爲喜怒也. 志帥氣而行之, 度其可否也."

36 『孟子章句』, 「公孫丑上」 注, "志爲至要之本, 氣爲其次焉."

37 『孟子章句』, 「公孫丑上」 注, "言志所向, 氣隨之當正. 持其志, 無亂其氣, 妄以喜怒加人也."

38 『孟子章句』, 「告子上」 注, "心官不思善, 故失其道而陷爲小人也."

하늘이 사람에게 부여한 것은 정서와 본성인데, 먼저 그 큰 것을 확립하는 것을 일컬어 선천적으로 가지고 있는 선한 본성이라고 하는 것이다. 작은 것은 정욕이라고 한다. 선함은 악함을 이기는 것이라고 하는 것은, 곧 악함이 그러한 선한 본성을 빼앗을 수 없다는 것을 의미할 따름이다.[39]

또한 마음은 사려하는 것의 주체가 되는 것이고 사악한 짓을 하는 것을 방지해주는 역할도 한다.

바로잡아 고친다고 하는 것은 비뚤어진 마음을 바르게 하는 것으로, 스스로가 선천적으로 선한 본성을 깨닫는 것이다. 그런 후에 여유 있거나 모자란 것을 따르거나 떨쳐버리고 덕성과 시혜를 더하는 것이다.[40]

마음이 만일 사특한 것에 치우쳐 있게 되면 그러한 것을 올바르고 곧게 만들어 본래 선한 심성으로 돌아가게 만들어야 하는 것이다. 이와 같이 조기는 맹자의 심성을 확충한다고 하는 함양공부를 계승하였다.

무릇 사단이 나에게 있다고 하는 것은, 그러한 것을 모두 확대시켜 채우고 크게 할 줄 안다면, 마치 불이나 샘물이 처음에는 작게 시작되더라도 커다랗게 확대되면 이르지 않는 곳이 없게 되는 것과 같은 것이다. 사람 스스로가 자신의 사단을 깨닫고 그러한 것을

39 『孟子章句』, 「告子上」 注, "天所與人情性, 先立乎其大者, 謂生而有善性也. 小者, 情欲也. 善勝惡, 則惡不能奪之而已矣."

40 『孟子章句』, 「滕文公上」 注, "匡正直其曲心, 使自得其本善性, 然後從而振其贏窮, 加德惠也."

크게 채울 수 있다면 천하의 모든 백성들 보호할 수 있지만 크게 채우지 못한다면 안으로는 부모를 섬기기에도 부족하게 되는 것이다. 인·의·예·지가 없는데 어떻게 부모를 섬기겠는가?[41]

사람에게 선천적으로 갖춰져 있는 선한 심성을 확대하고 충실하게 만들면 가까이는 부모를 봉양할 수 있고 멀리는 천하를 보전할 수 있게 되는 것이다. 그러므로 선한 심성을 충실하게 발휘함으로써 내성외왕의 경지를 실천할 수 있게 되는 것이다.

무릇 사람에게는 감정이 있어서 욕구를 쫓고 추구하는 것에 자신을 맡기지만, 군자의 도는 인의를 우선으로 삼고 예의 절도로 제어하여 본성의 욕구가 원하는 것을 추구하지 않는다.[42]

사람은 감정에 의해서 욕구를 쫓아서는 안 되고 마땅히 예의에 따라서 행위를 해야 한다고 하는 말이다.[43]

생리적인 정욕 역시 선천적으로 타고 나는 것이라고 할 수 있다. 그러나 이러한 생리적인 정욕은 외부 사물에 의해서 속박되고 이끌리게 되어 선하지 않은 행위를 하게 되는 것이다. 그렇기 때문에 마땅히 예의 절도로써 제어해야 만이 그것이 정서와 이치에 부합되는 범위 내에서 발전하게 되어 결국에는 "자신이 원하는 것을 다른 사람이 추구할 수 있도록 만들어준다. 그렇게 하면 선한 사람이 되는 것이다.

---

41 『孟子章句』, 「公孫丑上」注, "凡有四端在於我者, 知皆擴而充大之, 若火泉之始微小, 廣大之則無所不至. 以喩人之四端也, 人誠能充大之, 可保安四海之民, 誠不充大之, 不足以事父母, 言無仁義禮智, 何以事父母也?"

42 『孟子章句』, 「盡心下」注, "凡人則有情從欲而求可身, 君子之道, 則以仁義爲先, 禮節爲制, 不以性欲而苟求之也."

43 『孟子章句』, 「滕文公下」注, "言人不可觸情從欲, 須禮而行."

자신이 원하지 않는 것을 다른 사람에게 베풀지 않는다. 자신에게 그러한 것이 있으면 다른 사람에게도 그러한 것을 있게 해준다. 그렇게 하면 신뢰할 수 있는 사람이 되는 것이다."[44]와 같은 경지에 이르게 되는 것이다. 즉 내 자신이 욕구하는 것은 타인 역시 욕구하는 것이며, 내 자신이 원하지 않는 것을 타인에게 강요하지 말라는 것이다.

5. 맺는 말

이상과 같이 조기의 인성론 사상에 대하여 조기의 생애와 인성의 근원인 천에 대한 분석 및 성선설에 대한 조명을 중심으로 살펴보았는데, 이를 정리하면 다음과 같다.

조기는 후한 영수 연간에 공조벼슬을 하게 되나, 이러한 벼슬 때문에 유력한 환관 당형의 형인 당현에게 질시를 받게 된다. 그 후 당현이 경조윤에 임명되자 조기는 화가 미칠 것을 염려하여 도피하지만, 조기의 가솔들과 종친들은 모두 죽음을 당한다. 그 후 연희 7년에 조기는 사면되고 병주자사로 제수된다. 그러다가 후한 영제 재위시기에 조기는 의랑과 태복의 벼슬을 역임한다. 또한 조조가 정권을 잡았을 때는 사공의 지위에 오르기도 하다가 태자소부인 공융의 천거로 태상의 벼슬을 제수 받게 된다. 이후 구십 여세까지 살다가 건안 6년에 세상을 떠났다.

조기는 천天을 사람의 본성의 근원으로 삼았다. 또한 조기는 때로는 천도天道 혹은 도道로써 천天을 대체하기도 했다. 조기가 천天이라고 불렀을 때에는 천天의 주체적 작용을 강조할 때 인데, 그것은 만물을

---

44 『孟子章句』, 「盡心下」注, "己之可欲, 乃使人欲之, 是爲善人. 己所不欲, 勿施於人也. 有之於己, 乃謂人有之, 是爲信人."

생성하고 인간에게 본성을 부여하면서 인간세상의 법칙의 근거가 되는 것이다. 또한 조기는 천도로 천을 대체하여 말하기도 하는데, 이는 천의 속성과 특징을 강조한 것이다. 즉 천도란 광대함과 사사로움이 없는 존재이기 때문에 그것이 만물을 생성할 때 그 근본을 알지 못한다고 하는 것이다. 아울러 천도는 선한 것을 귀하여 여기는 것이기 때문에 인의예지仁義禮智를 인간의 심성에 부여한 것이다. 또한 천도가 생명을 좋아하고 친함이 없기 때문에 사람과 더불어 생명을 좋아하는 인함이 있는 것이며, 아울러 천지만물을 인과 동일하게 보고 커다란 인仁을 실천하는 것이다. 그렇기 때문에 천도에는 선함을 귀하게 여기는 것과 생명을 좋아하는 것과 광대하게 크고 사사로움이 없는 특성이 있는 것이다.

조기는 "인간의 심성은 모두 같은 것이다."라고 언급하여 인간의 심성은 모두가 같은 것이며 선한 것이라고 했다. 즉 조기는 맹자가 물이 아래로 흐른다고 하는 특성을 예로 들어서 사람의 본성이 선한 것이라고 하는 주장에 적극 공감했다. 또한 조기는 "인의예지는 사람이 모두 그것의 단서를 가지고 있는데, 이는 마음속에 있는 것으로 외부에서 나에게 녹아들어 온 것이 아니다."라고 언급하여 인의예지는 사람에게 선천적으로 갖춰져 있는 도덕으로 후천적인 학습에 의해서 생겨난 것이 아니라고 생각했다. 그래서 조기는 사람들 모두가 인의를 실천할 수 있게 되면 요임금이나 순임금과 같이 될 수 있다고 했다. 즉 모든 사람은 요임금과 순임금처럼 선한 본성에 있어서는 같다는 것이다.

조기는 사람이 요임금이나 순임금과 같이 선한 본성을 가지고 있다고 하는 것 이외에 평범한 사람들 모두가 현명한 사람과 같이 서로 유사한 마음이 있다고 생각하여 "사람은 모두가 인의의 마음이 있다."고 했던 것이다. 또한 조기는 사람에게는 인한 마음과 인한 본성이 있다고 했는데, 이는 곧 사람에게는 선천적으로 인한 마음과 인한 본성이 구비되어 있는 것이며, 이러한 본심과 본성은 모두 선한 것이라고 했다.

조기는 사람의 심성이 본래부터 선하다고 생각하여 "사람이 불선하게 될 수 있음은 그러한 본성을 따라서 그렇게 된 것이 아니고, 이익과 욕구의 유혹과 핍박에 의해서 그렇게 된 것일 뿐으로 물이 인위적인 힘에 의해서 거슬러 올라가는 것과 같은 것이다. 그러므로 사람의 본성은 선하지 않다고 말할 수 없는 것이다."라고 주장했으며, 또한 "만일 사람이 불선한 행위를 하게 된다면, 그것은 하늘이 부여한 본성의 죄가 아니고 외부 사물의 미혹에 의해서 그러한 행위를 하게 되는 것이다."라고 주장했다. 즉 조기는 사람이 불선不善한 행위를 하게 되는 원인으로 "이익과 욕구의 유혹과 핍박" 혹은 "외부 사물의 미혹"과 같은 것들을 들었으며, 이들 모두가 외부 환경의 영향을 받는 것이라고 생각했다. 그래서 조기는 흉년이 든 해에는 사람들의 본래 선한 심성이 표출될 수 없다고 하는 사실을 강조했던 것이다.

참고문헌

趙 岐, 『孟子章句』, 『四部叢刊』 本.

范 曄, 『後漢書』, 北京, 中華書局, 1990년.

黃俊傑 主編, 『孟子思想的歷史發展』, 臺北, 中央硏究院 中國文哲硏究所 籌備處, 1995년.

劉鄂培, 『孟子大傳』, 北京, 淸華大學出版社, 1998년.

조원일, 『맹자의 철학사상』, 광주, 전남대학교출판부, 2012년.

제13장
순열의 인성론 사상

1. 시작하는 말

동한 말기에 여러 차례의 천재지변이 발생하게 되자 이로 인하여 일반 백성들 특히 농민들은 매우 심각한 지경의 고통을 받게 된다. 이러한 고통 위에 동한 황실의 외척세력과 환관세력 등의 득세는 정치적 혼란을 가중시키게 된다. 또한 이러한 혼란을 틈타 수많은 탐관오리들이 백성들을 갈취하는 한편 국가적 차원에서 자행된 백성들에 대한 가혹한 부역 및 과중한 세금부담은 일반 백성들의 삶을 피폐하게 만드는 주요한 요인으로 자리매김하게 된다.

이러한 동한 왕조의 정치적 사회적 폐해는 사회적으로 상당히 심각한 영향을 미치게 되어 동한의 사회적 시스템은 급속하게 허물어져 가게 된다. 이와 같은 동한 왕조의 위기 상황은 당시의 지식인들에게 자신들이 처한 현실사회에 대한 유학의 도의적 비판을 하게 만들어 그러한 것을 주요한 과제로 삼는 일군의 사회비판 사조 학자집단을 형성시킨다. 이러한 학자들 가운데 순열은 대표적인 비판사상가였다고 할 수 있다.

아울러 이 시기에는 유가사상과 도가사상 및 법가사상이 적절한 조화를 이루어 융합된 형태의 새로운 사상체제를 구축하는 경향을 보이고 있는 시기였다고 할 수 있다. 마찬가지로 순열은 당시의 학문적 분위기에서 자유로울 수는 없었다고 할 수 있다. 즉 순열의 사상은 유학을 기본적인 골격으로 하고 도가와 법가사상이 가미된 형태의 사상체계를 이루고 있었다고 할 수 있다. 이러한 순열 사상의 종합적인 특색은 그의 인성론사상에서 가장 두드러지게 나타나고 있다고 할 수 있다.

아울러 동한 시기의 유학사상에 대한 연구는 선진유학이 양한시기를 거쳐서 북송시기에 새롭게 부활하게 되는 여정에 있어서 매우 중요한 연결고리의 역할을 한다고 하는 측면에서 볼 때 상당히 비중 있는 문제라고 할 수 있다.

본문에서는 순열의 인성론에 대하여 순열의 생애와 인성의 근원인 천과 도에 대한 분석 및 성선악설에 대한 조명을 중심으로 논의를 진행해보도록 하겠다.

2. 순열의 생애

순열荀悅(A.D 148～209년)의 자는 중예仲豫로 영천潁川 영양潁陽사람으로 순자의 십 삼대 후손이다.[1] 『후한서後漢書』의 기록에는 “순열은 열두 살에 『춘추春秋』에 대하여 언급할 수 있었다. 집안이 가난해서 책을 살 수 없게 되자 매일 한가한 시간을 이용하여 서점에 가서 책을 읽었는데, 한번 보면 대부분을 암기할 수 있었다. 천성이 조용하고 용

1 潁陽은 오늘날 河南省 登封市의 북부지역에 해당된다.

모가 단정하였으며 저술하는 것을 특히 좋아했다."[2]라고 하는 사실이 잘 나타나 있다. 또한 순열의 조부 순숙荀淑은 유학의 종사에 오르기도 했다. 이는 『후한서』의 "당시 세상에 유명한 현자로 이고와 이응 등이 있었는데 모두 그를 종사로 모셨다."[3]라고 하는 기록에 잘 드러나 있다. 아울러 순숙에게는 자질이 매우 출중한 여덟 명의 아들이 있었는데, 사람들로부터 여덟 마리의 용이라고 불렸으며 전설 속에 전해져 오는 고양씨高陽氏의 여덟 명의 아들과 같이 비유되곤 했다. 순씨 집안의 거주지 역시 서호西豪로 불리어지다가 후에 고양高陽으로 바뀌게 된다. 이와 같은 사실은 당시 순씨 집안의 사회적 지위와 위상이 이미 상당히 높은 정도에 이르렀음을 알 수 있게 해준다. 이러한 까닭으로 순열의 가문은 당고黨錮의 화禍에 연루되어 박해를 받게 된다. 순열의 숙부였던 순상荀爽은 "당고의 화를 피해 바닷가에서 은둔하다가 남쪽 한수 근처에서 십여 년을 숨어 살았다."[4]고 했으며, 순열 역시 핍박을 받게 되자 "병을 핑계로 은거하여 당시의 사람들이 그를 알지 못했다."고 하는 상황에 처하게 되었다.

그 후에 순열은 헌제獻帝 재위시기에 조조의 수하에서 황문시랑黃門侍郎의 벼슬을 맡게 된다. 동한의 헌제는 문학을 무척이나 좋아해서 순열과 태자소부太子少府인 공융孔融이 황궁에서 시강侍講을 했는데, 보통 한번 시작하면 저녁때까지 지속되곤 했었다. 그럴 때마다 황제를 보필하던 신하들과 환관들은 피곤을 이기지 못하고 자리를 떠났다. 순열은 벼슬생활을 순조롭게 하다가 육십 일세의 나이로 생을 마감한다.

---

2 『後漢書』, 「荀悅傳」.
3 『後漢書』, 「荀淑傳」.
4 『後漢書』, 「荀爽傳」.

순열은 "정권이 조조의 손으로 넘어가고 천자는 명목상의 존재로 공경만 받을 뿐인 신세로 전락했다. 순열은 헌제가 다시 권력을 회복할 수 있기를 원했지만 불가능 하다고 하는 사실을 깨닫게 된다."[5]라고 하는 현실을 통감하였기 때문에 역사적 교훈과 경험을 총괄하는 한편 유가의 도리로써 선대와 한나라 시기의 정치적 공과를 비교 검토하여 『신감申鑒』을 저술하여 군주에게 거울로 삼게 하고자 했다. 헌제는 순열의 『신감』을 읽어보고 매우 좋아했다. 이러한 『신감』에는 순열 자신의 철학사상이 반영되어 있다고 할 수 있다.

순열 사상의 특징에 대한 후세 학자들 견해는, 먼저 그의 사상의 주요한 근원을 전통유학에서 찾기 때문에 정통 유가학파의 학설이라고 부르기도 한다. 다른 한편으로는 순열이 동한 말기의 사상에 대하여 비판과 반성을 신랄하게 했기 때문에 동한 말기의 비판사조라고 부르기도 한다. 예를 들자면 정사허鄭師許나 와타나베 히데가타渡邊秀方와 같은 학자들이 순열을 유가학파로 분류하기도 한다.[6] 그리고 임계유任繼愈나 주순남周舜南의 경우 순열을 동한 말기 사회비판 사조의 대표적인 인물로 보기도 한다.[7] 또한 주계전周桂鈿의 경우에는 순열의 사상을 "변함없이 유가사상의 인의의 도를 지도사상으로 삼았다. 결론적으로 말하면 여전히 경학의 범주에 속하는 것이다."[8]라고 하였으며, 순열을 동한 말기의 사회비판 사조의 대표적인 인물로 삼았다.

또한 순열의 정치사상에 대하여 유택화劉澤華의 경우 중장통仲長統

---

5 『後漢書』, 「荀悅傳」.

6 鄭師許, 「漢末年儒家學者荀悅的思想」, 『青年進步』, 1931년, 141期. 渡邊秀方, 『中國哲學史槪論』, 臺北, 臺灣商務印書館, 1976년.

7 任繼愈, 『中國哲學發展史-秦漢卷』, 北京, 人民出版社, 1985년. 周舜南, 「東漢後期的社會批判思潮」, 『船山學刊』, 1999년, 2期.

8 周桂鈿, 『秦漢思想史』, 石家莊, 河北人民出版社, 2000년, 471쪽 참조.

의 정치사상과 비교하여 "덕성과 형벌로 국가를 통치하는 과정 속에서 통치자 자신의 행위에 중점을 두었다.……순열은 덕성과 형벌을 병용하는 기초 위에 진일보한 치국방략의 기술을 제시했다."[9]와 같이 언급했다. 그리고 하증민夏增民의 경우에는 윤리사상이 순열의 정치사상의 방법론이라고 주장했다. 즉 그는 순열의 정치의 함의는 군주와 신하, 덕성과 형벌의 관계 그리고 백성들에 대한 중시와 국가제도 시스템의 분명한 확립 등을 포괄하고 있는 것으로, 이는 동한 말기의 유가와 법가 그리고 유가와 도가사상의 통합의 경향을 반영하는 것이라고 했다.[10]

순열은 비록 동중서의 천인감응설天人感應說을 계승했지만 그는 오히려 사람은 마땅히 천지의 자연법칙에 순응해야 한다고 하는 것을 강조하여, 동중서의 인격신적인 천의 천인상응설天人相應說의 이론적 토대를 와해시킨다. 그래서 진계운陳啓雲의 경우 "순열의 사상은 한나라 시기의 사조를 종결시킨 마지막 장을 장식했으며 아울러 중고사상사의 핵심단락을 열었다고 할 수 있는 것이다."[11] 라고 언급했던 것이다.

3. 인성의 근원인 천과 도

순열은 동중서의 천인상응설天人相應說을 계승하여 천을 지고무상의 권위를 가진 최고의 주재자로 생각했다.

---

9 劉澤華, 『中國政治思想史-秦漢魏晉南北朝卷』, 杭州, 浙江人民出版社, 1996년, 393～396쪽 참조.

10 夏增民 「試論荀悅政治思想簡論」, 『華中理工大學學報-社會科學版』, 1999년, 4期, 6～9쪽 참조.

11 陳啓雲, 『中國古代思想文化的歷史論析』, 北京, 北京大學出版社, 2001년, 256쪽 참조.

> 군주는 천명을 계승하여 백성을 기르는 사람이다. 백성이 존재하면 사직이 존재하고 백성이 없으면 사직도 없게 된다. 그러므로 백성을 소중하게 여긴다고 하는 것은 사직을 귀중하게 여기는 것이며 천명을 계승하는 것이다.[12]

> 선왕이 정치를 할 때 제일 먼저 천명을 계승한다고 말했고 두 번째로 자신을 바르게 한다고 말했으며 세 번째로 현명한 사람을 등용한다고 했으며 네 번째로 백성들을 친애한다고 했으며 다섯 번째로 제도를 명확하게 밝힌다고 했으며 여섯 번째로 대업을 세운다고 말했다. 천명을 계승하는 것은 허락을 받아야 하는 것이고, 자신을 바르게 한다고 하는 것은 항상 그래야 하는 것이고, 현명한 사람을 등용하는 것은 한결같이 해야 하는 것이며, 백성을 친애하는 것은 힘써해야 하는 것이고, 제도를 명확하게 밝히는 것은 규범을 갖춰야 하는 것이고, 대업을 세운다고 하는 것은 다스린다는 것이다. 이러한 것을 정치의 요체라고 한다.[13]

군주는 천명을 받들어 백성들을 다스리는 사람이다. 군주가 정치를 함에 있어서 제일 중요한 것은 바로 천명을 받아야 하는 것이고, 이러한 천명을 받음으로써 자신을 바르게 할 수 있는 것이고 백성들 앞에 떳떳하게 나설 수 있게 되는 것이다.

> 무릇 해 달 별의 정기의 변이는 모두 음양의 정기에 의한 것이다. 음양의 정기는 본래 대지에 근원하는 것이나 위로 올라가 하늘

---

12 『申鑒』, 「雜言上」, "人主承天命以養民者也, 民存則社稷存, 民亡則社稷亡, 故重民者, 所以重社稷而承天命也."

13 『申鑒』, 「政體」, "惟先哲王之政, 一曰承天, 二曰正身, 三曰任賢, 四曰恤民, 五曰明制, 六曰立業. 承天惟允, 正身惟常, 任賢惟固, 恤民惟勤, 明制惟典, 立業惟敦, 是謂政體也."

에서 펼쳐지는 것이다. 땅에서 정치가 어지러워지면 하늘에서 변화가 발생하게 된다. 이는 형상의 그림자와 같은 것이고 소리의 메아리와 같은 것이다. 그러므로 현명한 군주는 그러한 변이현상을 보게 되면 바로 깨닫고 삼가하고 자신을 바르게 한다. 또 자신의 허물을 반성하고 과오를 사죄하면 재앙이 제거되고 복이 생겨나게 되는 것이다.[14]

하늘은 인간세상의 변화와 발전을 주도하고 사람은 하늘의 뜻을 계승하고 그것에 부합하게 행동해야 하는 존재다.

순열은 천이 정치와 인간사의 변화를 주재한다고 생각했으며, 사람의 본성 역시 하늘이 부여한 것이라고 하는 주장을 했다.

어떤 사람이 성명에 대하여 물었다. 태어나면서부터 가지게 되는 것을 본성이라고 하는데, 육체와 정신이 바로 그러한 것이다. 삶을 시작하고 마감하는 것을 운명이라고 하는데, 길함과 흉함이 바로 그러한 것이다. 무릇 삶은 나 자신이 제어하는 것이고 본성과 운명은 그대로 존재하는 것일 뿐이다.[15]

비록 순열이 "태어나면서부터 가지게 되는 것을 본성이라고 한다."라고 하는 언급만 했을 뿐 천天의 본성에 대한 주체적 작용성에 관해서는 명확하게 지적하지 않았을 지라도, 천天이 우주의 본원이며 주재자가 된다고 하는 의미 속에는 천天에게 인간의 본성에 대한 규정성이 담겨져 있다고 할 수 있다. 즉 이러한 의미의 천天 관념 속에는 인간의 본성을 지배한다고 하는 의미가 포함되어져 있다고 할 수 있는 것이다.

---

14 『漢紀』, 「高皇后紀」.

15 『申鑒』, 「雜言上」, "或問性命. 曰: 生之謂性也, 形神是也, 所以立生終生者之謂命也, 吉凶是也. 夫生我之制, 性命存焉爾."

안으로는 본성을 상하게 하지 않고 외부적으로는 사물을 상하게 하지 않는 것이 위로는 천도에 위배되지 않는 것이고 아래로 인도에 위배되지 않는 것이다. 올바른 곳에 처하여 중도에 거하면 육체와 정신이 조화를 이루게 되는 것이다. 그러므로 허물을 불러들이지 않고 경사스러운 일이 모이게 되는 것이니, 이러한 것이 바로 장수의 비결인 것이다.[16]

중화中和를 받아서 본성을 상하게 하지 않으면 곧 천의 의지에 위배되지 않는 것이다. 그리고 본심의 좋아함과 싫어함의 취향은 천명을 따르는 것을 표준으로 삼아야 하는 것이다. 사람의 성명性命은 천으로부터 제어 받는 것이며 천명이 사람에게 내재되어 있는 것이 본성이 되는 것이다. 아울러 순열은 "하늘은 도를 만들고 황제는 법을 만든다."[17]라고 하여 천이 모든 만물과 만사를 주재하는데, 그것의 발전에는 규칙이 있다고 했으며 그러한 규칙이 도가 되는 것이라고 했다.

하늘의 도를 세우는 것은 음과 양이고, 대지의 도를 세우는 것은 부드러움과 강건함이며, 사람의 도를 세우는 것은 인과 의이다. 음양으로써 그것의 정기를 통솔하고 강건함과 부드러움으로써 그것의 다양한 형체를 품별하고 인의로써 그것의 사업을 경영하는 것이 바로 도가 되는 것이다.[18]

순열은 음양陰陽·강유剛柔·인의仁義로써 각각 하늘과 대지와 사람의

---

16 『申鑒』, 「俗嫌」, "內不傷性, 外不傷物, 上不違天, 下不違人, 處正居中, 形神以和, 故咎徵不至, 而休嘉集之, 壽之術也."

17 『申鑒』, 「政體」, "天作道, 皇作極."

18 『申鑒』, 「政體」, "立天之道, 曰陰與陽; 立地之道, 曰柔與剛; 立人之道, 曰仁與義. 陰陽以統其精氣, 剛柔以品其群形, 仁義以經其事業, 是爲道也."

본질을 삼았는데, 도道는 하늘과 대지와 사람이라고 하는 각기 다른 범주 속에서 서로 다른 형식으로 나타난다. 도道는 만물과 만사를 통섭하는 것으로 우주의 본체이자 근원이 되는 것이다.

> 오직 도를 활용할 수 있어야 만이 본성대로 장수할 수 있게 된다. 만일 그러한 본성이 아닐 경우에는 수신을 해도 도달하지 못하게 된다. 학문을 연마하면 반드시 성인의 경지에 도달할 수 있는 것이며 본성을 지극하게 할 수 있게 되는 것이며, 장수를 위해서 반드시 도를 활용할 경우 운명을 지극하게 만드는 것이다.[19]

도道 역시 사람에게 간직되어져 있는 것으로 그것이 곧 사람의 심성이 되는 것이다. 인仁과 의義는 바로 인도人道의 본질이 되는 것으로 곧 사람의 심성의 내함이 되는 것이다. 천天은 인간의 심성이 형성되는 것을 주재하고, 도道는 사람의 심성의 내함이 담겨져 있는 것이다. 그렇기 때문에 천과 도는 사람 심성의 근원이 된다고 하는 측면에서 볼 때, 천은 바로 심성의 작용성을 강조한 것이고 도는 심성의 본체적인 의미에 치우쳐 있는 것이라고 할 수 있는 것이다. 그러므로 사람의 심성은 하늘이 부여한 것이고 도는 천의 의지가 아래로 사람의 심성 속에 체현되어 있는 것임과 동시에 사람이 현실 생활을 해나가는 과정 속에서 변화 발전해나가는 것이다.

4. 성선악혼재설

> 어떤 사람이 성명에 대하여 물었다. 태어나면서부터 가지게 되

19 『申鑒』, 「俗嫌」, "惟能用道, 則性壽矣. 苟非其性也, 修不至也. 學必至聖, 可以盡性, 壽必用道, 所以盡命."

는 것을 본성이라고 하는데, 육체와 정신이 바로 그러한 것이다. 삶을 시작하고 마감하는 것을 운명이라고 하는데, 길함과 흉함이 바로 그러한 것이다. 무릇 삶은 나 자신이 제어하는 것이고 본성과 운명은 그대로 존재하는 것일 뿐이다.[20]

무릇 정신이라고 하는 것은 기에 상당히 가까운 것인데 기가 있으면 그것에 형체가 있게 되는 것이고, 정신이 있으면 그것에 좋아하고 싫어하고 기뻐하고 노여워하는 감정이 있게 되는 것이다. 그러므로 사람에게 감정이 있는 것이며 기에 의해서 형체가 생겨나게 된 것이다. 선함에는 흑백이 있고 정신에는 선악이 있는 것이고, 형체와 흑백은 함께 하는 것이고 감정과 선악은 함께 하는 것이다.[21]

순열은 고자의 "태어나면서부터 가지게 되는 것을 본성이라고 한다."라고 하는 명제를 인용하여 본성은 태어날 때부터 가지고 있는 것으로 사람이 자연적으로 부여받은 것이 되는 것이며 그 안에는 형체와 정신을 포함하고 있다고 설명했다. 형체는 사람의 육체와 구체적인 생명을 가리키는 것으로 모두가 기氣에 의해서 갖춰지게 되는 것이며, 각기 다른 형상과 길고 짧은 수명을 가지고 있는 문제가 있다. 반면 정신은 사람의 의식 측면에 관하여 언급한 것으로 선악의 문제를 가지고 있다.

순열이 언급한 형체는 사람의 육체를 지칭하는 것이며, 정신은 그러한 육체 속에 담겨져 있는 것이라고 할 수 있다. 또한 순열은 형체란

---

20 『申鑒』, 「雜言上」, "或問性命. 曰: 生之謂性也, 形神是也, 所以立生終生者之謂命也, 吉凶是也. 夫生我之制, 性命存焉爾."

21 『申鑒』, 「雜言下」, "凡言神者, 莫近於氣, 有氣斯有形, 有神斯有好惡喜怒之情矣. 故人有情, 由氣之有形也. 氣有白黑, 神有善惡, 形與白黑偕, 情與善惡偕."

기氣에 의해서 생겨나게 된 것이며, 이러한 기氣에는 음양陰陽이 있는데 "음양으로써 그것의 정기를 통솔하고 강건함과 부드러움으로써 그것의 다양한 형체를 품별한다."[22]라고 하였으며, 아울러 "선함은 양이고, 악함은 음이다."[23]라고 주장했다. 그러므로 기氣의 음양陰陽이나 강유剛柔 및 흑백黑白은 사람의 형상이 제각기 다른 모습을 지니게 만들어주는 요인이 되는 것이기 때문에 순열은 그러한 사람의 형상을 상품과 중품 및 하품이라고 하는 삼품으로 구분을 했던 것이다. 아울러 순열은 정신 역시 형체에 담겨져 있는 것이기 때문에 형체의 좋고 나쁨에 따라서 제각기 다르게 결정되는 것이라고 하는 주장을 했던 것이다.

사람의 의식 측면이 되는 정신에 대해서 순열은 "무릇 정신이라고 하는 것은 기에 상당히 가까운 것인데, 기가 있으면 그것에 형체가 있게 되는 것이다."라고 언급하여 형체와 같이 서로 같은 부분이 없다고 하면서 정신이 기를 품수 받아서 생긴 존재라고 하는 것을 직접적으로 지적했다. 그러나 순열은 사람이 천의 의지를 계승했다고 하는 생각에 근거하여 도가 사람의 심성에 담겨져 있다고 하는 견해를 내놓음과 동시에 정신이 도를 체현해내서 인성의 주요한 내함이 된다고 보았다. 또한 순열은 "정신이 있으면 그것에 좋아하고 싫어하고 기뻐하고 노여워하는 감정이 있게 되는 것이다.……정신에는 선악이 있는 것이고,……감정과 선악은 함께 하는 것이다."라고 언급했는데, 이러한 주장을 통하여 정신과 감정은 밀접한 관계를 가지고 있으며 "본성과 감정은 서로 감응한다."라고 하는 언급을 했던 것이며, 한걸음 더 나가 선악의 문제까지 논급했던 것이다.

---

22 『申鑒』, 「政體」, "陰陽以統其精氣, 剛柔以品其群形."
23 『申鑒』, 「雜言下」, "善, 陽也; 陰, 惡也."

> 이것은 만물이 제각기 본성이 있다고 하는 말이다. 그러한 본성이 감응한 것을 살펴보면 천지만물의 정서를 볼 수 있게 되는 것이다. 이것은 정서라고 하는 것을 언급한 것으로 마땅히 감응하고 움직이는 것이라고 하는 것이다.[24]

순열은 만물 모두에는 본성이 있다고 생각했으며, 만물 자체는 외부 사물과 접촉하여 감응을 하게 되어 정서가 발생하게 되는 것이라고 여겼다. 그렇기 때문에 정서는 외부 사물의 자극을 받아서 움직이게 되는 것이다.

> 무릇 정서의 의미와 마음의 의지라고 하는 것은 모두 본성이 움직이는 것에 대한 별칭이라고 할 수 있다. 정서는 드러난 후에 언급되는 것이니 이러한 것을 감정이라고 하는 것이다. 언어는 뜻을 온전히 전달 할 수 없는 것이니 이러한 것을 의미라고 하는 것이다. 마음 가운데서 그러한 것을 좋아하니 이러한 것을 마음이라고 하는 것이다. 의지로써 그러한 것을 제어하는 것이니 의지라고 하는 것이며, 마땅히 들어맞는 것은 각자의 칭호가 명분에 부합하는 것일 뿐이다. 그런데 어떻게 정서에 악함이 있을 수 있겠는가? 그러므로 반드시 이름을 바로 잡는다고 하는 것이다.[25]

정情·의意·심心·지志는 본성이 움직여서 생겨난 결과인 것이다. 그러므로 만물은 감응하여 움직이는데, 이는 본성의 근본이 움직이기 때문인 것이다. 정서는 내재되어 있는 본성이 작용하는 것을 체현해

---

24 『申鑒』, 「雜言下」, "是言萬物各有性也. 觀其所感, 而天地萬物之情可見矣. 是言情者, 應感而動者也."

25 『申鑒』, 「雜言下」, "凡情意心志者, 皆性動之別名也. 情見乎辭, 是稱情也; 言不盡意, 是稱意也; 中心好之, 是稱心也; 以制其志, 是稱志也, 惟所宜, 各稱其名而已, 情何主惡之有? 故曰: 必也正名."

내는 것이기 때문에 본성은 본체가 되고 정서는 쓰임이 되는 것이다. 그렇기 때문에 본성과 정서는 서로 감응하는 것이다.

순열이 인식한 정서에는 좋아하고 싫어하는 것을 표현하는 것 이외에 욕망의 감정을 포함하고 있다고 할 수 있다.

> 어떤 사람이 "법을 가르치는 것을 얻으면 안정되게 다스릴 수가 있고 법을 가르치는 것을 상실하게 되면 혼란하게 된다. 만일 얻거나 잃는 것이 없게 된다면 백성들의 정서는 방종하게 되고 그러한 가운데 안정과 혼란이 있을 수 있겠는가?"라고 물었다. 그러자 "무릇 양의 본성이 올라가면 음의 본성은 내려간다. 올라가는 것은 어려우나 내려가는 것은 쉽다. 선함은 양이고 악함은 음이다 그렇기 때문에 선함을 실행하는 것은 어려운 것이고 악함을 행하는 것은 쉬운 일이다. 백성들의 정서가 방종하게 되면 그들의 의지를 자유롭게 만들어 아래로 내려가는 것이 많아지게 되는 것이다."라고 대답했다.[26]

위에서 언급한 바와 같이 이러한 정서에는 욕망이 포함되어져 있어서 사람들이 쉽게 타락의 길로 빠져들게 만드는 요인이 된다고 할 수 있다. 그렇기 때문에 마땅히 법을 가르쳐서 혼란한 상황을 안정시켜야만 하는 것이다. 그리고 정서라고 하는 것은 본성의 움직임인 것이니 본성과 정서는 서로 감응한다고 하는 관점에서 볼 때, 정서에 내려가는 것은 쉽고 올라가는 것은 어렵다고 하는 욕망이 구비되어 있기 때문에 순열은 본성에 악한 본질이 갖춰져 있다고 생각했던 것이다.

순열의 성선악性善惡에 대한 견해는 본성과 정서가 서로 감응한다

---

26 『申鑒』, 「雜言下」, "或曰: 法教得則治, 法教失則亂, 若無得無失, 縱民之情, 則治亂其中乎? 曰: 凡陽性升, 陰性降, 升難而降易. 善, 陽也; 惡, 陰也, 故善難而惡易. 縱民之情, 使自由之, 則降於下者多矣."

고 하는 관계에 치우쳐져 있다고 볼 수 있다. 순열은 역대로 전해져 내려오는 본성性과 정서情의 선악 문제에 대하여 총괄적인 정리와 비평작업을 함으로써 자신의 인성의 선악에 관한 주장을 나타냈다.

> 맹자께서는 성선이라고 하였고, 순자께서는 성악이라고 하였으며, 공손자는 성에는 선악이 없다고 말했으며, 양웅은 사람의 본성에는 선과 악이 혼재되어 있다고 했고, 유향은 본성과 정서는 서로 감응하는 것이기 때문에 본성만이 홀로 선할 수 없는 것이고 정서만이 홀로 악할 수 없는 것이라고 말했다. 그러한 이유를 물었다. 대답하기를 성선이라고 하면 곧 네 명의 악인이 없을 것이고, 성악이라고 하면 곧 세 명의 어진 사람이 없게 된다. 선과 악이 없다고 하는 것은 문왕의 가르침은 같은 것이었으나 주공이나 관숙 및 채숙의 구분이 없다는 것이다. 본성은 선하고 정서는 악하다는 것은 걸과 주와 같은 폭군에게는 성이 없고 요임금이나 순임금과 같은 성군에게는 정이 없다고 하는 것이다. 본성에 선과 악이 혼재되어 있다고 하는 것은 지혜로운 사람은 시혜를 베풀려는 뜻을 간직하고 있고 어리석은 사람은 그러한 것을 움켜쥐고서 아끼려고만 하는 것이다.[27]

만일 맹자가 언급한 성선性善의 측면에 볼 경우에는 환두驩兜·공공共工·삼묘三苗·곤鯤과 같은 네 명의 흉악한 사람이 없어야 마땅하다고 할 수 있을 것이며, 또한 만일 순자가 언급한 성악性惡의 측면에서 볼 경우에는 미자微子·기자箕子·비간比干과 같은 어진 사람이 없어야 마땅할 것이다. 그리고 만일 본성에 선악이 없는 것이라고 할 경우에는

27 『申鑒』, 「雜言下」, "孟子稱性善; 荀卿稱性惡; 公孫子曰: 性無善惡; 揚雄曰: 人之性善惡渾; 劉向曰: 性情相應, 性不獨善, 情不獨惡. 曰: 問其理. 曰: 性善則無四凶; 性惡則無三仁人; 無善惡, 文王之敎一也, 則無周公·管·蔡; 性善情惡, 是桀紂無性, 而堯舜無情也; 性善惡皆渾, 是上智懷惠, 而下愚挾善也."

주공과 관숙 및 채숙은 모두 문왕의 아들인데 그들의 성품에 어떠한 차별도 있어서는 안 되는 것이 마땅하다고 할 수 있다. 또한 만일 본성은 선하고 정서는 악하다고 할 경우에는 걸이나 주에게는 마땅히 선한 본성이 없어야 하고 요임금이나 순임금에게는 악한 정서가 없어야 하는 것이 마땅하다고 할 수 있다. 그리고 본성에는 선과 악이 혼재되어 있다고 할 경우에는 지혜로운 사람은 악한 의도를 품고 있고 어리석은 사람은 선한 마음을 가지고 있게 되는 것이다. 순열은 이러한 주장들이 사리에 맞지 않다고 생각했는데, 다만 유향劉向이 언급한 본성과 정서는 서로 감응한다고 하는 기초 위에 본성만이 홀로 선할 수 없으며 정서 역시 홀로 악할 수 없다고 하는 주장이 비교적 합리적인 것이라고 생각했던 것이다.

> 여기에서 말하는 정서라고 하는 것은 감응하여 움직임이 있는 것이다. 곤충이나 초목 모두는 본성은 있으나 다 선한 것은 아니다. 천지와 성인은 모두가 정서를 일컫지만 주도적으로 악한 것은 아니다. 또 말하기를 "효괘와 단괘는 정으로 언급한다."라고 한 것 역시 그러한 맥락과 같다. 무릇 정서의 의미와 마음의 의지라고 하는 것은 모두 본성이 움직이는 것에 대한 별칭이라고 할 수 있다. 정서는 드러난 후에 언급되는 것이니 이러한 것을 감정이라고 하는 것이다. 언어는 뜻을 온전히 전달 할 수 없는 것이니 이러한 것을 의미라고 하는 것이다. 마음 가운데서 그러한 것을 좋아하니 이러한 것을 마음이라고 하는 것이다. 의지로써 그러한 것을 제어하는 것이니 의지라고 하는 것이며, 마땅히 들어맞는 것은 각자의 칭호가 명분에 부합하는 것일 뿐이다. 그런데 어떻게 정서에 악함이 있을 수 있겠는가? 그러므로 반드시 이름을 바로 잡는다고 하는 것이다.[28]

모든 만물에는 본성이 있지만 모두가 선한 것은 아니다. 그리고 본성은 감응하여 움직이게 되어 그것이 외부로 드러나게 되는 것이 바로 정서이며 그러한 정서 모두가 악한 것 역시 아니다. 그렇기 때문에 성인은 결코 본성만 있고 정서가 없는 존재가 아니다. 정서는 외부의 자극에 의해서 발생하게 되는 것이기 때문에 거기에는 선천적으로 선함과 악함의 자질이 구비되어져 있는 것이 아닌 것이다. 선악의 자질이 있는 것은 본성의 내함이나 그렇다고 해서 거기에 선악이 표현되어 있는 것은 아니다.

> 어떤 사람이 "인과 의는 본성이고 좋아하고 싫어하는 것은 정서다. 인과 의는 항상 선한 것이지만 좋아하고 싫어하는 것은 어떤 경우에는 악하기도 하기 때문에 정서에는 악함이 있는 것이다."라고 말했다. 대답하기를 "그렇지 않다. 좋아하고 싫어하는 것은 본성이 취사선택하는 것으로, 실제로 외부에 드러나는 것이다. 그렇기 때문에 정서라고 하는 것일 따름이지만 반드시 본성에 근본을 둔 것이다. 인과 의라고 하는 것은 선함의 진실 된 것이니 어떻게 그것이 늘 선함을 싫어할 수 있겠는가? 좋아하고 싫어한다고 하는 것은 선과 악이 나누어지지 않은 것이니 어떻게 그러한 것에 악함이 있는 것을 이상하게 여기겠는가?"[29]

본성에는 선함과 악함의 자질이 있는 것이기 때문에 이러한 것이

---

28 『申鑒』, 「雜言下」, "是言情者, 應感而動者也, 昆蟲草木, 皆有性焉, 不盡善也; 天地聖人, 皆稱情焉, 不主惡也. 又曰: 爻·象以情言, 亦如之. 凡情意心志者, 皆性動之別名也. 情見乎辭, 是稱情也; 言不盡意, 是稱意也; 中心好之, 是稱心也; 以制其志, 是稱志也, 惟所宜, 各稱其名而已, 情何主惡之有? 故曰: 必也正名."

29 『申鑒』, 「雜言下」, "或曰: 仁義性也, 好惡情也, 仁義常善而好惡或有惡, 故有情惡也. 曰: 不然, 好惡者, 性之取舍也, 實見於外, 故謂之情爾, 必本乎性矣. 仁義者, 善之誠者也, 何嫌其常善; 好惡者, 善惡未有所分也, 何怪其有惡."

외부로 드러나게 되면 좋아하고 싫어하는 정서가 되는 것이다. 즉 정서는 본성을 근본으로 삼고 있는 것이기 때문에 본성은 안에 있고 정서는 밖에 있는 것이라고 하며 또 본성은 본체가 되고 정서는 쓰임이 된다고 하는 것이다. 그리고 좋아하고 싫어하는 것은 정서의 표현이므로 선하다거나 악하다고 하는 판단을 할 수 없는 것이다. 좋아하거나 싫어하는 정서가 행위로 표출 된 후에 비로소 선함과 악함의 구별이 있게 되는 것이다. 그러나 본성은 본체가 되고 정서는 쓰임이 된다고 하는 명제에서와 같이 볼 수 있듯이 정서는 본성의 쓰임이기 때문에 정서의 좋아하거나 싫어하는 것의 선택은 역시 본성의 선함과 악함에 의해서 좌지우지될 수밖에 없는 것이다.

> 어떤 사람이 "사람은 이익에 대해서 보면 좋아한다. 인과 의로써 그러한 이익을 절제할 수 있으면, 이는 본성이 그러한 정서를 끊어 버린 것이다. 본성이 적고 정서가 많을 경우에는 본성이 그러한 정서를 끊을 수가 없는 것이기 때문에 정서가 홀로 악을 행하게 되는 것이다."라고 말했다. 대답하기를 "그렇지 않다. 선함과 악함에 많고 적음이 있는 것이지 정서에 많고 적음이 있는 것이 아니다. 어떤 사람이 술과 고기를 좋아하는데 고기를 더 좋아하면 고기를 먹고 술을 더 좋아하면 술을 마시는 것이다. 이러한 둘은 서로가 경쟁하는 것이니 더 좋아하는 것을 먹거나 마시는 것이다. 정서가 술을 원하거나 본성이 고기를 원하는 것이 아니다. 어떤 사람이 이익과 의로움을 좋아할 경우 의로움을 더 좋아하면 의로움을 취하고 이로움을 더 좋아하면 이로움을 취하게 된다. 이러한 둘은 서로가 경쟁하는 것이니 더 좋아하는 것을 취하는 것이다. 정서가 이로움을 원하거나 본성이 의로움을 원하는 것이 아닌 것이다. 그러한 것들을 다 포용할 수 있으면 모두 포용하고, 모두 포용할 수 없으면 더 중요한 것을 취하면 되는 것이다."[30]

위의 인용문에서 볼 수 있듯이 순열은 본성과 정서가 서로 감응한다고 하는 것을 강조하고 있다. 그렇기 때문에 순열은 본성에는 고기를 좋아하고 정서에는 술을 좋아하는 것이 있다거나 본성에는 의로움을 좋아하고 정서에는 이로움을 더 좋아하는 상황이 있을 수 없다고 주장했던 것이다. 좋아하거나 싫어하는 경향은 정서가 본성을 근본으로 삼은 것의 표현인 것이라고 할 수 있다. 정서가 이익을 좋아하거나 의로움을 좋아할 때에는 내부의 감정에 있는 의로움과 이익을 분별하는 것에 의지할 따름으로, 이러한 것은 송명리학에서 주장하는 천리와 인욕의 분별과 같은 맥락을 형성하고 있다고 볼 수 있다. 즉 이익을 좋아하는 것이 더 크면 곧 이익을 취하게 되어 이익을 추구하는 행태를 보이게 되어 악하게 되는 상황을 조성하게 되는 것이다. 반대로 의로움을 좋아하는 것이 더 크면 곧 의로움을 취하게 되어 의로움을 추구하는 행태를 보이게 되어 선하게 되는 상황을 조성하게 되는 것이다. 물론 의로움과 이익을 함께 아울러서 취할 수도 있다. 그렇기 때문에 본성과 정서에는 주체적인 성향이 있는 것이라고 할 수 있다. 즉 선함과 악함의 결과는 본성이 정서의 좋아하는 것과 싫어하는 것을 주도하는 것에서 비롯되는 것이라고 할 수 있는 것이다. 이는 일부 학자들이 주장하는 순열의 인성론에서 인성의 선악에 대하여 결정하는 요소는 외부적인 조건에 좌우된다고 하는 것과는 배치되는 것이라고 할 수 있다.[31]

---

30 『申鑒』, 「雜言下」, "或曰: 人之於利, 見而好之, 能以仁義爲節者, 是性割其情也. 性少情多, 性不能割其情, 則情獨行爲惡矣. 曰: 不然. 是善惡有多少也, 非情也. 有人於此, 嗜酒嗜肉, 肉勝則食焉, 酒勝則飮焉, 此二者相與爭, 勝者行矣. 非情欲得酒, 性欲得肉也. 有人於此, 好利好義, 義勝則義取焉, 利勝則利取焉, 此二者相與爭, 勝者行矣, 非情欲得利, 性欲得義也. 其可兼者, 則兼取之, 其不可兼者, 則隻取重焉."

31 羅光, 『中國哲學思想史-秦漢南北朝篇』, 臺北, 學生書局, 1985년, 343쪽 참조. 姜

> 어떤 사람이 "맹자가 모든 사람은 요임금이나 순임금처럼 될 수 있다고 한 말을 믿습니까?"라고 물었다. 대답하기를 "사람은 아랫사람이라고 해서 어리석은 것이 아니고 모두가 요임금이나 순임금처럼 성인이 될 수 있는 것이다. 요임금이나 순임금의 모습을 따라 할 경우 요임금이나 순임금의 성을 같이 쓰는 것은 안 되는 것이고, 요임금의 제도에 복종하고 요임금의 도에 맞게 행동하는 것이다. 행동하기 전에는 옛날의 요임금이나 순임금을 따르는 것이고, 행동한 후에는 오늘날의 요임금이나 순임금을 따르는 것이다." 어떤 사람이 "사람들 모두가 폭군 걸이나 주처럼 될 수 있습니까?"라고 물었다. 대답하기를 "걸과 주와 같은 행위를 하는 것이 걸과 주가 되는 것이다. 요임금이나 순임금 걸과 주의 행위는 늘 세상에 병존하는 것으로 오직 사람들이 그러한 것을 선택하여 사용할 뿐인 것이다. 양주가 갈림길에서 운 것은 어느 길로 가야할지에 대한 압박 때문에 그러한 것이다."[32]

요임금이나 순임금 혹은 폭군 걸이나 주와 같은 부류의 사람이 되는 것은, 바로 요임금이나 순임금의 도리에 맞춰 행위를 하거나 혹은 걸이나 주와 같은 폭군의 행위를 본받아 행동을 한 결과에 의해서 그렇게 되는 것이다. 요임금이나 순임금의 경우처럼 성인의 도道에 맞는 행위와 폭군 걸이나 주의 포악한 행위는 항상 세상에 병존하게 되는 것으로, 다만 사람이 어떠한 선택을 하느냐에 따라 요임금이나 순임금 혹은 걸과 주처럼 되는 것이다. 마찬가지로 양주가 갈림길에서 운

國杜, 『論人·人性』, 北京, 海洋出版社, 1988년, 78쪽 참조.

32 『申鑒』, 「雜言上」, "或問曰: 孟軻稱人皆可以爲堯舜, 其信矣? 曰: 人非下愚, 則愚可以爲堯舜矣. 寫堯舜之貌, 同堯舜之姓則否; 服堯之制, 行堯之道則可矣. 行之於前, 則古之堯舜也; 行之於後, 則今之堯舜也. 或曰: 人皆可以爲桀紂乎? 曰, 行桀紂之事, 是桀紂也. 堯舜桀紂之事, 常並存於世, 唯人所用而已. 楊朱哭岐路, 所通逼者然也."

것은 어떠한 길을 가야하는 것인지에 대하여 자신이 결정해야 함을 슬퍼해서 운 것으로 갈림길 자체에는 어떠한 잘못도 없는 것이라고 할 수 있다. 그렇기 때문에 순열은 사람에게 선함과 악함의 자질이 있다고 하는 것을 강조한 것이며, 선하게 되거나 혹은 악하게 되는 것은 본인 스스로의 의지로 결정한 결과인 것이라고 하는 사실을 천명한 것이다.

순열이 주장한 자기 의지의 결정 작용은 교육과 법률을 통하여 자기 의지를 선함으로 결정하게 할 수 있는 것이라고 할 수 있다.

> 어떤 사람이 "선함과 악함 모두가 본성이라고 한다면 법률과 교육은 무엇 때문에 베푸는 것입니까?"라고 물었다. 대답하기를 "본성이 비록 선하다고 할지라도 교육을 거쳐서 완성되는 것이고, 본성이 비록 악하다고 할지라도 법률에 의해서 소멸시킬 수 있는 것이다. 뛰어난 지혜를 가진 사람과 어리석은 자질을 가진 사람은 절대 변화하지 않는 것이며, 그 다음은 선함과 악함이 서로 다투는 것이기 때문에 교육은 그것이 선하게 되도록 도와주는 것이고 법률은 그것이 악하게 되지 않도록 억눌러 주는 것이다.[33]

순열은 『논어論語』에 언급된 "뛰어난 지혜를 가진 사람과 어리석은 자질을 가진 사람은 절대 변화하지 않는 것이다."라고 하는 문구를 근거로 하여 인성을 "뛰어난 지혜를 가진 사람과 어리석은 자질을 가진 사람은 절대 변화하지 않는 것이며, 그 다음은 선함과 악함이 서로 다투는 것이다."라고 하는 상중하의 삼품으로 나누었으며, 중품에 해당되는 사람은 법률과 교육의 혜택을 받을 수 있다고 보았다. 그래서

---

33 『申鑒』, 「雜言下」, "或曰: 善惡皆性也, 則法教何施? 曰: 性雖善, 待教而成, 性雖惡, 待法而消. 唯上智下愚不移, 其次善惡交爭, 於是教扶其善, 法抑其惡."

뛰어난 지혜를 가진 사람과 어리석은 자질을 가진 사람과 같은 상품의 사람이나 하품의 사람은 소수에 불과한 것이다. 그 외에 중품에 해당되는 사람들의 경우 선함과 악함을 좋아하는 것 사이에서 교육을 통하여 선함을 취할 수 있거나 혹은 악함을 취하는 것을 억제할 수 있게 되어 결국에는 선함을 완성할 수 있게 되는 것이다. 순열은 인성의 선악 문제에 대하여 그러한 것이 행위로 표출되는 것에 중점을 두어 언급했을 뿐이지 선악의 자질이 선악이 된다고는 하지 않았던 것이다.

5. 맺는 말

이상과 같이 순열의 인성론에 대하여 순열의 생애와 인성의 근원인 천과 도에 대한 분석 및 성선악설에 대한 조명을 중심으로 살펴보았는데, 이를 정리하면 다음과 같다.

본래 순열의 가문은 사회적으로 상당히 높은 위상을 가지고 있었는데, 바로 이러한 이유 때문에 순열의 가문은 당고黨錮의 화禍에 연루되어 박해를 받게 된다. 그래서 순열은 핍박을 받게 되자 "병을 핑계로 은거하여 당시의 사람들이 그를 알지 못했다."고 하는 상황에 처하게 되었다. 그 후에 순열은 동한 헌제 재위시기에 조조의 수하에서 황문시랑의 벼슬을 맡게 된다. 헌제는 문학을 무척이나 좋아해서 순열과 태자소부인 공융이 황궁에서 시강을 했는데, 보통 한번 시작하면 저녁때까지 지속되곤 했었다. 그럴 때마다 황제를 보필하던 신하들과 환관들은 피곤을 이기지 못하고 자리를 떠났다. 순열은 벼슬생활을 순조롭게 하다가 육십 일세의 나이로 생을 마감한다.

순열은 천이 정치와 인간사의 변화를 주재한다고 생각했으며, 사람의 본성 역시 하늘이 부여한 것이라고 하는 주장을 했다. 또한 순열은 음양陰陽·강유剛柔·인의仁義로써 각각 하늘과 대지와 사람의 본질을 삼았는데, 도道는 하늘과 대지와 사람이라고 하는 각기 다른 범주 속에서 서로 다른 형식으로 나타난다. 도道는 만물과 만사를 통섭하는 것으로 우주의 본체이자 근원이 되는 것이다. 도道 역시 사람에게 간직되어져 있는 것으로 그것이 곧 사람의 심성이 되는 것이다. 인仁과 의義는 바로 인도人道의 본질이 되는 것으로 곧 사람의 심성의 내함이 되는 것이다. 천天은 인간의 심성이 형성되는 것을 주재하고, 도道는 사람의 심성의 내함이 담겨져 있는 것이다. 그렇기 때문에 천과 도는 사람 심성의 근원이 된다고 하는 측면에서 볼 때, 천은 바로 심성의 작용성을 강조한 것이고 도는 심성의 본체적인 의미에 치우쳐 있는 것이라고 할 수 있는 것이다. 그러므로 사람의 심성은 하늘이 부여한 것이고 도는 천의 의지가 아래로 사람의 심성 속에 체현되어 있는 것임과 동시에 사람이 현실 생활을 해나가는 과정 속에서 변화 발전해 나가는 것이다.

순열의 성선악性善惡에 대한 견해는 본성과 정서가 서로 감응한다고 하는 관계에 치우쳐져 있다고 볼 수 있다. 순열은 역대로 전해져 내려오는 본성性과 정서情의 선악 문제에 대하여 총괄적인 정리와 비평작업을 함으로써 자신의 인성의 선악에 관한 주장을 나타냈다. 순열은 본성에는 선함과 악함의 자실이 있는 것이기 때문에 이러한 것이 외부로 드러나게 되면 좋아하고 싫어하는 정서가 되는 것이라고 했다. 즉 정서는 본성을 근본으로 삼고 있는 것이기 때문에 본성은 안에 있고 정서는 밖에 있는 것이라고 하며 또 본성은 본체가 되고 정서는 쓰임이 된다고 하는 것이다. 그리고 좋아하고 싫어하는 것은 정서의 표현이므로 선하다거나 악하다고 하는 판단을 할 수 없는 것이다. 좋아하거나 싫어하는 정서가 행위로 표출 된 후에 비로소 선함과 악함의 구별이 있게 되는 것이다. 그러나 본성은 본체가 되고 정서는 쓰임이 된다고 하는 명제에서와 같이 볼 수 있듯이 정서는 본성의 쓰임이기 때문에 정서의 좋아하거나 싫어하는 것의 선택은 역시 본성의 선함과 악함에 의해서 좌지우지될 수밖에 없는 것이다.

또한 요임금이나 순임금 혹은 폭군 걸이나 주와 같은 부류의 사람이 되는 것은, 바로 요임금이나 순임금의 도리에 맞춰 행위를 하거나 혹은 걸이나 주와 같은 폭군의 행위를 본받아 행동을 한 결과에 의해서 그렇게 되는 것이다. 요임금이나 순임금의 경우처럼 성인의 도道에 맞는 행위와 폭군 걸이나 주의 포악한 행위는 항상 세상에 병존하게 되는 것으로, 다만 사람이 어떠한 선택을 하느냐에 따라 요임금이나 순임금 혹은 걸과 주처럼 되는 것이다. 마찬가지로 양주가 갈림길에서 운 것은 어떠한 길을 가야하는 것인지에 대하여 자신이 결정해야 함을 슬퍼해서 운 것으로 갈림길 자체에는 어떠한 잘못도 없는 것이라고 할 수 있다. 그렇기 때문에 순열은 사람에게 선함과 악함의 자질이 있다고 하는 것을 강조한 것이며, 선하게 되거나 혹은 악하게 되는 것은 본인 스스로의 의지로 결정한 결과인 것이라고 하는 사실을 천명한 것이다.

참고문헌

荀　悅,『申鑒』,『四部叢刊』 本.

荀　悅,『漢紀』,『四庫全書』 本.

范　曄,『後漢書』, 北京, 中華書局, 1990년.

渡邊秀方,『中國哲學史槪論』, 臺北, 臺灣商務印書館, 1976년.

任繼愈,『中國哲學發展史-秦漢卷』, 北京, 人民出版社, 1985년.

羅　光,『中國哲學思想史-秦漢南北朝篇』, 臺北, 學生書局, 1985년.

姜國柱,『論人·人性』, 北京, 海洋出版社, 1988년.

劉澤華,『中國政治思想史-秦漢魏晉南北朝卷』, 杭州, 浙江人民出版社, 1996년.

周桂鈿,『秦漢思想史』, 石家莊, 河北人民出版社, 2000년.

陳启雲,『中國古代思想文化的歷史論析』, 北京, 北京大學出版社, 2001년.

鄭師許,「漢末年儒家學者荀悅的思想」,『青年進步』, 1931년, 141期.

周舜南,「東漢後期的社會批判思潮」,『船山學刊』, 1999년, 2期.

제14장

정명도의 인성론 사상

1. 시작하는 말

전통유가에서는 도덕론적인 측면에서 하늘과 인간이 본래 하나라고 하는 천인합일天人合一을 주장하고 있다. 아울러 하늘과 인간이 합일되기도 하고 기로岐路가 된다고 하는 천인분합天人分合을 주장하기도 했다. 이러한 천인분합의 측면에서 본다면 인성론은 하늘과 인간이 하나라는 것과 또 하늘과 인간의 갈림길이라는 것을 연결해주는 매개체라고 할 수 있을 것이다. 특히 하늘과 인간의 분기점이라는 측면에서 본다면 인성 가운데 기를 품수 받은 부분은 인성이 드러날 때 악에 빠질 수 있는 가능성에 대한 것으로서 본래 하늘과 인간은 하나라고 하는 기본 구조를 하늘과 인간이 분리된다고 하는 도식으로 빠져버리게 만든다.

정명도는 천지지성天地之性이나 의리지성義理之性에 대하여 긍정적으로 판단했으나, 악의 근원에 대해서는 기를 품수 받은 성이 미혹되어 빠져들게 되어서 한쪽으로 치우쳐 막혀서 형성된 것이라고 보았다.

그래서 성이 작용하려고 할 때 의리지성을 따를 수가 없게 되는 것이기 때문에 악이 드러나게 되는 것이라고 보았다. 그렇기 때문에 하늘과 사람이 어떻게 소통하는 것인가라는 기원 문제의 측면에서 본다면, 이러한 인성론은 하늘과 인간의 분기문제의 근본적인 원인에 대한 해석을 가능하게 해준다고 볼 수 있다. 객관적인 천도 자체는 영원한 것이고 초월적이면서 심오한 것이기 때문에 그것은 결코 아래로 떨어져서 퇴보하여 전환될 가능성은 없는 것이다. 그러나 인간의 주체적인 생명은 변화하여 머무르지 않는 것이기 때문에 자기 자신이 품수받은 기의 제한 이외에 항상 주변 환경의 영향 때문에 양지와 천리가 가려지게 되는 것이다. 이러한 제한과 영향은 모두 전화되거나 초월될 수가 있는 것으로 인간의 주체적인 생명을 다시 이성이 주도하게 만들 수 있는 것이다. 정명도는 이러한 현상에 대하여 과연 어떠한 입장과 대응의 논리를 가지고 있었을까? 하는 문제가 바로 본문의 주요한 관심 사안이라고 할 수 있다.

본 장에서는 정명도의 인성론에 대하여 인성론의 연원 문제와 그가 분석한 성에 대한 견해를 중심으로 논의를 진행해보도록 하겠다.

2. 인성론의 연원

중국 전통유가의 성性에 대한 해석은 대체로 두 갈래로 구분해서 살펴볼 수 있다. 하나는 『중용中庸』, 『역전易傳』으로 대표되는 노선으로서 천명지위성天命之謂性을 중심사상으로 하는 측면이고, 다른 하나는 『맹자孟子』로 대표되는 노선으로 인의仁義는 내재하는 것이라고 하는 명제를 중심사상으로 하는 측면이라고 할 수 있다.[1] 전자는 천도와

1 牟宗三, 『中國哲學的特質』, 臺北, 學生書局, 1987년, 59~74쪽 참조.

천명이 아래로 관통된 것으로부터 언급한 것으로서 우주론적 노선이라고 하며, 후자는 인의仁義는 내재하는 것이라고 하는 것으로부터 도덕심성을 언급한 것으로 도덕론적 노선이라고 할 수 있다. 이러한 두 노선에는 묵계에 상당하는 것이 있는데, 그것은 바로 궁극에 도달해서는 하나로 합쳐질 수 있다는 것이다.

천명지위성天命之謂性은 우주가 생성되고 화육하는 것의 배후에 있는 천명유행의 본체를 본 것으로 일종의 위대한 생명을 창조하는 것이라고 할 수 있다. 그러므로 이것은 창조성 측면에서 언급한 성이 되는 것이다. 그리고 이러한 창조성을 진기眞幾라고 부르는 것이며, 그것이 비록 심오하여 쉽게 볼 수 없는 것이기 때문일지라도 오히려 그것의 진실한 존재는 말할 수 있는 것이다. 이러므로 천의 창조성은 "그 정성이 사물을 생성시키는 것에는 다른 마음이 없다. 그래서 그 성誠이 우주의 사물을 만드는 것은 일일이 헤아릴 수 없다."[2]라고 하는 생성변화의 원리이자 창조의 원리인 것이다. 이는 또한 공자가 한 "하늘이 무슨 말을 하더냐? 사계절은 운행되고 만물이 생육되지 않는가? 하늘이 무슨 말을 하더냐?"[3]라고 하는 언급에서 찾아볼 수 있는 만물의 생육과 추위와 더위의 순환 및 해와 달의 교대는 천도의 끊임없는 생성변화의 유행과 같은 것이다.

천명의 유행이란 천명 혹은 사물 하나를 부여해 준다고 하는 의미가 아니라, 아름다움이 그치지 않는 천이 그 창조 진기의 유행을 의미하는 것으로서, 유행이 어떤 곳으로 가면 명이 그곳으로 따라가는 것이고, 명이 그곳에 가서 그 사물의 성을 형성하게 된다는 것이다. 그러므로 명이 사람에게 있게 되면 곧 사람의 성이 되는 것이고, 명이 사물

2 『中庸』第二十六章, "其爲物不貳, 則其生物不測."

3 『論語』, 「陽貨」, "天何言哉? 四時行焉, 百物生焉, 天何言哉?"

에게 있게 되면 사물의 성이 되는 것이다. 모든 개별 존재의 성은 곧 이러한 끊임없이 생성하는 유행으로부터 온 것이며, 인간은 이러한 창조 본체를 흡수하여 자신의 생명 안에서 자기 자신의 성으로 삼은 것이다. 그러므로 이러한 성은 개별 존재가 가지고 있는 개별적인 성이 아니고 천의 창조 유행에 근원을 둔 생명 진기의 성인 것이다. 그렇기 때문에 그것은 형이상일 뿐만 아니라 보편성을 가지고 있게 되는 것이다.[4]

그렇지만 이러한 성에 대한 규정은 생명의 외부를 둘러싼 입론인 것이다. 성이 창조의 진기라고 하는 것은 추상적인 측면을 가지고 있음을 부정할 수 없는 사실이라고 말할 수 있다. 그러므로 진일보해서 성의 구체적인 내용은 무엇인가? 또 창조의 진기에 대하여 인간이 어떻게 증험을 얻을 수 있는 것이며 그것이 내재화 되어 인성으로 될 수 있는가?에 대한 물음을 제기할 수 있는 것이다. 이와 같은 점에 대해서는 반드시 『맹자』의 사유체계로 접근해서 그 답안을 찾아야 할 것이다. 맹자는 심에 즉하여 성을 언급함卽心言性이라고 하는 사유모식으로 심과 성이 도덕가치의 의미를 가지고 있는 것으로 보았는데, 이는 곧 도덕적 선 자체가 된다고 할 수 있다. 인간의 도덕성은 하느님이나 천도에 의해서 만들어진 것이 아니라고 할 수 있는데, 만일 이럴 경우에는 인간의 도덕성은 타율적 도덕으로 전락될 수밖에 없게 되는 것이다. 인간의 도덕성은 반드시 자기 자신의 도덕의식에서 시작되어야만 하는 것인데, 이러한 의식의 각성과 건립은 사람이 타락하여 죄악을 저지를 것에 대한 불안한 감정을 가지게 만들어주는 작용을 한다. 이와 같을 때 인간의 주체성은 비로소 특별하게 정립될 수 있는 것이며, 즉시 그것이 지극한 선이 되는 것을 실증할 수 있게 되는 것이다.

---

4 牟宗三, 『中國哲學的特質』, 臺北, 學生書局, 1987년, 59～66쪽 참조.

맹자는 사람에게 있는 사단의 마음으로 성을 언급했는데,[5] 이러한 내재되어 있는 도덕심성은 도덕의식의 발로라고 할 수 있다. 그러므로 창조성이라고 하는 것은 도덕의 창조성이라고 말할 수 있는 것이다. 맹자는 천명지위성天命之謂性의 성性의 진실한 의미를 이해하고 정립하기 위해서 직접적으로 도덕의식에서 성을 언급하여 성의 의미를 명확하게 함으로써 일말의 혼동의 여지를 불식시키고, 주관적 도덕실천을 통한 성의 전반적인 의미를 확립시켰다고 볼 수 있다. 그렇기 때문에 천명지위성의 성은 창조의 진기라고 말할 수 있는 것이며, 진일보해서 맹자에 내재되어 있는 도덕성으로 실증하고 깨달은 이러한 창조의 진기는 바로 덕성의 창조의 진기가 되는 것이라고 할 수 있는 것이다. 이와 같은 도덕의 함의를 창조성의 본질로 만들게 되면 천지의 커다란 유행과 끊임없는 생성을 천지의 도덕창조의 진기라고 말할 수 있게 되는 것이다. 그러므로 이러한 두 갈래의 사유모식은 결국에는 합쳐지게 되는 것이다.[6]

간단하게 언급하자면 공자가 언급한 인仁과 맹자가 언급한 성性은 모두 도덕의 창조성에 대한 언급이라고 할 수 있으며, 그 가운데 포함되어져 있는 진정한 의미는 덕행의 순수함은 또한 그침이 없다고 하는 것으로 곧 도덕의 실천을 말한다. 사람이 도덕을 창조하여 실천할 수 있는 원동력은 인성이 지극히 선한 것이라고 하는 그 자체에 근원을 두고 있다는 것과 천도가 끊임없이 생성하여 창조하는 초월적 근거에 근원을 두고 있는 것이라고 할 수 있다. 이러한 창조성은 인성 속에서 구현되는 것이며, 끊임없이 지속적으로 생성하여 도덕실천의 순수함을 그침이 없게 유발시키는 것이다.

---

5 蔡仁厚, 『孔孟荀哲學』, 臺北, 學生書局, 1990년, 201～202쪽 참조.

6 牟宗三, 『中國哲學的特質』, 臺北, 學生書局, 1987년, 67～74쪽 참조.

> 시경에 "오직 하늘의 명이여! 아! 영원히 그치지 않는다!"라고 했는데, 이는 하늘이 하늘 되는 까닭을 말하는 것이다. "아! 빛나지 않는가! 문왕의 덕의 순수함이여!" 이는 문왕께서 문왕이 되는 까닭을 말한 것이며, 그 덕행의 순수함은 또한 그침이 없다는 것이다.[7]

하늘이 하늘 되는 것은 그것에 아름다움이 영원히 그치지 않는 창조성이 있는 것 때문이며, 이러한 천명이 아래로 관통되어서 인간의 성이 되는 것이다. 문왕께서 문왕이 되는 까닭은 그가 천명을 계승하여 그것으로써 주체적인 생명존재의 도덕실천으로 삼아서 하늘을 본받고 증명했기 때문이다. 이 가운데 살펴볼 수 있는 것은 바로 천도는 그침이 없다고 하는 것이고 문왕의 덕행 역시 순수하여 천도와 같이 그침이 없다고 하는 사실이다. 즉 천도와 인도가 하나로 완성되는 것은 그것의 실천 속에 있는 것으로 이때에 비로소 하늘과 인간이 합쳐져서 하나가 되는 것이다. 그리고 "순수함은 또한 그침이 없다"라고 하는 것은 순일하여 잡스러움이 섞이지 않으며 단절되지 않고 선후가 없는 도덕실천을 하게 되는 것을 의미한다. 그러므로 객관적인 측면에서 말하자면 "오직 하늘의 명이여! 아! 영원히 그치지 않는다."라는 것이고, 주관적인 측면에서 말하자면 "그 덕행의 순수함은 또한 그침이 없다"라는 것이다. 하늘의 창조는 그침이 없는 것이고 심성心性의 도덕창조의 형이상의 근거가 되며, 도덕창조는 "그 덕행의 순수함은 또한 그침이 없다"라는 것의 실천이 되는 것이다. 이는 『주역周易』의 "하늘의 운행이 굳세니, 군자가 이것을 응용하여 스스로 힘쓰고 쉬지 않는다."[8]라고 하는 언급과 같은 맥락으로 볼 수 있다. 즉 "하늘의 운

---

7 『中庸』第二十六章, "詩云: 維天之命, 於穆不已. 蓋曰天之所以爲天也. 於乎不顯, 文王之德之純. 蓋曰文王之所以爲文也, 純亦不已."

행이 굳세다"라고 하는 것은 천지의 운행이 강건하여 그침이 없다는 것인데, 이는 "오직 하늘의 명이여! 아! 영원히 그치지 않는다."라는 것에 상당하고, "군자가 이것을 응용하여 스스로 힘쓰고 쉬지 않는다."라는 말은 "문왕의 덕행이 순수하고 그것의 순수함은 또한 그침이 없다."라는 것에 상당하는 것이라고 볼 수 있다. 이와 같은 천지의 창조는 또한 주체적인 생명존재의 도덕창조에서도 발견할 수 있는 것이다. 그렇기 때문에 유가에서 열어 놓은 주체의 문은 도덕의 실천에 그 중점을 두고 있는 것이며, 주관적으로 언급한 "순수함은 또한 그침이 없다."는 것과 객관적으로 언급한 "아! 영원히 그치지 않는다."라고 하는 것은 완전히 하나로 통하는 것이라고 할 수 있는 것이다.[9]

결국 도덕성의 실질적인 근원은 천명지성에 있는 것이며, 천명지성 역시 도덕성으로부터 이해되어지고 인증과 바르게 규정지어지게 되는 것이다. 도덕심만을 충분하게 실현하고 성이 도덕의 완전한 선이 된다고 하는 사실을 증험하여 인식하게 되면 비로소 천天의 창조성 및 천이 천 되는 이유와 의미가 무엇인지에 대하여 이해를 할 수 있게 되는 것이다. 이러한 것은 이성적인 지식만으로 습득할 수 있는 것이 아니고 또한 기계적인 자연법칙도 아닐뿐더러 인격신이 일반적으로 만물을 주재하는 종류의 것도 아닌 것이다. 이러한 모든 것들은 천명에 의해서 확정되고 이루어진 것이다. 양조한楊祖漢의 경우 "일단 도덕을 실천하게 되면 즉시 활동하며 영원한 가치를 가지고 있는 우주의 의미와 목적 그리고 인간의 도덕실천의 활동이 곧 우주의 생성화육의 활동이라고 하는 사실을 직관할 수 있게 된다."[10]고 언급했는데, 이는

---

8 『周易』, 「乾卦」, "天行建, 君子以自强不息."

9 牟宗三, 『中國哲學十九講』, 臺北, 學生書局, 1986년, 431~439쪽 참조.

맹자의 "그 마음을 다 하는 사람은 본성을 아니, 본성을 알면 하늘을 안다."[11]라고 하는 언급과 일맥상통한다고 할 수 있다. 유가에서 주장하는 천도의 요원한 묵계는 강렬한 도덕실천의 정서가 담겨져 있다고 할 수 있는데, 마음을 다 하고 본성을 안다는 것이 비록 천도나 천명의 오묘한 의미 전부를 파악할 수 없다고 할지라도, 그러나 적어도 그 속에 담겨져 있는 도덕적 함의와 창조의 진기를 실제로 증험할 수는 있는 것이다. 천은 창조와 유행의 본질이기 때문에 성 역시 초월적인 창조 유행의 본질을 갖추고 있는 것이다. 천지는 끊임없이 생성하는 덕을 가지고 있으며 인간의 성은 도덕주체를 건립할 수 있기 때문에 이러한 유행의 진기 역시 내재화 되어서 도덕창조의 진기가 되는 것이다. 바로 이러한 점이 『중용中庸』, 『역전易傳』과 『맹자孟子』로 대표되는 두 갈래 노선에서 언급하는 성을 종합한 것이라고 할 수 있다.

송나라 시기의 유학자들은 이러한 것을 통칭해서 천지지성天地之性 혹은 의리지성義理之性이라고 불렀던 것이다. 정명도가 논의한 성은 이러한 천지지성 혹은 의리지성에 속하는 것이라고 할 수 있다. 오직 천지지성, 의리지성 만이 사람이 사람 되는 까닭으로서의 진정한 본성이 되는 것이다. 천명지위성天命之謂性의 측면에서 언급하자면 그것이 가지고 있는 초월성과 천도는 동질의 관계가 형성되어져 있다고 볼 수 있으며, 인의仁義는 내재하는 것이라고 하는 측면에서 언급한다면 그것이 가지고 있는 내재적인 성질과 도덕의식은 역시 동질의 관계로 이루어져 있다고 할 수 있는 것이다. 그러므로 정명도의 입장에서 언급한다면 그의 주장이 비록 맹자가 주장한 심에 즉해서 성을 언급한다고 하는 것과 동일한 입장을 취하지만, 그것에서 진일보하여

---

10 王邦雄, 曾昭旭, 『孟子義理疏解』, 臺北, 鵝湖出版社, 1985년, 10쪽 참조.

11 『孟子』, 「盡心上」, "盡其心者, 知其性也, 知其性, 則知天矣."

심성이 곧 천도이면서 천리라고 하는 새로운 견해를 내놓는다. 이는 정명도의 인성론에 형이상학적인 의미를 가미한 것이라고도 볼 수 있을 것이다.

3. 본성에 대한 분석

정명도의 성에 대한 분석은 확실히 도덕창조의 진기를 계승하고 있으며, 진일보한 체득을 가지고 있다고 볼 수 있다. 정명도는 형이상의 도체를 형용할 때에 다음과 같이 말했다.

> 하늘의 일은 소리도 없고 냄새도 없으니, 그 체는 역이라 하고, 그 이치는 도라고 하며, 그 작용은 신이라고 한다. 사람에게 명한 것을 성이라고 하고, 성을 따르는 것을 도라고 하며, 도를 닦는 것을 가르침이라고 한다.[12]

> 하늘의 스스로 그러한 것을 일컬어 천도라고 말하고, 하늘이 만물에게 부여한 것을 일컬어 천명이라고 말한다.[13]

천도와 천명이 아래로 관통되어 사람에게 있게 되는 것이 바로 인성이고, 만물에게 있게 되는 것은 물성이 된다. 그렇기 때문에 성의 내용은 천도나 역체易體와 다를 것이 없다고 말할 수 있는 것이다. 그러므로 천의 내용은 사람이 가지고 있는 성(도덕성)을 통하여 이해하고 파악되어질 수 있는 것이다. 이러한 것에 대하여 정명도는 진일보

---

12 『河南程氏遺書』卷一, "蓋上天之載, 無聲無臭, 其體則謂之易, 其理則謂之道, 其用則謂之神, 其命於人則謂之性, 率性則謂之道, 修道則謂之教."

13 黃宗羲, 全祖望, 『宋元學案』卷十三, 「明道學案上」, "言天之自然者謂之天道, 言天之賦予萬物者謂之天命."

해서 분명하게 "하늘의 일은 소리도 없고 냄새도 없는 것이라고 들었는데, 그 체는 역이라고 하고, 그 이치는 도라고 하며, 그 명령이 사람에게 있는 것을 성이라고 하며, 그 작용은 무궁무진하여 신이라고 하지만 하나일 뿐이다."[14]라고 언급을 했다. 이러한 언급 가운데에서 비록 "하나일 뿐이다"라고 하는 한 마디만 추가되었을 뿐이지만, 인성과 형이상의 도체道體의 동일성에 대한 것이 더욱 확연하게 드러나 있다고 할 수 있다.

> 도는 곧 성이다. 도 밖에서 성을 찾고 성 밖에서 도를 찾는다면 옳지 않다.[15]

> 심은 곧 성으로, 하늘에 있어서는 명이 되고, 사람에게 있어서는 성이 되는 것이며, 주요한 것은 심이 되는 것이니 실제로는 하나의 도인 것이다.[16]

> 어떤 사람이 "심에는 선악이 있습니까?"라고 묻자, "하늘에 있어서는 명이 되고, 의로움에 있어서는 이치가 되고, 사람에게 있어서는 성이 되는 것이며, 주요한 것은 심이 되는 것이니 실제로는 하나의 것이다."[17]

실제로는 성이 곧 천도라고 말하며, 사람 마음의 본체가 곧 우주의 본체가 되는 것이다. 이러한 도리가 비록 간단하지만 그 안에 담긴

---

14 『河南程氏粹言』卷二, "上天之載, 無聲無臭之可聞, 其體則謂之易, 其理則謂之道, 其命在人則謂之性, 其用無窮則謂之神, 一而已矣."

15 『河南程氏遺書』卷一, "道卽性也. 若道外尋性, 性外尋道, 便不是."

16 『河南程氏粹言』卷二, "心卽性也, 在天爲命, 在人爲性, 所主爲心, 實一道也."

17 『宋元學案』卷十三, 「明道學案上」, "問: 心有善惡否? 曰: 在天爲命, 在義爲理, 在人爲性, 主於身爲心, 其實一也."

함의는 매우 풍부하다고 말할 수 있다. 이런 언급에 담겨져 있는 심오한 의미에 대해서 단계별로 분석해보면 다음과 같다고 할 수 있다. 먼저 본체는 우주의 유행과 변화 가운데에서 찾아볼 수 있는데, 이는 곧 천도는 우주의 유행과 변화 가운데에서 찾아볼 수 있는 것이라는 말이다. 그 다음은 유행의 변화는 끊임없이 생성하여 그침이 없는 것인데, 끊임없이 생성하여 그침이 없는 계기는 선이 되는 것이기 때문에, 본체에는 선함이라고 하는 가치의식이 담겨져 있게 되는 것이고 그래서 천도는 선을 포함하고 있게 되는 것이다. 끝으로 본체는 인간에 있어서는 성이 되는 것인데, 즉 천도가 인간에게 부여된 것이 성이 되는 것이기 때문에 인성 역시 끊임없이 생성하여 그침이 없는 계기를 포함하고 있는 것이고, 이에 따라 자연히 인성은 선한 것이 되는 것이다.[18]

앞서 언급한 단계별 분석 가운데 제일 첫 단계에서 우주창조의 진기를 발견할 수 있는데, 이는 곧 "생성하고 화육되고, 화육하며 생성되는 그치지 않고 끊임없이 생성하는 위대한 유행"인 것이다. 아울러 두 번째 단계에서는 도덕창조의 진기를 볼 수 있게 되는데, 이는 곧 형이상의 천도에 도덕가치의 의미가 포함되었다는 것을 인식하게 되는 것이다. 세 번째 단계에서는 천인합덕의 동질성과 특성을 찾아볼 수 있다. 이는 하늘과 사람이 도달할 수 있는 가장 밀접한 상호관계성에 대한 것으로 형이상의 천도와 인성은 동일한 것이라는 것이다. 그렇기 때문에 성에 대하여 명확한 이해를 하고자 한다면 곧 천도에서 그 실마리를 찾아야 하는 것이다. 몽배원蒙培元의 경우 다음과 같이 언급했다.

---

18 唐君毅, 『中西哲學思想之比較論文集』, 臺北, 學生書局, 1988년, 286쪽 참조.

> 정호가 제기한 천리를 우주본체라고 하는 것의 근본적인 목적은 바로 인간의 도덕주체를 확립하는 것에 있다. 그는 천인합일론의 입장에서 출발하여 인간의 주체성을 제창했으며, 사람의 마음을 초월적 본체의 위치로 올려서 우주 본체와 합일하는 것으로 보았던 것이다. 이렇게 해서 마음이 곧 성이고 성이 곧 리가 되는 것으로 심성리가 완전하게 하나로 합일된다는 것이다.[19]

이는 바로 정명도 이론의 연원에 관한 문제인 "하늘과 사람은 어떻게 상호 감응하고 소통하는 것인가"에 대한 것으로, 성이 초월성을 구비하고 있는 것과 내재적 본질의 의미를 가지고 있다는 것이다. 이는 곧 도덕실천의 원동력을 통하여 하늘과 사람이 상호소통 할 수 있는 가장 커다란 가능성에 도달할 수 있다는 것이다. 심지어는 천도가 곧 인성이고, 사람이 곧 하늘이며, 하늘이 곧 사람인 하늘과 사람은 하나라고 까지도 말할 수 있는 것이다. 그렇기 때문에 정명도의 인성론과 그의 천인관계에 대한 견해는 이러한 기본문제와 매우 밀접하게 연결되어 있는 것이라고 할 수 있다.

한 측면에서는 인성의 본체 존재를 확립하려고 하고, 다른 한 측면에서는 인성의 본질적인 함의를 확립하려고 하기 때문에 필연적으로 형이상의 우주론 및 인간과 자연의 관계 그리고 그 도덕의식의 주체적 건립에 대하여 언급할 수밖에 없는 것이다. 정명도의 이론을 살펴보면 곧 사람과 자연의 합일과 조화의 실현을 사상체계 전반에 걸쳐서 추구하고 있음을 발견할 수 있게 된다. 아울러 정명도의 인성론사상 속에는 하늘과 사람은 근본이 하나라고 하는 천인일본天人一本이 가장 이상적인 최고의 정신적 경지라고 하는 메시지가 녹아져 있다고

19 蒙培元, 『中國心性論』, 臺北, 學生書局, 1990년, 334쪽 참조.

말할 수 있을 것이다.

이상과 같은 기준 위에서 정명도는 진일보해서 다음과 같은 주장을 했다.

> "이치를 궁구하고 성을 다해서 명에 이른다."는 이러한 세 가지 사안은 한꺼번에 이루어지는 것이니 본래부터 순서가 없는 것이다. 이치를 궁구하는 것을 앎이란 차원의 일로 간주해서는 안 된다. 진실로 이치를 탐구하여 터득하면 성명도 터득할 수 있다.[20]

위의 인용문에서 언급한 "이치를 궁구한다."라고 하는 것은 천리 본체의 도덕창조의 진기를 궁구한다는 것을 지칭하는 것으로, 객관적인 외부세계의 사물의 이치에 관한 지식을 궁구한다는 의미가 아니다.

천리는 곧 천도가 생성하고 화육하는 이치이자 도덕창조의 이치로서 형이상학적 의미 이외에도 도덕가치의 의미가 담겨져 있다고 할 수 있다. 그러나 이러한 천리가 일단 도덕에 미치게 되면 바로 생명의 학문이 되는 것이기 때문에 필연적으로 주체의 실천으로 체득하고 증험해야 하는 것이다. 만일 공허하게 모든 세상 만물의 물질적인 소이연의 이치만을 궁구한다면, 지식론 측면의 옳고 그름의 결과에 대한 논의에만 그치게 되어 결국에는 추측만을 상상하게 될 뿐이다.

사실상 만일 진정으로 천리를 체득하여 인식할 수 있게 된다면, 즉각적으로 반드시 주관적 생명존재의 증험과 깨우침이 있게 되는 것이며 도덕창조의 진기 역시 드러나게 될 수 있는 것이다. 그렇기 때문에 "명에 이른다"라고 말하는 것이며, 여기에서의 명은 바로 천명을 지칭

---

20 『河南程氏遺書』卷二, "窮理盡性以至於命, 三事一時並了, 元無次序, 不可將窮理作知之事. 若實窮得理, 卽性命亦可了."

하는 것으로 일종의 도덕이상의 사명감인 것이다. 명은 단지 개별존재의 도덕실천의 과정 속에서 만이 비로소 드러나 나오게 되는 것이며, 또한 이러할 때에 만이 비로소 천명의 완성을 실현할 수 있게 되는 것이다.

이와 같이 천명의 완성을 실현하는 것을 통해서 인간 존재는 비로소 그 삶에 있어서 가치와 목적을 가지게 되는 것이라고 할 수 있는 것이다. 또한 인간은 그 자신의 부단한 도덕실천의 과정을 통해서 비로소 천명의 심오하고 존엄함을 체득해낼 수 있게 되는 것이다. 그리고 천리를 궁구하고 인성을 다하는 것과 동시에 천명의 도덕적 사명에 도달할 수 있게 되는 것이다. 그러므로 "세 가지 사안은 한꺼번에 이루어지는 것이니 본래부터 순서가 없는 것이다."라고 말하는 것이다. 이러한 점에 관해서 정명도는 진일보해서 더욱 명백하게 다음과 같이 말했다.

> "이치를 궁구하고 성을 극진히 다 발휘해서 명에 이른다."는 것은 (이치와 성, 그리고 명이) 하나이기 때문이다.[21]

> "이치를 궁구하고 성을 극진히 다 발휘한다."라고 했는데, (이를 통해서) 명에 이른다고 했다면 (여기에는) 전혀 힘 쓸 곳이 없다. 예를 들자면 "음악에서 완성한다."라고 한 것이나, "즐거워하면 생겨난다."라고 한 의미와 같다.[22]

만일 천리를 궁구할 수 있다면 인성을 극진히 다 발휘할 수 있게

---

21 『河南程氏遺書』卷十一, "窮理盡性以至於命, 一物也."

22 『河南程氏遺書』卷十二, "窮理盡性矣, 曰以至於命, 則全無著力處. 如成於樂, 樂則生矣之意同."

되는 것이며 천명에 도달할 수 있게 되는 것이니, 어떠한 외부적인 힘이나 조건이 전혀 필요치 않은 것이다. 정명도는 자신의 이론체계 속에서 마음이 곧 리理이고, 또 성이 곧 리理라고 하는 주장을 분명하게 드러냈다. 그러므로 성을 극진히 다 발휘하는 것이 이치를 궁구하는 것이고 천명을 인식하는 것이다. 성은 바로 천도가 인간에게 부여해 준 것이며, 그것은 인간 자체에게 있어서 말하자면 세상에 존재하는 모든 사안과 만물의 리가 내 마음과 내 본성의 외부에 존재하는 것이 아니라는 것이다. 그러므로 그 가운데에는 실천의 선후라고 하는 순서가 결코 존재할 수 없는 것이다.

이러한 정명도의 견해와 관련하여 명대의 유학자들 역시 동일한 관점을 내놓는데, 다음과 같다.

> 정명도가 "오직 이치를 궁구하기만 하면 성을 극진히 다 발휘하여 천명에 이른다. 그러므로 반드시 인에 있어서 인을 극도로 추구해야만, 그런 후에야 인을 잘 궁구했다고 말할 수가 있고, 의에 있어서 의를 극도로 추구해야만, 그런 후에야 의의 이치를 잘 궁구했다고 말할 수가 있다. 인에 있어서 인을 극도로 추구하면, 곧 인의 본성을 다하게 될 것이다. 의에 있어서 의를 극도로 추구하면, 곧 의의 본성을 다하게 될 것이다. 또한 학문은 이치를 궁구하는 것에 있어서 지극한 경지에 도달하게 된다. 그런데 아직도 행동으로 옮겨지지 않았다고 하는 일이 천하에 어찌 있을 수가 있는 일이겠는가? 그러므로 그것을 행하지 않으면 그것을 배웠다고 할 수 없음을 알 수 있고, 따라서 그것을 행하지 않으면 그것의 이치를 궁구하지 않음을 알 수 있게 되는 것이다."라고 말했다.[23]

---

23 黃宗羲, 『明儒學案』卷十, 「姚江學案」, "明道云: 只窮理便盡性至命, 故必仁極仁而後謂之能窮仁之理, 義極義而後謂之能窮義之理. 仁極仁, 則盡仁之性矣. 學至於窮理, 至矣, 而尙未措之於行, 天下寧有是耶? 是故知不行之不可以爲學, 則知

양작이 "이치를 궁구하는 것이 어찌 본성을 극진히 다 발휘하는 것이 됩니까?"라고 묻자, 선생님께서 "마음의 본체가 본성이고, 본성이 곧 리이다. 인의 이치를 추구하려면 진실로 어질어야만 하고 어짊을 다해야 한다. 의로움의 이치를 추구하려면 진실로 의로워야 하고 의로움을 다해야 한다. 어짊과 의로움이 바로 우리의 본성인 것이다. 그러므로 이치를 궁구하는 것이 본성을 극진히 다 발휘하는 것이 된다. 맹자께서 말씀하신 것처럼 남을 측은하게 여기는 마음을 확충시켜 나가면, 어짊은 이루다 쓸 수도 없을 만큼 크게 될 것이다. 이것이 바로 이치를 궁구하는 공부인 것이다."라고 대답했다.[24]

송명유학자들에게 있어서 "성이 곧 리이다" 즉 성즉리性卽理라고 하는 명제는 일반적인 공식처럼 인식되어지고 있는데, 정통유가 역시 맹자의 마음에 즉해서 성을 언급함이라고 하는 사상 노선을 채택해서 "마음이 곧 성이다" 즉 심즉성心卽性을 주장하는데, 문제가 될 것은 없다고 본다.[25] 인仁에 있어서 인을 극도로 추구하고, 의義에 있어서 의를 극도로 추구하는 것이 도덕실천의 본성을 극진히 다하는 공부인 것이며, 이는 곧 양명학에서 주장하는 "지행합일知行合一"과 그 맥락을 같이하는 것이라고 할 수가 있는 것이다. 다시 말하자면 이치를 구하여 본성을 극진히 다 발휘하는 것이 지행합일의 가장 적합한 주석이라고 할 수 있는 것이다. 그래서 "그러므로 그것을 행하지 않으면 그것을 배웠다고 할 수 없음을 알 수 있고, 따라서 그것을 행하지 않으면 그것

不行之不可以爲窮理矣."

24 王陽明,『傳習錄』卷上,「門人薛侃錄」, "問: 窮理何以卽是盡性? 曰: 心之體, 性也. 性卽理也. 窮仁之理, 眞要仁極仁. 窮義之理, 眞要義極義. 仁義只是吾性, 故窮理卽是盡性. 如孟子說充其惻隱之心, 至仁不可勝用. 這便是窮理工夫."

25 牟宗三,『中國哲學十九講』, 臺北, 學生書局, 1986년, 389~420쪽 참조.

의 이치를 궁구하지 않음을 알 수 있게 되는 것이다."라고 말하는 것이다. 바로 이러한 것이 중국의 형이상학 이론이 도덕형이상학의 색채를 매우 짙게 띠고 있다고 하는 것의 가장 좋은 증거가 될 것이다.

이상과 같은 다양한 견해와 분석들을 통해서 볼 때 정명도가 언급한 성(본성)에 함축되어 있는 의미와 모종삼牟宗三이 언급한 도덕창조의 진기는 실질적인 의미가 있다고 하는 사실을 분명하게 알 수 있다. 그래서 정명도는 비로소 "단지 이러한 것은 천지의 생성과 화육인 것으로 이러한 개별 존재에 대해서 천지가 있는 것이 아니다."[26]라고 언급했던 것이다. 즉 천지의 생성과 화육은 성체性體의 도덕창조의 순수하고 그침이 없는 가운데서 나타나게 되는 것이다. 이러한 측면에서 본다면 정명도의 천인일본天人一本의 주장은 결코 상호 모순적인 것이 아닌 것으로 볼 수 있는 것이며, 또한 상호 보완적인 것으로서 그 자신의 사유체계 가운데에서 상호순환적인 이론적 모식을 가지고 있다고 볼 수 있는 것이다.

4. 맺는 말

이상과 같이 정명도의 인성론에 대하여 인성론의 연원 문제와 그가 분석한 성에 대한 견해를 중심으로 살펴보았는데, 이를 정리하면 다음과 같다.

중국 전통유가의 성性에 대한 해석은 대체로 두 갈래로 구분해서 살펴볼 수 있다. 하나는 『중용』, 『역전』으로 대표되는 노선으로서 천명지위성을 중심사상으로 하는 측면이고, 다른 하나는 『맹자』로 대표

---

26 黃宗羲, 全祖望, 『宋元學案』卷十三, 「明道學案上」, "只此便是天地之化, 不可對此箇別有天地."

되는 노선으로 인의는 내재하는 것이라고 하는 명제를 중심사상으로 하는 측면이라고 할 수 있다.

천명지위성은 우주가 생성되고 화육하는 것의 배후에 있는 천명유행의 본체를 본 것으로 일종의 위대한 생명을 창조하는 것이라고 할 수 있다. 그러므로 이것은 창조성 측면에서 언급한 성이 되는 것이다. 그리고 이러한 창조성을 진기眞幾라고 부르는 것이며, 그것이 비록 심오하여 쉽게 볼 수 없는 것이기 때문일지라도 오히려 그것의 진실한 존재는 말할 수 있는 것이다. 이러므로 천의 창조성은 “그 정성이 사물을 생성시키는 것에는 다른 마음이 없다. 그래서 그 성誠이 우주의 사물을 만드는 것은 일일이 헤아릴 수 없다.”라고 하는 생성변화의 원리이자 창조의 원리인 것이다. 또한 천명의 유행이란 천명 혹은 사물 하나를 부여해 준다고 하는 의미가 아니라, 아름다움이 그치지 않는 천이 그 창조 진기의 유행을 의미하는 것으로서, 유행이 어떤 곳으로 가면 명이 그곳으로 따라가는 것이고, 명이 그곳에 가서 그 사물의 성을 형성하게 된다는 것이다. 그러므로 명이 사람에게 있게 되면 곧 사람의 성이 되는 것이고, 명이 사물에게 있게 되면 사물의 성이 되는 것이다. 모든 개별 존재의 성은 곧 이러한 끊임없이 생성하는 유행으로부터 온 것이며, 인간은 이러한 창조 본체를 흡수하여 자신의 생명 안에서 자기 자신의 성으로 삼은 것이다. 그러므로 이러한 성은 개별 존재가 가지고 있는 개별적인 성이 아니고 천의 창조 유행에 근원을 둔 생명 진기의 성인 것이다. 그렇기 때문에 그것은 형이상일 뿐만 아니라 보편성을 가지고 있게 되는 것이다.

맹자는 심에 즉하여 성을 언급함이라고 하는 사유모식으로 심과 성이 도덕가치의 의미를 가지고 있는 것으로 보았는데, 이는 곧 도덕적 선 자체가 된다고 할 수 있다. 인간의 도덕성은 하나님이나 천도에 의해서 만들어진 것이 아니라고 할 수 있는데, 만일 이럴 경우에는 인간의 도덕성은 타율적 도덕으로 전락될 수밖에 없게 되는 것이다. 인간의 도덕성은 반드시 자기 자신의 도덕의식에서 시작되어야만 하는 것인데, 이러한 의식의 각성과 건립은 사람이 타락하여 죄악을 저지를 것에 대한 불안한 감정을 가지게 만들어주는 작용을 한다. 이와 같을 때 인간의 주체성은 비로소 특별하게 정립될 수 있는 것이며, 즉시 그것이 지극한 선이 되는 것을 실증할 수 있게 되는 것이다.

정명도가 논의한 성은 이러한 천지지성 혹은 의리지성에 속하는 것이라고 할 수 있다. 오직 천지지성, 의리지성 만이 사람이 사람 되는 까닭으로서의 진정한 본성이 되는 것이다. 천명지위성의 측면에서 언급하자면 그것이 가지고 있는 초월성과 천도는 동질의 관계가 형성되어져 있다고 볼 수 있으며, 인의仁義는 내재하는 것이라고 하는 측면에서 언급한다면 그것이 가지고 있는 내재적인 성질과 도덕의식은 역시 동질의 관계로 이루어져 있다고 할 수 있는 것이다. 그러므로 정명도의 입장에서 언급한다면 그의 주장이 비록 맹자가 주장한 심에 즉해서 성을 언급한다고 하는 것과 동일한 입장을 취하지만, 그것에서 진일보하여 심성이 곧 천도이면서 천리라고 하는 새로운 견해를 내놓는다.

천도와 천명이 아래로 관통되어 사람에게 있게 되는 것이 바로 인성이고, 만물에게 있게 되는 것은 물성이 된다. 그렇기 때문에 성의 내용은 천도나 역체易體와 다를 것이 없다고 말할 수 있는 것이다. 그러므로 천의 내용은 사람이 가지고 있는 성(도덕성)을 통하여 이해하고 파악되어질 수 있는 것이다. 이러한 것에 대하여 정명도는 진일보해서 분명하게 "하늘의 일은 소리도 없고 냄새도 없는 것이라고 들었는데, 그 체는 역이라고 하고, 그 이치는 도라고 하며, 그 명령이 사람에게 있는 것을 성이라고 하며, 그 작용은 무궁무진하여 신이라고 하지만 하나일 뿐이다."라고 언급을 했다. 이러한 언급 가운데에서 비록 "하나일 뿐이다"라고 하는 한 마디만 추가되었을 뿐이지만, 인성과 형이상의 도체道體의 동일성에 대한 것을 더욱 확연하게 드러나 있다고 할 수 있다.

정명도는 성이 곧 천도라고 말하며, 사람 마음의 본체가 곧 우주의 본체가 되는 것이라고 생각했다. 이런 주장에 담겨져 있는 의미에 대해서 분석해보면 다음과 같다고 할 수 있다. 먼저 본체는 우주의 유행과 변화 가운데에서 찾아볼 수 있는데, 이는 곧 천도는 우주의 유행과 변화 가운데에서 찾아볼 수 있는 것이라는 말이다. 그 다음은 유행의 변화는 끊임없이 생성하여 그침이 없는 것인데, 끊임없이 생성하여 그침이 없는 계기는 선이 되는 것이기 때문에 본체에는 선함이라고 하는 가치의식이 담겨져 있게 되는 것이고 그래서 천도는 선을 포함하고 있게 되는 것이다. 끝으로 본체는 인간에 있어서는 성이 되는 것인데, 즉 천도가 인간에게 부여된 것이 성이 되는 것이기 때문에 인성 역시 끊임없이 생성하여 그침이 없는 계기를 포함하고 있는 것이고 이에 따라 자연히 인성은 선한 것이 되는 것이다.

정명도는 "하늘과 사람은 어떻게 상호 감응하고 소통하는 것인가"에 대하여, 인간의 성에는 초월성과 내재적 본질의 의미를 가지고 있는 것으로 그 핵심 논지를 전개해 나간다. 즉 도덕실천의 원동력을 통하여 하늘과 사람이 상호소통 할 수 있는 가장 커다란 가능성에 도달할 수 있다는 것이다. 더 나아가 천도가 곧 인성이고, 사람이 곧 하늘이며, 하늘이 곧 사람인 하늘과 사람은 하나라고 까지도 말할 수 있다는 것이다. 그렇기 때문에 정명도의 인성론과 그의 천인관계에 대한 견해는 이러한 문제와 매우 밀접하게 연결되어 있는 것이라고 할 수 있다. 또한 한 측면에서는 인성의 본체 존재를 확립하려고 하고, 다른 한 측면에서는 인성의 본질적인 함의를 확립하려고 하기 때문에 필연적으로 형이상의 우주론 및 인간과 자연의 관계 그리고 그 도덕 의식의 주체적 건립에 대하여 언급할 수밖에 없는 것이다. 정명도의 이론을 살펴보면 곧 사람과 자연의 합일과 조화의 실현을 사상체계 전반에 걸쳐서 추구하고 있음을 발견할 수 있게 된다. 아울러 정명도의 인성론사상 속에는 하늘과 사람은 근본이 하나라고 하는 천인일본 天人一本이 가장 이상적인 최고의 정신적 경지라고 하는 메시지가 녹아져 있다고 말 할 수 있을 것이다.

참고문헌

孔穎達,『周易正義』,『十三經注疏』本.

劉寶楠,『論語正義』,『續皇淸經解』本.

朱　熹,『中庸章句』,『海淵閣』明刻本.

朱　熹,『孟子章句集註』,『海淵閣』明刻本.

焦　循,『孟子正義』,『焦氏遺書』本.

程顥, 程頤,『河南程氏遺書』,『四部刊要』本.

程顥, 程頤,『河南程氏粹言』,『四部刊要』本.

黃宗羲, 全祖望,『宋元學案』, 上海, 文瑞樓石印本, 1879.

黃宗羲,『明儒學案』, 臺北, 里仁書局, 1987년.

王守仁,『王陽明全集』, 上海, 上海古籍出版社, 1992년.

牟宗三,『心體與性體』(二), 臺北, 正中書局, 1989년.

牟宗三,『中國哲學十九講』, 臺北, 學生書局, 1986년.

牟宗三,『中國哲學的特質』, 臺北, 學生書局, 1987년.

王邦雄, 曾昭旭,『孟子義理疏解』, 臺北, 鵝湖出版社, 1985년.

蔡仁厚,『孔孟荀哲學』, 臺北, 學生書局, 1990년.

唐君毅,『中西哲學思想之比較論文集』, 臺北, 學生書局, 1988년.

蒙培元,『中國心性論』, 臺北, 學生書局, 1990년.

참고문헌

• 원전류

朱　彬,『禮記訓纂』,『宜祿堂』 淸刻本.

孫星衍,『尙書今古文注疏』,『平津館叢書』 本.

朱公遷,『詩經義疏』,『四庫全書』 本.

李光坡,『周易述注』,『四庫全書』 本.

黃　侃,『論語義疏』,『皇淸經解』 本.

劉寶楠,『論語正義』,『續皇淸經解』 本影印.

朱　熹,『孟子章句集註』,『海淵閣』 本.

焦　循,『孟子正義』,『焦氏遺書』 本.

王先謙,『荀子集解』, 北京, 中華書局, 1992년.

王忠林,『荀子讀本』, 臺北, 三民書局, 1996년.

閻若璩,『尙書古文疏證』,『四庫全書』 本.

王先愼,『韓非子集解』, 北京, 中華書局, 1998년.

蔣禮鴻,『商君書錐指』, 北京, 中華書局, 1986년.

司馬遷,『史記』, 北京, 中華書局, 1982년.

班　固,『漢書』, 北京, 中華書局, 1990년.

范　曄,『後漢書』, 北京, 中華書局, 1990년.

王利器,『新語』, 北京, 中華書局, 1996년.

王利器,『新語校注』, 北京, 中華書局, 1996년.

黃　暉,『論衡校解』, 北京, 中華書局, 1995년.

賈　誼,『新書』,『四庫全書』 本.

蘇　輿,『春秋繁露義證』, 北京, 中華書局, 1992년.
彭　鐸,『潛夫論箋校正』, 北京, 中華書局, 1985년.
黃　暉,『論衡校解』, 北京, 中華書局, 1995년.
荀　悅,『申鑒』,『四部叢刊』 本.
荀　悅,『漢紀』,『四庫全書』 本.
董治安 編,『兩漢全書』第一冊, 齊南, 山東大學出版社, 1999년.
許　愼,『說文解字』, 北京, 中華書局, 1986년.
段玉裁,『說文解字注』, 上海, 上海古籍出版社, 1989년.
程顥, 程頤,『河南程氏遺書』,『四部刊要』 本.
程顥, 程頤,『河南程氏粹言』,『四部刊要』 本.
黃宗羲, 全祖望,『宋元學案』, 上海, 文瑞樓石印本, 1879.
黃宗羲,『明儒學案』, 臺北, 里仁書局, 1987년.
王守仁,『王陽明全集』, 上海, 上海古籍出版社, 1992년.

• 중국자료

康有爲,『新學僞經考』, 臺北, 世界書局, 1979년.
蔡仁厚,『孔孟荀哲學』, 臺北, 臺灣學生書局, 1990년.
牟宗三,『圓善論』, 臺北, 學生書局, 1985년.
牟宗三,『中國哲學的特質』, 臺北, 學生書局, 1986년.
何淑靜,『孟荀道德實踐理論之研究』, 臺北, 文津出版社, 1988년.
許宗興,『孟子的哲學』, 臺北, 臺灣商務印書館, 1989년.
蔡仁厚,『孔孟荀哲學』, 臺北, 學生書局, 1990년.
牟宗三,『心體與性體』, 第一冊, 臺北, 正中書局, 1991년.
袁保新,『孟子三辨之學的歷史省察與現代詮釋』, 臺北, 文津出版社, 1992년.
黃俊傑 主編,『孟子思想的歷史發展』, 臺北, 中央研究院 中國文哲研究所 籌備處, 1995년.
馮友蘭,『三松堂全集』, 第二卷, 鄭州, 河南人民出版社, 1988년.

李　杜,『中西哲學思想中的天道與上帝』, 臺北, 聯經圖書出版事業公司, 1991년.
劉鄂培,『孟子大傳』, 北京, 淸華大學出版社, 1998년.
陳大齊,『荀子學說』, 臺北, 中國文化大學出版部, 1988년.
廖名春,『荀子新探』, 臺北, 文津出版社, 1994년.
張素貞,『韓非子難篇硏究』, 臺北, 學生書局, 1988년.
張　純,『韓非思想的歷史硏究』, 臺北, 聯經出版事業公司, 1984년.
蔣重躍,『韓非子的政治思想』, 北京, 北京師範大學出版社, 1998년.
鄭良樹,『商鞅及其學派』, 臺北, 學生書局, 1987년.
王讚源,『中國法家哲學』, 臺北, 東大圖書公司, 1989년.
王曉波,『中國法家思想史論』, 臺北, 聯經出版事業公司, 1991년.
傅佩榮,『儒道天論發微』, 臺北, 學生書局, 1988년.
曾春海,『儒家哲學論集』, 臺北, 文津出版社, 1989년.
王德裕,『先秦哲學史論』, 重慶, 重慶出版社, 1992년.
董治安,『先秦文獻與先秦文學』, 濟南, 齊魯書社, 1994년.
呂思勉,『秦漢史』, 上海, 上海古籍出版社, 1983년.
顧頡剛,『秦漢的方士與儒生』, 上海, 上海古籍出版社, 1978년.
傅佩榮,『儒道天論發微』, 臺北, 學生書局, 1988년.
傅佩榮,『儒家哲學新論』, 臺北, 業强出版社, 1993년.
李澤厚,『中國古代思想史論』, 北京, 人民出版社, 1986년.
楊聯陞 主編,『國史釋論』, 臺北, 食貨出版社, 1988년.
田昌五 外,『秦漢史』, 北京, 人民出版社, 1993년.
蕭　淸,『中國古代貨幣思想史』, 台北, 臺灣商務印書館, 1992년.
侯外廬,『中國古代思想史』, 北京, 三聯書店, 1950년.
羅　光,『中國哲學思想史 - 兩漢南北朝篇』, 台北, 學生書局, 1985년.
金春峰,『漢代思想史』, 北京, 中國社會科學出版社, 1987년.
祝瑞開,『兩漢思想史』, 上海, 上海古籍出版社, 1989년.
徐復觀,『兩漢思想史』卷二, 臺北, 學生書局, 1985년.

黃錦鋐,『秦漢思想研究』, 臺北, 學海出版社, 1979년.
周桂田,『秦漢思想史』, 石家庄, 河北人民出版社, 2000년.
賀凌虛,『中國古代政治思想論集』, 臺北, 霧峯出版社, 1970년.
侯外廬,『中國古代思想學說史』, 上海, 國際文化服務社, 1950년.
馮友蘭,『中國哲學史新編』第三冊, 北京, 人民出版社, 1996년.
馮友蘭,『中國哲學史新編』, 臺北, 臺灣商務印書館, 1996년.
楊憲邦,『中國哲學通史』第二卷, 北京, 中國人民大學出版社, 1988년.
薩孟武,『中國政治思想史』, 臺北, 三民書局, 1967년.
任繼愈,『中國哲學發展史-秦漢』, 北京, 人民出版社, 1985년.
唐君毅,『中國哲學原論-導論篇』, 臺北, 學生書局, 1986년.
唐君毅,『中西哲學思想之比較論文集』, 臺北, 學生書局, 1988.
蒙培元,『中國心性論』, 臺北, 學生書局, 1990.
徐復觀,『中國人性論史』, 臺北, 臺灣商務印書館, 1990년.
牟宗三,『中國哲學十九講』, 臺北, 學生書局, 1991년.
牟宗三,『中國哲學的特質』, 臺北, 學生書局, 1991년.
孫叔平,『中國哲學史稿』(上), 上海, 上海人民出版社, 1991년.
渡邊秀方,『中國哲學史槪論』, 臺北, 臺灣商務印書館, 1976년.
葛榮晉,『中國哲學範疇導論』, 北京, 中國人民大學出版社, 1986년.
湯一介,『中國傳統文化中的儒道釋』, 北京, 中國和平學出版社, 1988년.
方立天,『中國古代哲學問題發展史』上冊, 北京, 中華書局, 1992년.
方立天,『中國古代哲學問題發展史』下冊, 北京, 中華書局, 1992년.
劉宗賢 외,『中國儒學』, 成都, 四川人民出版社, 1994년.
李　申,『中國儒教史』(上), 上海, 上海人民出版社, 1999년.
田昌五,『王充及論衡』, 北京, 三聯書店, 1958년.
陳正雄,『王充學術思想述評』, 臺北, 文津出版社, 1987년.
鍾肇鵬, 周桂鈿,『桓譚 王充評傳』, 南京, 南京大學出版社, 1993년.
張立文,『中國哲學範疇發展史-天道篇』, 北京, 中國人民大學出版社, 1989년.
蕭公權,『中國政治思想史』(上), 臺北, 聯經出版事業公司, 1990년.

劉澤華,『中國政治思想史-秦漢魏晉南北朝卷』, 杭州, 浙江人民出版社, 1996년.
周桂鈿,『中國傳統哲學』, 北京, 北京師範大學出版社, 1991년.
徐復觀,『中國經學史的基礎』, 臺北, 學生書局, 1995년.
勞思光,『新編中國哲學史』卷一, 臺北, 三民書局, 1986년.
勞思光,『新編中國哲學史』卷二, 臺北, 三民書局, 1986년.
韋政通,『中國思想史』, 上冊, 臺北, 大林出版社, 1979년.
牙含章,『中國無神論史』(上), 北京, 中國社會科學出版社, 1993년.
陳大齊,『荀子學說』, 臺北, 中國文化大學出版部, 1989년.
傅筑夫,『中國經濟史論叢』, 北京, 三聯書店, 1980년.
王 鐵,『漢代學術史』, 上海, 華東師範大學出版社, 1995년.
朱謙之,『新輯本桓譚新論』, 北京, 中華書局, 2009년.
田鳳台,『王充思想析論』, 臺北, 文津出版社, 1989년.
陳正雄,『王充學術思想述評』, 臺北, 文津出版社, 1987년.
鍾肇鵬, 周桂鈿,『桓譚 王充評傳』, 南京, 南京大學出版社, 1993년.
陳 拱,『王充思想評論』, 臺北, 臺灣商務印書館, 1996년.
李維武,『王充與中國文化』, 貴陽, 貴州人民出版社, 2000년.
黃盛雄,『王符思想研究』, 臺北, 文史哲出版社, 1982년.
劉文英,『王符評傳』, 南京, 南京大學出版社, 1993년.
王步貴·周桂鈿·任繼愈·葛榮晉,『儒學精蘊新釋·王符哲學新釋』, 濟南, 齊魯書社, 2002년.
姜國柱,『論人·人性』, 北京, 海洋出版社, 1988년.
辛冠潔 等編,『中國古代著名哲學家評傳』, 濟南, 齊魯書社, 1980년.
陳啓雲,『中國古代思想文化的歷史論析』, 北京, 北京大學出版社, 2001년.
任繼愈,『中國哲學史』, 北京, 人民出版社, 1995년.
馮友蘭,『中國哲學史新編』, 第三冊, 北京, 人民出版社, 1996년.
夏甄陶,『中國認識論思想史稿』下冊, 北京, 人民大學出版社, 1996년.
馮契 主編,『哲學大辭典』, 上海, 上海辭書出版社, 2001년.

黃公偉, 『宋明清理學體系論史』, 臺北, 幼獅文化事業公司, 1971년.
熊十力, 『讀經示要』, 臺北, 廣文書局, 1977년.
林繼平, 『陸象山硏究』, 臺北, 臺灣商務印書館, 1983년.

- 미국자료

Schwartz Benjamin, The World of Thought In Ancient China, Belknap Press of Harvard University Press, 1985.

- 한국자료

모리 미키사부로, 임병덕 역, 『중국 사상사』, 청주, 온누리, 1986년.
松丸道雄 외, 조성을 역, 『中國史槪說』, 서울, 한울아카데미, 1989년.
조원일, 『맹자의 철학사상』, 광주, 전남대학출판부, 2012년.
중국철학연구회, 『논쟁으로 보는 중국철학』, 서울, 예문서원, 1994년.
金谷治외, 조성을 역, 『중국사상사』, 서울, 이론과 실천, 1994년.
미조구치 유조 외, 조영렬 역, 『중국제국을 움직인 네 가지 힘』, 파주, 글항아리, 2012년.

- 논문자료

鄭師許, 「漢末年儒家學者荀悅的思想」, 『青年進步』, 1931년, 141期.
胡楚生, 「王符思想中一基本槪念 "人道曰爲"之解釋」, 『幼獅月刊』, 第四十七卷, 第六期, 1978년.
簡淑慧, 「分的起源及其在荀子思想系統中的地位」, 『孔孟月刊』, 29卷, 第5期.
陳玉璟, 「關於桓譚思想的機個問題」, 『安徽師大學報』, 1982년, 第一期.
黎惟東, 「王充思想硏究」, 臺北, 中國文化大學 哲學硏究所 博士學位論文, 1984년.
黃開國, 「論漢代讖緯神學」, 『中國哲學史硏究』, 北京, 中國社會科學出版社, 1984년, 第一期.

劉文起,「荀子 '天生人成'與王符'天道曰施, 地道曰化, 人道曰化'之比較」, 『第二屆先秦學術研討會論文集』, 高雄, 1994년.

魏元珪,「老莊哲學的自然觀與環保心靈」,『哲學雜誌』, 第13期, 1995년.

賴錫三,「當代新道家與深層生態學的形上基礎」,『揭諦學刊』, 第二期, 1999년.

周舜南,「東漢後期的社會批判思潮」,『船山學刊』, 1999년, 2期.

吳萬種, 陸馨,「王符之『潛夫論』的引詩初探」,『中國人文科學硏究』, 제40집, 2008년.

찾아보기

ㅇ

ㅈ

ㅊ

ㅌ

ㅍ

ㅎ